编　委　会

江门市档案馆

江门市人民政府地方志办公室　　组织编写

五邑大学广东侨乡文化研究院

简明江门古代史

钱源初　著

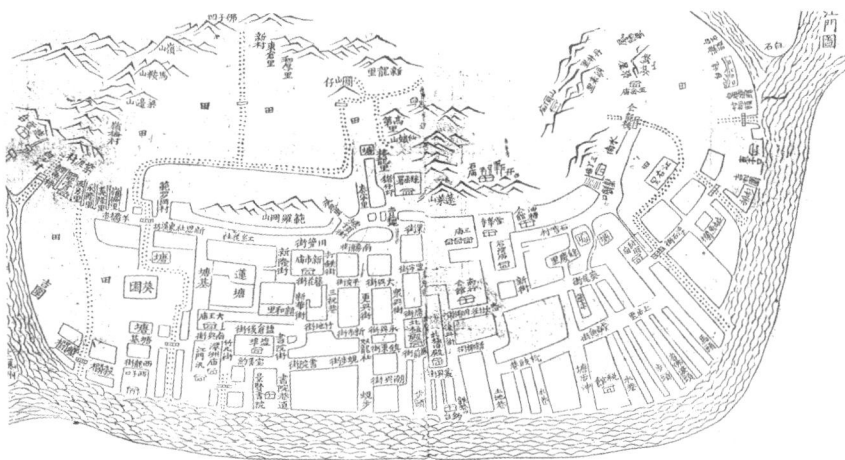

暨南大学出版社
JINAN UNIVERSITY PRESS

中国·广州

图书在版编目（CIP）数据

简明江门古代史/钱源初著. —广州：暨南大学出版社，2023.5
ISBN 978 - 7 - 5668 - 3534 - 5

Ⅰ. ①简…　Ⅱ. ①钱…　Ⅲ. ①地方史—江门—古代　Ⅳ. ①K296.53

中国版本图书馆 CIP 数据核字（2022）第 198227 号

简明江门古代史
JIANMING JIANGMEN GUDAISHI
著　者：钱源初

....

出 版 人：张晋升
责任编辑：詹建林
责任校对：孙劭贤　黄晓佳　陈皓琳
责任印制：周一丹　郑玉婷

出版发行：暨南大学出版社（511443）
电　　话：总编室（8620）37332601
　　　　　营销部（8620）37332680　37332681　37332682　37332683
传　　真：（8620）37332660（办公室）　　37332684（营销部）
网　　址：http://www.jnupress.com
排　　版：广州尚文数码科技有限公司
印　　刷：广州市金骏彩色印务有限公司
开　　本：787mm×1092mm　1/16
印　　张：15.75
字　　数：340 千
版　　次：2023 年 5 月第 1 版
印　　次：2023 年 5 月第 1 次
定　　价：65.00 元

前　言

　　江门市位于广东省中南部、珠江三角洲西部，东邻珠海、中山，西连阳江，北与佛山、云浮接壤，毗邻港澳，濒临南海，是粤港澳大湾区重要节点城市、华侨华人文化交流重要平台。江门市素有中国第一侨乡、中国侨都、中国舞蹈之城的美誉，还有中国曲艺之乡（台山、开平、新会）、中国葵艺之乡（新会）、中国陈皮之乡（新会）、中国排球之乡（台山）、中国优质丝苗米之乡（台山）、中国碉楼之乡（开平）、中国建筑之乡（开平）、世界名厨之乡（开平）、中国温泉之乡（恩平）、中国凉茶之乡（鹤山）等众多城市文化名片。

　　江门市是朝气蓬勃、条件优越的新兴城市。江门市于 1983 年 6 月正式建立，现辖三区四市：蓬江区、江海区、新会区以及开平市、恩平市、台山市、鹤山市 4 个县级市，是广东省代管县级市最多的地级市。2021 年第七次全国人口普查全市常住人口为 483.51 万人。具有优越的地理位置和自然环境，地处亚热带，雨量充沛，气候温和宜人。全市土地总面积 9 505 平方千米，约占珠江三角洲土地面积 23%。地势西北高、东南低，全市山脉海拔达 800 米以上者 9 座，主要山脉有天露山、皂幕山、古兜山与圭峰山。全市河流属珠江水系和粤西沿海诸河两大水系，集水面积超 100 平方千米。河流共 26 条，主要河流有西江（江门段）、潭江。大陆海岸线长 420 千米，大小海岛 561 个，台山上川岛为全省第二大岛。城市区位独特，是粤港澳大湾区的枢纽门户、珠江三角洲西部地区中心城市之一。江门市宜居、宜业、宜游，是国家卫生城市、全国文明城市、国家森林城市与中国优秀旅游城市。

　　江门市是历史悠久、底蕴深厚的文化胜地。新石器时代中期的新会罗山咀遗址出土广东最早史前人类瓮棺葬。新石器时代晚期遗址达 68 处，其中台山腰古新村遗址是我国发掘面积最大的史前遗址，被国家文物局评为 2007—2008 年度田野考古一等奖。青铜器时代遗址中的新会象边山遗址系我国首次在沙丘遗址中发现桃形石刀与石范。地处岭南的江门地区是先秦时期古百越族聚居地之一，东汉时期始有行政建制，建安年间设思平县（唐代改恩平县），三国吴时期设平夷县（西晋改新夷县）。南朝迄元代，江门地区大部归属新会郡（冈州、新会县）管辖，明成化十四年（1478）复置恩平县，弘治十一年（1498）析置新宁县，清顺治六年（1649）析置开平县，雍正十年（1732）析置鹤山县，至此形成新会、恩平、新宁（台山）、开平、鹤山五邑。江门五邑文化同根同源，新会是广东省历史文化名城。

海上丝路，岭海重镇。江门地区海岸线绵长，拥有得天独厚的优良港湾，海洋文化发达，是古代海上丝绸之路重要对外贸易港口与重要节点城市。上下川岛、乌猪山等成为中外过往船只航海识别地标。唐代，有外国人聚居"谭波罗山"（今开平长沙波罗），佛教东传中唐代梵僧修建新会万岁寺，高僧义净经冈州出国取经求法。国内南北货物经此转运，唐宋新会官冲窑远销海内外。宋代溽洲（今台山广海）成为重要港口，"南海一号"南宋古沉船最早发现于台山海域。明清时期，台山广海、望峒与新会奇潭是我国指定东南亚国家入贡路线上的湾泊之所。上川岛、崖门等地成为外国商人早期对华贸易地点之一，大洲湾遗迹是中葡早期外销瓷贸易历史见证，西班牙天主教传教士方济各·沙勿略长眠于上川岛。

崖门海战，风起云涌。新会崖门宋代设巡检寨，宋元鼎革最后一战发生于此，史称"宋元崖门海战"。宋帝昺驻跸崖山，陆秀夫、张世杰率领二十余万官民在此修建行宫、水寨，意图背水一战。新会知县曾逢龙与义士伍隆起、陈元辅、陈英辅等大批民众支援南宋军队。然大军压境，回天乏术，陆秀夫背负宋帝昺投海殉国，南宋最终兵败亡国，元统一全国。宋元崖门海战惊天地、泣鬼神，明代广东仕宦在崖山建慈元庙祭拜杨太后，建大忠祠祭拜"南宋三忠"（文天祥、陆秀夫、张世杰），并建义士祠祭拜伍隆起等将士。明清以降，文人墨客凭吊题咏之作不胜枚举，"崖山忠节"流芳千古，形成崖山历史记忆与崖山文学景观。

人文荟萃，钟灵毓秀。南北朝时期，北燕国后裔冯业从北方浮海至新会居住，自此形成岭南冯氏豪族。江门本土历史人物自宋代始，马持国、马晞骥、马宜祖三世太守，黄道娘慈悲为怀，陈仲真剿贼平乱，伍隆起英勇抗元。元代诗人罗蒙正革新一代诗风，黎贞淡泊风范长存。明代文教昌盛，理学硕儒陈献章倡道岭南，"江门学派"独领风骚，江门成为全国儒学文化中心之一；伍骥好儒博学，邓林才华横溢，区越文采斐然，黄淳史才三长，为治学典范；鲁能勤慎为民，李翔两袖清风，陈吾德千秋正气，何熊祥士民爱戴，乃为官榜样。清代文韬武略雄才兼备，高俨、罗天池书画专长，易宏、胡方、陈遇夫学识渊博，黎大刚、李大成、麦廷章勇武过人，冯了性、卢观恒商海纵横。由宋及清，江门地区代不乏贤，是名副其实的海滨邹鲁。

物华天宝，地产丰盛。新会蒲葵始于魏晋，盛于明清，远销省内外，在汉口、重庆等重要城市建有蒲葵商业会馆；陈献章于圭峰山取茅草研制"茅龙笔"，在岭南书法史上独树一帜。新会葵艺、白沙茅龙笔制作技艺现为国家非物质文化遗产。新会陈皮享有盛誉，芳香怡人，为岭南道地药材。鹤山茶叶甘爽醇和，是清代全省出口商品茶大宗。清代五邑烟草种植广泛，新会"如思烟"著于《烟经》，鹤山红烟久负盛名。恩平茶坑石材质独特，雕刻技艺高超。江门地区土地富饶，产有所长，造就一批名优特产。

移民海外，侨乡辉煌。秦汉时期江门地区成为中原移民的中转站或目的地之一。唐宋以来江门地区已有移民出国谋生，宋元鼎革之战致使部分民众移民东南亚，明代因外国人掳掠使一批本地人被迫出洋。清代中期之后移民活跃，成千上万五邑乡亲漂洋过海，至19世纪60年代江门五邑正式形成侨乡。世界各地文化传入江门地区，大量中西合璧的建筑瑰宝——碉楼应运而生，形成世界文化遗产"开平碉楼与村落"。本土传统文化与外来文化在此碰撞、互鉴与融合，创造出独具特色的五邑侨乡文化。

本书是第一本系统论述江门古代史的专著，力图通过丰富翔实的史料，对江门地区各个历史阶段的管治秩序、经济发展、社会文化与乡贤名人等进行展示，回溯江门地区从先秦至清代鸦片战争前的丰富历史图景，赓续千年历史文脉。本书将有助于广大读者了解滨海城市江门的古代历史，激发广大读者了解江门人文侨都的热情，在新时代下将历史文化遗产转化为宝贵文旅资源，坚定文化自信，造福当代社会。

钱源初

2022 年 12 月 6 日

简明江门古代史

目录
Contents

先秦时期江门地区的文明曙光

第一章

江门地区位于南海之滨，自然地理环境经过长期的变迁，沧海成为桑田，广袤土地赢得"鱼米之乡"美誉，是屹立于珠江三角洲西岸的一颗璀璨明珠。人类生活在一定的空间内，自然地理环境的构成对历史人文发展有着重要影响。考古资料显示，江门地区以新会罗山咀遗址为代表的新石器时代中期遗址陆续被发现，代表着在距今6 000年前的远古时代已有人类在江门地区居住、繁衍与生息。新石器时代晚期的遗址在江门地区发现较多，达68处。早期人类先民活动痕迹分布众多，其中台山腰古新村遗址是我国发掘面积最大的沙丘遗址，出土大量文物，保存新石器时代晚期人类活动面最为完整，入选国家文物局田野考古一等奖。大致相当于夏商周时期的青铜器文化时期，江门地区发现有多处该阶段的遗址，其中新会象边山遗址出土有周代象征权力的玉璋与玉璜，表明在周代江门地区已出现较高程度的文明。众多考古遗址发现表明，江门地区在自然地理环境变迁的历史进程中，距今6 000年前已孕育着早期文明，显示着其最早文明曙光，历千百世而不衰，成为江门文明发展之源。

第一节　先秦江门地区自然地理环境

自然环境构成人类生存与发展的物质基础，地质地貌、山川河流、土壤水温、气候温度等要素组成自然综合体。人类活动离不开一定空间的自然地理环境，特有的自然地理条件影响人类习性。明代南海朱可贞序崇祯《恩平县志》曰："夫海波之民多生而智，然其敝也，必文而僿；山峒之民多近于仁，然其敝也，且质而悍。"[1] 已经注意到海边与内陆之间民众的思想文化差异。西方哲学家黑格尔注意到山水赋予人们的禀性差异，近代梁启超《地理与文明之关系》一文中则言："征诸历史上之事实，则人类交通往来之便，全恃河海。德儒黑革曰：水性使人通，山性使人塞；水势使人合，山势使人离，诚哉是言！"[2] 不同历史时期的地质地貌、山脉河流与气候是江门地区域内人文发展的重要载体，对地域文化生成具有潜在的影响。

一、地质地貌

我国地貌基本特征为地势西高东低，拥有"三大阶梯"。第一级阶梯是青藏高原，

---

[1] 崇祯《恩平县志·序》，广东省地方史志办公室编：《广东历代方志集成》肇庆府部（三一），岭南美术出版社，2009年，第26－27页。注：本书所使用广东旧志除特别标注外，均为《广东历代方志集成》版本，后面不再标注版本信息，仅标注页码。

[2] 梁启超著，汤志钧、汤仁泽编：《梁启超全集》2集《论著》，中国人民大学出版社，2018年，第482页。

平均海拔在 4 000 米以上，有"世界屋脊"之称。第二级阶梯界于青藏高原的北缘到大兴安岭、太行山、巫山和雪峰山东缘之间。第三级阶梯是中国东部宽广的平原与丘陵，属最低的一级阶梯地形。[1] 广东地处第三级阶梯，以平原、丘陵以及低山地貌为主。南岭是一道南北分隔的天然屏障，也是长江流域与珠江流域的分水岭。人们通常认为南岭是越城岭、都庞岭、萌渚岭、骑田岭和大庾岭五岭。五岭之南即岭南，又称岭表、岭海、岭外、岭峤。

江门地区地处岭南核心区、珠江三角洲西部，地质构造运动对江门地区的地貌形态的形成产生影响。据研究，距今 200 万年前的第三纪末期，珠江三角洲由于地盘下陷形成浅海湾，三角洲基底受到地层复杂断裂作用影响遭到破坏而形成珠江漏斗湾，形成断块盆地和断裂线，其中主要断块盆地就包括新会盆地，使三角洲海盆盆底地形表现出复杂特征，有高大山丘，也有低平洼地。[2] 而根据实地探测，江门市境内有震旦纪、寒武纪、奥陶纪、石炭纪、二叠纪、三叠纪、侏罗纪、白垩纪、下第三纪及第四纪等地质年代的地层，以第四纪地层分布最广。侵入岩形成期次有加里东期、加里东—海西期、印支期、燕山期，其中尤以燕山期规模最大。地质构造以新华夏构造体系为主，大的断裂带有北东向的恩苍大断裂和金鹤大断裂。[3] 因受潮汐影响，形成崖门、虎跳门、广海与北陡四个出海口。

江门地区地势总体西北高、东南低。西部、北部以低山丘陵为主，中部、东部、南部以河谷冲积平原和丘陵为主，丘陵、台地相间，沿河有沙洲发育，地貌呈现多元化。全市山地丘陵面积 4 400 多平方千米，占土地总面积 46.8%。江门平原丘陵地貌是在经历全新世海侵后形成溺谷湾，受到海湾演变和西江三角洲向海湾推进影响而形成的。距今一万年之前的旧石器时代，海水内侵，台山海岸线明显后退，赤溪南峰山孤屹海中，都斛镇与斗山镇南部、海宴镇与汶村大部仍为茫茫大海，镇海湾非常宽阔，深井镇犹是大港湾。潭江入海口上退到牛湾附近，西江入海口大致在南海九江一带。至距今 6 000 年的新石器时代，新会北部海岸线保持在司前—江门—九江一线。[4] 距今 6 000 年前后的时期出现全新世的第一次高海面，高出今海平面约 1 米。此后经历波动下降、快速上升、缓慢下降，至距今 4 500 年前后，海平面又缓慢回升。[5] 海平面变化直接影响先民的生产和栖息，新石器时代文化遗存的堆积类型和分布与海平面波动有密切关系。[6] 当时江门地区虽然尚未形成三角洲，但是新会、台山等地在地质年代隆起的丘陵台地为先民居住提供场所，因此目前江门地区发现的新石器时代遗

① 陈君慧编著：《中国地理知识百科》第 1 册，吉林出版集团有限责任公司，2013 年，第 7 页。

② 赵绍祺、杨智维修编：《珠江三角洲堤围水利与农业发展史》，广东人民出版社，2011 年，第 15 页。

③ 江门市人民政府地方志办公室编：《江门年鉴 2017》，方志出版社，2017 年，第 44 页。

④ 张国雄等：《五邑文化源流》，广东高等教育出版社，1998 年，第 16 页。

⑤ 方国祥等：《珠江三角洲 8000 年来海平面变化》，《地理研究》1991 年第 4 期。

⑥ 李平日、方国祥、黄光庆：《珠江三角洲全新世环境演变》，《第四纪研究》1991 年第 2 期。

址多处于当时的丘陵台地边缘，尤以贝丘遗址和沙丘遗址居多。沙丘遗址主要分布在沿海沙滩、沙堤和沙洲上，具有显著的海洋文化特质，江门地区先秦时期沙丘遗址的形成与地貌发育演变息息相关。

江门地区海蚀遗迹及地下蚝壳（蚝龙）的发现，表明部分地区在古代曾为海洋或海湾。1994 年 6 月，有学者对江门地区海平面上升影响进行调研考察时，在新会小冈官堂里村猫儿山发现一处海蚀遗址，包括 4 个典型的海蚀洞和一处海蚀平台，他们认为"珠江三角洲研究早已证实，江门、新会一带曾为古海湾，珠江三角洲的古海蚀遗迹北至南海石碣、广州七星岗，因此，新会小冈有古海蚀遗迹并不奇怪"。① 此外，开平泮南铁炉岗与泮村市岗两处发现有古蚀洞遗迹，均为红砂岩石。② 新会熊子山亦有海蚀崖、海蚀穴和海蚀平台地形，说明这里曾为海上孤岛。台山北陡、赤溪沿海局部可见海崖、海蚀柱、小型海蚀洞、海蚀平台等海蚀地貌。江海区外海南山前沿有宽阔海蚀平台，"风光艇津"摩崖下出露有小型蜂窝状海蚀穴。③ 上述江门地区多个地点海蚀遗址的发现，表明这些地方在古代都是汪洋大海，或是古海岸与海岛，只是历经成千上万年的海陆变迁，形成今天所看到的景观。

除了海蚀遗址，文献记载与考古发现亦证明江门地区东部、南部不少地方在远古时期是海湾。清代《粤东闻见录》云："新会海水中蚝壳日捞不竭。"④ 新会鳄洲山"在城南三十八里银洲湖中，下多蚝壳"⑤。光绪《新会乡土志》记载："据最新之调查，东自荷塘、外海，东南礼乐、睦洲，西南黄涌、泷水口及潭江经行一带，往往有蚝壳发现，土人谓之壳龙。土人谓地脉为龙，言地下蚝壳之多有如地脉。古时皆为大海。蚝非咸水不生，因壳而知有蚝，因蚝而知有咸水，因咸水而知为大海。今县城河南附近尚有蠕步、大圆洲、晾罟村等遗传古名，可知城南古时即为海滨。"⑥ 民国《潮连乡志》亦记载："潮荷海之海底有壳矿焉，壳为蚝壳，其积而成矿。"⑦ 外海东北方的古镇海"产牡蛎，乡人资其利，近村处俗名壳塘"⑧。现代地质探测证明，江门地下沉积物中存在蚝壳（蚝龙），在会城、礼乐、江门、麻园、茶坑以及江门河上游的都会、北街均有发现。说明新会冲缺三角洲前身是个海湾，年代约

---

① 江金波、胡世雄：《新会市小冈镇猫耳山古海蚀遗迹的发现》，《热带地理》1994 年第 4 期。

② 开平县华侨博物馆编：《开平县文物志》，广东人民出版社，1989 年，第 177 页。

③ 江门市地方志编纂委员会编：《江门市志：1979 ~ 2000》上册，方志出版社，2011 年，第 81 页。

④ （清）张渠撰，程明校点：《粤东闻见录》，广东高等教育出版社，1990 年，第 120 页。

⑤ 道光《新会县志》卷 2《舆地》，第 44 页。

⑥ （清）蔡垚燨修，（清）谭镳等纂：《新会乡土志》卷 1《历史》，《广州大典》第 34 辑第 12 册，广州出版社，2015 年，第 110 页。

⑦ 卢子骏：《潮连乡志》卷 7《杂录略》，《中国地方志集成·乡镇志专辑》第 32 册，上海书店，1992 年，第 307 页。

⑧ （清）陈炬墀：《新会龙溪志》，新会景堂图书馆藏，第 6 页。

在 5 000 年前。荷塘水利会处蚝壳埋深 2.5 米，经碳-14 检测年代为 5 020 ± 150 年。荷塘为民村地下 3 米处蚝壳达到 4 790 ± 140 年。睦洲河口船闸处蚝壳埋深 2.5 米，也有 2 510 ± 90 年。其上陆相沉积多在 3 000 年以内，棠下淡水鳄鱼为马来鳄品种，埋深 3 米，为 3 020 ± 80 年。荷塘为民村泥炭土埋深 1.5 米，为 3 670 ± 110 年。荷塘塔岗村腐木埋深 2.8 米，为 2 050 ± 100 年，可知新会冲缺三角洲形成年代很新。由于蚝龙分布于海岸带，清代已有"潮莲是龙头，大良是龙尾"的说法，表示古代人们对海岸线的看法。[①]

二、气候变化

江门濒临南海，处在北回归线以南，气候属亚热带。冬季盛行东北季风，夏季是西南季风，春秋为转换季节。冬短夏长，气候宜人，雨量丰沛，光照充足。无霜期在 360 天以上，全年无雪。区域气候分为山地温凉区，丘陵温暖区，沿海温热带三级。

古代江门地区深林密布，气候较今炎热，历史时期气候情况可以从江门地区出土的热带巨型动物，如象、鳄鱼的化石进行窥探。1985 年，开平赤坎疏河时发现一块亚洲象齿亚化石，长 22 厘米，宽 16 厘米，牙根宽 12 厘米，有四个齿板，齿冠比较完整，齿根一边残缺。经广东省博物馆取样送有关部门作碳-14 测定，该化石距今已有 20 万 ~ 30 万年。[②] 由于亚洲象通常栖居于热带雨林地区，可见史前江门地区自然原生森林植被繁茂，水源充足，高温多雨，是亚洲象生存的绝佳地方。直至北宋淳化二年（991），"雷、化、新、白、惠、恩等州山林有群象，民能取其牙，官禁不得卖"[③]。恩州包括今恩平市部分地区。象群的出现，反映出当时江门地区气候炎热。

珠江三角洲的孢粉分析结果表明，全新世气候变化的幅度不大，从距今 7 500 年前起，江门地区已经属于南亚热带海洋性季风气候，经历的几次波动性变化中，比较显著的是距今 5 000 ~ 4 500 年前的变凉和距今 4 500 ~ 3 400 年前的炎热。[④] 6 000 年之前新石器中期，江门地区已有人类居住，当时尚处于全新世大暖期，华南地区温度比现在高 1 摄氏度。

位于珠江三角洲西部的江门地区，远古时气候炎热湿润，森林茂密，是野生动物的理想生存场域。1973 年冬，新会县棠下公社大林大队南边群众在挖掘鱼塘时，在离地面约 2 米的黑色砂质黏土层中发现一具成年的鳄鱼遗骸，头骨和下颌骨保存完好，

---

① 曾昭璇、黄少敏：《西江下游中山冲缺三角洲地貌发育的历史分析》，《华南师院学报（自然科学版）》1980 年第 2 期；曾昭璇：《新会冲缺三角洲历史地貌研究》，《人民珠江》1986 年第 1 期；曾昭璇：《珠江三角洲地貌发育》，暨南大学出版社，2012 年，第 122 页。

② 开平县华侨博物馆编：《开平县文物志》，广东人民出版社，1989 年，第 178 页。

③ （元）脱脱等：《宋史》卷 287《列传第四十六·李昌龄》，中华书局，2000 年，第 7857 页。

④ 李平日、方国祥、黄光庆：《珠江三角洲全新世环境演变》，《第四纪研究》1991 年第 2 期。

残长 3.3 米。1980 年 2 月初，棠下公社石头北面社员挖掘水塘时，又在离地面约 2 米处的黑色砂质黏土层中发现一具比较完整的成年个体鳄鱼头盖骨。鳄鱼喜爱栖居热带性气候、人烟稀少、森林茂密尚未被开垦的珠江三角洲淡水湖泊沼泽地带。经中国科学院碳-14 测定，新会大林鳄鱼骨骼年代是公元前 1070 年（±50），即距今 3 000 余年。据王将克等研究，珠江三角洲出土的鳄鱼均为马来鳄。马来鳄是典型热带动物，现今多栖息于东南亚。[①] 北宋李昉《太平广记》引唐代郑常《洽闻记》云："鳄鱼别号忽雷，熊能制之，握其觜至岸，裂擘食之。一名骨雷，秋化为虎，三爪。出南海恩、雷二州。"[②] 恩州包括今恩平境。新会鳄鱼遗骸的出土，除了说明气候炎热外，亦表明此地由原来的海湾逐渐成为泥泞沼泽地。新会原有平原地名为"鳄洲"，当为鳄鱼活动的旧迹。

在海湾众多与气候炎热的自然条件之下，江门地区人类先民在此繁衍生息，克服困难，过着群居生活，留下诸多文化遗存。

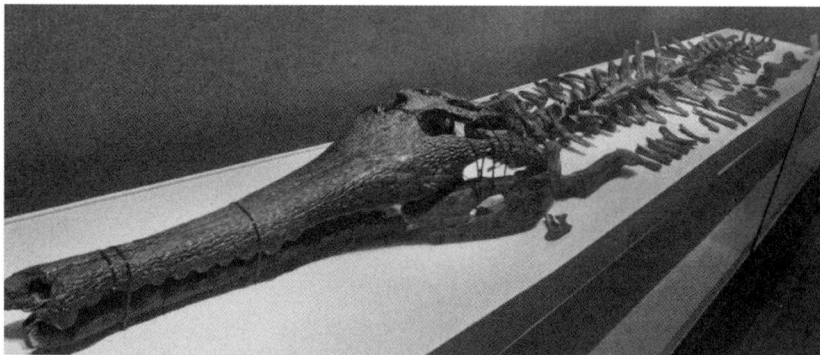

图 1-1　新会棠下大林出土的鳄鱼骨骼

来源：作者摄自新会博物馆。

第二节　新石器时代文明

根据进化论的经典学说，现代人类源于灵长类的类人猿，进化为古人类。古人类进化序列为：能人—直立人—智人—现代人。1836 年，丹麦博物学家汤姆森做出"石器时代""青铜时代""铁器时代"分期排序。人类早期文明主要特点是制造与使用

---

① 王将克、宋方义：《关于珠江三角洲出土的鳄鱼及其有关问题》，《热带地理》1981 年第 4 期。
② （宋）李昉等编：《太平广记》卷 464《水族一·骨雷》，哈尔滨出版社，1995 年，第 4170 页。

石制工具，这个历史阶段被称为石器时代，也被称为蒙昧时期。根据工具形状与复杂程度，通常分为两个阶段：旧石器时代（距今 300 万至 1 万年）、新石器时代（距今 1 万至 4 000 年）。根据人类学的分期，世界上最原始的人类是"猿人"。我国境内发现的公认最早人类化石，是距今 170 多万年属于旧石器时代的云南元谋人[①]，距今 60 万~70 万年的陕西蓝田猿人以及距今 50 万~60 万年的北京猿人。从北京猿人开始进入直立人阶段。到距今 20 万~30 万年前，从直立人进化到智人阶段，早期智人阶段有丁村人、长阳人等。进入新石器时代后，人类发明磨制石器与制造陶器，大多过着原始渔猎生活，部分族群迈入定居生活，创造人类早期文明。

广东地区目前确认年代最早的古人类文化遗存是云浮郁南磨刀山遗址，考古年代属于距今 60 万~80 万年的旧石器时代早期。[②] 广东地区发现的早期人类化石则是属于距今 14 万年左右的封开垌中岩人和距今 13 万年左右的曲江马坝人，他们均属早期智人，所处的地质时代是更新世晚期早一阶段。大约一万年前，人类开始进入新石器时代，岭南地区新石器中期文化的代表是"西樵山文化"，以生产霏细岩双肩石器为特征。1985 年杨式挺先生指出，西樵山文化包括以西樵山石器制造场为纽带和西樵山类型的石器等遗物共存为标态的一群古文化遗存。主要分布于狭义的珠江三角洲地区，包括南海、番禺、顺德、中山、斗门、三水、新会、东莞、高鹤、宝安、增城的一部分或大部分，以及广州、佛山、江门、深圳、珠海五个市，面积一万平方千米。[③] 作为华南地区重要石器制造场的西樵山文化遗址被誉为"珠江文明的灯塔"，它标志着岭南地区进入农业文明时代。

江门原是珠江口上的一个浅海湾，之后因西江、潭江泥沙长期淤积，逐渐成陆，至晚在新石器时代中期就有人类活动的痕迹。先秦时期江门地区人类生存活动痕迹的发现与研究，主要依靠新中国成立后的考古工作。1956 年 2 月广东省文物工作队成立，随后对全省文物进行第一次普查，在配合基本建设基础上进行大量考古挖掘工作。1957 年在江门地区发现大批新石器时代遗址，分布于新会、台山、恩平、开平、鹤山等地方。1960 年，莫稚、李始文执笔的《广东中部低地区新石器时代遗存》刊登于当年《考古学报》第 2 期，向社会公布包括上述江门地区的考古发现，引起学界关注，尤其以新会罗山咀遗址广为人知。1981 年国务院发出《关于开展文物普查工作的通知》进行全国第一次文物普查，在此背景下，1982 年 3 月至 1985 年广东省政府率先进行第二次全省文物普查工作。这个时期江门地区陆续发现大批新石器时代遗址。除了大规模文物普查运动外，配合项目建设的考古探测中亦时有新的考古发现，

---

① 距今 210 万年前的重庆"巫山人"是人还是猿，学界尚存争议。参阅武仙竹等：《中国三峡地区人类化石的发现与研究》，《考古》2009 年第 3 期。

② 广东省文物考古研究所等：《广东郁南县磨刀山旧石器时代遗址发掘简报》，《考古》2017 年第 5 期。

③ 杨式挺：《试论西樵山文化》，《考古学报》1985 年第 1 期。

1997 年台山发电厂项目中发现铜鼓湾遗址；同样在 1997 年江鹤高速公路建设项目中发现鹅尾岭遗址、长山遗址；2007 年台山核电站项目建设中则发现中外闻名的腰古新村遗址。随着考古文物普查工作的逐步推进，江门地区的先秦历史得以局部揭开神秘面纱。

一、新石器时代中期文化遗存

广东地区新石器时代早期遗址有英德牛栏洞遗址、遂溪鲤鱼墩遗址等，江门地区尚未发现这一时期的遗址。江门地区最早的人类遗址是出现于新石器时代中期的贝丘遗址。由于自然条件差异，新石器时代文化遗址通常可以分为贝丘遗址、沙丘（沙堤）遗址、台地遗址、山岗遗址、洞穴遗址等。广东新石器时代遗址的种类，包括洞穴（一般约高出河床 10~20 米）、山岗（一般地面高程为 10~40 米，少数高达 70~80 米，多发现于河旁或分叉处）、台地（数量不多）、贝丘（多埋藏于现今地表下 1~3 米，可分滨海和河旁贝丘两类，前者含较多的海生或河口的鱼鳖、介壳类，后者多淡水生物）、沙丘（分布于沿海或岛屿的沙滩或沙堤上）、土墩（多分布于珠江三角洲，处于从山岗至平原之间的位置，一般高出今农田 5~10 米）。① 珠江三角洲遗址形态以贝丘遗址、沙丘遗址最具特色。江门地区新石器时代中晚期的文化遗址以海湾型的贝丘遗址为主。这类遗址主要分布于珠江三角洲中部的边缘地带成陆较晚的江门、新会、高明、鹤山，当时为海湾之处，贝丘离海近，捕捞和采集对象以半咸水及广盐性贝类鱼类为主，新会罗山咀遗址是广东地区海湾型贝丘遗址的典型代表之一。②

罗山咀遗址，位于新会区会城街道都会村西北角罗山，属于新石器时代中期贝丘遗址。《江门五邑百科全书》称之为"都会贝丘遗址"。③ 山岗高 62.37 米，坐落于都会村罗山最南端山坡，犹如突出的"嘴"，起初称"罗山嘴"，今称"罗山咀"。该遗址先后经历三次考古发掘：1957 年 3 月由佛山专区文物普查工作队负责第一次发掘，历时 2 天；1959 年 3 月由新会文物干部训练部负责第二次发掘，历时 2 天；1960 年 3 月由广东省博物馆文物工作队与新会博物馆合作发掘，历时 7 天，第三次开掘一个面积 21 平方米的探方。遗址范围 25 米×20 米，高出河面 10 米。第二层文化层是灰黑色土贝壳层，贝壳、泥土比例约为 8∶2，局部地方全为贝壳，厚达 48~104 厘米，文物均在此层出土。

该遗址出土遗物较为丰富，有石器、陶器、骨蚌器三类以及大量贝壳遗存。石器共 15 件，其中斧 4 件、砺石 4 件、锛 3 件、网坠 2 件、双边砍斫器 1 件、敲砸器 1 件，以半磨制为主，有明显打磨痕迹。陶器均为夹砂粗陶，以黑陶、红陶为主，器型

① 杨式挺等：《广东先秦考古》，广东人民出版社，2015 年，第 162 页。
② 王荣武等：《广东海洋经济》，广东人民出版社，1998 年，第 11 页。
③ 江门五邑百科全书编辑委员会、中国大百科全书出版社编辑部编：《江门五邑百科全书》，中国大百科全书出版社，1997 年，第 59 页。

为釜、瓮、罐、缶、纺轮、器座类，纹饰以细、粗绳纹为主，亦有少数刻划纹、斜方格纹与篮纹，完整陶器有瓮1件、缶3件。骨器有骨凿1件、骨簪1件、龟甲牌1件，还有动物贝壳包括蚝、蛤、蚶、蚌、螺等。

图1-2　新石器时代中期，罗山咀贝丘遗址出土的石锛、网坠、砺石、贝壳

来源：作者摄自新会博物馆。

该遗址文化层底部发现有一座瓮棺二次葬，瓮棺为两个相套的夹砂黑陶瓮，属大敞口鼓腹圆底器，上部已残破，高存50厘米，腹径64厘米。瓮棺内的人骨叠放整齐：头骨在下面中央，颅骨贴瓮底，上颚骨向上，两块股骨、一块桡骨、部分零碎肢骨、指骨反叠在上颚骨上面。瓮棺内有随葬品骨簪、龟甲牌各一件，骨簪为细长扁圆形，用牛肢骨切割磨光制成，尖峰，短柄，长10厘米；龟甲牌为扁平倒装三角形，两角穿圆孔，用麻龟板切割磨成，宽16.3厘米，高8.5厘米。瓮棺东、北侧有三堆夹砂粗黑陶片，是陶葬用的小陶缶，器形细小，敞口圆底，高14厘米，口径10厘米，腹径15厘米。从人骨架的头骨较薄，骨架不粗大，牙齿磨蚀深，并有骨簪随葬情况而言，墓主人是一位老年女性。[1]

罗山咀遗址瓮棺葬的出土显示江门地区丧葬习俗的早期特点。死亡是人生的归宿或终结，是人类无法回避与超越的现实问题。丧葬起源于原始人类的灵魂不死观念，因此丧葬成为他们社会生活的重要事情，在漫长的历史过程中形成种种具有神秘色彩、庄严隆重的丧葬礼俗。[2] 丧葬形式中，葬法是指不同的安葬方法，如土葬、火葬、水葬、崖葬、天葬等；葬式是指不同的埋葬姿势，如仰身直肢葬、俯身葬、交手葬、

---

[1]　莫稚：《广东珠江三角洲贝丘遗址》，《南粤文物考古集（1955—2002年）》，文物出版社，2003年，第207-212页。

[2]　徐吉军：《长江流域的丧葬》，湖北教育出版社，2004年，第1页。

侧身葬、竖葬、屈肢葬等。① 土葬是世界各民族普遍流行的丧葬形式。土葬习俗在中国具有悠久的历史，始于原始社会的旧石器时代。中国人重视"入土为安"，认为人死之后应回归土地，将尸骨盛放在陶坛中可以起到保护尸骨的作用。罗山咀遗址发现的瓮棺葬是广东省发现的首个史前瓮棺二次葬墓。考古学者指出，"瓮棺葬的出现，是由社会生产力发展水平决定的人们思想意识发展到一定阶段的产物。生活在新石器时代的人们，生产力处于相同的发展阶段，也就会有着共同的思想意识和宗教信仰。共有的思想意识和宗教信仰，与已经产生了的可以充当这种葬俗的执行者的陶器相结合，于是，瓮棺葬这种葬俗也就应运而生，这是该时期文化上的共性使然"②。由此可见，罗山咀遗址出土的瓮棺墓葬出现在大约 6 000 年前的新石器时代中期，说明这个时期江门地区已有较为先进的文明，并初步形成后世岭南地区所流行的捡骨二次葬丧葬习俗。

罗山咀遗址属于新石器时代中期的前期原始社会"夹砂粗陶类型"文化遗存，大概相当于中原地区仰韶文化早期。中国社会科学院考古研究所编著《新中国的考古发现和研究》一书，在论述"广东地区的新石器时代文化"时专门提及罗山咀遗址，称"20 世纪 50 年代后期，在广东全省有计划地分区进行了考古普查和探掘工作。探掘中发现，既有分别以砂红陶或砂黑陶为主的单纯夹砂陶遗存，也有砂陶与少量几何印纹软陶伴出的遗存，还有的是包含了大量几何印纹软陶或几何印纹硬陶的遗存。如新会罗山嘴贝丘遗址，是一种单纯的夹砂陶遗存，以粗砂红陶为主，也有少量灰色、黑色的粗砂陶，普遍涂浅红色陶衣，未见几何印纹陶"③。罗山咀遗址是珠江三角洲贝丘遗址群中年代最早的遗址。④ 鉴于该处人类文化遗存的重要学术价值，2004 年，罗山咀遗址被列入新会区文物保护单位，有待进一步的保护与研究。

除了罗山咀遗址，江门地区同属新石器时代中期的遗址还有蓬江富岗村遗址、江海清澜村遗址，以及新会金牛头山遗址、茶坑村遗址、仙都遗址等五处。富岗村遗址，位于蓬江区潮连，属贝丘遗址，遗址范围 150 米×100 米，高 1.2 米，文化层厚1.6 米，出土尖状器 1 件、石坠 1 件、残石器 2 件以及夹砂粗陶片。清澜村遗址，位

---

① 罗开玉：《丧葬与中国文化》，三环出版社，1990 年，第 23 页。另外，徐吉军的分类更加细致，认为原始社会的葬法主要有土葬、火葬、天葬（鸟葬）、水葬、野葬（荒葬）、瓮棺葬、衣冠葬等。葬式则多种多样，从尸体姿势区分有仰身葬、侧身葬、俯身葬；从尸体肢体位置放来看有直肢葬、屈肢葬、蹲肢葬、断肢葬、折肢葬；从人骨堆放状况来看分为叠骨葬、骨架扰乱葬；从入埋次数分为一次葬、二次葬和一、二次混合葬；从墓坑死者人数分为单人葬、多人葬。参见徐吉军：《中国丧葬史》，武汉大学出版社，2012 年，第 29－38 页。

② 许宏：《略论我国史前时期瓮棺葬》，《考古》1989 年第 4 期。

③ 中国社会科学院考古研究所编著：《新中国的考古发现和研究》，方志出版社，2007 年，第166 页。

④ 莫稚：《广东珠江三角洲贝丘遗址补遗和余论》，《南粤文物考古集（1955—2002 年）》，文物出版社，2003 年，第 240 页。

于江海区外海，属贝丘遗址，范围 100 米 × 50 米，高 3 米，文化层厚 1 米，出土夹砂粗陶片，未见石器。金牛头山遗址，位于新会环城，属贝丘遗址，遗址范围 100 米 × 40 米，高 10 米，文化层厚 1.2 米，出土砍砸器 4 件以及夹砂粗陶片。茶坑村遗址，位于新会会城，属贝丘遗址，遗址范围 50 米 × 30 米，高 14 米，文化层厚 0.8 米，出土砺石 2 件以及夹砂粗陶片。仙都遗址，位于新会，属山冈遗址，出土石器有残斧、锛，陶器为夹砂陶。[①] 这些江门地区新石器时代中期遗址的自然遗物除牡蛎、蚝、蚶、螺、蚌壳外，还有鱼骨、牛骨和鳖骸，罗山咀遗址、富岗村遗址则有人骨发现。出土骨、蚌器有骨锛、骨针、骨饰、龟牌、圆骨饰、蛤壳雕刻，用鱼骨、兽骨和龟壳做成，一般都打磨得较好。

由此可见，目前所发现江门地区的新石器时代中期的六处遗址主要分布在市区。除新会仙都遗址属山岗外，其余五处均属贝丘遗址。根据以上考古资料，可以想象，早在 6 000 多年前的新石器时代中期，江门地区先民利用山上丰富的动物、植物资源进行原始初步的狩猎采集活动，使用的生产工具是原始的石斧、石锛、砍砸器、石网坠、砺石等半磨制的石器。先民们就地取材，利用沿海沿河的渔业资源进行原始的捕捞渔猎，大量贝壳堆成小丘。经济生活主要是捕捞活动，处于海洋文化出现的初始阶段。

先民们逐步学会掌握制陶技术，使用原始陶器作为生活用具。还有可能从事其他原始的生产活动，掌握纺织技术，出现石、陶网坠。罗山咀遗址出土陶器、陶片多为罐和缸之类，也有珠式陶纺轮、穿孔陶网坠、陶簪和 3 件圆底小陶罐，全部是夹砂粗陶，以黑色最多，少量是红色的，纹饰多为绳纹、蓝纹、斜方格划纹和素面陶。说明早在新石器时代中期，江门地区的先民已经过着原始海湾生活，学会了使用石器、骨器和木器，喜欢鱼蛤蚌螺，可能住在简陋的茅屋或"干栏式"建筑中，能够进行制陶、纺织，大体上过着以渔猎、捕捞为主，采集为辅的原始社会生活。尽管他们是在极其简陋的条件下过着原始生活，但他们生活的痕迹成为江门文明之源，延续至今。

二、新石器时代晚期文化遗存

新石器时代晚期延续旧石器时代的发展，孕育着中国夏商周三代文明。这个时期北方主要是仰韶文化、龙山文化。岭南地区新石器晚期以山冈、台地、河旁贝丘、海旁沙丘遗址为主，文化遗址主要有石峡文化、河宕文化、咸头岭文化、宝镜湾遗址、东莞村头遗址、高明古椰遗址、鲤鱼墩遗址等。其中，石峡文化是岭南地区新石器时代至青铜器时代内涵最为丰富的考古发现。

新石器时代晚期人类活动遗址在江门地区有较多发现，据初步统计，目前江门地

---

① 杨式挺：《试论西樵山文化》，《考古学报》1985 年第 1 期；莫稚：《广东珠江三角洲贝丘遗址》，《南粤文物考古集（1955—2002 年）》，文物出版社，2003 年，第 237 - 238 页。

区已发现的新石器时期晚期文化遗址达 68 处，分布在新会区 6 处、台山市 11 处、恩平市 32 处[①]、开平市 10 处、鹤山市 9 处。值得注意的是，这些遗址包括采集到个别遗物的遗址，仅有部分遗址经过正式的考古挖掘，但为了全面认识新石器时代晚期江门地区的人类先民活动，一并进行统计。下面将江门地区的新石器时代晚期遗址进行列表显示：

表 1-1　江门地区新石器时代晚期遗址

序号	名称	地址	出土遗物
1	炮台山遗址	新会沙堆镇梅阁村	石器、陶器、玉器
2	下沙遗址	新会古井镇三崖下沙村	石锛、砺石、网坠、水晶石
3	礼乐围遗址	新会崖门镇崖南农林场	夹砂陶片
4	洪婆山遗址	新会崖门镇梁黄屋村	陶片、磨制石器
5	古兜山遗址	新会崖门镇	石斧、石铲
6	象山遗址	新会会城	石斧、石铲
7	北碉楼山遗址	台山赤溪城北郊猪仔迳	石网坠 1 件、夹砂粗陶片 5 件
8	猫山遗址	台山台城猫山东南山岗下	石凿 1 件、石纺轮 1 件、大量夹砂陶片
9	长山头遗址	台山深井小江圩东	有肩石锛 1 件、石斧 1 件、穿孔装饰陶器 1 件、石网坠 8 件
10	毛髻山遗址	台山广海城东门东南角	石锛 2 件、砺石 1 件、大量夹砂陶片
11	奇坑村遗址	台山广海大坑奇坑村对面山南部	两面穿孔石器 1 件、方格纹陶片 1 件
12	拔园遗址	台山赤溪城南郊	方格纹陶片 1 件
13	新崩口遗址	台山广海城东门外咸家村	石锛 1 件、夹砂粗陶片 17 件、石网坠 1 件
14	甫草山塘遗址	台山川岛镇甫草山塘沙岸	石锤 3 件、砺石 3 件、有肩石锛 5 件、夹砂陶片、红陶片、大量贝壳
15	牛山遗址	台山台城	石凿 2 件
16	铜鼓湾遗址	台山田头镇铜鼓湾西部沙堤	陶器、石器

---

①　《江门日报》2008 年 8 月 2 日报道一则简讯《恩平出土新石器时代石器》云："4 月，恩平市那吉、江南、江洲等镇出土一批新石器时代晚期的石器，君堂镇发掘出 4 000 多年前古人类使用过的石器用具。"中共恩平市委宣传部编《恩平宣传志 1949—2012》（广东人民出版社，2013 年，第 50 页）录入此报道。但对于这次的发掘详情，目前没有更多的信息，故没有纳入统计。

（续上表）

序号	名称	地址	出土遗物
17	腰古新村遗址	台山赤溪镇腰古新村	大量
18	茶岗岭遗址	恩平恩城西安村	石器44件
19	鬼仔岭遗址	恩平城南西联	
20	白虎头岭遗址	恩平恩城西安村	石器57件
21	鹅翅山遗址	恩平江洲	
22	中彬村后遗址	恩平大田	
23	中彬村右遗址	恩平大田	
24	三官山遗址	恩平恩城西南部	石器113件
25	丫头岭遗址	恩平横坡镇塘莲村	石器13件
26	牛岗山遗址	恩平那吉镇大朗村	砺石、钻孔器、石锛、砍砸器共12件
27	白石岭遗址	恩平大田镇黄沙村	石器7件
28	地巷岭遗址	恩平横坡镇塘莲村	石器4件
29	松山仔遗址	恩平君堂镇新君村	石器4件
30	凤山遗址	恩平大田镇石山村	石器4件
31	鳌峰山遗址	恩平恩城北部	石器3件
32	山猪冲遗址	恩平横坡镇塘莲村	石器3件
33	鹰仔山遗址	恩平恩城西安村	石器3件
34	圆山仔遗址	恩平牛江仕洞	
35	猪头岭遗址	恩平大田石山	
36	营岗仔山遗址	恩平牛江镇	
37	马行山遗址	恩平那吉镇响水洞	
38	大墙岭遗址	恩平洪窖镇	
39	回龙村遗址	恩平黄角	
40	石山遗址	恩平大田石山村	
41	蓝底遗址	恩平黄角	
42	尖岗山遗址	恩平牛江	
43	火煤岭遗址	恩平牛江	
44	蟹壳山遗址	恩平牛江	
45	大王坑遗址	恩平仕洞	
46	石柱山遗址	恩平君堂清湖	
47	焦山遗址	恩平平安	
48	狗山遗址	恩平沙岗	

（续上表）

序号	名称	地址	出土遗物
49	西盘遗址	恩平	有肩斧、有肩锛、短肩短身斧、长身锛、印陶文
50	牛山口遗址	开平赤水大坊	水波纹陶片
51	凤尾山遗址	开平苍城镇城东	方格纹、水波纹陶片
52	瓦窑坪山遗址	开平苍城镇城东	方格纹、水波纹陶片
53	巍山遗址	开平苍城黄龙城	方格纹、水波纹陶片
54	船山遗址	开平赤水黄竹水村	石斧
55	横岭坑遗址	开平白云山脚	长肩石斧
56	茶仔山遗址	开平大沙	短肩石斧
57	五中背后山遗址	开平赤水第五中学背后山坡	方格纹陶片
58	牛山遗址	开平赤水大坊	水波纹片
59	园山遗址	开平黄渍水村	
60	噎山遗址	鹤山龙口八柱桥	利石、方格纹泥陶、黑陶
61	大潭冈遗址	鹤山沙坪镇南	小磨、石器
62	大宏冈遗址	鹤山龙口	有肩石凿、方格纹陶片
63	罗纱岭遗址	鹤山龙口	利石、石刀、穿孔石、纺坠，夹砂粗陶、泥陶、印纹硬陶
64	坛山遗址	鹤山沙坪玉桥	有肩石锛
65	陈岗—水西遗址	鹤山沙坪玉桥	石器、陶片、兽骨
66	水东遗址	鹤山沙坪玉桥	石器、陶片、兽骨
67	狮子岗遗址	鹤山桃源镇	石锛、石戈、石芯、石碾轮
68	平冈遗址	鹤山双合镇云宿山脚	陶片

资料来源：广东省博物馆：《广东中部低地区新石器时代遗存》，《考古学报》1960年第2期；高鹤县志修编委员会编：《高鹤县志》第2编《高鹤人民的历史》，1960年，第1－2页；《我县第一次发现沙丘遗址出土一批新石器时代文物》，《新宁杂志》1982年第4期；阚延鑫：《再谈开平居民由来考》，《开平文史》第5辑，1983年，第1页；杨式挺：《试论西樵山文化》，《考古学报》1985年第1期；开平县华侨博物馆编：《开平县文物志》，广东人民出版社，1989年，第13－14页；台山县地方志编纂委员会编：《台山县志》，广东人民出版社，1998年，第509－510页；张宝珩、李锦飞：《鹤山考古的新发现》，《岭南文史》1999年第1期；李锡鹏：《迈向新世纪——新会文博五十年》，《新会文史资料》第57辑，1999年，第150页；冯孟钦：《台山铜鼓湾新石器时代遗址》，中国考古学会编：《中国考古学年鉴1998》，文物出版社，2000年，第192页；陈田军、黄仁夫、黄仲楣：《台山县志（一九六三年编）》，台山市档案馆，2000年，第35－36页；恩平县地方志编纂委员会办公室编：《恩平县志》，方志出版社，2004年，第623页；《恩平县发现新石器时代遗点二十六处》，《恩平文史》第35期，2005年，第38页；赵绍祺、杨智维修编：《珠江三角洲堤围水利与农业发展史》，广东人民出版社，2011年，第25－29页。

从上表的统计可见，在距今 4 000～5 000 年前的新石器时代晚期，江门地区的原始先民活动频繁，创造出远古时代的初始文明。江门地区的早期人类主要活动在海湾、沿海沙堤上，新会、台山以贝丘遗址、沙丘遗址为主，恩平、台山、鹤山基本是山岗遗址。具体来看，这些遗迹集中分布在今天新会沙堆、古井、崖门等镇，台山台城、赤溪、深井、广海、川岛等镇，恩平恩城、江洲、大田、横坡、那吉、君堂、牛江、洪窖、黄角、仕洞、平安、沙岗等镇，开平苍城、赤水、大沙等镇，鹤山沙坪、龙口、桃源、双合等镇。江海区、蓬江区则尚未发现有新石器时代晚期遗址，原因可能在于新石器时代晚期此两地尚未形成陆地。下面择要对江门地区各区市的新石器时代晚期遗址进行介绍。

（一）新会区

从 1983 年开始，文物考古工作者在新会沙堆镇、古井镇、崖门镇范围内的沙堤上发现六处新石器晚期沙丘遗址——炮台山遗址、下沙遗址、礼乐围遗址、洪婆山遗址、古兜山遗址、象山遗址，具有重要的考古价值。这前四处遗址地处古代海湾的一片沙堤上，具有明显新石器时代沙丘遗址特征。

炮台山遗址，位于新会区沙堆镇梅阁村炮台山西侧沙丘上，属沙丘遗址，背靠鸡潮山与独松岭群山，面向虎跳门内河，距崖门口约 4 千米。遗址分布面积约 6 000 平方米。此地原为耕地，1983 年 3 月新会县文物普查队发现有文化遗物。1995 年 3 月 18 日至 4 月 12 日，广东省文物考古研究所、北京大学考古学系、中国社会科学院考古研究所和暨南大学历史学系组成联合调查队，对珠江三角洲地区史前遗址进行考古调查，在该遗址采集陶片 37 片，绝大部分是夹砂陶，只有一件素面泥质灰陶片。文物层在离地表 30 厘米处，厚约 100～125 厘米。出土文物有石器、陶器两类，石器有锛、斧、凿、刀、戈、网坠、穿孔器、石杆、砺石等 10 余种，陶器以夹砂陶为主，少部分是泥质红陶，器形有釜、罐、盆、瓮、钵、器座、纺轮等，夹砂陶一般表面纹饰有绳纹、云雷纹、网格纹、几何纹、叶脉纹、曲折纹、重圈纹等 10 余种。[①]

下沙遗址，位于新会区古井镇三崖下沙村，属沙丘遗址。1998 年 3 月，考古人员在下沙村的一个沙场发现有石器与陶片，经广东省文物考古专家鉴定属于新石器时代遗物，属"环珠三角史前文化圈"。遗址分布近 30 000 平方米，出土遗物中石器有石锛、砺石、网坠等器型，陶器有罐、釜等器型，多为夹砂灰褐陶，纺饰有绳纹、水波纹等。同时，夹杂有战国、秦汉、唐代、明清等不同时期的陶瓷器皿。2004 年被列为新会区文物保护单位。

礼乐围遗址，位于新会区崖门镇崖南农林场六祖庙沙堤，属沙丘遗址。2008 年 8 月文物普查时发现，分布面积约 100 000 平方米，遗址上采集有较多夹砂陶片，有黑

① 江门市地名委员会、江门市国土局编：《江门市地名志》，广东省地图出版社，1991 年，第406 页；赵辉等：《珠江三角洲史前遗址调查》，《考古学研究》（四），科学出版社，2000 年，第390 – 391 页；广东省地方史志编纂委员会编：《广东省志·文物志》，广东人民出版社，2007 年，第116 页。

图 1-3　新石器时代晚期，炮台山遗址出土的器座、石球、砺石、
石璋残件、陶片、网坠、石锛、石器

来源：作者摄自新会博物馆。

陶和灰陶两种，器型有陶釜、陶罐等，器表饰以刻划纹、编织纹、细绳纹等，火候不高。同时有少量褐红色的米字纹硬陶碎片，火候较高，估计年代较晚。地层隔层可见多处细小白色砜壳层。遗址所在地曾大量取沙，形成低洼地，后种植农作物，遗址破坏严重。

洪婆山遗址，位于新会区崖门镇梁黄屋村洪婆山南部山脚，属沙丘遗址。2008 年 8 月文物普查时发现，西北靠古兜山脉，东南临崖门海口。遗址上采集有少量的陶片和磨制石器，陶片质地为夹砂陶和泥质陶，器型有陶釜、陶罐等，石器有石斧、砍砸器等。在遗址上发现散落较多水晶的碎片和柱状晶体。部分地层中可见有一层细小的白色砜壳。该遗址发现以来，新会博物馆多次前往挖掘采集，但由于被附近村民取沙与挖塘养鸭等行为破坏，采集到的文物不多。该遗址分布面积约 150 000 平方米，是新会区目前所发现的规模最大的早期人类活动遗址。①

总体而言，自 20 世纪 80 年代初以来，新会地区陆续发现新石器时代遗址，除了前述属于新石器时代中期的罗山咀贝丘遗址保护较好外，新石器时代晚期的多处遗址有待进一步加强保护。

（二）台山市

台山市发现挖掘的新石器时代晚期遗址数量并不算多，但出土文物较多，保护较好。较为重要的遗址有新崩口遗址、毛髻山遗址、拔园遗址、北碉楼山遗址、牛山遗址、长山头遗址、甫草山塘遗址、铜鼓湾遗址，此外，腰古新村遗址是岭南考古史上的重要发现，具有重大学术价值。

---

① 　严建广、黄文生：《崖门洪婆山遗址面纱待揭开》，《广州日报》，2017 年 6 月 23 日。

新崩口遗址，位于台山广海城东门外咸家村前，属沙丘遗址。1957 年 4 月 17 日，广东省与台山县文物普查工作队在咸家村新崩口地面采集到石网坠 2 件，呈浅黄色。其中 1 件呈扁平椭圆形，长径 7 厘米，宽径 5.4 厘米；1 件呈长方形，两端厚度不一，形体较小，质硬。石锛 3 件，其中有肩石锛 1 件，肩部及刃部均为长方形，厚 1.3 厘米，质硬，浅黄色；表面有条纹的 1 件，呈灰色；表面粗糙的 1 件，厚 1.5 厘米，质硬，呈灰色。夹砂粗陶片 10 件，其中，表面分别刻有方格纹、曲水纹、条纹的 6 件，纹迹较清晰；无纹、表面粗糙、形状不一的 4 件。纹陶片 3 件，形体较小，质硬。其中呈黄白色的 2 件，呈褐色的 1 件，纹多清晰。[①]

毛髻山遗址，位于台山广海城东门东南角。1957 年 4 月 17 日，广东省文物普查工作队在毛髻山采集到夹砂陶片 3 件，形体较小，四边形，有条纹，纹饰清晰美观（图 1-4）。石器有肩石锛 2 件（其一见图 1-5），其中灰色的 1 件，长方体，长 8.2 厘米，宽 5.5 厘米，厚 1.5 厘米；浅黄色的石锛 1 件，刃凹凸不平，成弧状，形体较小。还有砺石 1 块。[②]

图 1-4　圆圈条纹印陶片

图 1-5　有肩石锛

来源：黄志强、柏宇亮：《江门地区海上丝绸之路文物图集》，云南美术出版社，2017 年，第 15、25 页。

拔园遗址，位于台山赤溪城南郊，属山岗遗址。1957 年 4 月，广东省与台山县文物普查队在拔园山坡发现方格纹陶片 11 件，形体很小，较薄。其中呈黄色的 6 件，

---

① 黄仁夫、陈标：《从出土文物看台山的开发史》，《台山文史》第 2 辑，1984 年，第 5 页；台山县地方志编纂委员会编：《台山县志》，广东人民出版社，1998 年，第 509 页。

② 黄仁夫、陈标：《从出土文物看台山的开发史》，《台山文史》第 2 辑，1984 年，第 5 页；台山县地方志编纂委员会编：《台山县志》，广东人民出版社，1998 年，第 509 页。

有斜纹和曲水纹；呈灰色的5件，有的花纹刻得较深。同时发现的还有石锛。[1]

北碉楼山遗址，位于台山赤溪城北猪仔迳，属山岗遗址。1957年4月，广东省与台山县文物普查队在北碉楼山发现夹砂粗陶片4件。其中呈拱形的1件，长11厘米，宽4.5厘米，厚1.8厘米，表面有条纹，质硬；五边形的1件，方格纹，面稍凸；其余的较小，也有条纹；曲折印纹陶片3件，其中灰色的陶片2件、浅黄色的1件，都是四边形，形体较小且薄，印纹清晰；方格纹陶片1件，形体较小，厚薄不均匀，纹较浅，有些模糊。[2]

牛山遗址，位于台山台城，属山岗遗址。1957年4月22日，广东省文物普查队在台城牛山地面发现大小石凿各1件。其中大石凿长9.5厘米，宽4厘米，厚1.5厘米，深灰色板岩，质硬，打磨平滑，一端有崩缺；小石凿长5.5厘米，宽3厘米，厚0.7厘米，灰色板岩，质硬，打磨精致、光滑。[3]

长山头遗址，位于台山深井小江圩东，属山岗遗址。1957年5月2日，广东省与台山县文物普查队在长山头采集有穿孔装饰陶片3件。其中呈椭圆形的1件，长径5.3厘米，宽径4.3厘米，表面较滑；五边形的1件，厚1厘米，质硬。叶状印纹陶片7件，其中有灰色和黄色的，形体大小不一，印纹深浅不同，但很清晰，稍薄，质硬，美观。有肩石锛2件，其中呈灰色的1件，刃较利，成直线，长6厘米，肩长5厘米，宽5.5厘米，厚1.2厘米；红褐色的1件，刃呈弧状，肩是长方体，较小，表面打磨光滑，质硬。石网坠1件，浅黄色，扁平状，稍滑，长径7厘米，宽径5.5厘米，厚1厘米，一端成弧形，两边有凹陷，质硬。[4]

甫草山塘遗址，位于台山广海，属沙丘遗址。1982年11月21日，广东省博物馆和台山县考古队进行文物普查时，在甫草山塘村南面沙滩高地上发现。遗址发掘有石锤1件，长径9.5厘米，宽径8.5厘米，厚5厘米，黄灰色，质硬，打磨较滑。石锛2件，其中有肩的1件，扁平，呈灰色，质硬光滑；黄灰色1件，质硬，都是形体较小的。石锛凿2件，其中深灰色和浅黄色各1件，形体较小。陶片7件，大小不一，形体各异，最大的长8厘米，宽4厘米，全都是夹砂陶片，质脆。陶器陶质以夹砂黑陶、红陶为主，器种以器表拍印篮纹的陶釜为主，有少量夹砂陶圈足盘。遗址的夹砂陶占95%以上，陶色以夹砂粗黑陶为主，夹砂红陶少见，纹饰以粗篮纹为主，其次才

①　黄仁夫、陈标：《从出土文物看台山的开发史》，《台山文史》第2辑，1984年，第4页；台山县地方志编纂委员会编：《台山县志》，广东人民出版社，1998年，第509页。
②　台山县地方志编纂委员会编：《台山县志》，广东人民出版社，1998年，第509页。
③　台山县地方志编纂委员会编：《台山县志》，广东人民出版社，1998年，第509页。
④　台山县地方志编纂委员会编：《台山县志》，广东人民出版社，1998年，第509 - 510页。

是细绳纹、刻划纹。石器有少量经磨制的小型有肩石锛和梯形锛。[①]

铜鼓湾遗址，起初称"台山发电厂沙丘遗址"，位于台山市田头镇铜鼓湾西部沙堤上。1997年初，广东省文物考古研究所进行广东沿海高速公路文物调查时发现该遗址。1997年11月26日—12月26日，广东省文物考古研究所联合台山市博物馆组成联合考古队，对台山发电厂工地进行正式发掘，发掘面积500平方米，文化层厚0.9米。遗址发掘最深处达3.2米，文化层共有5层，第一层为唐宋以来形成的文化层，第二、四两层为新石器时代文化层，第三层为黄褐色纯砂间歇层（自然层），第五层为白色粗砂层（自然层），本层及其下经探掘已无文化层堆积。出土遗物主要是陶器、石器两大类。陶器以夹砂褐陶为主，还有少量泥质陶，均破碎。陶器种类初步辨出有釜、罐、钵、圈足盘、器座等。陶器颜色，第二层主要为灰黑色，第四层主要为褐黄色；纹饰方面，第二层以交错绳纹为主，另于钵的口沿内侧见有独具特色的规整美观的刻划纹，第四层则以橘皮纹（又称麻点纹）占多数，此外则是绳纹。第二层陶片内侧普遍暴露石英砂，陶质酥脆。石器数量不多，种类有锛、斧、锤、刀、砧、砺石、网坠、砍砸器、尖状器（开蚝用）、舌形器、锥状器、环砥石等，网坠数量最多。从遗址中出土的石环芯分析，第二层时期的单面管钻工艺比较发达。[②]

腰古新村遗址，位于台山赤溪镇腰古新村腰古湾西侧第二道临海沙堤上，海拔约6米。2007年底，广东省文物考古研究所在配合广东台山核电站项目建设进行的考古调查中发现该遗址，并于2008年7月至2009年5月进行抢救性考古发掘，发掘面积8 000平方米，文化堆积厚度0.6~1.5米。文化遗存跨度从新石器时代晚期至明清时期，共清理新石器时代晚期聚落保存完整的活动面6处、不同时期墓葬43座、灰坑57个、柱洞102个、文化遗物1 000余件，获取各类文物标本数万件。发掘出土的石器数量大，种类丰富，多数属于新石器时代晚期。石器多数经磨制加工而成，同时也有相当数量的半成品和毛坯。由于各层活动面上普遍存在着石器加工行为，因此石料、石核、石片和碎屑的数量也较丰富。依用途分类，这些石器可区别为加工工具、渔猎工具和装饰品三类，具体包括石锚、网坠、石镞、石锤、石钻、石杵、凹石、石刀、石锛、砺石、石砧、饰物（石英、水晶）等，网坠和石锛的数量较多。出土有各

①　台山县地方志编纂委员会编：《台山县志》，广东人民出版社，1998年，第510页；朱非素等：《广东考古十年概述》，广东省博物馆编：《广东省博物馆开馆四十周年纪念文集1959—1999》，广东人民出版社，2000年，第49页；朱非素：《广东新石器时代考古若干问题的探讨》，《岭外求真——朱非素考古论集》，科学出版社，2015年，第42页。

②　广东省文物考古研究所：《台山发电厂新石器时代沙丘遗址发掘工作报告》，《广东文物》1998年第2期；冯孟钦：《台山铜鼓湾新石器时代遗址》，中国考古学会编：《中国考古学年鉴1998》，文物出版社，2000年，第192页；广东省地方史志编纂委员会编：《广东省志·文物志》，广东人民出版社，2000年，第116页；广东省文物考古研究所、台山市博物馆：《广东台山铜鼓湾沙丘遗址发掘》，广东省文物考古研究所编：《广东省文物考古研究所建所十周年文集》，岭南美术出版社，2001年，第329－340页。

种各样陶器，有炊煮器和饮食器等，用火痕迹明显，表层常见陶器碎片或者陶质器座等。泥器物造型独特但数量不多，以夹砂绳纹釜、圜底钵和灰白陶圈足罐、圈足盘等为典型器物。质陶器均属新石器时代晚期，多数火候较低（也有少量高火候者），以白陶、灰黄陶为主，器表多有刻划纹、戳印纹和镂孔等装饰。遗存年代距今约5 300～4 500年，在彩陶遗存和几何印纹陶遗存间起着承上启下的关键作用，是珠江三角洲沙丘遗址的代表遗址之一。[①]

迄今为止，腰古新村遗址是我国史前沙丘遗址考古中发掘面积最大、出土文物最多的一个新石器时代晚期遗址。腰古新村遗址的挖掘及文物出土是珠江三角洲史前文化序列的重要补充，"新村遗址包含多个时期的文化遗存，其中新石器时代遗存层位清楚，文化特征鲜明，是以咸头岭为代表的彩陶之后和以古椰遗址为代表一类遗存之前，存在于珠江三角洲地区的一种新的考古学文化遗存"[②]。对于完善珠三角地区考古文化编年与谱系具有重大意义。与此同时，腰古新村遗址考古发掘项目在技术上有创新，包括改进沙丘遗址发掘方法，使用数字影像校正与矢量化绘图技术，第一次运用三维激光测量技术。这些新方法和新技术的运用获得成功，取得丰硕成果，是一次高水平的田野考古工作。[③] 该考古发掘项目"保证了考古发掘科学性、系统性的基本要求，而且将会大大提高后期研究工作的深度和广度，从而使该项目成为广东地区乃至全国科技考古的成功典范"[④]。因此，腰古新村遗址考古工作获得国家文物局2007—2008年度田野考古奖一等奖。

此外，台山濒临南海的海域属于古代航道，水下文物资源丰富，是中国水下考古的重要基地。2015年6月，国家文物局启动江门川岛陆地和水下考古调查活动，征调中国第一艘水下考古专用船"中国考古01号"前来台山川岛海域协助开展工作，调集全国8个省、市的20名水下考古一线人员组成潜水调查队，共完成川岛海域11个点位的物理探测调查。除沉船外，还采集出水各类遗物过百件，年代横跨新石器时代到清代。这些新石器时代物件，反映了人类在岛上生活的情景。[⑤]

---

① 卜松竹：《腰古新村沙丘遗址——中国发掘面积最大的沙丘遗址》，《广州日报》，2013年1月5日；肖一亭：《南海北岸先秦濒海与河岸聚落》，《南海探古：肖一亭文物考古文集》，文物出版社，2016年，第6页。

② 魏峻、刘志远、黎飞艳：《广东台山新村沙丘遗址发掘》，中国考古网，www. kaogu. cn/html/cn/xianchangchuanzhenlaoshuju/2013/1026/38822. html。魏峻以"广东台山新村沙丘遗址考古资料整理与研究"成功申报2022年国家社科基金重点项目。

③ 魏峻、严文明：《广东台山新村沙丘遗址：方法与创新》，《中国文物报》，2009年10月2日；李培：《广东台山新村沙丘遗址摘得全国考古最高奖》，《南方日报》，2009年10月22日；广东省文物局、广东省文物考古研究所编著：《溯本求源：广东重要考古发现概览》，科学出版社，2021年，第55页。

④ 广东省文物考古研究所等编：《岭外遗珍：广东省文物考古研究所基建考古成果选萃》，广东高等教育出版社，2014年，第113页。

⑤ 严建广、林斌：《台山市川岛再现沉船　更有新石器》，《广州日报》，2015年9月26日。

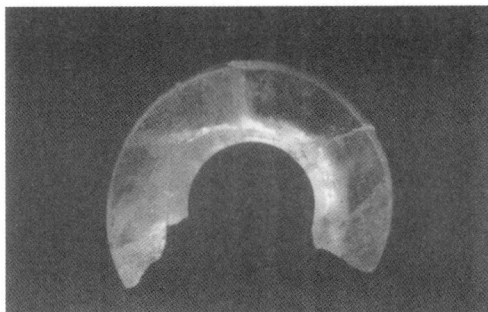

图 1-6　水晶石环（残），新石器时代晚期，台山新村遗址出土

来源：广东省文物考古研究所等编：《岭外遗珍：广东省文物考古研究所基建考古成果选萃》，广东高等教育出版社，2014 年，第 134 页。

（三）恩平市

恩平市是江门地区发现新石器时代晚期遗址最多的地方，共有 32 处。这些遗址中出土较多石器和陶片，其中以石器居多，多为生产工具和生活用具。据 2004 年版《恩平县志》统计，恩平出土新石器时代晚期石器共有 267 件，其中石锛 50 件、尖状器 15 件、刮削器 14 件、石璧 4 件、石斧 47 件、石铲 3 件、穿孔器 13 件、砍砸器 16 件、石刀 9 件、砺石 71 件、石蕊 2 件、石环 4 件、石网坠 17 件、石凿 2 件。[①] 较为重要的遗址有三官山遗址、白虎头岭遗址、茶岗岭遗址等。

三官山遗址，位于恩平恩城镇西南锦江河畔，北枕鳌峰山，面积约 100 平方米。1982 年至 1985 年，恩平县文物普查队对三官山进行多次调查，发现该山东南部地表裸露很多河滩砾石、油页岩石及石器陶片，因此配合基建部门进行发掘。在山坡表面和断层出土、采集到石锛 15 件、砺石 33 件、石斧 32 件、石铲 1 件、石芯 1 件、石锤 7 件、石环 2 件、石刀 2 件、石网坠 7 件、刮削器 7 件、尖状器 6 件等石器共 113 件。石器经打制后磨光，小巧精致。同时出土有陶片 12 件，纹饰有篮纹、曲折纹和方格纹等。[②]

白虎头岭遗址，位于恩平恩城西安村委会。1957 年，广东省文物普查队曾在白虎头岭做过考察，发现并采集石器若干。1983 年，恩平县文物普查队对该地进行调查，重新发现并采集石器和陶片一批，共计有石器 57 件，陶片 7 件。该遗址采集的一件环砥石，与 1955 年在澳门黑沙发现的三件环砥石中的一件大小相当，并且在香港大

---

① 恩平县地方志编纂委员会编：《恩平县志》，方志出版社，2004 年，第 620 页。

② 岑能端：《恩平是发现新石器时代遗址较多的县份》，恩平市政协学习和文史委员会、恩平市《江洲侨刊》社编：《乡情录》，1999 年，第 228 页；恩平县地方志编纂委员会编：《恩平县志》，方志出版社，2004 年，第 623 – 624 页。

屿山白芒遗址亦有发现。① 可见港澳地区与江门地区史前文化的紧密联系。

茶岗岭遗址，位于恩平恩城西安村委会，与白虎头岭相接壤。1957 年，广东省文物普查队对茶岗岭进行考察，采集石器及各类陶片若干。1983 年，恩平县文物普查队对该地重新进行考察，采集石器标本一批，共计有石器 44 件，陶片 33 件。该遗址出土的一件石锛上刻有"X"符号。②

恩平市是江门地区发现新石器时代晚期文化遗存最多的地方，原因可能与其地处相对内陆有关，且地域广袤，故此得以保留较多的先秦人类文化遗址。

（四）开平市

开平市所发现的新石器时代晚期遗址均为山岗遗址。1957 年 3 月，广东省文化局在佛山专区举办文物工作干部训练班期间，在开平调查发现 6 处山岗遗址，即赤水的第五中学背面小山坡、黄竹水村船山山岗、大坊里牛山山岗和苍城城东凤尾山山岗、城东瓦窑坪山山岗、黄龙城巍山山岗。采集到一批石斧、石锛、石网坠、石纺轮和方格纹、叶脉纹、水波纹陶片等。其中，船山山岗出土的一件长 10 厘米、宽 6 厘米、厚约 2 厘米长身弧刃磨光石斧。1985 年 2 月，开平文物普查队在金鸡石径横岭村 2 米多深的地下沙层中出土 1 件石斧，该石斧为有肩长身石斧，通长 14 厘米，刃宽 5.6 厘米，厚 1.5 厘米。青灰色板岩磨制而成，石质细腻，磨制精致。弧形刃，刃部锋利。专家认为这件石斧应为先秦时期的生产工具，此型式石斧在省内各地比较少见。1986 年 11 月 27 日，开平文物普查队在大沙茶仔山山岗（即斩头院小山）采集到 1 件磨制石斧，通长 10.4 厘米，刃宽 8 厘米，厚 1.1 厘米，肩高 3 厘米，肩阔 4 厘米，为有肩短身石斧。青色砂岩制作，石质较粗糙，磨制，刃部成弧状，刃较锋利。此类石斧则是珠江三角洲新石器晚期遗址常见器物。③

但遗憾的是，开平市上述先秦时期遗存遗址多数保护不善，已被开荒或烧窑取土所破坏。正如《开平市不可移动文物总览》所言，"1957 年，开平县进行过一次非正式普查的文物调查，时间仅几天。这次调查共发现山岗古遗址 7 处，并发现一些先秦时期的遗物。但当时没有引起有关部门的重视，没有及时对以上遗址进行保护或进行进一步调查，之后，这几个文物点全部被破坏，而其他地方的古文物遗存，也未得到应有的重视和保护"④。尽管遗址未能保护好，但上述地区出土、采集到的文物得到妥善保管，并在开平市博物馆对公众开放展览。2022 年 5 月初，笔者赴开平市博物馆参观时，看到开平历史陈列展中有赤水大坊里牛山采集的水波纹陶片、赤水第五中学背面小山坡采集的方格纹陶片、苍城巍山山岗采集的水波纹陶片、赤水黄竹水村船山山

---

① 杨式挺：《略论澳门黑沙史前文化与珠江三角洲史前文化的密切关系》，《岭南文物考古论集》，广东省地图出版社，1998 年，第 327 页。

② 中共恩平市委宣传部、恩平市教育局编：《爱我恩平》，恩平市教育印刷厂，1998 年，第 51 页。

③ 开平县华侨博物馆编：《开平县文物志》，广东人民出版社，1989 年，第 13 – 14 页。

④ 开平市文物局等编：《开平市不可移动文物总览》，广东旅游出版社，2014 年，第 6 页。

岗采集的石凿、苍城城东凤尾山山岗采集的石凿、苍城城东瓦窑坪山山岗采集的石锛、金鸡白云山脚横岭坑采集的长肩石斧，以及大沙茶仔山山岗采集的短肩石斧，共展出八处新石器时代晚期遗址的石器、陶片遗物。

图 1-7　开平市出土的石器与陶片

来源：作者摄自开平市博物馆。

（五）鹤山市

1957 年和 1983 年，广东省考古队先后两次到鹤山市开展文物普查工作，在沙坪河中下游及龙口河中游发现一批新石器时代晚期文化遗址。1957 年 4 月，考古工作者在桃源镇罗纱岭，沙坪镇大潭岗、坛山、水西、噎岗，龙口镇大运岗等地方发掘出一批有肩石斧、有肩石凿、石刀、砺石、夹砂粗陶及印纹陶片等。罗纱岭遗址发现一个陶制纺锤，中间粗两头尖。① 鹤山市发现的新石器时代晚期遗址共有 9 处，其中以陈岗—水西遗址较为有名。

陈岗—水西遗址，位于鹤山市沙坪西郊、桃源河下游东岸。1957 年，广东省文物考古队在陈岗南面土层中发现大量贝壳堆积层，1985 年鹤山县文物普查组复查，20 世纪 90 年代陆续采集到遗物。遗址高 80 厘米，宽 150 厘米，面积 200 平方米。遗址有数十厘米厚的贝壳堆积层，并夹有石器、陶片、兽骨遗存。贝壳以蚌、蛤、蚬、螺等淡水类为主。石器有石斧、石锛、砺石、燧石片等，石锛为小型双肩锛、有段锛、梯形锛、双肩锛等。陶片以泥质红陶为主，少量夹砂陶，陶饰有曲线纹、方格纹、篦点纹、叶脉纹、水波纹、弦纹、菱格加点纹等，有的刻划或拍印篮纹，有的是两种或

---

① 徐晓星：《鹤山史话》，鹤山县政协文史工作委员会，1993 年，第 4-5 页。

多种纹饰的组合。该遗址出土文物的特点均与佛山河宕遗址类似，属于典型的"河宕类型文化遗存"。[①] 2022 年 6 月，笔者赴鹤山市博物馆参观"鹤山历史文化陈列"展览时发现除了陈岗—水西遗址采集的石锛之外，尚有宅梧镇云独村村民采集到的新石器时代双肩小石锛。

图 1-8 石锛，新石器时代晚期，陈岗—水西遗址采集
来源：作者摄自鹤山市博物馆。

图 1-9 贝壳，新石器时代晚期，陈岗—水西遗址采集
来源：作者摄自鹤山市博物馆。

根据以上江门地区所发现的新石器时代晚期的典型遗址来看，当时的江门先民在社会生活上较新石器时代中期有所进步，表现在：磨制石器开始增多，生计模式开始多样，手工业技术获得进步，选择干栏式建筑开始过上定居生活。从出土文物可见，他们使用的石器数量增加，且石器加工技术有明显进步，台山腰古新村遗址中的生产区制造石器、骨器，散落许多石块、陶片、鹅卵石等。他们仍以捕鱼为生，多数选择在海湾附近居住，捕捞鱼类、贝类等水产，水边灌木林有动物可狩猎，又可在河滩种植原始作物。部分遗址发现有牛骨，是原始渔猎经济的补充。他们还采集蕨根等野生植物，因为台山腰古新村遗址发现先民已经会利用棕榈淀粉以及莲藕、荸荠、慈姑、蕨根等水生陆生的块根块茎类植物。[②] 原始手工业则有制陶、制石、制骨、制玉等，

① 张宝珩、李锦飞：《鹤山考古的新发现》，《岭南文史》1999 年第 1 期；鹤山县志编纂委员会编：《鹤山县志》，广东人民出版社，2001 年，第 583－584 页。
② 杨晓燕等：《稻作南传：岭南稻作农业肇始的年代及人类社会的生计模式背景》，《文博学刊》2018 年第 1 期。

已能制作口径和体形较大的大陶器和形制较复杂的陶器。骨器加工技术普遍提高,新会罗山咀遗址瓮棺葬中出土的骨簪就是加工过的骨器,台山腰古新村遗址出土有石英磨制的环、玦以及水晶饰物、穿孔装饰陶器。部分先民选择居住在干栏式建筑里面,可以防风雨洪潮以及野兽毒虫。台山腰古新村遗址发现 70 多个较为规则的干栏式建筑树洞。① 这种干栏式应即晋代张华《博物志》所说的"南越巢居"② 的形式。他们过着狩猎—采集的季节性生活,形成原始聚落,台山腰古新村遗址为大约有 300 人规模的一处先民聚落,空间上出现明显的村落区域功能分区。这一切,说明新石器时代晚期的江门地区先民在人类发展史上取得长足进步。

第三节　青铜器时代文明

人类发展历史在经历新石器时代之后,开始进入青铜器时代,这个时期青铜器技术得以应用,并以青铜作为制造工具与武器的原料。然而青铜器时代处于铜石并用时代后,铁器时代前,在全世界范围内时间并不一致,编年范围大约是公元前 4 000 年至前 1 000 年。我国的青铜器时代大概处于夏商周时期,最早的青铜文化是河南的二里头文化。江门地区的青铜器时代文化遗存并不多,但仍能透过出土文物观察到这时期的发展特征。

一、青铜器时代文化遗存

著名考古学家苏秉琦在《中国文明起源新探》中指出:"岭南有自己的青铜文化,有自己的'夏商周'。"③ 一般认为,商代中晚期广东地区开始迈进青铜器时代。珠三角地区的青铜器时代文化遗存主要有佛山河宕遗址、南海灶岗遗址、高要茅岗遗址和四会鸟蛋山遗址等。迄今为止,广东本土铸造的最早的一件青铜器是在浮滨类型文化饶平顶大埔山墓地出土的一件铜戈。有学者将广东青铜器文明遗存分为三个时期,

① 陈杰:《五千年腰古遗址"藏身"核电基地》,《广州日报》,2008 年 12 月 26 日;《新石器时代遗址藏身台山核电站》,《南方日报》,2008 年 12 月 26 日;赖少芬:《广东台山发现大规模新石器时代沙丘遗址》,中国新闻网,https://www.chinanews.com/gn/news/2008/12 - 26/1504562.shtml,2008 年 12 月 26 日;卜松竹:《腰古新村沙丘遗址——中国发掘面积最大的沙丘遗址》,《广州日报》,2013 年 1 月 5 日;梁晓琳:《台山啥时候有人居住? 5500 年前!》,《南方都市报》,2015 年 10 月 23 日。

② (晋)张华:《博物志》,华文出版社,2018 年,第 8 页。

③ 苏秉琦:《中国文明起源新探》,生活·读书·新知三联书店,2019 年,第 84 - 85 页。

第一期是"浮滨类型文化",大概相当于商末西周时期;第二期是"夔纹陶类型文化",大概相当于西周晚期至战国初期;第三期是"米字纹陶类型文化",大概相当于战国中晚期。① 其中,第三个时期"米字纹陶类型文化"是广东青铜文化的鼎盛时期。

迄今为止,江门地区所发现的青铜器文化遗存不多,主要有蓬江区牛山遗址,新会区象边山遗址,鹤山市狮子岗遗址、鹅尾岭遗址、长山遗址、打铁湾遗址,恩平市、台山市发现有个别青铜器时代文化遗物。

牛山遗址,位于蓬江区杜阮镇北芦村牛山山脚。2006 年由广东省文物考古研究所配合江肇高速公路项目建设进行文物考古调查时发现,2008 年 10 月至 12 月研究所组织考古队对该遗址进行抢救性发掘,发掘面积共计 1 500 平方米,获取一批西周、春秋和汉代时期的陶瓷残片等遗物。该遗址中出土的夔纹陶是在江门地区首次发现,将以往学者们公认的夔纹陶分布范围扩展到了珠江三角洲的西南地区。②

象边山遗址,位于新会区古井镇长沙村东象边山脚下,遗存年代属商周时期。2008 年,广东省文物考古研究所配合广珠铁路施工进行文物考古调查时发现该遗址,面积约 7 600 平方米。2009 年 4 月 10 日至 7 月,广东省文物考古研究所对该遗址进行抢救性发掘,发掘面积共计 1 575 平方米,部分探方逾 2 米。遗迹出土一批陶器和石器等 300 多件,陶器多为陶片,以夹砂陶为主,少量为泥质陶器,器型主要有釜、罐、钵、器座、器盖、豆、簋等,陶片纹饰有方格纹、凸点纹、绳纹、条纹、水波纹、菱格纹和夔纹等。部分陶片的外形和质地与惠州市博罗县横岭山遗址出土的陶罐相似。石器有砺石、锄头、锛、刀、钻、范、球等。在同类沙丘遗址中,首次发现桃形石刀和石范。同时,出土有玉器璋、璜,璋长 25 厘米、宽 4 厘米,形状扁平、打磨光滑、尾端尖;璜直径 6 厘米,环状,缺 1/3 环边。③《周礼》记载:"以玉作六器,以礼天地四方。以苍璧礼天,以黄琮礼地,以青圭礼东方,以赤璋礼南方,以白琥礼西方,以玄璜礼北方。"④ 这里是以玉器制造为璧、琮、圭、琥、璋、璜六种礼器。而象边山遗址所出土的璋、璜为石器,形制则相似。

---

① 杨式挺:《考古发现与研究》,《岭南文物考古论集》,广东省地图出版社,1998 年,第 2 - 3 页。

② 江门市地方志编纂委员会编:《江门年鉴(2010)》,中国县镇年鉴社,2010 年,第 346 页;广东省文物考古研究所等编:《岭外遗珍:广东省文物考古研究所基建考古成果选萃》,广东高等教育出版社,2014 年,第 113 页。

③ 冯瑶君:《新会惠州交流始于周代》,《江门日报》,2009 年 5 月 18 日;冯瑶君、梁长其:《象边山遗址发现周代礼器》,《江门日报》,2009 年 8 月 1 日;广东省文物考古研究所等编:《岭外遗珍:广东省文物考古研究所基建考古成果选萃》,广东高等教育出版社,2014 年,第 113 页。

④ 徐正英、常佩雨译注:《周礼》,中华书局,2014 年,第 411 页。

图 1-10　石璋、石环（残），商周时期，象边山遗址出土

来源：作者摄自新会博物馆。

图 1-11　陶片，狮子岗遗址采集

来源：作者摄自鹤山博物馆。

　　狮子岗遗址，位于鹤山市桃源镇旺西村后。该遗址呈南北走向，长 280 米，东西宽约 60 米。1994 年 5 月，考古人员在距河边约 50 米的山岗表层发现有不少遗物暴露于红壤土层表面，经考古人员现场调查采集，获得石器多件，包括石锛、石戈、石芯、石环、石碾轮、石镞等，其中有无肩石斧、梯形有孔石刀、菱形石镞、扁平弧刃、环形石器、中型石铲、石蕊饼等。石器均为磨制，通体光滑，制工精细。经挖掘，出土有未经磨制的石斧坯和非该地所产而质地相同的河石及中型石铲，经人工加工过。采集陶片一批，多为印纹泥质硬陶，少许夹砂陶。陶片纹饰以细方格纹居多，亦有方格与弦纹组合，还有篮纹、曲折纹、席纹、菱格加点纹、夔纹、云雷纹、篦点纹、叶脉纹等，陶质坚硬，火候较高，纹饰多样，较规整。① 该遗址出土的陶片，曲折纹与夔纹共存，以夔纹为主，这类型文化遗存的年代为广东新石器时代末期至青铜时代前期，相当于中原地区的商周时代。②

---

　　① 《狮子岗春秋战国遗址》，鹤山市人民政府门户网，http://www.heshan.gov.cn/zjhs/lyhs/msgj/content/post_184869.html。

　　② 张宝珣、李锦飞：《鹤山考古的新发现》，《岭南文史》1999 年第 1 期。

鹅尾岭遗址，位于鹤山市共和镇大凹村侧、莱苏河东岸。1997年6月，广东省文物考古研究所与新会博物馆、鹤山博物馆联合组成考古队，对江鹤高速公路建设工程进行文物调查，发现鹤山鹅尾岭、长山两处遗址有黑色灰砂土陶残片和黑色石器残物，后续均发现有商代遗物。遗址主体部分已被工程前期施工所破坏，仅存公路南侧边缘的很少部分，抢救发掘残存面积为120平方米。地层堆积为：第一层，表土，灰褐色砂黏土，厚10～60厘米，含先秦时期陶片及南朝至明清时期陶瓷片；第二层，文化层，褐色砂黏土，厚20～55厘米，含各种拍印纹饰的先秦时期陶片；第三层，红褐色砂黏土，砂质多，不含文化遗物；第四层，风化五花土。出土遗物有一批陶片、石器。陶片有几何印纹陶片，分为夹砂陶与泥质陶，以前者为多。夹砂陶中多见黑陶，次为褐陶，器型有侈口釜、敛口罐，纹饰仅见绳纹。泥质陶有红陶与灰陶，器型有高领折肩罐、圈足罐、凹底罐等，纹样有方格纹、曲折纹、叶脉纹、篮纹、附加堆纹、云雷纹、复线方格凸点纹、双线方格加点纹、长方格纹等。还有1件斗笠形陶纺轮残件。石器有石戈、石锛、石钻、凹石、砺石等，其中砺石5件。初步判断遗址年代为距今3 500～3 000年，相当于中原地区的商代。这是江门地区首次正式考古发掘的先秦遗存。同年10月，在距离鹅尾岭不远处的鳖山发现有石器、夹砂陶片、印纹泥质陶片、红烧土块等，特征与鹅尾岭出土的类似。①

图1-12　斗笠形陶纺轮，鹅尾岭遗址出土

来源：作者摄自鹤山博物馆。

长山遗址，位于鹤山市共和镇平汉村。残存面积约1 000平方米，但因施工已将文化层的上部推去，仅存部分坑穴，不少遗物已暴露地表，抢救发掘面积为800平方米。发现先秦时期灰坑1个，商朝时期灰坑7个，宋元时期灰坑1个，出土一批陶瓷器残片，仅可分辨器型有罐、碗、杯、钵、碟、豆等。先秦时期灰坑出土1件砺石，

———————

① 张宝珩、李锦飞：《鹤山考古的新发现》，《岭南文史》1999年第1期；邱立诚：《略谈广东经济建设中考古工作的主要收获及存在问题》，张之铸主编：《中国当代文博论著精编》，文物出版社，2006年，第358页。

与前述鹅尾岭遗址的同类器相近。①

打铁湾遗址，位于台山上川岛沙堤港南面。2016 年，该遗址出土一些夹砂陶片以及少量石吊坠、石锛等石器。2018 年专家组通过进一步调查与试掘，获得一批陶器与石器。其中一片夔纹陶片与博罗横岭山遗址出土的纹饰同类，属西周晚期。学者据此推断至少在距今 3 000 年前，上川岛已有古代人类的海洋活动。②

此外，江门地区还出土、采集过零星的青铜器时代遗物。1996 年 3 月，鹤山博物馆在古劳镇下六管理区采集到一批方格纹和米字纹印纹硬陶及少量密排的弦纹陶片、陶罐及器盖残片等。③ 无独有偶，1984 年 4 月，恩平文物工作者在大田镇大岗头村发现一个米字纹大陶罐，属战国时期典型的米字纹陶罐，与 1974 年佛山出土的陶罐一致。④ 此外，蓬江区杜阮井根出土的商代青铜剑现藏新会博物馆。《简明广东史》指出，广东出土的青铜器虽然年代比中原地区为晚，但"广东确实存在过先秦时期的青铜器时代"⑤。近几十年来，江门地区所出土文物亦证明本地具有较高的青铜器时代文明。

二、早期诸越族生活

根据上述考古发现，已知江门地区在距今约 6 000 年前的新石器时代中期已有人类居住、生息与繁衍，这些早期先民应属诸越族人。传说，夏朝大禹将全国分为九州，江门地区处于扬州南境，为南交地。《吕氏春秋》曰："扬汉之南，百越之际，敝凯诸、夫风、馀靡之地，缚娄、阳禺、骓兜之国，多无君。"⑥ "扬汉"指扬州汉水。在中原人大规模南下之前，岭南地区生活的主要是诸越族先民。明代学者欧大任序《百越先贤志》称："粤、越，一也。《禹贡》《周职方》：'扬州外境五岭，至于海，尽越之南裔。'"⑦

岭南土著先民历经漫长历史变迁，大约在商周时期形成"诸越族"。"诸越族"

---

①　广东省文物考古研究所：《江鹤高速公路共和段考古发掘情况报告》，《广东文物》1998 年第 2 期；邱立诚、吴海贵、黄道钦：《鹤山市鹅尾岭遗址和长山古遗址》，中国考古学会编：《中国考古学年鉴 1998》，文物出版社，2000 年，第 193 - 194 页；邱立诚：《略谈广东经济建设中考古工作的主要收获及存在问题》，张之铸主编：《中国当代文博论著精编》，文物出版社，2006 年，第 358 页。

②　肖达顺：《上川岛海洋文化遗产调研报告》，《海洋史研究》第 17 辑，社会科学文献出版社，2021 年，第 411 - 412 页。

③　张宝玙、李锦飞：《鹤山考古的新发现》，《岭南文史》1999 年第 1 期。

④　中共恩平市委宣传部、恩平市教育局编：《爱我恩平》，恩平市教育印刷厂，1998 年，第 51 页。

⑤　蒋祖缘、方志钦主编：《简明广东史》，广东人民出版社，1987 年，第 43 页。

⑥　（战国）吕不韦：《吕氏春秋》卷 20《恃君览》，北方文艺出版社，2018 年，第 312 页。

⑦　（明）欧大任著，刘汉东校注：《百越先贤志校注》，广西人民出版社，1992 年，第 7 页。

是"百越"众多分支中的一支,其自身包括南越、西瓯、骆越、闽越等分支。1922年,梁启超在《中国历史上民族之研究》一文中将古代民族分为诸夏组、荆吴组、东夷组、苗蛮组、百越组、氐羌组、群狄组、群貊组,百越组"其别为东越、瓯越、闽越、南越等,浙江、福建、广东等省为其势力范围"。① 包括江门地区在内的广东大地主要是土著居民南越族的聚居地,同属于"百越"之地。换言之,南越是扬越的构成部分,亦即属百越之一。诸越族是广东地区最早的民族,来源于当地的土著居民。学界普遍认为,越民族群体早期使用的典型器物包括几何印纹、有肩石斧、有锻石锛,珠江流域考古发现广泛存在这些器物。② 新会象边山遗址中出土的泥质陶罐上层拍印有几何纹,中层拍印有夔纹或阴线篦点纹,下层拍印有方格纹,是在原有简单几何纹样基础上的创新,被认为是江门先秦手工艺的代表性作品,也是岭南同时期手工艺水平的代表。③ 可见,几何印纹陶在江门地区的先秦时期的遗址已有所发现。

除几何印纹陶文化之外,百越文化特征包括干栏式建筑以及文身、断发、凿齿等习俗。江门地区年代最早的考古发现——罗山咀遗址中已出土有肩石器。"我国目前所见的有肩石器,数量大、型式多、年代较早的首推两广地区。广东有肩石器主要分布于珠江三角洲地区及高州、雷州和海南岛地区。在增城金兰寺下层、新会罗山咀、宝安捕鱼山、高要永安下江等新石器中期遗址(距今约6 000年)已有发现。"④ 江门地区的新石器时代晚期遗址,如长山头遗址、甫草山塘遗址、西盘遗址、横岭坑遗址、茶仔山遗址、陈岗—水西贝丘遗址、坛山遗址以及大宏冈遗址等均出土或采集到有肩石器。关于干栏式建筑,台山腰古新村遗址就发现有干栏式建筑树洞。从以上考古发现来看,先秦时期江门地区先民具有古越族的明显特征。

古越人多傍水而居,捕捞业较为发达,喜欢在河里捕捞鱼、贝类,因此出现众多贝丘遗址。先秦时期的诸越族仍然过着"饭稻羹鱼""火耕水耨"的生活。《史记》载:"楚越之地,地广人希,饭稻羹鱼,或火耕而水耨,果隋蠃蛤,不待贾而足,地势饶食,无饥馑之患,以故呰窳偷生,无积聚而多贫。是故江、淮以南,无冻饿之人,亦无千金之家。"⑤ "火耕水耨"是一种粗放栽培水稻的方式,主要特点是:以火烧草,不用牛耕;直播栽培,不用插秧;以水淹草,不用中耕。1949年以前,珠江三角洲沙田尤其是深水田的水稻栽培,不少环节与"火耕水耨"类似,它们之间似有某种因袭关系。⑥ 考古学家卜工在《岭南文明进程的考古学观察》一文指出,岭南文明进程的主要特色可总括为:农耕拓展,文明渐进,俗化百越、礼教南疆。⑦ 先秦时期,

---

① 梁启超:《梁启超全集》第6卷,北京出版社,1999年,第3439页。
② 王文光:《百越民族史整体研究述论》,《云南大学学报(社会科学版)》2004年第3期。
③ 张超、刘晓荣:《融合与创新:江门工艺美术的历史演变》,《艺术评论》2014年第10期。
④ 杨式挺:《试从考古发现探索百越文化源流的若干问题》,《学术研究》1982年第1期。
⑤ (汉)司马迁:《史记》卷129《货殖列传第六十九》,中华书局,2000年,第2472-2473页。
⑥ 彭世奖:《"火耕水耨"辨析》,《中国农史》1987年第2期。
⑦ 卜工:《岭南文明进程的考古学观察》,《历史人类学学刊》2005年第3卷第2期。

岭南农业水平逐渐得到发展，江门地区也随之得到发展进步。先秦时期的江门地区先民在衣食住行等生活方式上，与当时的诸越族一致，他们成为最早开发江门的原始先民。

江门地区属于诸越族，从地名语言中可以反映到早期人类聚落的存在。百越民族的语言标志是俚语、壮语等少数民族语言的地名。据徐松石先生研究，苗、瑶、僮的语言多倒装词，他举例说，"广东台山有冲洋、冲云墟、洞华、洞美、冲华、冲柴、冲金山；其实应作洋冲、云冲墟、华峒、美峒、华冲、柴冲和金冲山。此外新会有冲唐、冲濂、冲花、冲茶、峒角、冲式"。同时指出两广地区部分地名具有古壮语（古越语）的遗留，如"那""都""思""古""六""罗""云"字。①"那"代表水田、稻田，"都""思""古"等代表村落、村寨。江门地区有不少此类地名，如"那"字，新会区有那咀、那伏，台山市有那扶、那章、那金、那琴，恩平市有那吉、那道、那洋、那西朗、那梨、那平、那湾、那高阳、那面、那居、那次、那芬、那表、那蓬、那朗、那庄坑，开平市有那罗、那波、那潭、那廊，等等。再如"古"字，新会区有古猛、古井、古兜，台山市有古斗、古板、古镜、古岭紫，开平市有古博岭，鹤山市有古劳。此外，百越人崇拜物的遗留文物也反映了这里古聚落的曾经存在。开平三门里留存的石狗，是百越人的崇拜物，也是古越族聚落至今留有的印记。② 后来随着移民南迁，江门地区原有土著居民演变为俚人、僚人、疍民等，分化成不同的族群。

① 徐松石著，佘漾冬、王旭点校：《粤江流域人民史》，黑龙江教育出版社，2015年，第158、166－177页。
② 张以红：《潭江流域城乡聚落发展及其形态研究》，华南理工大学博士学位论文，2011年，第85－86页。

秦
——
唐

第二章

秦汉至隋唐江门地区的初步开发

秦汉至隋唐长达千年的漫长历史时期，随着朝代更迭，江门地区出现较频繁的郡县政区变迁。三国时期的思平县、平夷县是江门地区境内最早设置的行政区划，唐代设置的冈州，其辖境涵盖江门地区大部，"冈州"印记影响至今。秦汉以来，中原汉族大量南迁。南北朝时期冯业率三百人浮海至新会，形成岭南冯氏豪族势力，成为岭南移民史上的亮点。外来移民与本地土著相处，先秦时期诸越族演变为俚人、僚人，成为今天壮族、瑶族、畲族等少数民族以及水上人家的祖先，恩平出土的东汉时期铜鼓是俚人文化的重要遗存。这个时期，农业、手工业、商品经济得到初步的发展，农业上开始种植麻、葵树、茶叶等植物，手工业上进行陶瓷业与制盐业生产，新会窑是闻名中外的民间日用外销瓷产区，冈州盐场、恩州盐场是沿海重要产盐区。江门地区是古代海上丝绸之路的重要港口，是唐代广州通海夷道的"放洋"之地，溽洲（今台山广海）是重要贸易口岸。在民俗文化方面，江门地区是佛教东来的重要一站，相传印度高僧智药三藏曾在溽洲手植菩提树，隋唐时期兴建不少寺庙，唐代僧一行在外海结庵弘法。受佛教的影响，唐代江门地区一度流行火葬，出土魂坛为数不少。

第一节　郡县政区设置变迁

行政区划的建置意味着该地区开发得到关注，政府置立郡县表明该地区被正式纳入国家版图。江门地区最早从东汉、三国时期就有行政区划设置，此后因朝代更替，政区演变较为繁密。下文试图勾勒秦汉、三国两晋南北朝以及隋唐三个阶段的江门地区政区变迁。

一、秦汉时期

秦始皇二十六年（前221），秦始皇灭六国，开始推行郡县制，"分天下以为三十六郡，郡置守、尉、监"；最初的三十六郡尚未包括岭南地区，二十八年（前219），大举南征百越；三十三年（前214）增派军事力量，"发诸尝逋亡人、赘婿、贾人略取陆梁地，为桂林、象郡、南海，以适遣戍"。①"陆梁"代指岭南。秦平定岭南百越之地后，设置南海、桂林、象三郡，正式归入中央王朝版图。南宋周去非《岭外代答》曰："自秦皇帝并天下，伐山通道，略定扬粤，为南海、桂林、象郡。今之西广，秦桂林是也；东广，南海也；交趾，象郡也。"② 大体上，今广东地区大部属于南海郡。

---

① （汉）司马迁：《史记》卷6《秦始皇本纪第六》，中华书局，2000年，第170、179页。
② （宋）周去非：《岭外代答》卷1《地理门·百粤故地》，中国书店，2018年，第11页。

秦代岭南地区初设郡县，位于珠江西岸的今江门地区当时亦属南海郡。谭其骧先生主编的《中国历史地图集》第二册所标注秦岭南三郡显示今江门地区属南海郡。[①]周振鹤先生等编《中国行政区划通史·秦汉卷》同样指出："南海郡位于三郡最东，有今广东肇庆、江门市以东至海之地。"[②] 可见学界主流观点均认为今江门地区秦代归属南海郡管辖。秦代南海郡属县没有明确记载，一般认为下设番禺、龙川、博罗、揭阳、四会五个县。[③] 秦代开始，江门地区开始纳入国家王朝版图之中，正如明代学者李承箕所言："盖新会自秦通南越置吏至于今，殆千有余年，其岁月不为近矣。"[④]

秦朝末年，陈胜、吴广揭竿而起，中原地区大乱。时任南海郡龙川令赵佗接任南海郡郡尉，拥兵自立，武力合并桂林郡、象郡，于汉高祖元年（前206）割据岭南创立南越国，建都番禺（今广州），自称南越武帝。南越国主体仍为秦代岭南三郡，因此南越国疆域与秦设南海、桂林、象郡辖区相当。[⑤] 如此，则汉初今江门地区均属南越国割据政区的领地。

西汉元鼎六年（前111），汉武帝派兵南下，灭南越国，统一岭南。全国划分为十三个刺史部，岭南属交趾刺史部，其地划分为南海、苍梧、郁林、合浦、交趾、九真、日南、儋耳、朱崖九郡。大致而言，今江门蓬江区、江海区、新会区属南海郡，开平市属合浦郡临允县（治今新兴县南），恩平市属合浦郡高凉县（治今阳江市北），台山市属南海、苍梧二郡边地，鹤山市属四会、临允二县地。[⑥]

东汉时期开始有县治所设在今江门地区。东汉建安二十五年（220），孙权析合浦郡高凉县地置设思平县，属高凉，且思平县成为高凉郡治所在地。[⑦]《中国历史大辞典·历史地理》认为东汉末所置思平县治今恩平东北。[⑧] 思平县是恩平最早设置的县，同时是五邑地区设置最早的县级行政区划。

二、三国两晋南北朝时期

东汉末，黄巾起义后，中国进入魏、蜀、吴三国鼎立时期。广东地区隶属吴国。三国吴黄武元年（222）析高凉地设置海安县、西平县，海安县治所在今恩平。崇祯《恩平县志》记载："吴黄武元年置海安（原注：今阳江。恩平本析其地）、西平二县

① 谭其骧主编：《中国历史地图集》第2册，中国地图出版社，1982年，第11-12页。
② 周振鹤、李晓杰、张莉：《中国行政区划通史·秦汉卷》，复旦大学出版社，2017年，第45页。
③ 方志钦、蒋祖缘主编：《广东通史·古代上册》，广东高等教育出版社，1996年，第181页。
④ 万历《新会县志·序》，第8页。
⑤ 张荣芳、黄淼章：《南越国史》，广东人民出版社，2008年，第77页。
⑥ 牛汝辰：《中国地名掌故词典》，中国社会出版社，2016年，第280-281页。
⑦ 陈泽泓：《恩平县沿革二考》，《广东史志》1997年第3期。
⑧ 中国历史大辞典·历史地理编委会编：《中国历史大辞典·历史地理》，上海辞书出版社，1996年，第740页。

（原注：析高凉地置，梁改为齐安，隋复海安）。"① 康熙《恩平县志》记载，恩平县"自汉元鼎间地属合浦郡，孙吴属海安县，迨唐贞观间始立恩州"②。换言之，原东汉思平县设置两年后，在三国初被改称为海安县，治所仍在今恩平。

继思平县之后，江门地区设置较早的行政区划是平夷县，治所在今新会西。③ 平夷县一名最早见于《晋书·地理志》的记载："南海郡，秦置。统县六，户九千五百。番禺、四会、增城、博罗、龙川、平夷。"④ 平夷县始设于三国孙吴时期，"昭烈章武元年（221），孙权立平夷县，属交州。……孙休复交州，置广州于南海，以平夷属广州"⑤。"昭烈"即刘备，"章武元年"为三国蜀汉年号，此时孙权尚未称帝。因此，平夷县始设于孙权称帝前一年，即公元221年。平夷县析自当时的合浦郡临允县与南海郡番禺县，"时新附民日众，乃分临允县置县，曰平夷"⑥。清顾祖禹《读史方舆纪要》记载："三国吴析番禺置平夷县，属南海郡。"⑦ 史学家简又文在《白沙子研究》中则认为："吴永安六年（263）乃析南海郡之番禺及苍梧郡之临允另置平夷县。"⑧ 其将平夷县始设时间认为是吴永安六年，不知何据。

思平县、平夷县是江门地区内最早设置的两处县级行政区划。谭其骧先生认为，"一地方至于创建县治，大致即可以表示该地开发已臻成熟；而其设县以前所隶属之县，又大致即为开发此县动力所自来。故研求各县之设治时代及其析置所自，骤视之似为一琐碎乏味的工作，但就全国或某一区域内各县作一综合的观察，则不啻为一部简要的地方开发史"⑨。因此，东汉末、三国初这个时期可以看作江门地区历史发展的一个新起点，该地得到初步的开发，故而将思平（海安）、平夷两县的治所设在今恩平、新会两地。

东吴灭亡后，西晋统一中国，三国分立局面结束。西晋武帝太康元年（280），原平夷县改称为新夷县，仍属广州南海郡。太康年间，海安县被并入高凉。东晋元兴三年（404），孙虎"以平孙恩及定京邑功，封新夷县侯"⑩。东晋时期，北方战乱频繁，人民大量南渡，南方多侨置郡县。东晋末，江门地区新增两处县治所，一是析番禺县地所置

① 崇祯《恩平县志》卷1《县纪》，第51页。

② 康熙《恩平县志·序》，第292页。

③ 复旦大学历史地理研究所《中国历史地名辞典》编委会编：《中国历史地名辞典》，江西教育出版社，1986年，第158页。

④ （唐）房玄龄等：《晋书》卷15《志第五·地理下》，中华书局，2000年，第300页。

⑤ 万历《新会县志》卷1《县纪》，第13页。

⑥ 万历《新会县志》卷1《县纪》，第13页。

⑦ （清）顾祖禹著，贺次君、施和金点校：《读史方舆纪要》卷101《广东二》，中华书局，2005年，第4613页。

⑧ 简又文：《白沙子研究》，简氏猛进书屋，1970年，第52页。

⑨ 谭其骧：《浙江省历代行政区域——兼论浙江各地区的开发过程》，《长水集》上册，人民出版社，2011年，第422页。

⑩ 康熙《新会县志》卷6《秩官志》，第489页。

的盆允县，治所在今蓬江区杜阮镇①；二是析临允县地所置的封平县，治所在今开平东。

　　南北朝时期，南方政权更迭，历宋、齐、梁、陈四朝，随着汉族人民继续南迁，州郡县设置大量增加。南朝江门地区除思平县仍属高凉郡外，于宋武帝永初元年［即东晋恭帝元熙二年（420）］，析南海郡、新宁郡地设新会郡。新会郡管辖盆允、新夷、封平、初宾、义宁、始康六县，治所在盆允。新设的"新会郡"是新会得名之始。明代《郡县释名》记载："东晋置曰新会者，两汉南海郡俱置四会县，此为新会也。"②新会郡下辖的各县中，由前述可知盆允县治所在今杜阮，新夷县治所在今新会西，封平县治所在今开平东。而义宁县治所在今开平西北（北宋时移治新会县西南）③，初宾县治所也在今台山广海④，始康县治所在今开平东南⑤。南朝宋文帝元嘉九年（432），析南海、新宁、新会三郡边界新民，置宋安（后改宋元）、新熙、永昌、始成、招集五县，属新会郡。元嘉十二年（435）置封乐县，"以盆允、新夷二县界归化民立"⑥。嘉庆《大清一统志》记载："封乐废县，在新会县西北"；"宋元废县，在新会县境"。⑦永昌县也为新会地，南朝梁天监二年（503），韦叡被封为永昌县侯。⑧至此，新会郡辖盆允、宋元、新夷、封平、封乐、义宁、新熙、永昌、始成、招集、初宾、始康十二县。《宋书》称新会郡"领县十二，户一千七百三十九，口万五百九"⑨。新会郡辖县的大幅增加，是由于刘宋朝政区"地理参差，其详难举，实由名号骤易，境土屡分，或一郡一县，割成四五，四五之中，亟有离合，千回百改，巧历

---

　　①　嘉庆《大清一统志》卷442认为盆允故城"在今（新会）县北二十里"；光绪《新会乡土志》卷1《历史》认为"盆允命名无意义，疑为百越语遗传古名，与番禺、博罗同例。新会各地之起原，当以此为最古矣"；广东省地方史志编纂委员会编《广东省志·地名志》认为方言"盆允"与"杜阮"谐音。

　　②　（明）郭子章：《郡县释名》，《四库全书存目丛书》史部第167册，齐鲁书社，1996年，第65页。

　　③　复旦大学历史地理研究所《中国历史地名辞典》编委会编：《中国历史地名辞典》，江西教育出版社，1986年，第59页。另，万历《新会县志》卷6《古迹》记载"宋义宁县治二，一在今县治东三十步，一在县西南三十里天台村。旧志云宋开宝四年废义宁并入新会。其地今有义宁坊。洪武十七年开筑城池，改为军营。天台村故址今为民居"。

　　④　乾隆《新会县志》卷1《舆地志》认为南朝宋"析新夷地置初宾县，即今广海卫"。一说在开平西北，参阅复旦大学历史地理研究所《中国历史地名辞典》编委会编：《中国历史地名辞典》，江西教育出版社，1986年，第441页。

　　⑤　祝鹏：《广东省广州市佛山地区韶关地区沿革地理》，学林出版社，1984年，第42页。

　　⑥　（梁）沈约：《宋书》卷38《志第二十八·州郡四》，中华书局，2000年，第787页。

　　⑦　（清）穆彰阿等纂修：嘉庆《大清一统志》卷442，《续修四库全书》史部第362册，上海古籍出版社，1996年，第431页。

　　⑧　（清）彭君谷等纂修，刘正刚点校：同治《新会县续志》卷4《职官》，安徽师范大学出版社，2021年，第23页。

　　⑨　（梁）沈约：《宋书》卷38《志第二十八·州郡四》，中华书局，2000年，第786页。

不算，寻校推求，未易精悉"①。虽然"境土屡分"，但是江门地区至少同时存在十二县以上，客观上促进了地方开发，至少对治所所在地经济文化发展有积极促进作用。

南朝齐时期，思平县改称齐安县；由于宋元县改隶乐昌郡，因此新会郡辖盆允、新夷、封平、封乐、义宁、新熙、永昌、始成、招集、初宾、始康十一县。南朝梁时期，新会郡辖盆允、新夷、封平、封乐、义宁、新建、熙潭、初宾、始康、化召十县。南朝陈时期，新会郡辖盆允、新夷、封平、封乐、义宁、初宾、始康、化招八县。至德四年（586），陈后主立皇弟叔坦为新会王。②

从新会郡的沿革演变可见，南朝宋时期，其由原来的新夷县升级为新会郡，初统辖六县，继而达十二县；南朝齐时期仍统辖十一县；南朝梁时期统辖十县；南朝陈时期则统辖八县，其间各县废置、沿革、治所难以全部考究。今人编《广东历史地图集》认为，"南朝时期，版图越来越小，州、郡、县数量越来越多，废、并、增、改频繁，辖属颇为纷乱，尤其是县的记述各异"③。尽管各县废置频仍，但说明南朝的江门地区得到进一步的开发，这一点应无疑义。

三、隋唐时期

隋代结束自东晋以来的分裂局面，再次完成大一统。隋文帝对政区规划以"存要去闲、并小为大"为原则，对地方政区进行大规模裁并调整。隋开皇十年（590）撤新会郡，立封州，将原新夷县、初宾县并入义宁县，始康县并入封平县，盆允县、永昌县、宋元县、新熙县、始成县、招集县并为新会县。唐李吉甫《元和郡县图志》记载："新会县，中。东北至州三百里。本汉四会县地，隋开皇十年置新会县。"④ 开皇十一年，封州改为允州。开皇十三年，允州改为冈州。隋炀帝大业元年（605），撤冈州，封乐县并入新会县，封平县并入义宁县，均属南海郡。明初学者黎贞有诗云："堂堂新会邑，僻在东南隅。山川固奇胜，土地尤膏腴。冈州自隋建，沿革异代殊。义宁与天台，二邑元始除。境内过千里，四民乐其居。"⑤

唐高祖武德四年（621），岭南道复设冈州，辖新会县、义宁县、封平县、封乐县。唐杜佑《通典》记载："冈州，今理新会县。秦、二汉并属南海郡地，东晋末分置新会郡，宋齐梁陈并因之。"⑥ 冈州作为地名虽存续不久，但成为后世指代新会、四邑或五邑的古称、雅称。万历间新会知县王命璿曾说："夫（新）会，故冈州，为南

---

① （梁）沈约：《宋书》卷 35《志第二十五·州郡一》，中华书局，2000 年，第 682 页。
② （唐）姚思廉：《陈书》卷 28《列传第二十二·世祖九王》，中华书局，2000 年，第 260 页。
③ 广东历史地图集编辑委员会编：《广东历史地图集》，广东省地图出版社，1995 年，第 100 页。
④ （唐）李吉甫著，贺次君点校：《元和郡县图志》卷 34《岭南道一》，中华书局，1983 年，第 890 页。
⑤ 谭镳：《冈州考》，《新会文史资料选辑》第 44 辑，1992 年，第 47-48 页。
⑥ （唐）杜佑：《通典》卷 184《州郡十四》，中华书局，2016 年，第 4907 页。

交趾土，号称都会。"①康熙《新会县志》认为"贞观十三年移冈州治于义宁，在今县治北黄云山下。至是，冈州始为新会地，故新会今称古冈"②。"冈州"因何而命名？北宋乐史《太平寰宇记》引《广州记》认为"四会有金冈，新会即冈州左侧，因冈为州名也"③。北宋欧阳忞《舆地广记》也记载："冈州，以地有金冈名之。"④《新唐书》也持同样看法，认为冈州"以地有金冈以名州"⑤。但是隋唐时期冈州治所并不在一地，"隋时初立冈州在义宁县，故说唐置之新会县亦有金冈，为州名所由取，似为附会"⑥。天宝元年（742），改冈州为义宁郡。乾元元年（758），复冈州，辖新会、义宁二县。贞元末年（805），撤冈州，新会、义宁二县属广州。

前述可知，南朝齐时期思平县改称齐安县，至隋开皇十八年（598）齐安县称为海安县，属高凉郡。而至唐武德五年（622），海安县复改为齐安县，属高州。贞观二十三年（649）置恩州，州治为齐安县。至德二年（757），齐安县易名为恩平县。至此正式出现"恩平"地名。明代《郡县释名》记载，恩平县是因恩平江而命名，即"县以江名"。⑦

五代十国时期的南汉国，是岭南历史上继南越国之后的第二个地方割据政权。917年，刘岩在广州称帝，建元大越，以广州为都称兴王府。原有新会县、义宁县隶属兴王府，今江门地区基本属于南汉国疆域。宋方信孺《南海百咏》提及南汉国刘氏陵山遗迹"尚有数处，如南海县宣风乡及番禺黄陵，新会上台、玉环、丫髻山等处皆有之"⑧。明代新会县古博都（今鹤山）白柱坪尚存"南汉伪刘王墓"遗址⑨。秦至唐江门地区隶属郡县变动情况如表2-1所示：

---

①　万历《新会县志·序》，第1页。

②　康熙《新会县志》卷2《沿革表》，第405-406页。

③　（宋）乐史著，王文楚等点校：《太平寰宇记》卷157《岭南道一·广州》，中华书局，2007年，第3022页。原文为"在侧"，据本书校勘记改为"左侧"。

④　（宋）欧阳忞：《宋本舆地广记（三）》，国家图书馆出版社，2017年，第169页。

⑤　（宋）欧阳修等：《新唐书》卷43上《志第三十三上·地理七上》，中华书局，2000年，第720页。

⑥　赖青寿：《唐后期方镇建置沿革研究》，复旦大学博士学位论文，1999年，第34页。

⑦　（明）郭子章：《郡县释名》，《四库全书存目丛书》史部第167册，齐鲁书社，1996年，第72页。

⑧　（宋）方信孺著，刘瑞点校：《南海百咏》，广东人民出版社，2010年，第34页。

⑨　万历《新会县志》卷6《陵墓》，第293页。

表 2-1 秦代至唐代江门地区隶属郡县变动

	蓬江区	江海区	新会区	台山市	恩平市	开平市	鹤山市
秦	南海郡						
南越国	南海郡						
汉	四会县				高凉郡	临允县	四会县
三国	南海郡平夷县				高兴郡、海安县	临允县、平夷县	
晋	南海郡新夷县			盆允县	齐安郡、思平县	临允县、新兴县、新夷县、盆允县、封平县	新会郡
南朝	新会郡新夷县、宋元县、封乐县、永昌县			盆允县、初宾县	齐安县	临允县、新兴县、新夷县、盆允县、封平县、封乐县、义宁县、初宾县、始康县	
隋	新会县、义宁县			新会县	海安县	新兴县、新会县、义宁县	南海郡
唐	冈州→新会县			新会县	恩平县	新会县、义宁县、新兴县	广州
南汉国	兴王府新会县					新会县、义宁县、新兴县	

第二节　移民潮流中的人口与民族

一、土著居民

经过长时间的历史变迁，族群逐渐融合，先秦时期诸越族大部分被汉化，小部分没有汉化的被统治者称为俚人、僚人、乌浒等，聚居地逐步缩小。"俚僚"成为古代岭南少数民族的泛称。东汉至隋唐时期是俚人、僚人较为活跃的时期。俚人、僚人等后来演变为壮、瑶、畲、黎、苗等少数民族，并逐渐退居山区林地，呈现大范围零星分布的状态。

（一）俚人

俚人作为诸越族后裔屡屡见诸史册，"广州南有贼，曰俚。此贼在广州之南，苍梧、郁林、合浦、宁浦、高凉五郡，中央地方数千里。往往别村各有长帅，无君主，恃在山险，不用王，自古及今，弥历年纪"①。俚族居住地区亦有僚族居其间。《宋书》记载："广州诸山并俚、獠，种类繁炽，前后屡为侵暴，历世患苦之。"②《南齐书》记载："广州，镇南海。滨际海隅，委输交部，虽民户不多，而俚獠猥杂，皆楼居山险，不肯宾服。"③ 大体来看，俚、僚主要居住在广州及其西、南地区，江门地区即属该范围内。嘉靖《广东通志》记载："新会县西南近海有古兜大山，水陆四达，涡田环绕，蛮僚聚焉。"④

俚人文化特征之一是钟爱铜鼓。宋李昉《太平御览》引裴渊《广州记》云："俚、僚贵铜鼓，唯高大为贵，面阔丈余方以为奇。初成，悬于庭，克晨置酒，招致同类，来者盈门，其中豪富子女，以金银为大叉，执以扣鼓竟，留遗主人，名为铜鼓钗。风俗好杀，多构仇怨，欲相攻击，鸣此鼓集众，到者如云，有是鼓者极为豪强。"⑤ 铜鼓成为权力象征，"有鼓者号为'都老'，群情推服"⑥。唐刘恂《岭表录异》云："蛮夷之乐，有铜鼓焉。形如腰鼓而一头有面。鼓面圆二尺许。面与身连，

① （吴）万震：《南州异物志》，骆伟、骆廷辑注：《岭南古代方志辑佚》，广东人民出版社，2002年，第49页。
② （梁）沈约：《宋书》卷97《列传第五十七·夷蛮》，中华书局，2000年，第1584页。
③ （梁）萧子显：《南齐书》卷14《志第六·州郡上》，中华书局，2000年，第177页。
④ 嘉靖《广东通志》卷67《外志四》，第1777页。
⑤ （宋）李昉编纂：《太平御览》卷785《四夷部六》，中华书局，1960年，第3478页。
⑥ （唐）魏徵：《隋书》卷31《志第二十六·地理下》，中华书局，2000年，第603页。

全用铜铸，其身遍有虫鱼花草之状，通体均匀，厚二分以来，炉铸之妙，实为奇巧。击之响亮，不下鸣鼍。"① 从这些记载可见，岭南地区的俚人钟爱铜鼓，日常进行敲击，呼朋唤友，作为聚会的乐器或攻杀时的信号，铜鼓制造较为精美。

随着汉族人口大量南迁，江门地区原有土著演变为俚人、僚人。江门地区是古代俚人生活过的区域，这可以从恩平市出土的东汉铜鼓得到证明。2009 年 9 月 10 日，恩平大槐镇大帽鼓山发现一面铜鼓，通高 69 厘米，面径 122 厘米，体形厚重硕大，鼓面伸出鼓颈外，面沿下折成"垂檐"。鼓面边缘铸有四蛙，形小朴实，两两相对；鼓面三弦分九晕，中心太阳纹凸如圆饼状，细长八芒穿透第一道晕圈；鼓身呈反弧形，六只圆茎环耳分两组对称附于凹槽水平线位置，一组为单耳相对，另一组为双耳相对；鼓足外撇，足径与面径大小相当。出土时，鼓面较完好，鼓身有破孔，鼓足已残缺。经广东省文物考古专家鉴定，该铜鼓属东汉北流型铜鼓，属祭祀礼器，距今已有 1 700 多年历史。该铜鼓与阳江"周亨铜鼓"大同小异。②

此外，江门地区存在多处以铜鼓命名的地方，恩平有"铜鼓山"，开平赤坎有"铜鼓柱"，鹤山有"铜鼓井"，赤溪有"铜鼓海""铜鼓河""铜鼓角""铜鼓村"等。这些历史地名的存在，说明江门地区的铜鼓文化由来已久，是与古代俚人生活相关。有学者认为，20 世纪末在印尼爪哇岛出水的唐代"黑石号"沉船上发现的提梁壶和釜陶器，形制独特，是生活在岭南南部的俚人遗存，与广东、广西南部的信宜、高州、新会、钦州所出陶器相同。③ 由此，可说明江门地区是古代俚人主要生活区之一。隋唐时期的冈州冯岑翁被认为是南越化（即俚人化）汉人，因此能够鼓动本土俚、僚发动事变。

（二）古壮族

壮族，原称僮族。珠江流域的百越人演化为不同民族，壮族祖先源自百越人，壮语也由古越语演变而来。壮语中有不少以"那"字作为地名，代表水田、稻田之意，形成"那文化"，"那文化圈"是古代岭南稻作文化的核心区域。"那"字地名90%集中在北纬21度至24度，这些地方土壤、雨量、气温、日照均适合稻作农业。④ 广东存在壮侗语族诸族语言地名，分为两类，一类地名是番某、抱（保、包）某、布某、打某、什某、毛某、方某或芬某；另一类地名是那某、罗某、多某、扶某、谭（潭）某、兰某、美某、文某等。⑤ 随着汉族的陆续迁入，百越人后裔活动范围日渐缩小，

---

① （唐）刘恂著，鲁迅校勘：《岭表录异》卷上，鲁迅、杨伟群点校：《历代岭南笔记八种》，广东人民出版社，2011 年，第 51 页。

② 李明湛：《恩平大槐惊现东汉铜鼓》，《江门日报》，2009 年 9 月 15 日；饶新一、梁治荣：《恩平出土东汉大铜鼓》，《羊城晚报》，2009 年 9 月 17 日；黄文生：《东汉铜鼓现恩平》，《广州日报》，2009 年 9 月 18 日。

③ 吴小平：《印度尼西亚"黑石号"沉船上的俚人遗物分析》，《考古与文物》2022 年第 1 期。

④ "中国地理百科"丛书编委会编著：《珠江》，世界图书出版广东有限公司，2017 年，第165 页。

⑤ 练铭志、马建钊、朱洪：《广东民族关系史》，广东人民出版社，2014 年，第 126 - 127 页。

至唐宋时期演变为古壮族。在新会、台山、开平、恩平和鹤山等地随处可见以"那"和"古"字开头的山河名、村镇名。这两个字来自古壮语，前者指田地，后者为草木量词，这些地名透露了古壮族当年筚路蓝缕，开启山林河泽，结栅以居，创造古老文化的历史信息。①

（三）古瑶族

壮族居住的地区，瑶族也居其间。北宋陈师道《后山谈丛》记载："二广居山谷间不隶州县，谓之瑶人；舟居谓之蜑人；岛上谓之黎人。"② 清代仇巨川《羊城古钞》云："今粤人大抵皆中国种，自秦汉以来日滋月盛，不失中州清淑之气。其真鬋发文身越人，则今之瑶、僮、平鬃、狼、黎、歧、蛋〔引者注：应为'蛋（疍）'〕诸族是也。"③ 可见清人已注意广东汉族与少数民族的来源不同，原越人演变为不同族群，其中瑶民亦可追溯至越族。瑶族先民属于典型的"山居之民"，光绪《新会乡土志》认为："粤中民族种类繁杂，不易区分，然其大别略可定为三类，则陆居之民、山居之民、水居之民是也。陆居之民皆中原种族，唐宋以后转徙而至者。山居之民即秦时所谓陆梁人，魏晋以后，居惠、潮、连、梧者曰猺，居高凉、合浦者曰獠。此皆百粤旧种。……明代以前，新会西界多有山猺，近则悉从迁并，留居笋簪尖、缘护屏诸山者，寥寥数落而已。"④ 宣统《新宁乡土历史》也说："宁邑古时，大抵猺、蛋杂处。猺人者，椎髻跣足，居山间，食尽他徙，亦略知耕种。如今百峰山内及大隆崗、上下川诸处皆昔时猺人所居。"⑤ 瑶族认为盘瓠是他们的祖先，"瓠"与古同音，故称盘古皇。历史上开平多地建有盘古庙，岁时节庆香火鼎盛，道光《开平县志》即记载有"盘古庙，在城西四十里奀石墟"⑥。

（四）古畲族

畲族是世居广东的少数民族，约于隋唐时期，有小部分畲族人徙居恩平。根据《恩平历史上的少数民族》一文的介绍，恩平历史上曾经有瑶、畲、僚、僮等少数民族聚居，始于唐代中期，至明代末期消失。⑦ 葬俗上，畲族葬俗习惯是石棺葬、崖葬，恩平大槐镇佛岭村、那吉镇高塘村、石湾村大岭顶等曾挖出多具石棺，清湾一带则有崖葬遗迹。风俗习惯上，畲族认为狗是他们的祖先，有奉拜石狗、不吃狗肉的习惯，

---

① 张国雄：《广东五邑侨乡人口的形成及其特色》，《南方人口》1998 年第 3 期；张国雄：《岭南五邑》，生活·读书·新知三联书店，2005 年，第 8 页。

② （宋）陈师道：《后山谈丛》卷 6，中华书局，2007 年，第 77 页。

③ （清）仇巨川纂，陈宪猷校注：《羊城古钞》卷 8，广东人民出版社，1993 年，第 657 页。

④ （清）蔡垚爔修，（清）谭镳等纂：《新会乡土志》卷 5《人类》，《广州大典》第 34 辑第 12 册，广州出版社，2015 年，第 173 页。

⑤ （清）雷泽普编：《新宁乡土历史》卷上，《广州大典》第 37 辑第 33 册，广州出版社，2015 年，第 634 页。

⑥ 道光《开平县志》卷 10《外纪志》，第 478 页。

⑦ 《恩平历史上的少数民族》，《恩平文史》第 35 期，2005 年，第 35 页。

恩平清湾很多村庄和稔村镇云礼村村民都不吃狗肉，沙湖镇南坑村、洪窖园山村等至今仍保留有石狗。另外，开平大沙镇岑村亦有石狗遗存。

（五）疍民

疍民即水上居民，以舟楫为家，从事渔业，"世世水为业，年年艇作家；浮沉波浪里，度日海天涯"[①]。岭南疍民的先民是先秦时期临水或水居的越人。[②] 疍民是江门地区的古老土著之一。"南蛮杂类，与华人错居，曰蜒，曰獽，曰俚，曰獠，曰㺧，俱无君长，随山洞而居，古先所谓百越是也。其俗断发文身，好相攻讨，浸以微弱，稍属于中国，皆列为郡县，同之齐人。"[③] 可见南蛮细分为多种，其中岭南地区主要有"蜒"，即疍民，以及俚、僚，他们在统治者看来是尚未开化者。这些"蜒蛮"特征是"以舟为室，视水如陆，浮生江海者，蜒也"[④]。疍民被称为"卢亭"，唐代刘恂《岭表录异》记载："卢亭者：卢循昔据广州，既败，余党奔入海岛野居，惟食蚝蛎，垒壳为墙壁"，而且"海夷卢亭，往往以斧揳取壳，烧以烈火，蚝即启房，挑取其肉，贮以小竹筐，赴墟市以易酒"[⑤]。这些世居水上的疍民特征之一是喜欢吃蚝蛎，并将蚝壳砌成墙。明代新会县"蛎蚝房也，民取诸海，砌结环堵，十室而九，煆烧成灰，用涂宫壁，坚耐且华"[⑥]。清代新会县"蚝壳一项生于内河海底，蛋民采卖，供烧灰砌壁之用"[⑦]。至今在江门地区如荷塘镇等仍遗留有蚝壳墙。

文献上较早关于疍民水上生活的记载，即是描绘北宋新会县"蜒户"的情形。北宋乐史《太平寰宇记》"新会县"条记载："蜒户，县所管，生在江海，居于舟船，随潮往来，捕鱼为业。若居平陆，死亡即多，似江东白水郎也"，同条下又记载："卢亭户，在海岛中，乘舟捕海族蚝、蠔、蛤蜊为业。"[⑧] 从其生活定居时间推测，疍民在江门地区应在宋代以前。南宋咸淳以前，新会潮连"仅一荒岛，渔民蛋户之所聚，蛮烟瘴雨之所归"[⑨]。宋元崖门海战时，江门地区沿海以及周边地区有"乌蛋船十余舣大舟之壮"协助宋军抵御元军。[⑩] 元至正二十六年（1366），恩平"蛋户何均受杀

① 广东省人民政府地方志办公室编：《广东印记（第一册）》，广东人民出版社，2018年，第134页。

② 吴永章、夏远鸣：《疍民历史文化与资料》，广东人民出版社，2019年，第21页。

③ （唐）魏徵：《隋书》卷82《列传第四十七·南蛮》，中华书局，2000年，第1229页。

④ （宋）周去非：《岭外代答》卷3《外国门下·蜒蛮》，中国书店，2018年，第98页。

⑤ （唐）刘恂著，鲁迅校勘：《岭表录异》，鲁迅、杨伟群点校：《历代岭南笔记八种》，广东人民出版社，2011年，第53、74页。据校勘记改"背据"为"昔据"。

⑥ 万历《新会县志》卷2《食货略》，第83页。

⑦ 乾隆《新会县志》卷13《附余志》，第418页。

⑧ （宋）乐史著，王文楚等点校：《太平寰宇记》卷157《岭南道一·广州》，中华书局，2007年，第3021页。

⑨ 卢子骏：《潮连乡志·自序》，《中国地方志集成·乡镇志专辑》第32册，上海书店，2013年，第7页。

⑩ 柯劭忞：《新元史》卷139《张弘范》，上海古籍出版社，2022年，第3002页。

吴元良，自称元帅，据州城"①。明代"蛋户"主要分布于"东莞、增城、新会、香山以至惠、潮"②。乾隆《新宁县志》"海蛋"条云："蛋浮舟为家，每于海傍通津便处，挈其父兄宗族亲戚姻娅浮艘数百，唧尾而泊。……谚云：海阔疍家强。"③乾隆间，新会县"蛋船计一千七百余只，在潮莲司江门一带者居十之六七，皆置大船，出新、香两邑海面采捕，不以埠步为业。在沙村司各乡者十之三四，类皆不能出海，止就近埠采捕资生"④。可见直至清中期江门地区仍有大量疍民。

地名中也显示出疍民生活的痕迹，清代新宁县有"蛋家山"乃是"旧为蛋民湾集之处"⑤。光绪《开平县志》云："蛋民者浮海为家，邑属近水诸乡所在多有，而以长沙、水口为最多。……本境蛋户多出徐、周、温三姓，以船为家，以捕鱼为业，不敢与齐民齿。"⑥光绪赵天锡《宁阳杂存》亦云："宁邑古时大抵猺蛋杂处。"⑦台山仍有"蛋家塘""蛋家垅"等地名，旧时新会天马陈氏则被称为"疍家陈"。

二、移民南迁

岭南地区濒临南海，秦朝统一岭南后，相继实施移民实边政策，使大量中原汉族谪徙至南方，充实岭南地区。伴随秦始皇平定百越，设置新郡，大规模军事移民开始。秦始皇三十三年（前214），"发诸尝逋亡人、赘婿、贾人略取陆梁地，为桂林、象郡、南海，以适遣戍"⑧。此次谪戍岭南者据说达五十万人。同时修通勾连岭南、岭北交通的直道。秦始皇三十四年，再次"适治狱吏不直者，筑长城及南越地"⑨。此后，秦皇帝使"尉佗逾五岭攻百越。尉佗知中国劳极，止王不来，使人上书，求女无夫家者三万人，以为士卒衣补"，最后秦始皇只同意给一万五千人。⑩作为秦代新边疆，岭南地区的移民显然为数不少。经过多次的大规模移民，岭南地区第一次拥有大量的汉族人口，社会经济与文化气息逐渐改变。

秦短祚而亡，南越国继承了秦代的移民遗产。赵佗建立南越国，不少中原人士随之在此定居发展。赵佗治理南越国颇有成效，汉高祖曾诏曰："粤人之俗，好相攻击，前时秦徙中县之民南方三郡，使与百粤杂处。会天下诛秦，南海尉它（佗）居南方长

① 民国《恩平县志》卷13《纪事一》，第628页。
② 万历《广东通志》卷70《外志五》，第1603页。
③ 乾隆《新宁县志》卷1《民俗册》，第322页。
④ 乾隆《新会县志》卷13《附余志》，第421页。
⑤ 乾隆《新宁县志》卷4《广海附册》，第493页。
⑥ 光绪《开平县志·政绩篇》，第152–153页。
⑦ （清）赵天锡：《宁阳杂存》卷2，《广州大典》第57辑第33册，广州出版社，2015年，第451页。
⑧ （汉）司马迁：《史记》卷6《秦始皇本纪第六》，中华书局，2000年，第179页。
⑨ （汉）司马迁：《史记》卷6《秦始皇本纪第六》，中华书局，2000年，第180页。
⑩ （汉）司马迁：《史记》卷118《淮南衡山列传第五十八》，中华书局，2000年，第2348页。

治之，甚有文理，中县人以故不耗减，粤人相攻击之俗益止，俱赖其力。"① 可见秦时从中原地区迁徙到岭南地区的汉族人民相互交融，赵佗治下的南越国汉族人口并没有消减，土著互相攻击的陋习也被改造。同时，汉武帝"徙中国（指中原地区）罪人杂居其间（指南越地区），稍使学书，粗知言语，使驿往来，观见礼化"②。故此，"秦汉时期从中原地区迁徙到岭南地区的汉族人民是相当多的，大体与当时岭南地区的越族人口（大体在五六十万之间）基本相等"③。这个时期，来自中原地区的汉族"中县人"分布于珠三角地区生活。诚如史学家吕思勉所言："中县民初至，必不能处深山林丛，势不能不筑宫室以居，城郭以守。"④ 正因如此，经过中原移民的开发，岭南地区在这个时期得到发展。

汉武帝时，以路博德为伏波将军，杨仆为楼船将军，率楼船十万师征讨南越。随着岭南被再次纳入中央版图，中原移民开始增多。汉末开始，更多的中原汉族人民进入岭南地区。"自汉末建安至于东晋永嘉之际，中国（指中原地区）之人避地者多入岭表，子孙往往家焉。其流风遗韵，衣冠气习，熏陶渐染，故习渐变，而庶几中州。"⑤ "自秦以中土人与赵佗，风俗已变。东晋南宋，衣冠望族向南而趋，占籍各郡。"⑥ 南迁民众对岭南地区文化习俗产生影响，促进民族融合。

西晋末年，中原遭遇兵灾与荒灾打击，岭南地区则处于相对安定和平的环境之中，对北方人民移民岭南有相当大的吸引力。中原动乱之际，岭南保持相对安定局面，吸引移民南迁。西晋建兴三年（315），"江、扬二州经石冰、陈敏之乱，民多流入广州"⑦。

此外，部分中原移民是为逃避沉重赋役而进入岭南地区，东晋咸和、咸康年间，"时东土多赋役，百姓乃从海道入广州"⑧。再有者是被贬官至此，"魏晋以后，中原多故，衣冠之族，或宦或商，或迁或戍，纷纷日来"⑨。两晋南朝时候，丹阳人陶隆"见谮削爵，徙广州，后被恩除南海西平县令，后监新会郡"⑩。陶隆即医药学家陶弘景祖父，当时被贬至新会郡任职。

---

① （汉）班固：《汉书》卷1下《高帝纪第一下》，中华书局，2000年，第53页。
② （晋）陈寿：《三国志》卷53《吴书八·张严程阚薛传第八》，中华书局，2000年，第925页。
③ 周宗贤：《试论秦汉时期岭南越族与汉族的关系》，《中央民族学院学报（哲学社会科学版）》1984年第2期。
④ 吕思勉：《读史札记》，译林出版社，2016年，第572页。
⑤ 道光《广东通志》卷92《舆地略十·风俗一》，第1556页。
⑥ 道光《广东通志》卷92《舆地略十·风俗一》，第1557页。
⑦ 道光《广东通志》卷181《前事略一》，第3027页。
⑧ （唐）房玄龄等：《晋书》卷73《列传第四十三·庾亮》，中华书局，2000年，第1284页。
⑨ （明）郭棐编撰，（清）陈兰芝增辑，王元林点校：《岭海名胜记》卷16《南溟奇甸记》，三秦出版社，2016年，第1419页。
⑩ （宋）张君方纂辑，蒋力生等校注：《云笈七签》卷107《纪传部·传录·华阳隐居先生本起录》，华夏出版社，1996年，第661页。

　　经考古发掘，广东多地曾出土晋朝砖文。20 世纪 50 年代初，广州出土晋砖有"永嘉世，天下荒，余广州，皆平康"的刻文。[①] 显然，相对稳定的南方地区是中原人民南迁的理想之地。在汉末至唐代的大规模迁徙中，也有不少移民前来江门地区。前述行政区划的增设便是人口增长的表现，"新会建置县今昔异地，迄吴、晋而新附之民和会其间，提封日辟"。[②] 从江门地区发现的晋代和南朝墓葬来看，结构形制与随葬品和同时期的中原地区墓葬类似。1995 年鹤山雅瑶寺山发现的 7 座晋墓，其墓葬结构均为单室长方形砖室墓，与广东始兴赤土岭、韶关西河、广州桂花岗等地的晋墓形制基本一致，与广州西郊晋永嘉五年墓的同类墓砖在风格上相同。[③] 1996 年鹤山古劳下六管理区发现 1 座东晋墓与 1 座南朝墓，其中东晋墓为长方形单室砖墓，与上述寺山晋墓类似；南朝墓长方形单室砖墓，其中一块墓砖砖侧阴刻有"元嘉十二年岁次乙亥八月韦使君"字样。[④] 此外，鹤山长山遗址发现的南朝灰坑类似于中原地区同类灰坑，表明南朝时期在长山附近居住的先民应是中原移民。

　　汉文化不断南传，加强岭南地区各民族对中华文化的认同和融合。北方不断移民岭南地区，是当时该地区人口渐增的主要原因。唐贞观十三年（639）的数据显示，冈州户数 2 358，口数 8 668。[⑤] 唐代广、韶、循、冈、端、新、康、封、春九州，唐初共 52 944 户，天宝十一年（752）为 132 938 户，比唐初增长 151.1%，人口增长一倍半。[⑥] 移民到来江门地区后，当地人口和社会均得到发展。光绪《新会乡土志》宣称："邑境初开，平盆名县，封冈领州，隋唐前事也。无民何以为治，无地何以居民，不必远溯。百粤丛薄，五岭徙戍，即隋唐编户亦必成聚成都无疑矣。"[⑦] 江门地区作为南海之滨的一处安全且稳定的净土，对北方南迁人群有着强烈的吸引力，其中以南朝时期北燕国后裔冯业率领三百人至新会安家立业最为瞩目。

三、冯业浮海至新会

　　南朝时期的冯业及其族人是江门地区历史上最著名、文献记载最早的一批迁入移民，其后代形成本地冯氏豪强大族。冯氏，原籍长乐信都（今河北冀州），东晋义熙三年［后燕建始元年（407）］，后燕帝慕容熙暴虐无道，将士拥护高云（又名慕容云）为天王，高云与冯跋联合杀死后燕帝慕容熙。高云称帝，改元正始。东晋义熙三

---

① 麦英豪、黎金：《广州西郊晋墓清理报导》，《文物参考资料》1955 年第 3 期。

② 万历《新会县志》卷 1《舆地略上》，第 50 页。

③ 刘成基：《广东鹤山市雅瑶东晋墓》，《考古》1998 年第 9 期。

④ 邓宏文：《广东鹤山市大冈发现东晋南朝墓》，《考古》1999 年第 8 期；张宝珺、李锦飞：《鹤山考古的新发现》，《岭南文史》1999 年第 1 期。

⑤ 梁方仲：《中国历代户口、田地、田赋统计》，中华书局，2008 年，第 119 页。

⑥ 刘祀秀、郭自诚：《广东地区古代的人口统计》，《南方人口》1987 年第 2 期。

⑦ （清）蔡垚燨修，（清）谭镳等纂：《新会乡土志》卷 7《氏族》，《广州大典》第 34 辑第 12 册，广州出版社，2015 年，第 179 页。

年，高云被杀，冯跋自立为帝，建都龙城（今辽宁朝阳），改元太平，史称北燕。冯跋封弟冯弘为中山公，任尚书右仆射，冯跋病重之际，冯弘率众入宫致其惊惧而死。南朝宋元嘉八年（431），冯弘篡位，改元太兴。

元嘉十三年，北魏来伐，北燕国灭。北燕国主冯弘流亡高丽。冯弘与高丽王不和，复使人同南朝宋联络，大概就在此时派其子冯业领三百人归南朝宋，前来新会居住。《隋书》记载："初，冯弘之投高丽也，遣（冯）融大父（冯）业以三百人浮海归宋，因留于新会。自业及融，三世为守牧。"① 冯业为冯融"大父"，即祖父，遵照其父叮嘱从北方前来新会，意图联络南朝宋政权，吸引大批人从高丽归国定居新会。宋文帝封冯业为怀化侯，让他出任新会太守、罗州刺史。宋代司马光《资治通鉴》亦记载："初，燕昭成帝奔高丽，使其族人冯业以三百人浮海奔宋，因留新会。自业至孙融，世为罗州刺史。"② "罗州"治今广东化州。冯业曾任新会太守，被封怀化侯。③冯业被追溯为岭南冯氏始祖。

根据前述《隋书》"浮海归宋，因留于新会"的记载可知，冯业一行三百余人是通过海路南下至新会地区，归顺当时的南朝刘宋政权。然而《新唐书·冯盎传》却记载冯弘"亡奔高丽，遣子（冯）业以三百人浮海归晋。弘已灭，业留番禺"④。冯弘奔高丽时在南朝宋元嘉间，此时东晋已亡，因此冯业是"归宋"而并非"归晋"；更重要的是，从冯业本人及其子孙任职新会可知，冯业是留新会而并非留番禺，故而《新唐书》记载有误。关于后者"留番禺"，今人有三种解释，一是认为冯业"在番禺居住，但未入番禺籍。仍为新会人也"⑤。二是认为"冯业留于新会即番禺"⑥。三是认为"新会为广州属郡，州治番禺，'留番禺'当为泛称"⑦。但这三种说法掩盖了《隋书》记载冯业"留于新会"的真实性，反而是为后出的《新唐书》的错误记载进行显得多余的解释。因此，冯业从北方前来居住的目的地是新会而并非番禺。

冯业在新会定居以后，其孙冯融出任罗州刺史。明代黄佐《广州人物传》记载："冯融，新会人，北燕伪昭成帝宏（即"弘"）之裔也。……融，业之孙也，世为罗州刺史。……自融而上，坟墓皆在新会。"⑧ 冯融在新会居住，遥领罗州刺史，善于治理地方、调和矛盾。冯业至冯融三代人均在新会居住，坟墓亦在新会，道光《广东通志》记载："隋罗州刺史冯融墓，在新会西南那船迳之古冢岭，冢凡二十。今半里外

① （唐）魏徵：《隋书》卷80《列传第四十五·列女》，中华书局，2000年，第1209页。

② （宋）司马光：《资治通鉴》卷163《梁纪十九》，中华书局，2009年，第1950页。

③ 万历《新会县志》卷2《秩官表上》，第110页。

④ （宋）欧阳修、宋祁：《新唐书》卷110《列传第三十五·诸夷蕃将》，中华书局，2000年，第3279页。

⑤ （明）黄佐著，陈宪猷点校：《广州人物传》第2卷，广东高等教育出版社，1991年，第37页。

⑥ 胡守为：《岭南古史（修订本）》，广东人民出版社，2014年，第263页。

⑦ 黄惠贤：《有关高力士和广东冯氏旧贯、世系的几点补证》，武汉大学历史系魏晋南北朝史研究室编：《魏晋南北朝隋唐史资料》第14辑，武汉大学出版社，1996年，第114页。

⑧ （明）黄佐著，陈宪猷点校：《广州人物传》第2卷，广东高等教育出版社，1991年，第36页。

田中有石马、石龟、石箭。"① 可见早期冯氏族人庐墓仍以新会为核心地。

冯氏家族作为北方贵族南迁新会，真正与岭南土著联结起来是从冯融之子冯宝娶高凉洗氏女为妻开始的。高凉洗氏为当地大族，《隋书·谯国夫人》记载："谯国夫人者，高凉洗氏②之女也。世为南越首领，跨据山洞，部落十余万家。……梁大同初，罗州刺史冯融闻夫人有志行，为其子高凉太守宝娉以为妻。"③ 冯宝所娶之妻，即后世著名的洗夫人。冯宝出任高凉太守，从新会前往高凉地区居住，因此冯宝的子孙已经被称为高州人。但仍有留居新会的冯氏族人，甚至冯岑翁成为冈州俚族酋帅。隋文帝开皇初年，番禺人王仲宣起兵反隋时，洗夫人"亲被甲，乘介马，张锦伞，领彀骑，卫诏使裴矩巡抚诸州，其苍梧首领陈坦、冈州冯岑翁、梁化邓马头、藤州李光略、罗州庞靖等皆来参谒。还令统其部落，岭表遂定"④。唐武德六年（623），"冈州刺史冯士翱以新会反"，被广州总管刘咸讨降之。⑤

冯氏家族的进入，一定程度上促进了岭南文明开化。从冯业居住新会以来，冯氏确实与当地的越族后代俚人等交往密切，冯融还被尊称为俚人长官"都老"。冯岑翁、冯士翱更是利用俚人起事，显然在本土经营得法而根深蒂固，但从根本上来说他们仍然是代表着先进文化的中原汉民，因此冯融教化土著的事迹为后人津津乐道。

四、土著与移民的融合

秦汉以来，在中原汉族大量南下的时代背景下，岭南地区本土诸越族与中原汉族相互杂居。大量汉民南迁，同化大部分原诸越族后裔俚人、僚人，继续生活在江门地区，在移民浪潮之下实现族群之间的融合。相比之下，汉族较越族进步一点，诸越族后裔大部分主动接受汉族先进的经济、文化影响。

三国两晋南北朝时期，江门地区本地"夷人"与汉族逐渐交融。起初，本地主要是"夷人"所居住的地方，统治者在此设置县治的主要目的是管控民众，使其成为编户齐民。光绪《新会乡土志》评论云："晋置平夷县，以讨平夷族为名。疑新会地自吴时尚为夷族所居，否则汉夷杂处，至吴置县而汉族始占优势也。……平夷之夷族殆即皂幕之猺族欤？南朝宋以新夷、盆允界归化民立封乐县，其归化民亦必猺族之向化者。又平夷县西之始康、初宾等县，命名亦含有平猺之义。古时猺族殆遍布于新会郡之全境，吴、晋、宋战胜置县后，汉族之势力渐大，猺族乃退处于皂幕之一隅，故至

---

① 道光《广东通志》卷 226《古迹略十一》，第 3656 页。

② 《隋书》此处原文为"洗氏"，洗玉清先生在 1962 年 8 月 6 日《羊城晚报》刊登《洗夫人非姓洗》一文，指出中原无洗氏，因此《隋书》写作"洗氏"，洗氏是岭南土著。

③ （唐）魏徵：《隋书》卷 80《列传第四十五·列女》，中华书局，2000 年，第 1209 页。

④ （唐）魏徵：《隋书》卷 80《列传第四十五·列女》，中华书局，2000 年，第 1210 – 1211 页。

⑤ （宋）王钦若等编：《册府元龟》卷 397《将帅部·怀抚》，台湾中华书局，1960 年，第 4722 页。

明时皂幕犹为猺山。"① 史学家简又文也认为："新会县则在汉属南海郡，初为四会地，土著越族盘踞焉。吴永安六年（263）乃析南海郡之番禺及苍梧郡之临允另置平夷县。晋武帝太康元年（280）改为新夷县。顾名思义，可知其地原为夷族所踞，时或作乱。平定之后，土人归化，乃辟为县治，故县名犹有'夷'字。直至晋元熙二年（420）另立新会县。又至隋开皇十年（560）'新夷'之名始全废焉。由冯宝、冼夫人夫妻以至其孙冯盎皆以高凉新会为根据地。至唐以后，中原文化乃渐昌盛。其后，移民迁居日多，土客混合，同化汉族。"② 由此可看到，古代江门地区设置平夷县（新夷县）、封乐县等是因为土著与汉族融合的结果，唐代前后江门地区本地土著与外来移民之间的关系尤为密切。

东晋元熙二年（420）新会郡仅领两县，至刘宋末辖县高达十二个，设置新县是地方开发、人口增加的结果。中原汉民带来的汉人文化和生产技能，对夷人的归化起较大作用，大批夷人从被"镇抚"到加强"教化"，自愿脱离原生活习俗，成为"新民"和"归化民"，形成以汉族为主体的新会郡。至唐代，岭南地区汉人同俚僚的经济文化交流为双方带来积极影响。③ 原有土著逐渐被新来汉人所同化，如开平县"昔之占籍于临允、封平、始康、初宾、义宁者"归于同化，"盖新民之气势日张，名誉日重，则乡之猺头獠面皆已改姓易服，以求附属于新民，盖种姓土俗之浑同久矣，故曰归于同化"。④

梁启超曾在《中国历史上民族之研究》中写道："广东在汉称南越，其土著盖杂摆夷。当在六朝时，冼氏以巨阀霸粤垂二百年。冼，摆夷著姓也。然累代江淮人及中原人移殖者不少。番禺古城，相传为越灭吴时，吴遗民流亡入粤者所建，楚灭越时，越遗民亦有至者（《羊城古钞》所记，其出处待检）。其最重要之一役，则秦始皇开五岭，发谪戍四十万人，随带妇女（《史记》），实为有计划的殖民事业。盖粤人之成分，早已复杂矣。汉武平南越后，亦数次徙其民于江淮，则江淮间人，又含有南越成分也。今粤人亦无自承为土著者。各家族谱，什九皆言来自宋时，而其始迁祖皆居南雄珠玑巷，究竟有何种神话，举粤人竟无知者。要之，广东之中华民族，为诸夏与摆夷混血，殆无疑义。"⑤ 从历史事实而言，广东人确是本地土著与外来移民"混血"的结果，但是多承认为珠玑巷南迁汉族后代，背后是对汉族的强烈认同感。人类学家黄淑娉在《珠玑巷·冈州·四邑文化》一文中总结道："特定的地理环境，珠玑巷人南迁经冈州而散居于四邑的历程，本地汉人、越人、瑶人文化的交融，都成为形成文化的因素汇合于四邑文化之中，客家文化也带来一定的影响，通过华侨又不断吸收外

① （清）蔡垚燨修，（清）谭镳等纂：《新会乡土志》卷1《历史》，《广州大典》第34辑第12册，广州出版社，2015年，第109页。

② 简又文：《白沙子研究》，简氏猛进书屋，1970年，第52页。

③ 刘美崧：《唐代岭南的开发及汉族与俚僚等族的经济文化交流》，《中南民族学院学报（哲学社会科学版）》1991年第1期。

④ 光绪《开平县志·历史篇》，第79页。

⑤ 梁启超：《梁启超全集》第6卷，北京出版社，1999年，第3443页。

来文化。"① 历史时期江门地区经历土著与移民的融合，并以南迁移民为主要身份标签，文化基因中即有包容开放的性质，在不同民族、族群的互动交往中，塑造出江门地区的文化特性，使其在近代以后更容易接纳外国文化，成为中西文化交融的著名侨乡。

在移民大潮中，和平相处是主要潮流，偶尔也有武装冲突。唐仪凤年间，新会"崖山剧贼陈谦攻陷冈州城邑，遍掠岭左，闽粤惊扰"②，陈谦应属土著，实力雄厚，聚集农民和渔民发动事变。

第三节　社会经济的初步发展

秦至唐代是江门地区社会经济初步发展的阶段。秦代凿灵渠，沟通长江水系与珠江水系的航运，加上新道修筑，使岭南地区与中原地区联系开始紧密，诸越族后裔与中原汉族人民之间的经济、文化来往增加。秦始皇平定岭南之后，在梅岭修建横浦关。唐玄宗开元年间，广东曲江人、宰相张九龄奉令开通梅岭，进一步沟通加强岭南与中原地区的经济文化联系。梅岭驿道（即大庾岭路）成为广东地区与中原内地来往的交通要道，正如明代丘濬《唐丞相张文献公开大庾岭路史碑阴记》所言："兹路既开，然后五岭以南人才出矣，财货通矣。中朝之声教日逮矣，遐陬之风俗日变矣。"③从秦代至唐代，江门地区的农业、手工业、商品经济等均得到初步的发展。

一、农业的发展

先秦时期江门地区以捕捞渔业为主，农业较为落后。战国以来，中原地区的农业生产工具铁器等陆续传入岭南地区。秦始皇时期铁器较多传入岭南，但至西汉吕后时期，一度计划"禁南越关市铁器"④，引发赵佗自立为帝的决心。汉初灭南越国后，"以其故俗治，毋赋税"⑤，主动给百姓输送农业生产工具以及动物等，提高劳动生产力。秦至唐时期，江门地区农业主要种植水稻、粟、麻、葵、姜和沉香树等，养殖方面有禽类孔雀、云白鸟等。

---

① 黄淑娉：《珠玑巷·冈州·四邑文化》，广东炎黄文化研究会编：《岭峤春秋——珠玑巷与广府文化》，广东人民出版社，1998 年，第 171 页。

② 嘉靖《广东通志》卷 55《列传十二》，第 1423 页。

③ 万历《广东通志》卷 64《艺文志中》，第 1427 页。

④ （汉）司马迁：《史记》卷 113《南越列传第五十三》，中华书局，2000 年，第 2266 页。

⑤ （汉）司马迁：《史记》卷 30《平准书第八》，中华书局，2000 年，第 1218 页。

（一）稻、粟

新石器时期广东地区已有种植栽培水稻，东汉时期佛山等地有双季稻栽培，是全国最早实行双季稻栽培的地区。① 这个时期江门地区的水稻种植情况，从前述古壮族生活后留下的地名文化中可知，"那"字代表水田、稻田，位于珠江三角洲的江门地区处于"那文化圈"之内，自然也是岭南稻作文化的重要组成部分。江门地区还是种粟的地方，北宋乐史《太平寰宇记》"信安县"条记载："封水，在县东六十里，源出云粟山者。南中土风，惟稻无粟，此山种粟即成。"② 信安县治今开平。"封水"指今镇海水，发源于鹤山双桥东。"云粟山"即今鹤山云宿山。南宋王象之《舆地纪胜》"新州"条记载："云粟山，在州东八十里。《旧经》云：此山种粟即成，因名。"③《舆地纪胜》所引为"旧经"，反映了江门地区在宋代之前已经成功引种粟类。

（二）苎麻

历史上珠江三角洲栽培利用的纤维作物，可分为三类：韧皮纤维类（如苎麻、黄麻、葛麻）、叶纤维类（如蕉麻、菠萝麻）、种子纤维类（如棉花、攀枝花）。新石器时代遗址的遗存文物中有石纺轮、陶纺轮等，说明在四千年前珠江三角洲地区先民已经懂得利用纤维。④ 秦汉时期广东地区的桑产业得到初步发展，《汉书·地理志》记载粤地"男子耕农，种禾稻纻麻，女子蚕桑织绩"⑤。江门地区生产的细苎麻布是著名土特产。三国吴时期，南越地区已利用苎麻进行织布。西晋时期文学家左思《蜀都赋》有云："黄润比筒，籯金所过。""黄润"是指筒中细布。南朝宋武帝时期，广州"献入筒细布，一端八丈"，宋武帝"恶其精丽劳民"，要求弹劾上贡官员，退还布匹，并下令"岭南禁作此布"。⑥ 但唐代开元年间，广州仍将苎布上贡京师。

明代万历《新会县志》即记载有苎麻、苎布。明末清初屈大均《广东新语》记载："絟葛外，有新会细苎，盖左思所谓筒中黄润，又曰黄润比筒者"⑦。清康乾间范端昂《粤中见闻》"麻布"条记载："麻有数种：曰苎麻，曰络麻，曰火麻。新会细苎布最精。"⑧ 乾隆间李调元《南越笔记》卷5完全转载上引《广东新语》的说法。嘉道间吴其浚《植物名实图考长编》也认为"粤之新会有细苎，盖左思所谓筒中黄润

① 广东省地方史志编纂委员会编：《广东省志·农业志》，广东人民出版社，2002年，第17页。

② （宋）乐史著，王文楚等点校：《太平寰宇记》卷157《岭南道一·广州》，中华书局，2007年，第3022页。

③ （宋）王象之：《舆地纪胜》卷97《广东南路·新州》，中华书局，1992年，第3048页。

④ 赵绍祺、杨智维修编：《珠江三角洲堤围水利与农业发展史》，广东人民出版社，2011年，第231页。

⑤ （汉）班固：《汉书》卷28下《地理志第八下》，中华书局，2000年，第1330页。

⑥ 大德《南海志》卷6《土贡》，第3页。

⑦ （清）屈大均：《广东新语》卷15《货语》，中华书局，1985年，第423页。

⑧ （清）范端昂著，汤志岳校注：《粤中见闻》，广东高等教育出版社，1988年，第261页。

者"①。可见，在清人看来，新会所产苎麻布可与左思描写的"黄润"细布相媲美，种植生产时间也较早。至于有学者认为"新会的生苎布，黄润可爱。左思亦赋词大加赞扬。"② 这可能是误读。因为左思所创作的《蜀都赋》《吴都赋》《魏都赋》，合称《三都赋》，而《蜀都赋》描绘的是三国中蜀国都城（今成都）的风物。虽非左思赋词赞扬，但是新会苎麻种植历史悠久应是毋庸置疑的。

（三）葵树

葵树的种植与生产得到发展，新会有"葵乡"之称，会城有"葵城"之名。新会葵扇所用原料来自当地所产的葵叶，具有叶大不裂、色泽光洁、体质轻盈等特点。关于葵叶的历史通常追溯至晋代谢安，《晋书·谢安传》记载："安少有盛名，时多爱慕。乡人有罢中宿县者，还诣安。安问其归资，答曰：'有蒲葵扇五万'。安乃取其中者捉之，京师士庶竞市，价增数倍。"③ 可见东晋时期，谢安的乡人曾从中宿县（治今清远）携带五万把"蒲扇"即葵扇回到京师。一般认为，这些葵扇产自新会。嘉靖《广东通志》即认为"蒲葵如栟榈，叶薄，以为扇。晋谢安少有盛名，……价增数倍。出新会"④。清代张心泰《粤游小志》则径言："广东新会县出葵扇，东晋贾人载蒲葵扇五万，谢太傅取其一执之，价顿增，顷刻而尽，即此。"⑤ 道光二十二年（1842），新会葵业同行在会城大云山重建葵扇会馆，新会进士伍有庸撰写楹联曰："品传中宿，基创云山。"⑥

光绪《新会乡土志》据上述谢安事例，认为"时新会尚未置郡，而郡境东南部所产之蒲葵扇已由中宿输入江左，此为新会土产输出之最古历史"⑦。有学者认为"新会的葵扇，晋唐两代已行销全国"⑧。1949 年岭南大学经济学专业学生撰写的学位论文《广东新会葵业概况》（指导教授司徒森）中提到："新会葵业之历史，现已无法稽故。询之当地人士，据云已有千数百年。据史乘所载，葵扇已于东晋时流行。谢安族人有购葵扇五万至京师者，偶以一赠送与安，自安用之以后，京师人士争效之，葵扇遂为风行。东晋迄今，已几二千年，葵业之历史长远可知。据当地传说，葵树之祖家在该县荣坑乡之文华塔。文华塔高耸山峰，凡望见该塔之地方，可植葵树，此传说未免神话化，但现在葵田，确是环绕文华塔一带——新会之中部及西部，其他地方则

---

① （清）吴其濬：《植物名实图考长编》卷 9，商务印书馆，1959 年，第 524 页。
② 朱杰勤：《古代的广东（上）》，《广州研究》1985 年第 2 期。
③ （唐）房玄龄等：《晋书》卷 79《列传第四十九·谢安》，中华书局，2000 年，第 1382 页。
④ 嘉靖《广东通志》卷 23《民物志四》，第 612－613 页。
⑤ （清）张心泰：《粤游小志》卷 4，《广州大典》第 34 辑第 22 册，广州出版社，2015 年，第 339 页。
⑥ 赵茂松：《清凉天地——新会葵艺》，广东教育出版社，2013 年，第 19 页。
⑦ （清）蔡垚燨修，（清）谭镳等纂：《新会乡土志》卷 1《历史》，《广州大典》第 34 辑第 12 册，广州出版社，2015 年，第 109 页。
⑧ 朱杰勤：《古代的广东（上）》，《广州研究》1985 年第 2 期。

少见。"① 可见，民国时期同样将新会葵扇追溯至东晋时期，当时主要在新会文华塔周边种植葵树。北宋乐史《太平寰宇记》记载信安县（治今开平）"有木葵，可以为扇"②。则古代江门地区葵扇种植不限于新会一地，但以新会葵扇更为出名。

主流观点均认为新会葵扇源自东晋时期，依据是《晋书·谢安传》的记载，但这只是推测，并非直接证据。今人修编《珠江三角洲堤围水利与农业发展史》一书对此表示审慎的态度："清远县位于珠江三角洲北部外围，为古代广州地区北上水道必经之地，因而从中宿带走的葵扇，可能就是新会所产。……但明、清以后新会县葵树的主要产区，在晋代时大部分土地还未淤积成陆，要说这五万把葵扇，出自新会，还存在疑问。"③ 其观点认为谢安所看到的葵扇可能产自新会，但指出后来的产区在东晋时期尚未成陆。这一点质疑是合理的，唐宋之前新会尤其是南部仍有不少地方为海洋或海湾，确实存在产区所在"还未淤积成陆"的问题。但以明清时期产区认定为东晋时期的产区也存在较长时段间隔问题，合理的解释应是新会葵扇的产区是变动的，东晋时期的产区未必是明清时期的产区。恰好相反，可能是明清时期沙田的增加，扩充了新会葵扇的种植范围，大大提高产量。

（四）高良姜

高良姜是一种岭南道地药草，南朝梁陶弘景《名医别录》记载："高良姜：大温。主治暴冷、胃中冷逆、霍乱腹痛。"④ 高良姜即高凉姜。清代李调元《南越笔记》"高凉姜"条称："高良姜出于高凉，故名。"⑤ 今人编《广东中药志》认为："据考证：我国古代的高凉地区，即包括现今广东的恩平、阳春、阳江、高州、电白、吴川、茂名等地。这说明，我省是高良姜的原产地。"⑥ 高良姜以产地高凉郡命名，其中恩平曾是高凉郡郡治所在地，历史上种植高良姜。此姜是我国特产，古代经由阿拉伯人传入欧洲。

（五）沉香树

唐代江门地区土特产有沉香树。唐李吉甫《元和郡县图志》记载，新会县有"利

---

① 方国华等：《广东新会葵业概况》，程焕文、吴滔主编：《民国时期社会调查丛编》三编《岭南大学与中山大学卷》下册，福建教育出版社，2014 年，第 169 页。

② （宋）乐史著，王文楚等点校：《太平寰宇记》卷157《岭南道一·广州》，中华书局，2007 年，第 3023 页。

③ 赵绍祺、杨智维修编：《珠江三角洲堤围水利与农业发展史》，广东人民出版社，2011 年，第 228 页。

④ （梁）陶弘景著，尚志钧辑校：《名医别录（辑校本）》卷2，中国中医药出版社，2013 年，第 126 页。

⑤ （清）李调元：《南越笔记》卷 15，（清）罗天尺等著，林子雄点校：《清代广东笔记五种》，广东人民出版社，2015 年，第 365 页。

⑥ 《广东中药志》编辑委员会编著：《广东中药志》第 1 卷，广东科技出版社，1994 年，第 287 页。

山，在县南一百七十里。上多沉香木"①。沉香木可以制成纸，成为"香皮纸"。唐代《岭表录异》记载："广管罗州多栈香树，身如柜柳，其花白而繁；其叶如橘皮，堪作纸，名为香皮纸，灰白色，有纹如鱼子笺。雷、罗州，义宁、新会县率多用之。其纸慢而弱，沾水即烂，远不及楮皮者，又无香气。或云：沉香、鸡骨、黄熟、栈香，同是一树，而根、干、枝节各有分别者也。"② 至元代，江门地区所产的土沉香"榄香"已异常珍贵，与白银同价。"榄香：新会上、下川山所产白木香，亦名青桂头。其水浸渍而腐者，谓之水盘头。雨浸经年，凝结而坚者，谓之铁面。惟榄香为上香，即白木香材上有蛀孔如针眼，剔白木，留其坚实者，小如鼠粪，大或如指，状如榄核，故名。其价旧与银等。"③ 上下川岛所产香药"榄香"，源自白木香即土沉香，因形状似榄又称"榄香"。

（六）孔雀、云白鸟

江门地区曾有养殖的孔雀、云白鸟。岭南地区本土养殖禽类动物被输入中原地区，南越王赵佗曾将土产白璧、翠鸟、犀角、紫贝、桂蠹、孔雀等物进献给汉孝文帝。南朝时期的义宁县（治今开平市西北）盛产孔雀，北宋李昉编纂《太平御览》引南朝沈怀远《南越志》记载："义宁县杜山多孔雀，为鸟不定匹合，止以音影相接便有孕。"④ 孔雀作为岭南特产奇珍多作为贡品，列入"越鸟三客"。屈大均《广东新语·禽语》论曰："越鸟有三客，孔雀曰南客，白鹇曰闲客，鹧鸪曰越客。古诗云'越鸟巢南枝'，谓三客也。予诗云：天产珍禽为越客，山留梅树作南枝。"⑤ 光绪《新会乡土志》云："杜佑《通典》：新会有桂山，山出翡翠、孔雀、元猿。《通典》作于唐贞元时，杜佑为广州刺史，自言其治下之山川、物产，当必不谬，时新会已由盆允迁于今新会城，而附郭之镇山圭峰犹有珍禽野兽于此产出，其他山林之未尽启辟可知。"⑥ 除义宁县孔雀，尚有信安县（治今开平市）所产的云白鸟。北宋乐史《太平寰宇记》记载："云白鸟，一名昙鸟，亦名同力鸟。千岁则化为鸠，能超石禁蛇。鸟形如雉，尾如雀尾，有碎文，背上连钱，又左足三距者，其鸣先顾。"⑦ 可见至唐宋时期，江门地区生态环境良好，适宜动物生存，并有个别品种闻名全国。

---

① （唐）李吉甫著，贺次君点校：《元和郡县图志》卷34《岭南道一》，中华书局，1983年，第890页。

② （唐）刘恂著，鲁迅校勘：《岭表录异》，鲁迅、杨伟群点校：《历代岭南笔记八种》，广东人民出版社，2011年，第63页。

③ 大德《南海志》卷7《物产》，第11页。

④ （宋）李昉编纂：《太平御览》卷924《羽族部十一》，中华书局，1960年，第4104页。

⑤ （清）屈大均：《广东新语》卷20《禽语·孔雀》，中华书局，1985年，第513页。

⑥ （清）蔡垚爔修，（清）谭镳等纂：《新会乡土志》卷1《历史》，《广州大典》第34辑第12册，广州出版社，2015年，第113页。

⑦ （宋）乐史著，王文楚等点校：《太平寰宇记》卷157《岭南道一·广州》，中华书局，2007年，第3022页。

二、陶瓷业与制盐业

秦汉至隋唐时期，江门地区手工业的发展进步主要体现在陶瓷业与制盐业上。唐代新会窑闻名世界，既供应国内需求，也畅销海外。在制盐业上江门地区则利用滨海自然优势，发展成为广东的重要产盐基地。

（一）新会唐窑与鹤山唐窑

新会官冲古窑是唐代江门地区陶瓷业的代表。官冲古窑遗址（古陶瓷窑群），位于新会古井官冲村碗碟山、瓦片岩，烧造年代为唐代中期至宋代初期，分布范围约1平方千米。早在清代，该处不时出土"皇帝碗"，因宋代末代皇帝曾在官冲驻跸，故被认为是宋末时留下的遗物。清代顺德罗天尺撰诗《崖门窑碗歌》，自序云："雍正壬子（十年，1732），崖门渔父下网，得海底窑碗，斑剥古拙，宋帝昺沉海时物也。黄子索得之，归而见示，因纪以诗。"其诗曰："崖山晴亦阴，双门峙天阙。河伯与海神，悍怒护忠节。蛋人泅重涛，下网当寥沉。网举窑碗出，海苔半缠结。所利在得鱼，弃如瓦砾埒。黄子见之惊，识是宋朝物。或云供奉器，已被蛟龙啮。或云军伍需，曾沾国殇血。颈深微晕青，不平仍中凸。入水质愈轻，似鼎足偏缺。忆昔龙舸飞，渊沉而瓦裂。太保已潜龙，宏范空残碣。尔独正气钟，海若不能夺。后出五百年，精卫若为挈。无乃伤慈元，庙食百年绝。徒出备明器，享堂左右列。用以荐馨香，明德在古拙。"[1] 清代新会廪生谭锡朋《厓山瓦碗》诗亦云："国已金瓯缺，山犹瓦椀存。一坏（"坏"通"坯"，意为未烧之陶器）仍宋土，此物是君恩。苔藓真难蚀，虫沙不忍言。摩挲重拂拭，作伴古彝尊。"[2] 因此在清人看来，这些在崖山附近出土的海底窑碗，当属宋末遗物无疑。道光《新会县志》也记载云："碗山，在全节庙旁，畦陇间多古碗。帝昺时，士卒二十余万所用以饮食者。今野老往往掘地得之，以售于人，一碗几值一金，有小大厚薄不一，惜多破泐弗完，完者仅十之一耳。出土须暴于日中，方可耐久，其质近粗，亦有精者。"[3] 当地人以为这些在海上捞起的碗属于南宋二十万将士的餐具遗物。但经考古发掘，证明这些陶瓷是属于唐代中期至北宋时期的新会外销瓷。

1957年4月，广东省文物管理委员会进行文物调查时发现这里存在几百件较为完整的瓷器。1961年7月27日—8月10日，广东省文物管理委员会与广东师范学院历

---

[1] （清）温汝能纂辑：《粤东诗海》卷79《罗天尺》，《广州大典》第57辑第16册，广州出版社，2015年，第345－346页。

[2] （明）黄淳等著，陈泽泓点校：《厓山志》卷7，广东人民出版社，2018年，第348页。注：该点校本将黄淳标注为"清"人，但据康熙间新会知县顾嗣协编《冈州遗稿》卷4记载，可见黄淳为隆庆元年（1567）举人，卒年八十五岁，以清朝建立1644年计距其中举已77年。如黄淳为清人则中举在8岁之前，应无可能，特改黄淳为"明"人。

[3] 道光《新会县志》卷2《舆地》，第44页。

史系组成联合文物工作队，前往官冲瓦片岩、碗山进行小范围复查发掘工作，发现一座窑址和一些青瓷器遗物。1997年5月、1998年4月，广东省文物考古所联合新会博物馆组成考古发掘队，由邱立诚领队，在窑址附近的崖山祠安营扎寨，先后进行两次抢救性发掘，发掘总面积300平方米。瓦片岩，又名碗碟埔，是一座海拔6~7米的低矮小山岗，遗物堆积层1.5米。碗山在瓦片岩南100米处，地势较高，山坡平缓。在碗山清理馒头窑多座，由窑门、火膛、窑床、烟道组成。其中一处古窑，窑顶、窑门已破坏，窑室残长1.8~2.89米，宽2.43米，窑壁残高2.15米，厚2.8厘米。窑床积土厚70厘米。

官冲窑产品以碗、盘、罐、盆为主，还有豆、杯、壶、钵、盂、簋、器盖、砚台、炉、盒、釜、灯盏、网坠、纺轮、人物塑像、动物模型、砖、瓦、窑具等。其他陶器有范母、碗形外范、碟形外范、秤锤、管状器、勺等。在出土的器物肩部和足底部，发现有较多的刻划符号和文字。官冲窑址废窑堆积相当丰富，既有形态较早的陶器，又有烧造精致的青瓷，烧造瓷器的时间跨度可能较长。其中龟形砚、双嘴提梁壶、双嘴伞形顶温酒壶和镂孔罐（熏蓝）是广东唐窑遗址中首次发现的品种。该窑址是馒头窑，以青瓷器为最大宗，属南方青瓷系统。这些产品在广东、港澳地区唐代遗址与墓葬中多有发现，在外伶仃岛、南海西沙群岛以及部分东南亚国家亦有所发现，说明该窑产品是进行外销的，窑址靠近崖门水道，具备水路交通便利外销条件。

为了促进新会官冲窑址的考古发现共享和研究，1997年8月，省内著名考古专家齐聚新会，参加"官冲唐窑保护开发论证会"。他们认为：官冲唐窑遗址出土器物种类之多，数量之大，地方特色之鲜明，在广东唐窑遗址中是罕见的。窑址地处珠江三角洲西部潭江出口近处，依山临水，加之窑址地下埋藏丰富的瓷土，具备陶瓷生产的原料、燃料和交通运输的三大要素。从窑址规模看，这里是广东省唐代大型的陶瓷生产基地。唐代广东地区有大量陶瓷器销往东南亚和印度洋沿岸地区，在这些地方有类似官冲唐窑遗址产品的出土。新会官冲窑产品数量大，是唐代我国重要外销瓷之一。①

2001年2月，新会博物馆再次对官冲窑址进行文物调查，采集到少量瓷片。出土器物绝大部分以青釉瓷片为主，器型以碗为多，另有罐、盘、壶、器盖、纺轮、网坠、砚、哨子、船形器等，杂有陶片、窑渣。2003年，新会博物馆对官冲窑址进行文物调查，在地面采集唐代青瓷一批。2014年11月，为做好国家申报"海上丝绸之路"史迹点相关工作，新会区邀请省文物考古研究所专家对官冲窑址分布范围进行文物调查，在碗碟山北面枕头山、旗岭、水泷及碗碟山南部均发现相关文物。官冲古窑址作

---

① 广东省文物管理委员会：《佛山专区的几处古窑址调查简报》，《文物》1959年第12期；广东省文物管理委员会、广东师范学院历史系：《广东新会官冲古代窑址》，《考古》1963年第4期；陈显求、陈士萍：《唐新会窑的特征与各著名青瓷化学组成的比较》，《景德镇陶瓷学院学报》1994年第2期；刘成基：《新会官冲唐窑考古随笔》，《广东文物》1998年第2期；广东省文物考古研究所、新会市博物馆：《广东新会官冲古窑址》，《文物》2000年第6期。

为唐代广东出口陶瓷主要基地，是研究唐代江门地区陶瓷手工业的重要实证标本，也是江门地区参与唐代海上丝绸之路的历史见证与文化遗产。新会官冲窑址于 2015 年被列入广东省文物保护单位名录。

图 2 - 1　新会官冲窑址

来源：广东省文物考古研究所、新会市博物馆：《广东新会官冲古窑址》，《文物》2000 年第 6 期。

图 2 - 2　提梁壶，唐代，新会官冲窑址出土

来源：作者摄自新会博物馆。

除了著名的官冲窑址，新会区还有会城北门窑址、崖门镇瓦窑口窑址，形成以官冲窑为主、周边窑为辅的唐代新会瓷系统。

北门窑址，位于新会区会城旧城区北门，包括金山和马山两部分。北门窑群的烧造年代为唐代，窑炉形制属馒头窑，它们保存比较完整，分布密集。1981 年，第二次全国文物普查时发现该窑址。1995 年，入选为新会第三批县级文物保护单位。遗址保存完整，依山而建，上下多层，窑炉分布密集，面积约 2 万平方米。金山窑址，仅地面可见残窑就有十多座。山脚下有一座保存完好的古窑，由窑门、火膛、窑床和烟道组成。离此窑不远处有 8 处残窑遗迹，窑壁已塌，仍可见椭圆形窑床与半截窑脚，窑群四周散落少量陶瓷碎片。马山窑址则有 1 座窑炉，呈两层分布，窑顶呈穹状，从顶部往下看烟道清晰可见。北门窑址生产的青瓷除供应城区人的生活用瓷外，用作外销。

瓦窑口窑址，位于新会区南部崖门镇洞北村瓦窑口山脚。2008 年 6 月文物普查时发现。现存窑炉 4 座，围绕山脚分布，形制一致，均为馒头窑，由窑门、窑床、烟道、窑壁、窑顶等部分组成，窑床平面为半椭圆形，火脭均残损，仅存窑床部分，后壁可见三条烟道，窑口大致向东。其中 Y1 窑残长 4.35 米，窑床内高 2.6 米，窑床最宽处为 2.7 米，分上下两层，相间灰色黏土，可能为两次使用。窑址出土有残缺匣钵、黑釉炉和青釉碗。窑炉形制与新会官冲窑、北门窑址相近。①

根据国家文物局主编《中国文物地图集·广东分册》的说法，"广东唐代陶瓷窑址，主要分布于潮州、梅县、高明、廉江、遂溪、新会、佛山和南海等地。烧瓷主要用馒头窑和龙窑，开始使用匣钵"②。实际上，江门地区除新会外，鹤山亦有多处唐代窑址，恩平则出土有唐代陶瓷。1958 年，广东省文物调查组和鹤山县文物调查组在古劳镇龙溪管理区凤岗、下六管理区宏冈发现两处唐窑遗址。1995 年，鹤山博物馆人员在沙坪镇玉桥管理区涌头冈、坡山管理区西头冈发现两处窑址，在遗址附近采集到不少遗物。因此，迄今为止鹤山已发现凤岗窑址、宏冈窑址、涌头冈窑址、西头冈窑址等四处唐代古窑址，主要处于西江河边。

凤岗窑址，位于鹤山古劳圩西北凤岗北坡，濒临西江，面积约 240 平方米。属小型馒头窑，时间为唐代中晚期。1983 年，广东省考古队在凤岗断层（距表土 1.3 米）处发现大批碗、碟、四耳罐、展口折边釜和三足炉陶器及半陶器。陶器属夹砂红陶，胎质较粗，不施釉，半陶器有灰胎和红胎两种，火候较高，施以青釉，釉面有光泽。碗形有深腹、浅腹，口缘有外张和内敛，碗底皆为饼（底部贴上一块饼状圆片），出土器物上多见有"人""吉"等字符号。③ 该窑址采集有青瓷碗、四系罐和陶盆、三足釜及夹砂陶双层三足炉，其中以碗居多。该窑址出土的青花瓷胎质灰白，施青黄釉，与新会官冲窑出土器物在器型及釉色上面均有类似之处。凤岗窑址对研究西江下游唐代陶瓷历史及其工艺有一定的价值。④

宏冈窑址，又称大郡窑址，位于鹤山古劳镇下六黄沙滩，范围约 3 000 平方米。1958 年，由广东省与鹤山县联合文物调查组发现。出土有青瓷碗、盆和半陶瓷质罐残件，分为青釉、黑釉。器型以碗碟为主，还有罐、盆、灯台等。碗胎厚，敞口，无纹

---

① 张开城、巩建华：《广东海上丝绸之路文化与建设》，海洋出版社，2018 年，第 80 页。

② 国家文物局主编：《中国文物地图集·广东分册》，广东省地图出版社，1989 年，第 5 页。

③ 鹤山县县志编纂委员会编：《鹤山县志》，广东人民出版社，2001 年，第 584 页。

④ 广东省文物局编：《广东文化遗产：海上丝绸之路史迹》，中山大学出版社，2016 年，第 149 页。

饰，圆平底或饼足。盆胎厚，敛口，直身，平底。罐直口，溜肩，桥耳，平底。有两块罐的肩部碎片有"于""八"字样，是工匠制坯时各自所作记号。部分采集器物运往广东省考古队。1989 年鹤山博物馆成立后，再次派人到原地考查，发现窑址因改河筑堤而大受破坏，窑灶已不复存在，原先满布河滩的遗弃物绝大部分被覆盖。

涌头冈窑址，又称大涌口窑址，位于鹤山沙坪玉桥村北涌头冈，面积约 430 平方米。残存窑灶形似馒头，是一座小型馒头窑。采集器物有青瓷碗、盆和半陶瓷质罐及陶釜等残件。碗、罐、盆等胎质灰白，施青黄釉，与新会官冲唐窑出土器物的器形、釉色相类似。①

西头冈窑址，又称坡山窑址，位于鹤山沙坪街道坡山村西头冈易氏六世祖祠后，属唐代陶瓷生产窑场，面积约 200 平方米。1995 年被发现时，窑床、火膛位置已种竹，窑壁及拱顶仍存，用砖砌筑，两壁间约 3 米，窑的四周满布遗弃物。采集到器物有青瓷碗、半陶瓷小罐、陶器盖、夹砂陶釜等残件和垫座。碗内施青绿釉，小罐内施全釉，外施半釉，釉为青灰色。碗、罐的下部都有一圈弦纹。夹砂陶釜，胎灰色，砂粒粗。垫座是陶瓷坯入窑时在窑内承托器物的泥垫，垫座斜度约 35 度，故该窑是一座斜坡式龙窑。所采集到的青瓷碗与高明唐代龙窑出土的碗形大小及釉色十分接近，又与上述凤岗窑址、宏冈窑址的遗物一样。②

此外，恩平市也出土有唐代的陶器碎片。2000 年 1 月，恩平市博物馆考古人员在良西镇潭流一带的野外考古调查中，发现一处窑址遗址，占地约 100 平方米，圆形，内砌青砖，外覆泥土，为中型民窑。附近散落有板瓦、筒瓦，均为青灰色，厚度 2.5 厘米以上，底部有麻布纹。根据瓦块制作技术和瓦窑特征分析，考古人员认为其属于唐中期窑址遗存。③恩平另有唐代窑址一处位于牛江仕洞村北部的燕子归巢山。

（二）冈州盐场与恩州盐场

盐是百姓日常所必需的物资，江门地区有悠久的制盐历史。在生活实践中，古人已认识到盐多产于海滨。江门地区濒临南海，在盐业生产上具有得天独厚的条件，因有较长海岸线，加上充足日照条件，十分利于盐业发展。《史记·货殖列传》云："人民谣俗，山东食海盐，山西食盐卤，领（岭）南、沙北固往往出盐。"④汉代岭南盐业已经闻名中原，汉武帝平南越国后，在南海郡番禺县、苍梧郡高要县两地设置盐官管理盐务。三国吴时期在东莞郡设置司盐都尉对海盐生产进行管治。隋代已经区分出四种不同的盐："一曰散盐，煮海以成之；二曰监盐，引池以化之；三曰形盐，物地

① 广东省文物局编：《广东文化遗产：海上丝绸之路史迹》，中山大学出版社，2016 年，第 148 页。
② 张宝珩、李锦飞：《鹤山考古的新发现》，《岭南文史》1999 年第 1 期。
③ 《恩平发现唐代瓦窑遗址》，《恩平文史》第 35 期，2005 年，第 7－8 页。
④ （汉）司马迁：《史记》卷 129《货殖列传第六十九》，中华书局，2000 年，第 2472 页。

以出之；四曰饴盐，于戎以取之。"① 岭南沿海地区多为煮海而生产"散盐"。唐初，岭南设有监院、巡院，管理食盐产销。

江门地区盐业自隋唐开始发展，当地人利用近海优势发展制盐业。至晚在唐代，江门地区盛产海盐已载入史册。唐代广东产盐区均在沿海地区或海南岛，《新唐书》明确记载新会"有盐"②。可见当时江门地区制盐业较为发达，沿海的居民以制盐为生，出现专业的盐业制作人员，除了内部自足外，还外销远处。新会盐能出现在正史之中，说明唐代新会盐产量较为可观。唐武德四年（621），平定萧铣后重置冈州，州治盆允城。武德八年，由于新会盛产海盐，官府开始在新会沿海设置冈州盐场。③ 冈州盐场的设置，对于江门地区的盐业管理有促进作用。

唐代恩平地区也生产海盐。当时岭南地区海盐生产情况，"广人煮海，其□无限。商人纳榷，计价极微数。内有恩州场、石桥场，俯迎沧溟，去府最远。商人于所司给一百榷课，支销杂货二三千。及往本场，盐并官给，无官给者，遣商人。但将人力收聚咸池沙，掘地为坑。坑口稀布竹木，铺蓬簟于其上，堆沙，潮来投沙，咸卤淋在坑内。伺候潮退，以火炬照之，气冲火灭，则取卤汁，用竹盘煎之，顷刻而就。竹盘者，以篾细织。竹镀表里，以牡蛎灰泥之。自收海水煎盐之，谓之野盐。易得如此也"④。唐代恩州治在今恩平。正因恩州产盐多，日常生活可以宽裕地将盐用在腌鱼之中，如"鹅毛鋋，出海畔恩州，乃盐藏鳊鱼儿也，甚美"⑤。盐藏法是古代处理肉类、鱼类与蔬菜的简便做法，有利于防腐。《广东省志·盐业志》直接认定唐代岭南海盐产地恩州的"今地名"为"广东恩平"。⑥ 学者根据《新世纪广东省地图集》一书对广东沿海与盐业相关的地名进行统计，发现江门存在与盐业相关地名，如以"围"命名者达 39 个，指出江门地区是广东历史上产盐区主要集中地之一。⑦

三、早期海上丝绸之路

1877 年，德国地理学家李希霍芬将中国古代通往西域之间的商路称为"丝绸之

---

① （唐）魏徵：《隋书》卷 24《志第十九·食货》，中华书局，2000 年，第 461 页。

② （宋）欧阳修、宋祁：《新唐书》卷 43 上《志第三十三上·地理七上》，中华书局，2000 年，第 720 页。

③ 万历《新会县志》卷 1《县纪》，第 14 页。

④ （唐）刘恂著，鲁迅校勘：《岭表录异》，鲁迅、杨伟群点校：《历代岭南笔记八种》，广东人民出版社，2011 年，第 80 页。

⑤ （唐）刘恂著，鲁迅校勘：《岭表录异》，鲁迅、杨伟群点校：《历代岭南笔记八种》，广东人民出版社，2011 年，第 82 页。

⑥ 广东省地方史志编纂委员会编：《广东省志·盐业志》，广东人民出版社，2006 年，第 49 页。

⑦ 王彬、黄秀莲、司徒尚纪：《地名与广东历史时期盐业分布研究》，《广东海洋大学学报》2011 年第 5 期。

路"。除了北方的陆上丝绸之路，南方也有一条以广州港为起点的海上丝绸之路，形成于秦汉，发展于隋唐。汉武帝征服南越国，再次统一岭南之后，不少中原商人来到岭南地区进行经贸活动。《汉书》记载，粤地"处近海，多犀、象、毒冒、珠玑、银、铜、果、布之凑，中国（指中原地区）往商贾者多取富焉。番禺，其一都会也"①。当时以番禺（广州）为中心形成岭南商贸圈，交易物产丰富。汉代派遣船队从广州港出发，向西途经江门地区，抵达粤西徐闻港，经南海进入印支半岛，最后到达印度半岛等东南亚地区，形成早期的海上丝绸之路。广州成为海上贸易集散地。东汉以来，东罗马帝国、印度等曾派遣使臣到中国。东汉"桓帝时，扶南之西，天竺、大秦等国，皆由南海重译贡献，而贾番自此充斥于扬、粤矣"②。唐代从广州港启程的船队，经南亚远达波斯湾与非洲东岸，是当时世界上最长的航线，史称"广州通海夷道"。江门地区濒临南海，拥有天然港湾，处于我国传统西洋航海路线上。台山上川岛、㵟洲（今广海）是古代番舶往来中国南海海域的必经要地，这使江门地区成为唐宋时期"广州通海夷道"的"放洋"之地。新会官冲窑则是唐宋时期海上丝绸之路上重要的外销瓷生产基地。要之，江门地区凭借优越地理位置，积极参与到海上丝绸之路的贸易之中。③

（一）番人居住留史迹

唐代国威强盛、经济繁荣、文化发达，形成独有的开明政治与对外开放的时代特色，大量外国人来华与留居。④ 这个时期中国具有开放大国气象，吸引了不少外国人移居中国，其中长安、泉州、广州等城市居住着大规模的外国人。外国商人"泛舶汉地，直至广州，取绫绢丝绵之类"⑤。有学者推测，唐代广州每一年到来的外国人约80 万人次，他们主要来自大食（阿拉伯）、波斯（伊朗）、天竺（印度）、狮子国（斯里兰卡）、真腊（柬埔寨）、阿陵（爪哇）等地。⑥ 唐末黄巢事变时，在广州杀死的外国人据说达到 12 万之多。⑦

江门地区处于海上航道要路，且毗邻广州，唐代曾有外国人在江门地区居住，并

---

① （汉）班固：《汉书》卷 28 下《地理志第八下》，中华书局，2000 年，第 1329 – 1330 页。

② 雍正《广东通志》卷 58《外番》，第 1779 页。

③ 参阅田若虹：《江门海上丝绸之路与商泊贸易》，《五邑大学学报（社会科学版）》2013 年第 4 期；石坚平：《江门海上丝绸之路文化探源》，《五邑大学学报（社会科学版）》2015 年第 3 期；王欢：《台山市海上丝绸之路遗存发现与研究》，《福建文博》2015 年第 1 期；石坚平编著：《江门海上丝绸之路文献资料汇编》，广东人民出版社，2016 年；石坚平编著：《江门海上丝绸之路文化遗产图录》，广东人民出版社，2016 年；江门市档案局等编：《江门海上丝绸之路文化》，中国华侨出版社，2018 年。

④ 田廷柱：《唐代外国人来华与留居述略》，《社会科学战线》1993 年第 1 期。

⑤ （唐）慧超著，张毅笺释：《往五天竺国传笺释》，中华书局，2000 年，第 101 页。

⑥ 司徒尚纪、许桂灵：《中国海上丝绸之路的历史演变》，《热带地理》2015 年第 5 期。

⑦ 周永卫等编：《广东海上丝绸之路史料汇编·秦汉至五代卷》，广东经济出版社，2017 年，第 304 页。

留下历史地名"波罗"沿用至今。北宋乐史《太平寰宇记》"新会县"条记载:"谭波罗山,在县南六十里。昔外国人曾居此山。其谭波罗者,番语也。"① 同书又记载,信安县(治今开平)有一座"乾闼婆城","乾闼婆城,多骏鸃(即"锦鸡")鸟,似山鸡,家鸡斗之则可擒。其翚有光,汉以饰侍中冠"。② "谭波罗山"来自印度语,"谭"同"檀",意为布施,引申为"河中","波罗"为"彼岸","谭波罗山"即"河中的山岛"。而"乾闼婆"也是出自印度语,梵语作 Gandharva,巴利语作 Gandarba,又作健达婆、犍达缚、健闼婆、干沓和、干沓婆等,意译作香神、嗅香、香阴、寻香行等,为乐人、乐神之称,佛典中的"乾闼婆城"意译为寻香城,即海市蜃楼。③ 在 6 世纪后期至 7 世纪初统治台湾岛的流求王族可能来自印度地区,首都称为"波罗檀"。结合江门地区的两个印度语地名,这些从印度前往流求的外国人应在江门地区居住,因此才会留下新会县"谭波罗山",信安县"乾闼婆城"两个地名。成化《广州志》记载:"波罗寺,在(新会)县西平康都楼冈甲波罗山。旧传有僧趺化于此,号无寂弹师,宋宣和间僧善祥建寺奉之。"④ 此外,万历《新会县志》中亦有"波罗寺"的记载,"波罗寺,在波罗村。云昔有曾姓者居此山,番语谓曾为波罗,故名"。⑤ 这里的"波罗村""波罗寺"与前述"谭波罗山"有所关联,至于明万历间将"波罗"解释为番语"曾"姓,则解释不通。清代则将"波罗寺"之名解释为"取梵语般若波罗蜜而名之"⑥,同样无法令人信服。其实,"番"字已表明与外国人相关。例如广州南海神庙,又名波罗庙,塑有"达奚司空"像,清代仇巨川《羊城古钞》谓:"达奚司空,在波罗庙中。相传波罗国贾舶泊此。"⑦ 波罗庙神其形象为印度人。古代江门地区的波罗寺,极有可能也与印度人来此有关。道光《开平县志》记载"波罗墟,城东三十五里,期趁三、八"⑧。今开平市三埠镇附近仍有"波罗墟"地名,该墟建于康熙十二年(1673),"因建于波罗寺西南侧,墟从寺名"⑨。可见是先有古代波罗寺,再有今波罗墟。

---

① (宋)乐史著,王文楚等点校:《太平寰宇记》卷157《岭南道一·广州》,中华书局,2007年,第3021页。

② (宋)乐史著,王文楚等点校:《太平寰宇记》卷157《岭南道一·广州》,中华书局,2007年,第3022页。

③ 鲁西奇:《流求王欢斯渴刺兜:台湾历史上的"印度化时代"》,《华中师范大学学报(人文社会科学版)》2017年第5期。

④ 成化《广州志》卷26《寺观三》,第166页。

⑤ 万历《新会县志》卷2《版籍略》,第80页。

⑥ 道光《开平县志》卷10《外纪志》,第478页。

⑦ (清)仇巨川纂,陈宪猷校注:《羊城古钞》,广东人民出版社,1993年,第157页。

⑧ 道光《开平县志》卷4《建置志》,第301页。

⑨ 江门市地名委员会、江门市国土局编:《江门市地名志》,广东省地图出版社,1991年,第199页。

波罗山与波罗寺具有密切联系。由于唐宋时期今江门南部陆地地区仍多为海洋或海湾，当时的新会县位置比今天略偏北，因此北宋《太平寰宇记》所记新会县"县南六十里"的"谭波罗山"应在今开平市内，符合"河中的山岛"的描述。北宋太平兴国二年（977）所设信安县，治所在今开平，道光《开平县志》记载："信安废县，在城东古州墟。南朝宋元嘉二十七年（450）置义宁县，后迁理东溪。北宋太平兴国二年改曰信安。今古州墟，即东溪旧地也。又《通志》载县有封平县址、初宾县址、乾闳婆城旧址，今处所俱无考。"[1] 可见清代中期志书编者对原信安县乾闳婆城旧址具体位置并不知道，但无疑是在开平县境内。前引《广州志》可知，波罗山位于楼冈甲。而波罗村、波罗寺位置基本确定为今开平市楼冈附近波罗墟一带。如是，则这几处山名、城名、村名、寺名均集中于今天开平地区，应并非偶然。今天波罗墟临近潭江，东北部十余里则有梁金山。难得的是，我们在明初《永乐大典》所收录的"广州府境之图"中发现在新会县西标注有"波罗山"山名，位于"金井山"与"金山"之间（图2-3）。根据文献记载与地图信息，唐宋时期的波罗山可能即今天开平市塘口镇西北、镇海水西侧之"菠萝山"。唐宋时期此山临海，水路便利，吸引了一批外国人在此留居。道光《广东通志》转载上引《太平寰宇记》关于波罗山的记载，并标明"谨案：潭波罗山各志未载"。[2]

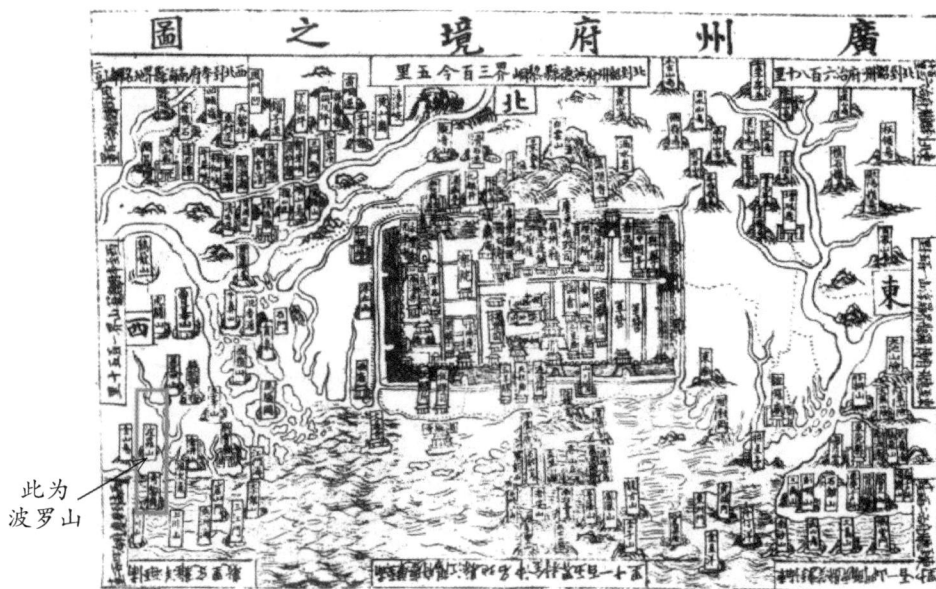

图2-3 《永乐大典》广州府境之图

来源：广州博物馆编：《广州历史文化图册》，广东人民出版社，1996年，第96页。

[1] 道光《开平县志》卷3《疆域志》，第273页。
[2] 道光《广东通志》卷100《山川略一》，第1703页。

值得注意的是，当年这些外国人居住的地方被称为"乾闼婆城"，明显具有"城"的规模与人口。明代顾炎武曾说："自唐设结好使于广州，自是商人立户，迄宋不绝，诡服殊音，多流寓海滨湾泊之地，筑石联城，以长子孙。"[1] 可见唐代来华外国人多居住在广州及其周边的"海滨湾泊"地区，并且"筑石联城"，具有印度色彩的"乾闼婆城"应即此类城。可以确认的是，唐代江门曾有外国人居住是毋庸置疑的事实，体现出江门较早融入海上丝绸之路发展的客观历史。

（二）义净出国经冈州

唐代江门地区不仅是外国人留居之地，国内出国者亦有途经此地者。较为著名的是唐代高僧义净往东南亚地区求法时途经江门地区的事迹。义净（635—713），俗姓张，河北人，唐代著名高僧、旅行家，与真谛、鸠摩罗什、玄奘并称为中国佛教四大译经家。

唐高宗咸亨间，义净在弟子善行陪同下，从长安出发，经丹阳、扬州，抵达广州，然后再经冈州，历经艰辛，最终到达中印度，在那烂陀寺学习十一年。义净在《大唐西域求法高僧传》中自述云："于时咸亨二年（671），坐夏扬府。初秋，忽遇龚州使君冯孝诠，随至广府，与波斯舶主期会南行。复蒙使君令往岗州，重为檀主。及弟孝诞使君、孝轸使君、郡君宁氏、郡君彭氏等合门眷属，咸见资赠，争抽上贿，各舍奇飨。庶无乏于海途，恐有劳于险地。笃如亲之惠，顺给孤之心。共作归依，同缘胜境。所以得成礼谒者，盖冯家之力也。"[2] 这里的"岗州"即冈州，唐代冈州辖境涵盖今江门地区大部。义净来到的主要是新会，而盛情款待义净的冯孝诠及其弟孝诞、孝轸则来自著名的冯氏家族。得益于深厚的世家背景，冯孝诠等人邀请义净前来弘法。

义净途经冈州出国一事也体现出唐代江门地区便利的航海条件，这是促使义净通过海路前来的前提条件。有学者认为，"冯孝诠虽然得任龚州刺史，而冯氏家族仍居于冈州（新会）。他自岭南往游扬州，与义净结识；知义净有浮海求法之愿，故携之同归广州，又请义净至自己家乡冈州，阖家盛情款待，慷慨施舍，使义净得以成行。冯孝诠北上扬州，又自扬州携义净南来广州，义净自广州往冈州，皆当经海路而来，说明冈州与广州、扬州间的海上交通十分方便。而岭南沿海港湾甚多，就其自然条件而言，皆可为优良港口，然惟有冈州著称者，又不能不与冈州冯氏有着密切关联。盖冯氏祖上自辽东远航南来，留居新会，其与北方必然保持联系，故其于航海甚为熟稔，并因之而推动冈州航海之发展"[3]。事实上，正是从义净时期开始，中国同南海海上交通重心南移，从马来半岛北部、暹罗湾沿岸转移到苏门答腊岛南部、爪哇。[4] 可

---

[1] （明）顾炎武：《天下郡国利病书》卷130，上海古籍出版社，2012年，第3422页。

[2] （唐）义净著，王邦维校注：《大唐西域求法高僧传校注》，中华书局，1988年，第152页。

[3] 鲁西奇：《隋唐五代沿海港口与近海航路（下）》，武汉大学中国三至九世纪研究所编：《魏晋南北朝隋唐史资料》第30辑，上海古籍出版社，2014年，第118页。

[4] 石坚平：《义净时期中国同南海的海上交通》，《江西社会科学》2001年第2期。

以看到，作为这条南海航线上的江门地区扮演着愈加重要角色，迎接更多人流与物流的来往。北宋《太平寰宇记》记载：海南琼州"北十五里极大海，泛大船，使西风，帆三日三夜，到地名崖门。从崖山门入小江，一日至新会县。从新会县入，或便风十日到广州"①。古代江门地区成为南方海路人员往来的重要一站。

（三）外销贸易新会瓷

唐代新会窑的外销是江门地区参与海上丝绸之路的突出表现。官府采取开放政策，鼓励对外出口贸易，唐代新会窑作为外销产品促进海洋经济发展。新会窑以日用青瓷为主，在新会生产后通过水路将产品运至东南亚地区，作为广东的重要外销瓷成为唐代海外贸易的重要一环。唐代新会瓷以官冲窑为主、周边窑为辅，形成产业效应，成为我国重要的外销瓷。

官冲窑址作为唐代广东出口陶瓷主要基地，是江门地区参与唐代海上丝绸之路的历史见证与文化遗产。新会官冲窑址于2015年被列入广东省文物保护单位名录。

在国内外考古发现中，不少海域沉船遗物中存在新会窑的身影。20世纪70年代在珠江口外伶仃岛海面，80年代在珠江口珠海荷包岛海域，90年代在越南北部广宁省下龙乡、越南中部沉船以及在印尼打勿里洞海域唐代沉船"黑石号"，这些地方均发现有新会官冲窑产品。② 这正好说明，唐代新会窑是从广州出珠江口，然后运销国外的。2016年，新加坡水下探险公司将"黑石号"出水的一件青釉大罐捐赠给新会博物馆。新会博物馆设有唐代新会官冲窑文物专题展，使观众通过文物了解江门地区海上丝绸之路的光辉历史。

值得注意的是，新会官冲窑址出土有残缺的一艘陶船，陶船的生产是当时航运繁华的真实写照。从这个意义上说，新会窑群作为唐代外销瓷的重要基地，是海上瓷器贸易重要的货源地，见证并参与江门地区海上丝绸之路的发展。故此，江门市政府制定《江门市海上丝绸之路文化遗产保护办法》于2016年10月1日起正式实施，将新会官冲窑址、"南海Ⅰ号"水下文物保护区（台山水域）、上川贸易岛（含台山广海卫城城墙和紫花岗烽火台、紫花岗摩石刻、大洲湾遗址、方济各·沙勿略墓园、新地村天主堂遗址）等列入保护范围。可见，江门地区海上丝绸之路的早期遗迹是以新会官冲窑址为主的，说明唐代是江门地区真正开始深度参与海上丝绸之路、发挥海洋优势的时期。

① （宋）乐史著，王文楚等点校：《太平寰宇记》卷169《岭南道十三·琼州》，中华书局，2007年，第3235页。
② 参阅杨少祥：《珠江口发现的唐代外销陶器》，《广东文博》1983年第1期；珠海市博物馆等编：《珠海考古发现与研究》，广东人民出版社，1991年，第299页；颜泽贤、黄世瑞：《岭南科学技术史》，广东人民出版社，2008年，第168页；秦大树：《海上贸易的关键性器具——储物罐研究的重大推进》，《中国文物报》，2022年7月1日。

图 2 - 4　船型砚台，唐代，新会官冲窑址出土

来源：作者摄自新会博物馆。

（四）货运中心在恩州

广州通海夷道促进江门地区的海上经济发展。唐代的恩州（治今恩平）滨海，也是参与早期海上丝绸之路的要冲之一。恩州地处海路要道，唐代在此设有清海军，驻兵三千人，目的是保护海路安全。北宋《太平寰宇记》记载，恩州"州内有清海军，管戍兵三千人"[①]。崇祯《恩平县志》亦记载："天宝元年（742）置清海军于恩州，设兵三千，统于五府经略使。"[②] 但同书又载："古清海军，郡志在县东北二十五里，旧志在县北二十五里，皆水东都潭流水渡旁东向塘。至德间置，戍卒三千人。宋开宝间废，今遗址在焉。"[③] 可见设置时间有两说。古清海军遗址在今恩平良西河南岸。清海军设置之目的是保护来往商船。从三千戍兵的规模来看，国家对于这一段的海洋安全是极为重视的。相比之下，明初设置的广海卫最初仅有"旗军一千一百六十五名"[④]。

据唐代张鹜《朝野佥载》记载，武周时期，恩州刺史陈承亲是"岭南大首领"，专门指使子弟兵去"劫江"，曾策划将从安南来的一位县令进行杀害。[⑤] 北宋《太平寰宇记》引唐代《投荒录》云："恩州为恩平郡，涉海最为蒸湿，当海南五郡泛海路，凡自广至勤、春、高、潘等七州"均途经此地，"既当中五州之要路，由是颇有

---

①　（宋）乐史著，王文楚等点校：《太平寰宇记》卷 158《岭南道二·恩州》，中华书局，2007年，第 3037 页。

②　崇祯《恩平县志》卷 1《县纪》，第 52 页。

③　崇祯《恩平县志》卷 7《地里》，第 179 页。

④　（明）应槚辑，赵克生、李燃标点：《苍梧总督军门志》卷 7，岳麓书社，2015 年，第 92 页。

⑤　（唐）张鹜著，赵守俨点校：《朝野佥载》卷 2，中华书局，1979 年，第 29 页。

广陵、会稽贾人船循海东南而至，故吴、越所产之货，不乏于斯"。① 因此，来自广陵（今江苏扬州）、会稽（今浙江绍兴）的商人沿着海路麇聚于此，带来大量吴越货物。说明恩平地区在唐代是岭南地区的一处海运中心，江浙外销货物在这里沿着海上丝绸之路转运至海外进行售卖。

不难看出，恩州上达闽浙，下通高雷、南洋的航运条件，有利于内地货物流转。从雷州出发，往西"通连安南诸蕃国路"，往东"通恩州并淮、浙、福建等路"。② 恩州与交州、雷州、潮州、海南等岭南港口和南海各国互有贸易往来，促进南海中外交通发展。③ 因此，"唐相张九龄开凿大庾岭道和'广州通海夷道'开辟，以及由此带动广州、恩州（阳江、恩平）等城市经济兴盛，可看作广东历史发展一个断面"④。

长途贸易是海上丝绸之路的组成部分，来自江南地区的大量货物齐聚江门地区，使这里成为一个贸易据点，吸引国内外的客商在此进行交易。就这一点而言，唐代江门地区的南边辖区不但参与海洋贸易，且海洋经济颇为发达。

总之，江门地区自古濒海，拥有海洋思维与海洋品格，在生存竞争中敢于冒险、团结开放，因此较早参与海上丝绸之路。本节所论述的唐代江门海上丝绸之路事迹，即是江门海洋文化的充分体现：一方面作为人员流动，这里聚集容纳来自国外的人群，同时成为国内出国人员的中转站；另一方面作为物流往来，这里生产的新会瓷成为我国重要的外销瓷，并且成为国内货物周转地，参与到长途贸易之中。人流与物流的双重繁荣，使唐代江门地区通过参与海上丝绸之路表现出浓重的海洋文化气息。

第四节　佛教东传与丧葬习俗

秦汉至唐代，江门地区社会文化仍处于较为落后的状态，但佛教的传播使得佛寺建设颇为兴盛，受到佛教影响的火葬丧葬习俗也冲击着中国传统的土葬习俗。

① （宋）乐史著，王文楚等点校：《太平寰宇记》卷158《岭南道二·恩州》，中华书局，2007年，第3037－3038页。
② （宋）乐史著，王文楚等点校：《太平寰宇记》卷169《岭南道十三·雷州》，中华书局，2007年，第3230页。
③ 黄启臣主编：《广东海上丝绸之路史》，广东经济出版社，2003年，第131页。
④ 司徒尚纪、许桂灵：《广东发展史略》，《岭南文史》2005年第2期。

一、佛教东传

众所周知，佛教起源于古代印度。大致从公元前 3 世纪中叶伊始，佛教由印度向境外传播。按其传播方向，可分为北传、南传和藏传三部分。其中南传即向南先传入斯里兰卡，后陆续传入缅甸、泰国、印度尼西亚和中国的岭南地区等。东汉时期，佛教从海路传入岭南地区。广州是中国佛教最早传播的地区之一。中国佛教史上第一个佛经翻译家安世高于东汉建和元年（147）来中国，由海路抵达广州后北上江淮。江门地处珠江三角洲，濒临南海，自然环境适宜，加上本地作为古代海上丝绸之路的重要出海口和贸易据点，不仅是经济的流通点，也是中外文化的沟通要区。这就为江门佛教的发展奠定了文化与物质基础。

相传，南朝梁天监元年（502），印度高僧智药三藏曾登陆台山广海手植一棵菩提树。乾隆《广州府志》记载："梁智药三藏，天监元年自西竺航海而来，手植菩提树于广海卫城东门外灵湖寺六祖堂前。大可数围，高六七丈。风摇其叶，若骤雨至。其叶坠地，青绿脱尽而筋络独存，夹以笼灯，若纱縠可爱。迄今千余年茂盛不改。其种出西域，惟广城光孝寺有一株，高大相类，亦智药所植也。"[1] 乾隆《新宁县志》也有类似记载，认为灵湖寺菩提树是由"梁天监元年，有智药三藏自西竺航海而来，……意或三藏航海时，道经广海，先植于此，而后入广（州），亦未可知"[2]。可见清人认为灵湖古寺的菩提树是南朝僧人所植，但事实真相已难以考证。

及隋唐时期，江门地区佛教兴盛，兴建不少佛寺。正如明末清初佛教居士薛起蛟所说："吾粤号仙灵窟宅，而新邑崇山叠嶂，尤奇绝若画图。其先往往有高僧羽人托足，始自唐宋。龙天拥护，称古刹场焉。寺以山传，人以寺著，不如是，山灵寂寞矣。"[3] 常言道：天下名山僧占多。唐代江门地区寺庙多建在名山之上。下面兹根据文献的记载，将江门地区隋唐兴建的佛寺初步统计，列表如下：

表 2 - 2　隋唐时期新会县佛寺一览

序号	寺名	地址	建造时间	建造者
1	玉台寺	新会圭峰山	唐	僧道遂
2	龙兴寺（洪化寺、大云寺）	新会城西大云山	隋唐	
3	双涌寺（万岁寺）	新会塘河甲双涌山南	唐咸通	梵僧

---

① 乾隆《广州府志》卷 60《杂录二》，第 1328 页。
② 乾隆《新宁县志》卷 4《杂记册》，第 488 页。
③ 康熙《新会县志》卷 9《祀典志》，第 595 页。

（续上表）

序号	寺名	地址	建造时间	建造者
4	广积院	新会德行都良田甲宝台山	唐咸通	僧法迎
5	仙湧寺（地藏寺）	新会潮阳都罗坑村仙涌山	唐咸通十二年（871）	僧法迎
6	黄云寺	新会宣化坊黄云山	唐	黄云元
7	月华寺（慧龙寺）	新会古博都德行甲慧龙山南	唐	
8	齐兴寺（齐兴院）	新会泷水都都斛村万斛山	唐建中	僧登觉
9	海丰寺	新会矬峒场	唐仪凤	僧定智
10	宝台寺	新会德行都大步头村	唐咸通	
11	宝林寺（宝林院）	新会德行都	唐咸通	僧今定
12	万寿寺（龙山寺）	新会礼义坊龙山南	唐	僧德贤

资料来源：成化《广州志》卷26《寺观三》；万历《新会县志》卷1《山川》、卷2《版籍略》；康熙《新会县志》卷9《祀典志》。

　　玉台寺，位于今新会圭峰山，是广东四大丛林之一。玉台寺始建时间有两种说法。一说建于唐代。成化《广州志》记载："玉台寺，在（新会）县北宣化坊圭峰山南，唐建和间僧道遂建。元末毁。"[1] 万历《新会县志》卷1《舆地略上》记载，圭峰山中有"玉台寺，唐建和间宋宗遂建，元末废，正统十四年（1449）僧怀海重建"[2]。同书卷2《版籍略》也记载："玉台寺，在圭峰山，唐建和间建。元末毁。正统十四年僧怀海重建。"[3] 明末邝露《游圭峰偕故园诸弟》诗有："绿护天荒南渡迹，玉台钟蠡建和年"之句。[4] 然而，唐代并无"建和"年号。一说建于汉代。康熙《新会县志》卷5《地理志》记载，圭峰山"玉台寺，建于汉桓帝前，寺有钟铭。建和元年，唐僧一行卓锡于此"[5]。但同书卷9《祀典志》记载，玉台寺"在圭峰山上，古名刹也，建于唐建间"[6]。可见康熙《新会县志》一方面提出汉代建新说，一方面沿袭旧说，重犯"唐建和"年号之误。至道光《新会县志》则模棱两可，"玉台寺在圭峰，汉时建（原小字注：或云唐建）"[7]。其实，广东最早的佛寺公认是西晋太康二年（281）由印僧迦摩罗在广州兴建的"三归""王仁"二寺。东汉桓帝建和年间（147—149）尚早于西晋太康年间（280—289）约一百三十余年，可见玉台寺应建于

① 成化《广州志》卷26《寺观三》，第164页。
② 万历《新会县志》卷1《舆地略上》，第52页。
③ 万历《新会县志》卷2《版籍略》，第78页。
④ （明）邝露：《峤雅》卷1，《广州大典》第56辑第15册，广州出版社，2015年，第689页。
⑤ 康熙《新会县志》卷5《地理志》，第467页。
⑥ 康熙《新会县志》卷9《祀典志》，第595页。
⑦ 道光《新会县志》卷7《古迹》，第197页。

唐而并非汉，但始建者道遂的事迹不详。明代史志中的"建和"可能为"延和"之误，"延和"为唐睿宗年号，使用时间为712年五月至八月，如此则延和元年（712）僧一行（683—727）可能卓锡于玉台寺。玉台寺山门建在山麓，邝露又撰《云潭记》记载："圭峰去城二里许，拔云削竖，南莅洪溟，两掖飞湍，从衣带间出，泠泠作环佩声，若至人端圭辑玉，高蹈海隅，山麓为玉台寺。"① 玉台寺有镇山宝塔留传至今，造于元代，塔高3.07米，石台基高1.5米。上刻有"镇山宝塔""阿弥陀佛"等字。镇山宝塔是省内罕见的幢式塔，1960年公布为广东省文物保护单位。

龙兴寺，万历《新会县志》记载："龙兴寺，在大云山之阳。隋唐名洪化，宋僧惟直建，易今名。洪武十七年（1384）僧孺斌、天顺七年（1463）知县陶鲁委玄明俱重建，为祝圣道场。"② 龙兴寺原名洪化寺，宋代改名龙兴寺，历代有修葺，清道光年间寺毁。龙兴寺石塔，现存新会马山。该石塔八角五层，边长0.75米，为阁式实心石塔，高4.49米。阶基高0.28米，为八角形双覆盆式。龙兴寺石塔造型与广州光孝寺建于唐高宗仪凤元年的瘗发塔佛龛外形相似。③ 也有学者认为，该塔层层递减，收分颇大，外观呈抛物线状，具有强烈的隋唐塔作风。④ 龙兴寺石塔是广东现存年代较早的石塔，1962年公布为广东省文物保护单位。

月华寺，位于新会县西，建于唐代，唐刺史孔戣奉赐寺额，宋景祐间、元至正间均重修。宋代梁杞撰写碑记云："新会，广之剧邑，山川丽，风俗淳。丽则多奇观，淳则多乐施。故金仙氏之宫侈而盛。邑西四十余里有小山，以慧龙名。望之隆隆，即之坦坦。激湍萦于外，嘉树蓋于中。明暗清霾，景象万变。唐禅神会尝过而奇之，庐此。"⑤ 根据梁杞的说法，唐代著名高僧、六祖弟子神会曾在月华寺所在的慧龙山居住。唐元和年间庙成，由时任岭南节度使孔戣上奏朝廷，获得御赐寺额。

双涌寺，起初称"万岁寺"，在县南塘河甲双涌山南。据碑云"唐咸通间，有梵僧自西来，驻锡于此始创，请舍为祝寿之地"⑥。"梵僧"即印度僧人，前述可知，唐代有不少印度人在江门地区居住以至于留下多处地名。"驻锡"为佛教术语，又称挂搭、挂锡，指僧侣长期居住一地，由此可见印度僧人在新会居住时间不短，因此在这里兴建双涌寺。古代江门地区佛教的兴盛与印度人尤其是僧人的到来具有密切的联系。

仙涌寺，原名地藏寺，位于仙涌山上，"地藏寺，在县西南潮居都罗坑村仙涌山，

---

① （明）邝露：《峤雅》卷2，《广州大典》第56辑第15册，广州出版社，2015年，第698页。

② 万历《新会县志》卷2《版籍略》，第78页。

③ 王维：《新会龙兴寺塔》，《广东文博》1983年第2期。

④ 莫稚：《新会龙兴寺的石塔》，《羊城晚报》，1961年4月25日。

⑤ 成化《广州志》卷26《寺观三》，第164－165页。

⑥ 成化《广州志》卷26《寺观三》，第164页。

唐咸通年间僧法迎创"。① "仙涌山,在新会县西北六十余里,地名罗坑。本无山,一夜风雷震怒,涌出数峰,因名。"② 另一说其山形小而圆,山中有泉自石头的裂缝中涌出,故名仙涌。据现存宋庆历七年(1047)《仙涌山地藏院碑记》显示,唐咸通十二年(871)建地藏院。③ 此地藏院应是仙涌寺主体建筑。该寺曾于永乐二年(1404)由僧广璙、成化十五年(1479)由僧真光两次重建。④

黄云寺,在新会圭峰山下,唐代僧一行弟子黄云元所建。相传,唐神龙元年(705),僧一行来到新会外海的五马归槽山种茶,观天象,绘星图,并在圭峰山上弘扬佛法。南宋《舆地纪胜》记载"黄云山,在新会北,一行禅师来游,有云自出,色如金"⑤。"僧一行,早岁不群,师事普寂禅师。时有卢鸿者,赍所为文至寺,一行一览辄诵。鸿惊,谓寂曰:是非君所能北面也,当纵其游学。一行因穷《大衍》,遍游方外。中宗神龙初,至冈州,居圭峰卓庵山巅,弟子黄云元等相从者五百余人。"⑥ 黄云元是新会人,"黄云元禅师,僧一行弟子也,一行至圭峰山结庵以居,弟子从者五百余人,元为首座"⑦。黄云元既得僧一行所传,于圭峰山下创建黄云寺。据传有一段关于黄云元的公案。黄云元初次开堂讲佛,"以手抚禅床云:诸人还识广大须弥邪?如尚不识,看老僧升堂拈出。乃曰:触目未曾无,临机何不道? 又曰:触目未曾无,临机道甚么?"⑧ 此番带有禅机的话说出口,当时领悟者颇多。黄云寺直到明嘉靖元年(1522)才荒废,但不久又由僧本兴重修。据说,圭峰山曾有"有黄金云色出于山中,遍照岩谷",僧一行临别圭峰山时对诸弟子说:"冈州黄云之应,后八百岁当产大儒尔。"这个大儒即是陈献章,"后八百年而白沙陈子生"⑨。可见,寺名"黄云"是颇有深意的。圭峰山下之水称为"紫水","黄云紫水"成为新会山水之代称、雅称,正如陈献章弟子张诩所言称:"黄云、紫水者,新会之山川也。"⑩

此外,台山紫罗山"唐时有紫光烛天,都郡白其事,敕置院开山。开石龛得经一函,

---

① 成化《广州志》卷26《寺观三》,第165页。

② (明)李贤等撰,方志远等点校:《大明一统志》卷79《广东布政司·广州府》,巴蜀书社,2017年,第3501页。

③ 宋庆历七年《仙涌山地藏院碑记》现存新会罗坑医院。成化《广州志》卷26《寺观三》录有全文;题为《仙涌山地藏寺记》,许钦撰。

④ 万历《新会县志》卷2《版籍略》,第80页。

⑤ (宋)王象之:《舆地纪胜》卷89《广南东路·广州》,中华书局,1992年,第2843页。

⑥ 康熙《新会县志》卷16《仙释志》,第754页。

⑦ 康熙《新会县志》卷16《仙释志》,第754页。

⑧ 万历《新会县志》卷6《仙释传》,第317页。

⑨ 康熙《新会县志》卷16《仙释志》,第754页。

⑩ (明)张诩著,黄娇风、黎业明编校:《张诩集》,上海古籍出版社,2015年,第280页。

曰《大佛名经》，有古碑存焉"①。由此可知唐代江门地区因有祥瑞紫光，经地方官上报朝廷，被下旨开创佛教山场，并在开辟石龛时得到一部佛经，表明当时佛教信仰之盛。

二、火葬丧葬习俗流行

火葬丧葬习俗作为一种环保卫生的葬法，先秦时期已经在中国边疆地区出现。《墨子·节葬下》记载："秦之西有仪渠之国者，其亲戚死，聚柴薪而焚之，燻上，谓之登遐，然后成为孝子。"② 中国火葬习俗存在时空差异，发展大体而言分为三个阶段，第一阶段是先秦时期，主要盛行于部分游牧民族；第二阶段佛教传入后佛教徒实行火葬；第三阶段五代宋元之后汉族一般百姓逐渐实行火葬。③ 佛教主张出家人进行火葬，佛教世俗化大大促进火葬在中国的大规模流行。中国佛教源自印度，印度的火葬习俗随着佛教的流行而传播到各地。佛教传入中国后，唐代开始火葬已经影响到一般民众，成为普遍的葬法。

江门地区佛教流行，火葬也随着流行。尸体火化之后，通常使用陶坛盛放骨灰，称为陶魂坛。陶魂坛，又称魂坛、魂瓶、堆塑罐、堆塑瓶，是特制的盛放骨灰的陶制容器，盛行于唐宋元时期。根据考古发现，江门地区不少地方出土有唐代的魂坛。新会河塘乡湾云寺后山曾出土有魂坛，灰陶，胎呈灰白色，表饰薄黄釉。器肩塑龙和四十多个人物，器腹饰水波纹和莲瓣纹，器盖上塑楼亭小塔等。④ 台山那扶将军山唐墓出土魂坛两个，呈泥黄色和灰白色各一个。高 43.5 厘米，腹径 19 厘米，口径 7 厘米，长腹，足部外撇，腹呈葫芦塔式，肩有镇墓兽和人物浮雕图案，坛身有五道锯齿粗纹线贴圈饰。⑤ 恩平市沙湖和平茶厂、大田新安村后山、江南茶岗岭（白虎头岭）、大田镇塘背村、那吉镇牛山等处唐墓均出土有魂坛。⑥ 开平市沙塘塘浪、水口龙塘瑞龙村后山等处唐墓也发现有魂坛。⑦ 这些几乎遍布多地的陶坛出土，是唐代江门地区流行火葬的直接证据。类似的陶坛在香港也有发现，有学者认为"这类陶坛是极具岭南地域特色的产物"⑧。

---

① （清）何福海等纂修，刘正刚点校：光绪《新宁县志》卷7《舆地上》，安徽师范大学出版社，2021年，第94页。
② 方勇译注：《墨子》，中华书局，2015年，第209页。
③ 罗开玉：《丧葬与中国文化》，三环出版社，1990年，第143-144页。
④ 曾广亿：《广东出土的古代陶坛》，《考古》1962年第2期。
⑤ 黄仁夫、陈标：《从出土文物看台山的开发史》，《台山文史》第2辑，1984年，第2-3页；台山县地方志编纂委员会编：《台山县志》，广东人民出版社，1998年，第510页。
⑥ 中共恩平市委宣传部、恩平市教育局编：《爱我恩平》，恩平市教育印刷厂，1998年，第52-53页；《恩平出土唐代魂罐》《从文物古迹看恩平历史》，《恩平文史》第35期，2005年，第29、34页；饶新一、梁治荣：《恩平先民千年前兴火葬》，《羊城晚报》，2007年8月27日。
⑦ 开平县华侨博物馆编：《开平县文物志》，广东人民出版社，1989年，第9、147页。
⑧ 刘朝晖、郑培凯、李果：《香港出土堆塑陶坛研究》，《南方文物》2009年第1期。

图 2 - 5　新会出土的唐代陶坛

来源：作者摄自新会博物馆。

唐代江门地区制陶业发达，除了外销国外的产品，也多制作魂坛以满足当地丧葬习俗的需要。"佛山、南海、新会等地烧造的高身青黄釉陶魂坛，造型最为精巧，其器肩雕塑有我国传统的神龙，上下黏附有人物祭祀的场面和象征佛教'莲荷普渡'的莲瓣纹，器盖顶端雕塑有楼、亭、小塔，表现了唐代陶塑艺人高超的艺术才能，代表了这一时期广东陶瓷艺术的卓越成就。"① 由此可见，新会所出土的魂坛应是本地所产。

唐代之后的宋元时期是古代中国火葬最为流行的时期。张捷夫《中国丧葬史》认为，"元朝取代南宋后，火葬流行的条件依然没有变化，相反，朝廷的禁令更为松弛，只不过是官样文章而已。所以，火葬流行地区更加广泛"②。直至明代，江门地区仍存在火葬习俗，新宁县"小家恒徇火葬，大家多溺风水"③；新会县"丧多用浮屠，信风水，亦有火葬者"④，"贫则聊具薄木，以迟柴焚，或焚不即瘗"⑤。直到成化年间，岭南大儒陈献章联合新会知县丁积"禁止"火葬之后，新会丧葬习俗才恢复儒家所主张的土葬。

---

① 莫稚：《略论广东古代陶瓷工艺的制作和发展》，《学术研究》1984 年第 5 期。
② 张捷夫：《中国丧葬史》，文津出版社，1994 年，第 230 页。
③ 嘉靖《新宁县志》卷 2《风俗志》，第 23 页。
④ 嘉靖《广东通志》卷 20《民物志一》，第 529 页。
⑤ 万历《新会县志》卷 2《风俗纪》，第 93 页。

第三章

宋元时期江门地区的持续开发

宋元时期，江门地区除了设立州县管理外，同时设立巡检司、崖山寨等维持地方治安，并妥善处理民族关系。两宋时，随着中原人士南迁，江门地区成为自南雄珠玑巷后另一个重要的移民落脚点。移民带来较为先进的生产技术，促进了古代江门社会的发展，农业、手工业以及商品经济发展迅速，陈皮、葵扇、制瓷业成为江门地区参与海上丝绸之路的重要商品。除了社会经济外，这一时期江门地区的文化肇兴，新会官方创办的新会学宫、古冈书院成为江门的文化传播中心，培养了大批文化人才。与儒家文化相呼应，佛教文化在江门也得到发展，黄云寺、玉台寺、仙涌寺等都为江门的佛教文化传播提供场所。中国历史上著名的宋元鼎革战役即"崖门海战"发生在新会崖门，南宋末年赵氏朝廷退守崖门，江门地方仕宦乡民积极参与防卫。宋元双方在崖门展开殊死搏斗，最终宋军不敌，南宋正式灭亡。但战役中上自文武大臣、下至百姓所表现出的精忠精神令后人景仰。宋元时期，随着江门社会经济的快速发展，涌现出马持国、罗蒙正等一批名人。

第一节　政府管治的加强

宋元时期，朝廷对江门地区的管治进一步加强。地方上实施州、县二级制。今江门所属区域，宋时属于广南东路之广州、南恩州、新州，州下辖新会、恩平等县。元朝延续宋朝在该地区的建置。这一时期，为协助地方州县管理，宋朝在江门设立广恩州同巡检、潊洲（又写作"潊州""褥州"）巡检、崖山巡检维持地方治安。宋朝又在沿海的崖山设立崖山寨，协理海疆治安，宋末崖山寨由地方管理的单位转而成为扼守南海门户，为宋末抗元最后据点。宋元时期江门地区是多民族聚居区，面对历次瑶民起义，两朝大都采取恩威并施的方式，维护地方社会的稳定。

一、政区设置沿革

五代后周显德七年（960）后，后周禁军统帅殿前都点检赵匡胤于开封陈桥驿"黄袍加身"，在"主少国疑"的情况下夺取后周政权，建立宋朝，改元建隆，史称北宋。自建隆三年（962）伊始，北宋政府采取先易后难、先南后北的统一方针。于南方先后平定武平周保权、荆南高继冲、后蜀孟昶。南唐、吴越相继臣服，只有统治两广地区的南汉刘铱拒绝归附宋朝。开宝二年（969）六月，宋太祖赵匡胤以右补阙王明为荆湖转运使，做出战物资准备。次年九月，命潭州防御使潘美为贺州道行营兵马都部署，率兵南下攻取贺州。"十二月壬申，潘美等下连州。辛卯，大败南汉军万余于韶州，下之。"四年正月，"潘美等取英州、雄州。二月丁亥，南汉刘铱遣其左仆射萧漼等以表来上。己丑，潘美克广州，俘刘铱，广南平。得州六十、县二百十四、户十七万二百六十三"①。自是，今两广区域纳入宋朝统治范围。

宋朝的地方行政区划实行州、县二级制。在州县之上设置直辖于中央并高于州县的一级监察区——路。至道三年（997），确定为十五路，包括京东、京西、河北、河东、陕西、淮南、江南、荆湖南、荆湖北、两浙、福建、西川、峡西、广南东、广南西路。今江门地区所有区域，宋时属于广南东路之广州、南恩州、新州。其中广州之新会县，于开宝五年（972）"移新会治于古冈州"，同时"省义宁县入新会，至是新会始为今县治"。义宁县并入新会县，郡域达到隋、唐时期的冈州全境。换言之，尽管是将原新会郡（冈州）调整为新会县，此时的新会县是历史上县境最大的时期。次年，"析新会、新兴地，置义宁县"。②南宋时曾将新会所属东南濒海地区的黄梁都、乾务、古镇划归香山县。南宋祥兴元年（1278），"有黄龙见海中，升广州为翔龙府"，同时"废新兴入新会"。③今开平、台山、鹤山宋时均属新会县。恩平宋时属南恩州，宋仁宗时"以河北有恩州，加以南字"④。是后恩平入阳江，而州治亦在阳江。原恩平县为阳江县之恩平巡检司，治所在原县治。同属广南东路的新州领新兴一县，大中祥符九年（1016），"并春州、新州为新春州"，州治在新兴县，"天禧四年（1020），复析置新州。熙宁五年（1072），以广州之信安县来属，旋废为镇，并入新兴。元祐中复置县"⑤，后并入新会。历史时期的新会县除了南宋时期分地析置香山县后，明代析置顺德县、恩平县、新宁县，清代析置开平县、鹤山县，可以说新会县是五邑地区的母体。

崖门海战一役，南宋残余部众全军覆没，陆秀夫背负幼主赵昺跳海自尽，至此，宋元四十多年的交锋告终，广东正式纳入元朝统治版图。元代在地方上采取行省制，最高一级行政区划单位为行省，简称为省。全国分为中书省直辖区、宣政院辖地，以及十个行中书省。省下有路、州（府）、县。宋元鼎革，江门所属区划并无太大变化，只是一级区划略有变动，由广南东路变为江西行省管辖。地方上，仍属新会县（元朝改宋朝广州为广州路）、新州、南恩州。

二、巡检司、驿站与沿海水寨

宋元时期，江门区域诸州县的基层治安主要由巡检司负责。南宋时，鉴于今江门

---

① （元）脱脱等：《宋史》卷2《本纪第二·太祖二》，中华书局，2000年，第22页。
② 康熙《新会县志》卷2《沿革表》，第408页。
③ 康熙《新会县志》卷2《沿革表》，第408页。
④ 康熙《恩平县志》卷1《事纪》，第307页。
⑤ 乾隆《新兴县志》卷5《沿革志》，第36页。

区域地处濒海，加之抗元的需要，曾设置沿海水寨——崖山寨，以维护沿海地方治安及防御元朝的武力威胁。

巡检之设始于唐代，经过五代时期的试用，其制度逐渐成熟。史书较早记载巡检一词出现在《魏书》，为巡视、督察之意，并非官职名。北魏肃宗正光四年（523）八月，诏曰："狂蠢肆暴，陵窃北垂。虽军威时接，贼徒慑遁，然獯虐所过，多离其祸。言念斯弊，有轸深怀。可敕北道行台，遣使巡检，遭寇之处，饥馁不粒者，厚加赈恤，务令存济。"① 唐代中叶，在盐池产地、交通要道和军队等处，设置巡检官职，但此时只设置在官方认定的要区，并不是全国普遍设置。五代是巡检设立的发展时期，后梁龙德三年（923），"唐军袭郓州，陷之。巡检使前陈州刺史刘遂严、本州都指挥燕颙，奔归京师"②。此后巡检一职逐渐成为定制，其职责为戍守边境、京城，或者协助稽查和镇压地方社会的违法乱纪行为。苗书梅先生指出"宋王朝的建立，在政治上结束了五代十国分裂割据的局面，为社会经济的快速发展创造了良好条件。但与此同时，边境危机和阶级矛盾始终是宋代统治者的两大隐患。为解决这些社会问题，宋代增设了大批巡检，带兵御边或维持内地封建治安"③。至宋代，巡检司成为维护地方基层治安的重要设置。

宋代巡检司的设置，"有沿边溪峒都巡检，或蕃汉都巡检，或数州数县管界，或一州一县巡检，掌训治甲兵、巡逻州邑、擒捕盗贼事；又有刀鱼船战棹巡检，江、河、淮、海置捉贼巡检，及巡马递铺、巡河、巡捉私茶盐等，各视其名以修举职业，皆掌巡逻幾察（引者注：原文"幾察"即"几察"，意指稽查）之事"④。宋代的巡检官在地方治理中发挥了举足轻重的作用，重在掌训治甲兵、巡逻州县、擒捕盗贼。其官有都巡检、巡检，南渡后还有巡检使。

宋代江门地区所属区域兼顾陆海，因此在新会县设置数处巡检，成化《广州志》记载"宋官制"时列举新会县有"广恩州海上同巡检一员，崖山巡检一员，瀞州巡检一员"⑤。宋代瀞洲巡检司具体设置今已难做确考，但其位置尚可得知。清代顾祖禹《读史方舆纪要》称"广海卫，在新会县南一百五十里。旧为瀞州巡司，洪武二十七年改建卫"⑥。广海卫是明代洪武二十七年（1394）广东都指挥花茂上奏朝廷后批准设立的卫所，延续了瀞洲巡司的军事功能，在一定程度上可以说宋代的瀞洲巡司是明代广海卫的前身。"广海寨城阳江镇，辖水师中军，游击守备驻扎所。原隶新会，宋

① （北齐）魏收：《魏书》卷9《肃宗纪第九》，中华书局，2000年，第158页。

② （宋）薛居正等：《旧五代史》卷10《梁书十·末帝纪下》，中华书局，2000年，第103页。

③ 苗书梅：《宋代巡检初探》，《中国史研究》1989年第3期。

④ （元）脱脱等：《宋史》卷167《志第一百二十·职官七》，中华书局，2000年，第2668页。

⑤ 成化《广州志》卷14《题名》，第78页。

⑥ （清）顾祖禹著，贺次君、施和金点校：《读史方舆纪要》卷101《广东二》，中华书局，2005年，第4621页。

置巡检司于此，是为古褥州。"① 宋代巡检是差遣，其品级随原来官阶高下而不同。

元代地方治安延续宋代建置，仍设巡检负责巡逻稽查。《元史》记载诸县"别置尉，尉主捕盗之事，别有印。典史一员。巡检司，秩九品，巡检一员"②。宋代巡检之品级不定，至元成宗大德十年（1306），升巡检为九品，固定下来。③ 元代江门地区的巡检设置增加，共有"巡检五员：褥州寨一员，潮连寨一员，药迳寨一员，牛肚湾寨一员，平康德行里寨一员"④。且人数有定制，如"褥州巡检，额管一百二十人。崖山巡检，额管一百卅五人"⑤。此外，宋代外海一带是军事重镇，官府在此设置炮台，"临江炮台在三官庙前，……宋人建成，以守戈船翼之，明初犹然"⑥。

驿站作为官方要道配设的机构，在交通网络中发挥重要作用。宋元时期在江门地区内设置的驿站有恩平驿。清顾祖禹《读史方舆纪要》记载："恩平马驿，宋置于县东三里，今名古站村。"⑦ 道光《肇庆府志》也载："恩平驿，宋开宝中于县东二里建。"⑧ 可见恩平驿设置于宋代开宝年间。至元代，《站赤》记载："恩平驿。马四匹，正马二匹，贴马同。"⑨

巡检、驿站之外，江门地区在南宋年间还设有崖山寨，作为治理地方、抗元的据点。崖山在今江门市新会区，明代郭棐称："厓山在新会县南八十里巨海中，与汤瓶觜山对峙，如两扉然，故亦曰厓门。乃会邑之咽喉，潮汐之所出入也。……宋绍兴中置厓山寨，今为白沙巡检司。"⑩ 崖山在东，汤瓶山在西，延伸入海，构成天然防御屏障，"厓门四面皆海，西与汤瓶嘴山对峙如门，门以外即大海，浩森不知所际，遥望大小螺珠、虎跳、白浪诸岛，在空溟中仅如苍烟数点。宋绍兴中置厓山寨，控扼乌猪大洋之险。祥兴初，太傅张世杰奉帝昺自碙洲驻跸于此，上有宋行宫、草市故址"⑪。可知崖山水寨始设于南宋初年。乌猪洲位于今台山市上川岛东边，是海上来往航路的必经之道。崖山寨主要为沿海海防安全而设，具有防护海洋的重要作用。宋代曾在县以下基层地方设立"镇砦官"预防盗贼，处理基层事务，"镇砦官，诸镇置于管下人

---

① 道光《新宁县志》卷5《建置略》，第67页。

② （明）宋濂等：《元史》卷91《志第四十一上·百官七》，中华书局，2000年，第1539页。

③ （明）宋濂等：《元史》卷21《本纪第二十一·成宗四》，中华书局，2000年，第316页。

④ 成化《广州志》卷14《题名》，第80页。

⑤ 大德《南海志》卷10《兵防》，第35页。

⑥ （清）陈炬埠：《新会龙溪志》，新会景堂图书馆藏，第7页。

⑦ （清）顾祖禹著，贺次君、施和金点校：《读史方舆纪要》卷101《广东二》，中华书局，2005年，第4656页。

⑧ 道光《肇庆府志》卷8《古迹》，第291页。

⑨ 转引自颜广文：《古代广东史地考论》，中山大学出版社，2007年，第9页。

⑩ （明）郭棐编撰，（清）陈兰芝增辑，王元林点校：《岭海名胜记增辑点校》卷4，三秦出版社，2016年，第345页。

⑪ 道光《广东通志》卷100《山川略一》，第1704页。

烟繁盛处，设监官，管火禁或兼酒税之事。砦置于险扼控御去处，设砦官，招收土军，阅习武艺，以防盗贼。凡杖罪以上并解本县，余听决遣"①。由于镇置于"人烟繁盛处"，砦设在"险扼控御去处"。这里"砦"即"寨"。这些机构充当了海岛早期开发过程中的管理机构。

基于此，南宋末太傅张世杰奉帝昺之命自硇洲（今湛江市硇洲岛）驻跸于此。宋祥兴元年〔元朝至元十五年（1278）〕，"宋主迁驻新会之厓山。时诸军泊雷、化犬牙处。而厓山在新会县南八十里大海中，与石山对立，如两扉，故有镇戍"②。张世杰以为这里有天险可守，于是遣人入山伐木，建造行宫三十间，军屋三千间。正殿称为慈元，杨太妃在其中居住。此时崖山寨由地方管理的单位转而成为扼守南海的重要门户，成为宋末抗元最后据点。

三、平定瑶民事变

中国自古以来就是多民族统一的国家，这就需要王朝在治理地方时特别关注各民族的问题。江门地区亦是多民族聚集的区域，历史上除了汉族百姓之外，还生活着瑶、壮、畲等少数民族。宋代之前江门地区已有古瑶族百姓居住。宋元时期广东境内已经遍布瑶族，③ 瑶族在江门地区少数民族中人数较多，长期受到官府关注。

宋朝在处理江门地区瑶族问题时采取恩威并施的手段。北宋真宗时福建建阳人陈亚知南恩州，"地多烟瘴，猺獠杂处。务行宽政以得民心"④。南恩州领今阳江、恩平之地，陈亚鉴于此处民族成分复杂，故采取宽仁的政策，颇获民心。但民族之间的冲突也时有发生。北宋神宗熙宁（1068—1077）初，王靖"以司勋郎中为广东转运使，巡行十六州，虽瘴疠不辞。尝与卢士宏靖蛮乱"⑤。卢士宏是新郑人，较王靖稍早于神宗治平元年（1064）知广州。王靖于熙宁二年（1069）知广州，不久瑶民动乱，王、卢二人联手处理动乱事宜。王靖任职时，卢士宏已经卸任，但从二人联手看出，此次平乱离不开卢在任内治理瑶民的经验。经过此次平定，江门地区获得较为长期的稳定，瑶族民众得以休养生息。南宋孝宗乾道年间（1165—1173），吴光集任南恩州知州时，根据他的调查，瑶族人数约占全县总人口近四分之一，可见比例并不低。

随着南宋最后据点崖山寨的失守，陆秀夫慷慨负帝投海，岭南地区纳入元朝统治版图，忽必烈统一全国，同时也接替了宋朝对广东瑶族的治理任务。元成宗大德年

---

① （元）脱脱等：《宋史》卷 167《志第一百二十·职官七》，中华书局，2000 年，第 2666 页。
② （清）毕沅：《续资治通鉴》卷 184，《续修四库全书》史部第 86 册，上海古籍出版社，2002 年，第 258 页。
③ 李默：《宋、元时期广东瑶族分布考略》，《民族研究》1985 年第 2 期。
④ 康熙《阳江县志》卷 3《名宦》，第 101 页。
⑤ 万历《广东通志》卷 12《藩省志十二·名宦二》，第 300 页。

间，广东新州、阳春、泷水一带瑶民并未完全归附元朝，经常与元朝政府发生冲突。大德八年（1304），"猺人李宗起等聚党出，境内骚然。火及新州城西，居民荷担，毋复存理"①。广东宣威使阿里率兵平定，并俘获瑶民首领缪柯、李宗元。元英宗至治元年（1321），真定人仓振知新州，"时猺贼蜂起，逼郡城，振乃斋祷愿民休息。后赴元帅行营，领命安抚。遂跋涉巅崖，示以恩信，于是郡猺幡然向化"②。仓振在武力施压下，示以安抚之诚意，最终平定动乱，地方治理进入相对平静的发展阶段。新州毗邻江门地区，受到相当的影响。可以说，元朝对江门瑶族的管理并非一帆风顺，瑶民动乱甚至一度威胁地方政府。

元代，江门地区的山区仍有不少瑶族居住。恩平七星坑原始森林存在数十个蓝染缸，是元代瑶民使用蓝靛染衣服的遗物③。瑶族素以擅长染布为称，宋代即有"猺斑布"，《岭外代答》记载"猺人以蓝染布为斑，其文极细。……故夫竹斑之法，莫猺人若也"④。在统治者看来，居住在深林之中的瑶民成为地方动乱根源之一。元延祐六年（1319），"广东南恩、新州徭贼龙郎庚等为寇"⑤。至治二年（1322），"瑶贼冯岳护犯新会县洒涌社"⑥。新宁县"自元季以来诸傜煽乱，屡征不服，明弘治十一年（1498）讨平之，因析置今县"⑦。可见，从元末开始的瑶民动乱，成为新宁县建县的主要原因。恩平县瑶族在元朝时的势力已发展到长期与朝廷抗衡的程度。

元朝末年，危机四伏，中原地区被白莲教、红巾军等弄得天翻地覆，朝廷对岭南地区的统治也开始松落，瑶民趁机再次起义。其中在当时的恩平发生过一起朝廷镇压瑶族人民事变的历史事件。根据元代碑刻记载：起初，汉族与瑶族人民和睦共处，由李氏兄弟进行管治，"□□谷登，岁丰民乐，纪世相忘"，到"元中统间，岁在庚申，峒内□□□者李公□五兄弟，忠孝道义。……茭会诸峒，俱系新昌古□，群猺杂居，□恶狂迅，□害兹□，民不安处，李公之兄弟□能克制群猺。故颇静处，岁时输□者□□甚，峒民□□□□□之乐，□歌鼓腹之欢四十余年，李公之功致焉"。元代中统庚申年，即南宋景定元年（1260），从南宋末年到元代大德年间（1297—1307）的四十余年间瑶、汉之间相安无事。可见王朝曾任用当地李氏兄弟安抚诸峒瑶民，取得较

①　（元）谢应子：《新州宣慰使阿里元帅平猺碑》，（清）屈大均辑，陈广恩点校：《广东文选》下册，广东人民出版社，2008年，第15页。

②　嘉靖《广东通志初稿》卷11《循吏》，第236页。

③　梁治荣：《石山摩崖 铭刻古代：四邑瑶民的悲壮故事》，《恩平文史》第39期，2009年，第67页。

④　（宋）周去非：《岭外代答》卷6《服用门·猺斑布》，中国书店，2018年，第199–200页。

⑤　（明）宋濂等：《元史》卷26《本纪第二十六·仁宗三》，中华书局，2000年，第587页。

⑥　（元）苏天爵编：《元文类》卷41《招捕·广东》，《文津阁四库全书》第457册，商务印书馆，2005年，第342页。

⑦　（清）顾祖禹著，贺次君、施和金点校：《读史方舆纪要》卷101《广东二》，中华书局，2005年，第4616页。

好的效果。大致在四十余年后，情况发生了变化。元至正初，由于任用官员不当，地方矛盾激化等原因，大田峒峒民与瑶民"勾结为盗"，"洞民相聚为盗，□□之至，皆遭流毒，害良□□"，"兄弟家世兹土，皆流离奔窜□于东西，或陷于兵火"，"唐华山父子，被猺贼祖孙之徒杀戮无遗"，官兵不能平。"至正壬辰（1352），邻郡新昌、新会□□□□盗起如蜂。"瑶民作乱，引起州县关注。至正"癸巳（1353）仲秋，吴公胸次丈义不平之愤"，与"林轩、李志远、韩□□、□□善，郑友直、梁桂年"等率"数千壮士，直杜峒内黄沙径，□洞民从者如归市，或持牛酒相劳。有平坡一村之民，与猺人有亲不忍从，兵焚其仓廪，毁其禾黍。于是，狂徒来迎，赦不搜斩猺人枭，令，平坡之民投降，左□故执之，吴君免其罪，人心大悦，洞民不四日乃功成肃清，整谧如故，□□太平"①。可见，至正十三年（1353）"吴公"即肇庆通判吴元良率壮士数千人直入大田峒，采取软硬兼施的策略，最终动乱平定。镇压事变后，同年十二月，由恩平儒学正堂郑文遑撰文、大田峒耆老、前恩平寨巡检冯德□与冯□玉、吴明大共同立石，为之刻碑纪功，在大田石山（今恩平市大田镇石山村）北麓铭刻《平瑶记》记载当时的事情经过。

　　率兵镇压平定瑶民事变的肇庆通判吴元良，素来敬仰新会罗蒙正。罗蒙正所写《寄恩平吴奏记》诗描述这一次官府武力平定瑶民事变的事件，诗云："闻说恩平吴奏记，三年戎马只儒衣。魂逃盘瓠营宵拔，血迸魕鼺剑夜飞。富贵总输屠狗得，行藏未必卧龙非。路人尽识将军意，笑待青袍破贼归。"②"盘瓠"是瑶族信奉的祖先，"三年戎马"说明双方对抗时间长，"魂迷盘瓠营宵拔，血迸魕鼺剑夜飞"显示官府手段之残忍血腥，并将瑶民归类为"贼"。但元至正十七年（1357），已改任南恩州州判的吴元良据恩州城反，自称元帅，罗蒙正谢绝其聘为幕僚。③

　　大田《平瑶记》碑刻是元代保存至今的重要碑刻。碑刻长宽1.6米，周边界刻有云纹，碑文字体为正楷，阴刻，全文共有48行，每行16字，总字数为762字，其中223字漫不可辨。乾隆《恩平县志》记载，"石围口山，县西北二十里，卓立江口，峻岩峭绝。石壁刻，元至正癸巳学正郑文遑撰。字皆藓蚀，大抵为平峒寇而作"④。碑文缺录。清代恩平人郑士吉《石围口山观元人碑刻》诗云："寻碑忘却径崎岖，蝌蚪还同古所余。苔藓半侵人未识，恍从峋嵝得奇书。"⑤乾隆二十九年（1764），翁方纲

　　① 原碑存恩平市大田镇石山村石山东北坡，刻文大多已难以辨认，本引文据清阮元主修《广东通志·金石略》，道光《恩平县志》、民国《恩平县志》等综合辨读。
　　② （清）温汝能：《粤东诗海》卷7《罗蒙正》，《广州大典》第57辑第15册，广州出版社，2015年，第101页。
　　③ （明）黄佐著，陈宪猷疏注：《广州人物传》第10卷，广东高等教育出版社，1991年，第267页；康熙《恩平县志》卷1《事纪》，第308页。
　　④ 乾隆《恩平县志》卷1《疆域志》，第35页。
　　⑤ 乾隆《恩平县志》卷10《艺文志》，第275页。

始任广东学政，其编纂《粤东金石录》云："恩平大山峒磨崖平猺记，在县西北石围口山崖上。元至正癸巳十三年十二月良日，儒学正郑文记。"原书未录碑文，今人补注此书时录有碑文。[①]至道光二年（1822），两广总督阮元编纂《广东通志·金石略》时录有全文，题为《大田峒磨崖碑》。[②]道光《恩平县志》卷4《疆域》介绍"石围口山"时亦附载《磨崖碑》全文。[③]此后，民国《恩平县志》卷24《金石》以及今人编《广东摩崖石刻》和《广东碑刻集》等均转载此碑文。[④]1989年，恩平元代大田碑记被公布列为广东省文物保护单位，现盖有亭子对石刻进行保护。

图3-1　恩平大田洞摩崖石刻（作者摄）

第二节　中原移民南迁

中国漫长的历史长河，伴随的同样是悠久的移民史。宋元时期移民史中，北宋靖康之变、宋元鼎革之际都是中原移民南下的关键节点，影响移民的重要因素便是战争以及战争导致的动乱。两宋时代，中原王朝时刻受到北方金、元政权的威胁，南宋皇室南迁，相应的中原诸多世家大族、平民百姓为躲避战乱也纷纷向南方迁移，有的更

---

① （清）翁方纲著，欧广勇、伍庆禄补注：《粤东金石略补注》，广东人民出版社，2012年，第315-317页。
② （清）阮元主修，梁中民点校：《广东通志·金石略》，广东人民出版社，2011年，第396页。
③ 道光《恩平县志》卷4《疆域》，第339-340页。
④ 民国《恩平县志》卷24《金石》，第1275-1278页；广东省文物管理委员会办公室编：《广东摩崖石刻》，广东人民出版社，1998年，第103-104页，谭棣华、曹腾騑、冼剑民编：《广东碑刻集》，广东高等教育出版社，2001年，第439-440页。

是通过五岭进入岭南,其中南雄珠玑巷是移民心目中首选的落籍地。但随着战事推进,面对蒙元政权的进逼,首当五岭之冲的珠玑巷也渐不安全,于是各姓氏再向珠江三角洲地带迁移。元大德《南海志》记载:"广州为岭南一都会,户口视他郡为最。汉而后,州县沿革不同,户口增减亦各不一。大抵建安、东晋永嘉之际至唐,中州人士避地入广者众,由是风俗革变,人民繁庶。至宋,承平日久,生聚愈盛。"① 宋元时期,江门地区经历过两次大规模的珠玑巷移民以及宋元鼎革之际的移民浪潮,其中在移民大潮中衍生出的集体记忆,流传至今的罗贵南迁与米氏太夫人的传奇故事颇具代表性。他们为本地带来较为先进的生产技术,促进江门地区古代社会各方面的发展。

一、珠玑巷移民

每个历史时期的移民运动,都离不开特定时代的影响,移民的主流是北方黄河流域向南迁往长江流域及更远的地区,与之相伴的也是中国经济、文化中心由北方向南方转移。北宋靖康年间至南宋后期中原战乱,南方相对稳定的社会条件,为移民提供保障。北宋末年至宋室南渡,中原移民迁入岭南进入高潮,人口不断增加,北宋末年,金兵南侵,部分中原汉人向南方逃难进入岭南,在南雄珠玑巷附近定居下来。"珠玑巷"这个重要的地名随之被深深刻在移民及其后代的历史记忆之中。

珠玑巷地处粤北,唐代凿通梅岭后大量移民途经此路进入广东地区,珠玑巷被认作是广东尤其是珠江三角洲地区不少姓氏的祖居地。南雄珠玑巷与山西洪洞大槐树成为南北并立的移民圣地。到南宋后期,元军威胁宋朝统治,加上天灾人祸,本来居住在珠玑巷的人,或中原来广暂居珠玑巷的人,开始纷纷沿北江南迁珠江三角洲。明代开始,江门地区的族姓多追溯至宋代的珠玑巷。明初学者黎贞为《古冈李氏谱》作序称:"岭南之李,惟南雄始兴为盛,宋季有侃、佪、伯兄弟奉母褸氏,由南雄珠玑巷迁广郡之高第街。侃、佪分居南海、香山,伯奉褸氏至新会,初居邑西筋竹坑。"② 明代区越《云步处士文川李公墓志铭》则云宋乾道间,李氏"始有曰侃者,由南雄珠玑巷来,居古冈之云步里"③。黎氏一说迁居新会者为李伯,区氏一说则为李侃,已开始混淆迁入始祖,但经由南雄珠玑巷发迹却是一致的,前往广州分居南海、象山、新会。区越家族亦源自珠玑巷,他说:"吾南雄之祖,始自雷岩府君,一传而生梅溪、竹溪二府君,再传而竹溪府君由珠玑巷徙居新会之富乡冈背里。"④

---

① 大德《南海志》卷6《户口》,第1页。
② 民国《开平县志》卷38《艺文略一》,第628页。
③ (明)区越:《乡贤区西屏集》卷6,《广州大典》第56辑第6册,广州出版社,2015年,第365页。
④ (明)区越:《乡贤区西屏集》卷7,《广州大典》第56辑第6册,广州出版社,2015年,第373页。

明中期，陈献章有《世泽（四首）》诗，其一云："世泽由来远，何年播广东。吾庐依外海，分派自南雄。家剩为裘业，山余偃斧封。千秋文物类，并与劫灰空。"① 陈献章一派祖籍河南太丘，因南兵入侵而移民至南雄珠玑巷，其高祖陈判卿与曾祖陈东源继而南下新会外海（今属江海区），其祖父陈永胜再迁都会乡，至陈献章十岁时迁至附近白沙村，故世称其为"白沙先生"。明末清初屈大均《广东新语》概说道："吾广故家望族，其先多从南雄珠玑巷而来。盖祥符有珠玑巷，宋南渡时诸朝臣从驾入岭，至止南雄，不忘枌榆所自，亦号其地为珠玑巷，如汉之新丰，以志故乡之思也。"② 江门地区的地名中保留有珠玑巷移民信息。南宋时期苏妃之乱导致大量移民由南雄珠玑巷南迁至新会，奠定今天新会氏族宗族的分布，形成了包含"黄、罗、李、陈、王、张、梁"等41个姓氏的地名，以及带有移民聚落特征的"屋""家"等聚落类地名。氏族类地名与聚落类地名的分布及迁移演变体现了新会人口迁移扩散和融合的过程。③

正因如此，清代乃至民国时期江门地区世家大族谈及祖宗来源时多云自南雄而至。清人黄渭源《昆旸义学祀功祠记》云："窃惟（鹤山）古劳各族，多来自南雄之珠玑巷。当其顺流而下，间关与共，跋涉与同，相依为命，胥匡以生，虽异姓而不啻手足也。"④ 光绪《新会乡土志》亦云："南宋之末，新会历史上重要之事有其二：其一，国事的历史，元灭宋于厓山是也；其一，民事的历史，度宗咸淳九年民族以胡妃事由南雄南徙，布居县境是也。据最新之调查，本境民族之始迁，多数与此事有关。今街巷谈话，'咸淳年'三字成为名词，为最古远之意义，与地球人类言上古必称洪水同例。而南雄珠玑里为先代起源之地，男妇咸知，几同于人类初生之帕米尔高原矣。亦可知本境民族由南雄迁徙而来者之占多数矣。"⑤ 可见江门地区的人民对于珠玑巷的认可度非常高，乐于自称珠玑巷移民。这种珠玑巷集体记忆的定格固化，与清末建构"国族"的热潮密不可分。⑥ 清末赵天锡《宁阳杂存》亦称"邑中各族始祖，多云自南雄珠玑巷迁来"⑦。光绪《开平县志》云："开邑在广东虽古为蛮夷边地，而今日之人类纯然汉种而无粤种。自秦徙民杂处百粤，为汉人入广东之始。唐末中国（指

---

① 陈永正主编：《全粤诗》卷100《明·陈献章》，岭南美术出版社，2008年，第165页。

② （清）屈大均：《广东新语》卷2《地语·珠玑巷》，中华书局，1985年，第49页。

③ 林琳、王馨儿、曾娟：《基于 GIS 的新会地名文化景观分布、演进及影响因素》，《中山大学学报（自然科学版）》2021年第5期。

④ 乾隆《鹤山县志》卷12《艺文志》，第156页。

⑤ （清）蔡垚燨修，（清）谭镳等纂：《新会乡土志》卷1《历史》，《广州大典》第34辑第12册，广州出版社，2015年，第116页。

⑥ 刘正刚、李贝贝：《清末侨乡的珠玑巷认同——以五邑方志为例》，《五邑大学学报（社会科学版）》2011年第4期。

⑦ （清）赵天锡：《宁阳杂存》卷2，《广州大典》第57辑第33册，广州出版社，2015年，第451页。

中原地区）大乱，中朝人士多避居焉，其转徙而至本境者，多在宋元以后。考各族初祖多从新会来，盖南宋时为金人所逼，中原士族避乱者，多迁居南雄，后循北江南下至新会，又由新会至开平，以故皆汉种。"因此"纪元必曰咸淳年，述故乡必曰珠玑巷"，开平经由南雄珠玑巷直至或转徙而至的氏族有张桥张族，北潭梁族，潭碧陈族，西门谢族，滘堤司徒族，潭边园谢族，厚山、厚背、黄烈等处黄氏，独冈杨族，魁岗陈族，楼冈吴族，塘浪杨族，海心胡族，长沙梁族，钱冈简族，簕竹邱族，泮村邝姓，冲澄李族等。[1]

　　蓬江区潮连卢氏即自称来自珠玑巷。相传，南宋咸淳年间卢氏从北方来到南雄珠玑巷，始祖卢龙庄与兄弟、儿子一行，背负祖宗骸骨，初居省城广州番禺县不宁，继迁新会县龙溪乡连甲。卢氏是潮连当地望族。卢子骏（1868—1970），字湘父，出生于潮连乡芦鞭圆塘坊，近代著名学者、教育家。他关心家族、家乡历史，在20世纪40年代修纂《新会潮连芦鞭卢氏族谱》《潮连乡志》《龙溪志》《外海乡志》。卢子骏在《新会潮连芦鞭卢氏族谱》中记载："迨南宋渡江，金元蹂躏，中原衣冠文物，荡然无存。……若吾芦鞭之卢，则固自始迁祖龙庄公，由南雄珠玑巷以来，世奠兹土，以长我子孙者也。由龙庄公而下，枝派相属，世次相承，焕然可考。"同谱又载："念惟我一世祖考讳隆，号龙庄，在宋朝为宣教郎官。妣李氏，诰封安人，生二子六孙。原籍南雄府保昌县沙水村珠玑巷人，于宋末度宗咸淳元年岁次乙丑八月十五日，迁至古冈华萼都三图四甲潮连芦鞭里居焉，迄今三百八十余年祀矣。"[2] 按照这个说法，卢氏先祖是咸淳元年（1265）从珠玑巷迁至潮连芦鞭里。而卢子骏《潮连乡志》中亦云："在南宋咸淳以前，潮连仅一荒岛，渔民蛋户之所聚，蛮烟瘴雨之所归。迨咸淳以后，南雄民族，展转徙居。尔时虽为流民，不过如郑侠图中一分子。然珠玑巷民族，大都宋南渡时，诸臣从驾入岭，至止南雄，实皆中原衣冠之华胄也。是故披荆斩棘，易俗移风，而潮连始有文化焉。夫民族之富力，与文化最有关系。地球言文化，必以河流；粤省言文化，当以海坦；古世言文化，必以中原礼俗；现世言文化，必以濒海交通。我潮连四面环海，属西江流域，河流海坦，均擅其胜。以故交通便利，民智日开。宜乎文化富力，与日俱增。试观各姓未来之前，其土著亦当不少，乃迄今六百年间，而土著不知何往。所留存之各姓，其发荣而滋长者，大都珠玑巷之苗裔也。"[3] 显然，这其中沿袭一些既有说法，但是强调为珠玑巷移民的立场是一致的。

　　总而言之，宋代"珠玑巷"成为中原移民至岭南的象征，宋室南渡后大量移民涌入珠玑巷南雄盆地。至南宋末年咸淳年间，由于战乱、灾害，促使珠玑巷居民向珠三

---

① 光绪《开平县志·政绩篇》，第 151、169、171 – 187 页。

② 卢子骏增修：《新会潮连芦鞭卢氏族谱》，五邑大学广东侨乡文化研究院资料室藏。

③ 卢子骏：《潮连乡志·自序》，《中国地方志集成·乡镇志专辑》第 32 册，上海书店，1992 年，第 7 页。

角地区移动，这也为江门地区人口的增加提供契机。光绪《新会乡土志》记载，"综查各谱，其始迁本境之祖，皆唐以后人，至宋度宗咸淳九年（1273），由南雄州珠玑巷迁至者，约占全邑民族之六七焉。……南宋以后，东南海壖，以郁水灌输之故，渐成土壤，中原士族避难而来者，咸辟荒莽、立家业。近水浮淤，田多膏腴，交通尤便，后至者反占优胜之势，生聚骤增，山居之民日虞侵逼，则因其同化，习惯连结。迤西山猺与新民为仇敌。西寇讧扰，几与有明一代相终始，此亦新旧民族竞争之最剧烈者乎。迨谈恺大征，陶鲁雕剿，新民之基础既固，则编差输赋皆自名土著，而山居者反以客籍目之。今广属十四县民户，几无一非宋元后迁居之种矣。旧种不竞，徙而愈远，根据失恃，生齿自灭，孑遗之众，且将更易氏号，以自附于新民，何怪摇余、革朱、都稽、居翁之胄，不复见于后世耶"①。可见当时的新会县移民多自南雄珠玑巷而来，并且不少家族从新会分支至台山、恩平、开平、鹤山等地方。

值得注意的是，南下移民中也有途经南雄的少数民族后代。今鹤山源氏，相传源自十六国时期南凉国国主秃发傉檀，根据清代源赴期所撰《重修源氏族谱》所言，源氏"分支南雄保昌县沙水村，至宋有号潜夫者，咸淳甲戌始迁新会古劳都坚城乡，即今鹤山霄乡也。源氏于粤为希姓"。

当然，除了大规模的珠玑巷移民之外，南下移民尚有部分是任官或谪官而来的。宋进士施庆原为汴人，"出刺冈州，遂家焉，因号溪曰汴溪，示不忘本也"，成为里村施姓始祖。② 唐宋时期恩州（治今恩平）成为流配之地，白志贞、陈归、崔珙、张直方等被贬至恩平，"恩平在唐多以为流配贬徙之地，至宋犹然。废太子恶权相史弥远，于宫中列其名，呼之曰新恩，谓他日得志，当放之于此也。竟以此贾祸。新即今新兴，恩即恩平"③。宋代将领伍珉被贬岭南，其子孙居新会县，宋末抗元义士伍隆起为其玄孙。伍珉之女嫁兵部尚书李乔木为妻，侨居新会，明代时"（新）会、（新）宁间多其子孙，代有表著，衣冠称盛"④。根据今人《宋代岭南谪宦》所附录"宋代岭南谪宦表"的统计，宋代被贬到南恩州的有：李昙、马谂、王及之、王洯、张松、罗千二等六人。⑤ 可见宋代南恩州是贬官流放地之一，由此成为一种特殊的移民来源。

南下移民历经长期发展，在江门地区生根发芽，安居乐业。南迁家族定居江门，为当地农业开发，经济文化的发展做出了重要的贡献。江门地区的珠玑巷史事中建构出集体历史记忆，其中以罗贵南迁故事与米氏太夫人传奇最具代表性。

---

① （清）蔡垚燨修，（清）谭镳等纂：《新会乡土志》卷7《氏族》，《广州大典》第34辑第12册，广州出版社，2015年，第179页。

② 道光《新会县志》卷1《图说》，第14-15页。

③ 崇祯《恩平县志》卷1《县纪》，第53页。

④ 万历《新会县志》卷6《侨寓传》，第316页。

⑤ 金强：《宋代岭南谪宦》，广东人民出版社，2009年，第357-420页。

（一）罗贵南迁故事

在江门地区的大多数族谱中，记载其先祖迁徙的历史原因时，常常会提及"胡妃之厄"，或称"胡妃之祸""苏妃之乱"，构成珠江三角洲地区多数人对其宗族源流的印象。族谱里提到的"胡妃""苏妃"是同一人，源于南宋咸淳年间的传说。据说，在宋度宗咸淳八年（1272），宫内的胡妃因事得罪了皇帝，被迫逃出京城临安，结识了商人黄贮万，与其归南雄珠玑巷。尔后度宗思念胡妃，便派人查访。消息传至珠玑巷，黄贮万才得知她的贵妃身份，不敢收留，令其逃出，有传言胡妃在逃走的路上去世。胡妃出走后不久，兵部尚书张英贵接到密令往南雄调查。时南雄人纷纷讹传宋廷将胡妃之死加罪于珠玑巷，于是珠玑巷居民纷纷弃家南逃，散居于南方海滨各地，大多数氏族逃到了今天珠江三角洲各地区。

翻阅正史，并未有"胡妃"或"苏妃"的记载，至于民间所谓其关乎皇室脸面而未入正史似更无所根据。另外，皇帝派兵部尚书亲自处理此事，显然有小题大做之嫌疑。但族谱的记载也并非空穴来风，他们在时间上有一个共同点，即咸淳年间。咸淳时，正值南宋末年，宋王朝的政权风雨飘摇，北方的蒙元虎视眈眈，这就迫使中原的居民一再向南迁移。珠玑巷所在的南雄，处在五岭沟通岭南与中原的冲要之区。为确保避免兵燹，遂有举家从珠玑巷再往珠三角地区迁移的动机。

在这一波移民潮中，罗贵率领众姓近百家由珠玑巷南迁至新会的故事颇具代表。[①]据说，罗贵原名以达，字天爵，号琴轩，是南雄珠玑巷贡生。他生于北宋哲宗元祐元年（1086），其祖先较早定居在此。广东文献学家黄慈博先生所辑《珠玑巷民族南迁记》遗稿，曾根据《东莞英村罗氏族谱》《新会泷水都莲边里麦氏家谱》与《番禺市桥谢氏族谱》等三份家谱的记载整理罗贵南迁故事，据说当胡妃身份暴露，珠玑巷人心惶惶之际，"惟珠玑里居民九十七家，贵祖密相通透，团集商议，以南方烟瘴地面，

① 参阅陈乐素：《珠玑巷史事》，《学术研究》1982 年第 6 期；曾昭璇等：《罗贵南迁 97 人考》，广东炎黄文化研究会编：《岭峤春秋——珠玑巷与广府文化》，广东人民出版社，1998 年，第 98–125 页；杨宝霖：《罗贵九十七家集体南迁的时间考证》，广东炎黄文化研究会编：《岭峤春秋——珠玑巷与广府文化》，广东人民出版社，1998 年，第 126–134 页；曾祥委：《珠玑巷迁徙集体记忆的研究——以罗贵事件为中心》，《文化遗产》2008 年第 2 期；张国雄：《罗贵祖"传奇"之文化意义》，《五邑大学学报（社会科学版）》2009 年第 4 期；石坚平：《历史的建构与建构的历史——以良溪"圣地化"为例》，《五邑大学学报（社会科学版）》2009 年第 4 期；石坚平：《珠玑移民故事的演变与良溪的"圣地化"》，《五邑大学学报（社会科学版）》2011 年第 4 期；石坚平：《民间故事、地方传说与祖先记忆——以广府地区族谱叙事中的罗贵传奇为中心》，《广东社会科学》2013 年第 4 期；郭声波、刘兴亮：《宋代罗贵等 33 姓与新会县麦氏之关系》，刘清生、曾凤保主编：《南雄珠玑姓氏源流》，广州出版社，2014 年，第 532–538 页；刘兴亮、郭声波：《道光〈新会县志·图说〉所载姓氏分布之研究》，《中国地方志》2016 年第 7 期；芦敏：《南雄珠玑巷移民传说形成原因探析》，《中州学刊》2018 年第 9 期；孙廷林：《从家族记忆到史乘书写——南雄珠玑巷新探》，《中国地方志》2022 年第 1 期。

土广人稀，必有好处，大家向南而往，但遇是处江山融结，田野宽平，及无势恶把持之处，众相开辟基址，共结婚姻，朝夕相见，仍如今日之故乡也"。罗贵提出再向南迁移的建议，众人纷纷表示"今日之行，非贵公之力，无以逃生，吾等何修而至此哉？今日之德，如戴天日，后见公子孙，如瞻日月。九十七人即相誓曰：吾等五十八村，居民亿万之众，而予等独藉公之恩，得赖逃生，何以相报？异日倘获公之福，得遇沃壤之地土，分居安插之后，各姓子孙，富贫不一，富者建祠奉祀，贫者同堂共飨，各沾贵公之泽，万代永不相忘也，世世相好，无相害也"①。待罗贵与众人商议完毕，一行 38 姓 97 户人家，从珠玑巷启程大举南迁，一路马不停蹄，跋涉千里，备受艰险，历经几个月终于抵达冈州太艮（大良）都古蓢底村，即今蓬江区棠下镇良溪村。今蓬江区良溪村有罗氏大宗祠、罗贵墓等相关遗址。罗贵率众南迁的故事，尽管颇多传说的成分，但不失为南宋末年移民浪潮的一个缩影。

（二）米氏太夫人信仰

南宋末年，动荡的局势迫使中原世家大族纷纷举家南迁，南雄珠玑巷再向南迁移的民众中，不仅有罗贵这种男性身影，还有广大女性参与其中，她们同样见证了历史变迁。蓬江杜阮黄族始迁祖黄源森之妻米氏是其中的代表人物。据说米氏跟随夫家落籍在南雄的珠玑巷。但不久，如同罗贵南迁的情形，黄姓家族也认识到当五岭之冲的南雄，未来将成为宋元冲突的暴风口，有必要再向南往珠江三角洲一带转移。于是米氏在浩荡的移民大潮中，跟随丈夫迁入今蓬江区杜阮镇杜阮村。自此新会黄氏开枝散叶，延续至今。

江门地区的黄氏族谱，多以黄居正作为珠玑巷南迁始祖。相传，黄居正，号寅斋、万石，南宋绍熙年间（1190—1194）天章阁侍制学士。祖上出于湖北江夏，后迁到福建莆田。黄居正因处事严谨周密，深得宁宗赏识，权礼部尚书兼吏部尚书。行将委以重任之时，上疏忤怒帝旨，被弹劾，知成都，以学士奉祠。嘉定初，知绍兴府，进浙东安抚使，官至正奉大夫，刑部尚书兼直学士院天章阁侍制学士。随着中原地区动荡加剧，黄居正携家人由福建莆田南迁至广东南雄的珠玑巷，开启黄氏定居岭南之端。黄居正生有四子：源森、源大、源辅、源赞。黄源森，名广汉，南宋淳熙八年（1181）辛丑科进士，曾担任徐州知府、浙江督漕运使，晚年居南雄珠玑巷，后迁冈州源清坊（今杜阮），配米氏。逝世后葬在台山都斛南村通天烛山，广海、海晏建有源森黄公祠予以纪念。②

米氏去世后，黄氏家族在今杜阮村特建"一品夫人"墓以纪念这位太婆，墓穴右

① 黄慈博：《珠玑巷民族南迁记》，南雄珠玑巷人南迁后裔联谊会筹委会编：《南雄珠玑巷人南迁史话》，中山大学出版社，1991 年，第 18 页。

② 台山市政协文史委员会编：《台山文史》第 22 辑《台山姓氏源流》第 1 册，1998 年，第 115 页。

后方竖着一块"奉天诰命"石碑,墓手两旁置有石狮各一尊。① 清光绪九年（1883）曾重修。米氏与丈夫分葬,并得到后世的信仰崇拜,应与传统社会广东流行的祭拜太婆现象有关。女性祖先被称为太婆或婆太,明代以来广东民间流行祭拜太婆墓穴,一般多会将记忆中的开基祖上溯到宋代,此与广东各地流传的宋代南雄珠玑巷移民不无关联。② 明代叶盛曾说:"东广人言其地有宋坟,无唐坟,盖自宋南渡后,衣冠家多流落至此,始变其俗事丧葬也。"③ 宋代大量移民南迁是客观历史事实,而他们带来的丧葬文化改变当地习俗,宋人坟墓成为后人追溯家族历史的重要载体。

二、崖门海战与南宋遗民

珠玑巷移民大多追溯至南宋咸淳年间（1265—1274）,此时实际上距离宋朝灭亡仅有短短不到十年。蒙元军队对南宋军队穷追不舍,最终在新会崖门决一死战,宋军战败,祥兴二年（1279）,宋朝宣告灭亡。宋朝二十万军民浩浩荡荡聚集新会,目睹国家破亡。宋亡后,这些来自广东以北的中原人士大多留在岭南。宋朝兵败灭亡之后,张世杰、陆秀夫率领的二十余万江淮地区军民,除少数幸存者流落外海外,还有部分人藏匿于新会、东莞、番禺诸县。④ 有的直接隐居于新会当地,经过不断发展,明清时期形成名门望族,并以先祖是宋朝皇室、近臣为荣。基本上,江门地区的宋代遗民以新会崖门为中心,并扩散至周边临近地区。这其中,既有赵氏皇族后裔、南宋三忠等大臣,又有普通随行军民。

赵氏皇族后裔分为太祖系、太宗系、魏王系,南宋末进入广东的赵氏后代至今仍散于珠三角地区。清代学者潘耒《羊城杂咏》诗其一云:"崖山尚住宋遗民,文陆当年事苦辛。穷海不春犹正朔,孤帆无土自君臣。忠魂郁作潮头怒,浩气蒸成蜃阙新。异代流风多感激,草间时有纳肝人。"⑤ 新会崖门是宋元海战的主要地区,宋皇室战败后,部分赵宋皇室遗民选择隐居于江门地区,至今在新会霞路村、台山浮石村、新会三江仍有赵氏后代居住。

霞路村靠近崖山,正是位于宋元鼎革之战的核心区域。村里建有大小十几座祠堂,最为著名者是"宋室宗亲赵公祠"（耿光堂）,两侧悬挂有宋代历任皇帝像。光绪《新会乡土志》记载:"霞路赵族始祖必次,宋太宗十一世孙也。其先避金人之寇,

---

① 杨森主编:《广东名胜古迹辞典》,北京燕山出版社,1996 年,第 765 页;江门市蓬江区地方志编纂委员会编:《江门市蓬江区志》,方志出版社,2012 年,第 670 页。

② 刘正刚:《明代以来广东祭拜太婆现象探析》,《历史文献与传统文化》第 21 辑,暨南大学出版社,2016 年,第 119 - 135 页。

③ （明）叶盛著,魏中平点校:《水东日记》卷 14,中华书局,1980 年,第 142 页。

④ 吴松弟:《北方移民与南宋社会变迁》,台湾文津出版社,1993 年,第 117 页。

⑤ 黄雨选注:《历代名人入粤诗选》,广东人民出版社,1980 年,第 368 页。

由汴迁闽。必次登文天祥榜进士，景炎中，以宗室扈从入广，与陆、张诸公拥立祥兴少帝，进秩上柱国。厓山败，以二子良钤、良骢托前知琼州林获以存宗祀，遂殉国难。获挈二子匿迹新会之睦州（引者注：即"睦洲"）东乡，托姓为林。"① 林获（字玄辅）隐居新会，把两个孤儿改名为林大奴、林二奴养匿于睦洲。1283 年，林大奴与林获之子林桂山聚兵万余起义，被元朝镇压，同时被杀。林获为躲避元兵搜查，带领林二奴潜匿于睦洲，亲率僮仆围垦造田，逐渐形成东乡、梅涌、大涌等田园 200 余公顷。林获去世前留下遗嘱，让林二奴日后恢复姓赵，不致"天水混入西河"（赵姓是天水堂，林姓是西河堂）。明朝洪武初，二奴的子孙恢复姓赵。赵良钤早死无后，而赵良骢生有两子，长子友通，次子友亨（失后）。友通又生三子：长子宗远，后居台山浮石；次子宗述，年幼早死；三子宗逞，字彦祥，号居霞，1374 年，由睦洲迁居古井霞路村。他是宋朝皇室后裔在霞路的始祖。②

赵宗远成为台山浮石村赵氏始祖。《浮石赵氏族谱》云："良鏓（即赵良骢）公托姓林氏，遁居古冈州之睦洲。明洪武初年，友通公子宗远公、宗逞公兄弟始复姓赵。宗逞公徙居霞露乡，即今新会霞露房也；宗远公徙居浮石乡，即我新宁浮石房也。"③ 他们在世代繁衍的同时，将中原文化传承下来，其中一种就是以庙会形式出现的"北帝诞"祭祀。浮石赵氏族谱卷首印有宋朝历代皇帝像、崖山总图、慈元殿图等图像。凭借着深厚底蕴，浮石村于 2014 年入选为第六批中国历史文化名村。

新会三江始祖追溯至太宗派后裔赵良韶。光绪《新会乡土志》记载："三江赵族系出宋太宗商王元份派下，由商王五传至清源侯士㑤，避靖康之难南迁入闽，又五传至建安郡公必迎。恭宗时奉诏勤王，为广州参军。丁忧，去官，居新会文昌里（引者注：应为'文章里'）之苦草迳，子良韶于元皇庆中迁居三江之蛇尾山，即今细官坑，今丁口约万人。"④ 根据民国新会《三江赵氏族谱》记载：宋商王十一世孙赵良韶随母陈氏从新会皮子村迁居三江，"良韶，字舜乐，号潜江，建安郡王必迎公之子也。生于元忽必烈至元二十三年丙戌八月二十二日，即宋亡后七年。公四龄而孤，六岁随陈姚潜隐皮子以避元祸，七岁迁居三江。"又载："厓山败绩……（赵必迎）更易姓名，潜迹山中。因三嫁女共拨去奁田二十四顷……继娶陈姚生子良韶，公不欲取回原拨奁田，乃斋戒沐浴，焚香告天，放木鹅九个在水东海面，听从飘泊，定为子孙基业。三日泛舟厓山，见木鹅栖止奇石、北村、大沙、上横、汾洲等处，忻然曰：'此

---

① （清）蔡垚燨修，（清）谭镳等纂：《新会乡土志》卷 7《氏族》，《广州大典》第 34 辑第 12 册，广州出版社，2015 年，第 186 页。

② 吴瑞群、张伟海：《历史文化名城新会》，广东人民出版社，2006 年，第 35 - 36 页。

③ （清）赵宗坛、赵天锡总纂：《浮石赵氏族谱》卷首《序》，台山档案馆藏，第 1 页。

④ （清）蔡垚燨修，（清）谭镳等纂：《新会乡土志》卷 7《氏族》，《广州大典》第 34 辑第 12 册，广州出版社，2015 年，第 185 页。

天意也.'爰立石椿九条以为标准。至今北到、淡水二甲遗址在焉。"① 可见赵良韶作为三江赵氏始祖,名下拥有不少田产,并开枝散叶。明代赵思仁积极参与崖山祠庙建设,道光《新会县志》记载:"赵思仁,本名善仁,字寿卿,三江人,其祖安郡王必迎勤王厓山。思仁好善乐施,尝游陈献章之门。(宏)〔弘〕治四年,布政刘大夏与献章游厓山,议立杨太后庙。思仁请出钱二百千,供土木费。大夏义之。疏闻,赐冠带义士,复其家。"② 正因为是宋皇室赵氏后代,因此明代纪念宋代军臣义士时,当时的新会赵氏宗族表现尤为积极。

此外,宋商王赵元份十四世孙赵必宏"原籍福建,自闽入粤,历任双恩、淡水、海晏、矬峒四场盐课司大使",经过矬峒(峒)清溪,"爱其山水之胜,遂卜居焉",死后葬在潮居都大安村后山。③ 宋宗室赵必近,勤王入广,隐居新会县,通过开发沙坦积累家产。

随行大臣亦有定居新会者。宋末伍典章(名不详,以其官职"翰林典章"称之)原是汴京人,德祐二年(1276),"胡元攻临安,庶官奔散,端宗、帝昺幸广州,典章扈从至厓山不去。宋亡,遂遁居县之西乡文章里,后其子孙受虏官多显"④。可见,他正是宋末扈从大臣定居新会县,子孙为元朝服务。开平"高国戚族,其先世龙祐自南宋帝昺时授广西平乐府同知,值元逐帝昺于新会厓山,龙祐乃于广西运粮济帝,及帝奔海陵,龙祐知事不可为,因避隐草场,至元至正间潜移居于新城州背坊,即今之新兴古院村也。其次子仲贤、三仲宽同设教南路静德都,遂就开平高园居焉。至今十七传,男女人数约三千余"⑤。再如开平波罗周族祖先"由闽入粤而为古冈典史,秩满,值金虏内侵,道途梗塞,遂卜居蚬冈驿,后迁居波罗"⑥。景炎初,邓荣仕宋为知江西广信府,"元将吕师夔入广信,力竭不能守。时帝昺奔广州,从至崖山,与丞相陆秀夫夙夜图维。帝昺崩,复募收散卒、乡民,以备捍卫。师溃,为张宏范所掳,不屈,死之。"其子文豹亦死之,陈献章为其颜堂曰"忠孝一门",子孙分居新昌、水南。⑦

经历宋代的多次大规模移民运动,江门地区人口有所增长。南宋王象之《舆地纪胜》记载南恩州"民庶侨居杂处,多瓯闽之人"⑧。元代新会县"户三万九百一十三"⑨。在这些新增人口之中,绝大多数途经粤北珠玑巷进入江门地区,还有部分为宋

---

① 赵锡年参订:《三江赵氏族谱》卷2,香港赵扬名阁石印局,1937年,新会景堂图书馆藏。
② 道光《新会县志》卷8《列传一》,第228页。
③ 道光《新宁县志》卷10《人物传下》,第165页。
④ 万历《新会县志》卷6《侨寓传》,第316页。
⑤ 光绪《开平县志·政绩篇》,第172-173页。
⑥ 光绪《开平县志·政绩篇》,第181-182页。
⑦ (清)彭君谷等纂修,刘正刚点校:同治《新会县续志》卷6《列传一》,安徽师范大学出版社,2021年,第61页。
⑧ (宋)王象之:《舆地纪胜》卷98《广东南路·南恩州》,中华书局,1992年,第3061页。
⑨ 大德《南海志》卷6《户口》,第2页。

室遗民后代，开始形成今日江门地区各地宗族的基本格局。大量移民的到来，使江门地区逐渐摆脱落后状态，不但促进社会经济的发展，也促进文教兴起，培养出江门地区最早的人才。

第三节　社会经济的发展

宋代皇室南迁，中国古代经济重心亦随之向南移动。中原人口往岭南迁移，不仅带来大量人口，也带来先进的生产技术。移民在南雄珠玑巷短暂停留后，再次向珠江三角洲迁移。得益于移民的增加和得天独厚的自然地理条件，江门的农业在宋元时期得到较快发展。江门地区漫长的海岸线为制盐业的蓬勃发展提供可能，广设盐场，并有专官管辖，生产的食盐既能自给又能外销。这一时期，江门地区的商品经济发展迅速。

一、农业进步与土地开发

宋朝以降中原人士不断往岭南迁移，既带来大量的劳动人口，也带来先进的农业生产技术。同时在岭南地区任职的官员，也将中原特别重视劝课农桑的观念带到了珠江三角洲地区。宋咸平间进士陶节夫"知新会县，民方困盗贼，兴嚣讼，不知礼教，节夫乃日劝农桑，兴庠校，濒海风俗为之一振"①。王安石执政后，于熙宁二年（1069）实行青苗法，规定州县各民户，在每年夏秋两收前，可到当地官府借贷现钱或粮谷，以补助耕作。但原本利农的措施，在具体实施过程中出现走样，地方官员强行让百姓向官府借贷，且随意提高利息，甚至有些官吏意欲邀功，额外增加名目繁多的勒索，百姓苦不堪言。周谞举熙宁六年（1073）进士，知新会县，他根据新会县的实际情况，对王安石新法进行变通，"王安石行新法，郡县风靡，谞独不奉行。致书政府，力陈其弊，因求归田里。邑民得免于青苗征求之患"②。为此周谞专门写下《寄子弟诗》，自序"希圣在官，不肯奉行新法，故寄此诗"，诗云："浪有虚名落世间，自惭无实骨毛寒。未年三十身先倦，才得一官心已阑。卜宅拟寻栽药圃，买田宜近钓鱼滩。他年子弟重相见，藜杖蓑衣笋箬冠。"③ 以此表达自己不盲目行新法，体恤老百姓农耕艰苦之情。

---

① 万历《新会县志》卷4《列传》，第187页。
② 万历《新会县志》卷4《列传》，第187页。
③ （元）陈世隆编，徐敏霞校点：《宋诗拾遗》卷7，辽宁教育出版社，2000年，第113页。

部分官员重视治下百姓农业生产。南宋嘉定二年（1209）进士吴懿德，处州庆元人，由玉山县改知新会县，"时县久无正官，弊端如毛，民狃于讼。且濒海多盗，县不能制。懿德至县，事无巨细必亲。时新令至，蛋户有给由钱；受诉牒，有酥息钱，一切罢去。凡仕族之流寓，与悍独颠连无告者，廪其食。春赋贫民钱粟，夏则和药施之。虽沟浍亦时浚治。其诚于为民皆此类"①。南宋嘉定四年，南恩州知州留硕同样注意农业发展，其《劝农》诗云："春风勾引出郊行，小队迢迢草路平。自笑田芜不归去，三千里外劝人耕。""何处园林今有花，十分春事只桑麻。不须惆怅穷途目，一饱生涯无叹嗟。"② 这些官员对农业的重视，为宋代江门地区农业发展奠定了政策基础。

南雄珠玑巷往江门地区的移民参与开垦土地之列。他们往往寻找河边平坦地定居、耕作。史载，宋代广东人民已正式开发沙田，随着前来开发的人不断增多，新的村落不断涌现。原在海中的三江、睦洲、五桂山、大黄圃、潭洲、黄阁等大小岛屿，与北部平原连在一起。南宋时新会已经"海有赢田沃壤"。③ 光绪《新会乡土志》记载："自南宋以来，合义宁于新会县境，增廓西江、潭江两河流，附近入海之处淤积成田者日多，土广人稀，田宅易求，衣食足给。汉族以避金元兵乱，次第南下。度宗咸淳九年，胡妃逃匿事起，由南雄珠玑里沿北江，转入西江南来者，大率皆分布于西江下游之两岸，而新会适当其冲，民族遂由此繁殖。地利与人事相备，富力容易发达。"④ 珠玑巷移民在江门地区落定后，便着手建立堤坝防范洪水。新会周郡的周、谢、黄等姓，将建村与建坝视为同样重要之事。随着移民的增多，江门地区沿海也成为农垦区。

宋代西江在新会县出海，故西江支流切过江门市丘陵区即被称为"江门"，出江门后河道放射分流形成一小型三角洲，为新会县所在。故北宋乐史《太平寰宇记》说新会县"前临大海，后抗群山"⑤。新会县"厥地汉为海，宋元为潮田"⑥。潮田为单造耕作即一熟。南宋方大琮《广州乙巳劝农》中即言："以广诸邑言之，清远、怀集号为山邑，多是山田；南海、番禺、增城、东莞、新会、香山邑，皆濒海，太半为潮田，潮田宜无荒岁。"⑦ 可见新会县正是珠玑巷难民集中开垦的地点之一。随着三角洲

① （明）郭棐著，黄国声、邓贵忠点校：《粤大记》卷10《宦迹类》，广东人民出版社，2014年，第278页。

② 乾隆《恩平县志》卷10《艺文志》，第263页。

③ 广东省地方史志编纂委员会编：《广东省志·经济综述》，广东人民出版社，2004年，第10页。

④ （清）蔡垚燨修，（清）谭镳等纂：《新会乡土志》卷1《历史》，《广州大典》第34辑第12册，广州出版社，2015年，第113页。

⑤ （宋）乐史著，王文楚等点校：《太平寰宇记》卷157《岭南道一·广州》，中华书局，2007年，第3021页。

⑥ 万历《新会县志》卷6《桥梁》，第282页。

⑦ （宋）方大琮：《铁庵方公文集》卷33《广州乙巳劝农》，北京图书馆古籍出版编辑组：《北京图书馆古籍珍本丛刊》第89册，书目文献出版社，1990年，第726页。

向南发展，珠玑巷迁民后代也随着向南沿沙田新生而分布，远达台山、阳江开垦海坦。①

基于沿海土地持续开发，筑围堤、垦荒土，形成一批大地主。据新会《张氏族谱》记载，有张安、张富父子，赵必持、伍隆起等。南宋庆元年间（1195—1200），新会人张安置立遗嘱，详细列明张家在新会、香山两县的田产，共计租谷 10 014 石。族谱中亦收录其子张富的遗嘱，经过两代人经营，其家族田产以新会为中心，扩至东莞、增城、香山、南海等县，共收租 11 000 余石。南宋末年赵必持自福建入广，前来新会，置买田地后有田租一万余石。南宋末抗元义士伍隆起贡米七千石以御元军。大族享受江门地区土地开发的红利，掌握了大量的田地。宋元时期"广米"畅销，新会县富有阶层拥有大量粮食，并取得土地占有权。② 元代大德年间新会县的田赋有"民粮一万八千六百一十户，计正耗米一万六百五十石五斗九升五合一勺二抄五撮四圭。……丁税客户一万八千六百一十户，丁一万九千六十三丁，计正耗米，六千七百七十二石七斗七升九合"③。

随着土地开发的推进，宋元时期江门地区的经济作物开始增加。宋元间江门地区所产荔枝、龙眼有名气，北宋《太平寰宇记》记载新会"崖山，在县南八十里，临大海。出龙眼子、木威、橄榄之树"④。《元一统志》记载："荔枝：番禺、南海、东莞、新会、增城并有之"，"龙眼，荔枝之别种也。番禺、南海、东莞、清远、新会、增城并产。圆而小者其味最胜，俗呼圆眼"⑤。瓜类也颇为丰富，如西瓜，"广州自至元归附后，方有此种，其实圆碧而外坚，其子有三色：黄红黑。北客云：瓜凉，可止烦渴，过食不为害，其仁甘温。今岭南在在有之，遂为土产"⑥。元代江门地区已经开始栽培茶树，当时广州路"茶，诸县并出"⑦。

① 曾昭璇、曾宪珊：《宋代珠玑巷迁民与珠江三角洲农业发展》，暨南大学出版社，1995 年，第 123 页。

② 吴建新：《从"广米"看宋元珠江三角洲地区富有阶层的兴起》，《古今农业》2014 年第 2 期。

③ 大德《南海志》卷 6《税赋》，第 5 页。

④ （宋）乐史著，王文楚等点校：《太平寰宇记》卷 157《岭南道一·广州》，中华书局，2007 年，第 3021 页。

⑤ （元）孛兰肸等著，赵万里校辑：《元一统志》卷 9《广州路·土产》，中华书局，1966 年，第 668 页。

⑥ 大德《南海志》卷 7《物产》，第 15 – 16 页。

⑦ （元）孛兰肸等著，赵万里校辑：《元一统志》卷 9《广州路·土产》，中华书局，1966 年，第 669 页。

二、制盐与矿产

宋初，政府减免一半盐税，促进沿海制盐业的发展。"初平岭南，令民煮盐，以百一十斤为石，给钱二百。后廉州言盐田荒秽，民新锄治，旧盐课月八石至三石，凡五等，不能充其数，望差减之。诏蠲其半。"① 尽管如此，盐税仍为政府的大宗收入，故南宋户部侍郎叶衡云："今日财赋，煮海之利居其半。"② 《宋会要辑稿》即言称"广南东、西路煮海之饶，为国大利"③。

经过隋唐时期的发展，新会制盐业在宋代不仅进一步规范，而且其规模也超过前代。宋代新会盐场有了进一步的区域划分，共计六大盐场。北宋王存《元丰九域志》记载当时广东有十五处盐场，其中归善一处，海丰两处，东莞三处，海洋三处，新会六处，新会县有"海晏、博劳、怀宁、都斛、矬铜、金斗六盐场"④。这里的"矬铜"即"矬峒（岗）"。上下川岛也参与制盐业，北宋乐史《太平寰宇记》记载，新会县"上川洲、下川洲，在县南二百六十里大海中。其洲带山，湾浦极广。出煎香，有盐田，土煎盐为业"⑤。当时广东共计十五个盐场，新会就占其六，足以说明新会盐业在整个岭南社会生活中扮演重要的角色。宋代政府在此设员管辖，包括"监海晏盐场一员，监矬岗盐场一员，监都斛盐场一员"⑥。

元代江门地区的盐场略有整合，大德《南海志》记载，广东道共计十四个盐场，广州路有靖康、香山、东莞、归德、黄田、海晏、矬峒七处，潮州路有隆井、招收、小江三处，惠州路有淡水、石桥两处，南恩州有双恩、咸水两处。其中海晏、矬峒两处属新会县，其中"海晏场周岁散办盐九百六十一引，矬峒场周岁散办盐五百八十五引"⑦。同时设有专门官吏进行管理，"海晏场管勾一员，副管勾一员，典吏一名，场吏二名。矬峒场管勾一员，副管勾一员，典吏一名，场吏二名"⑧。

宋元时期江门地区制盐业采取蒸煮法。北宋李昉《太平御览》引《郡国志》曰："冈州，地边大海，晴少雨多，时遇甚风，林宇悉拔。俗织竹为釜，以蛎壳屑泥之煮

① （元）马端临：《文献通考》卷15《征榷二》，浙江古籍出版社，2000年，第155页。

② （元）脱脱等：《宋史》卷182《志第一百三十五·食货下四》，中华书局，2000年，第2987页。

③ （清）徐松辑：《宋会要辑稿·食货二六》，中华书局，1957年，第5244页。

④ （宋）王存著，王文楚、魏嵩山点校：《元丰九域志》卷9《广南路》，中华书局，1984年，第409页。

⑤ （宋）乐史著，王文楚等点校：《太平寰宇记》卷157《岭南道一·广州》，中华书局，2007年，第3021页。

⑥ 成化《广州志》卷14《题名》，第78页。

⑦ 大德《南海志》卷6《赋税》，第8页。

⑧ 成化《广州志》卷14《题名》，第81页。

盐，转久弥密。"① 盐户选择潮水能淹没的海滩，其土质七成沙、三成泥。在海滩之上修筑一条围基用来拦挡潮水。围基上设一个纳潮闸，供潮水进出。在围垦的海滩之中挖数个沟坑，即"盐漏"，在其侧挖一个能储水的水凼。盐漏底部末端放置一个竹筒，其上覆盖一层芒草，再加一块竹簟。涨潮时，打开纳潮闸，让海水进入围垦区。退潮时放出海水，关闭闸门，让阳光暴晒被浸透海水的泥沙。将晒干的泥沙运到盐漏，倒在盐漏的竹簟上踩实，把积在水凼里的海水不断淋在盐漏的泥沙上过滤。盐漏末端的竹筒就会流出卤水，再把卤水倒入大锅煮成盐。制作蟛蜞盐时，盐户将潮水浸透后晒干的稻禾秆草，反复浸透、晒干几次，并将之烧成灰。把草灰倒入大桶，加入海水用纱布过滤。经过过滤的草灰水倒入大锅蒸煮为盐。

江门地区南面临海，北面多山，矿产资源至晚在唐宋时期已开始被官府进行开采。唐昭宗天祐元年（904）"刘隐置锡场于义宁"②。义宁锡场在崖山，史籍称锡坑村。《新唐书·地理志》记载恩州"土贡金、银"③。北宋乐史《太平寰宇记》记载，信安县（治今开平）有铜石山、银铜山、铅穴山，其中铅穴山出铅、锡。④《元丰九域志》记载新会县有名为"千岁"的一处锡场。⑤ 南宋《舆地纪胜》记载，"金山，在新会县西百五十里。唐《地理志》：山容焦赤，下有昔人所掘窟，深窅如井。俗云掘之愈深，有金沙如糠粃状"⑥。宋代新会等地有锡矿、钨矿，这些金属大多作为广州对外贸易的商品。⑦ 江门地区的矿冶业在明前期又恢复开采。明洪熙元年（1425）正月，"诏弛金银坑冶之禁。诏金银场矿，除官封外，其有司看守及禁约者，诏书到日，听民采取。新会淘金坑诸处，民竞掘淘，然终无所得"⑧。可能是经过前面的过度开采，尽管政府开放政策，但最终没有收获。

三、商品经济

江门地区是古代海上丝绸之路的重要出海口和贸易据点。江门位于珠江三角洲西部，背靠内地，濒临南海，既拥有天然的港湾，又处于传统西洋航线之上。宋元时

---

① （宋）李昉编纂：《太平御览》卷172《州郡部十八》，中华书局，1960年，第837页。

② 万历《新会县志》卷1《县纪》，第14页。

③ （宋）欧阳修、宋祁：《新唐书》卷43上《志第三十三上·地理七上》，中华书局，2000年，第722页。

④ （宋）乐史著，王文楚等点校：《太平寰宇记》卷157《岭南道一·广州》，中华书局，2007年，第3023页。

⑤ （宋）王存著，王文楚、魏嵩山点校：《元丰九域志》卷9《广南路》，中华书局，1984年，第409页。

⑥ （宋）王象之：《舆地纪胜》卷89《广州》，中华书局，1992年，第2836－2837页。

⑦ 关履权：《宋代广州的海外贸易》，广东人民出版社，2013年，第62页。

⑧ 万历《新会县志》卷1《县纪》，第20页。

期，江门所属之塪洲即是广州通海夷道上的"放洋"之地。宋元两朝在此处设有塪洲巡检司，派兵巡逻海上，以加强海防、护卫海上商船，安商旅而靖海疆。宋代朱彧《萍洲可谈》记载如下：

> 广州自小海至塪洲七百里，塪洲有望舶巡检司，谓之一望。稍北又有第二、第三望，过塪洲则沧溟矣。商船去时，至塪洲少需以诀，然后解去，谓之"放洋"。还至塪洲，则相庆贺，寨兵有酒肉之馈，并防护赴广州。既至，泊船市舶亭下，五洲巡检司差兵监视，谓之"编栏"。凡舶至，帅漕与市舶监官莅阅其货而征之，谓之"抽解"，以十分为率。①

由此可见，开入西江内陆的海船需要先在塪洲下淀，或经崖门由内河驶入广州，出海商船亦在此放船，为放洋出海作临行前的最后准备。广海是南部沿海岸航线上必经之地，所设塪洲巡检司肩负护航、监督通往广州的航道的职责。因此，《广东航运史（古代部分）》指出"西江主航道出海口崖门西南侧的塪州（今广东台山广海），也是宋代广东一重要港口"②。元代以后，广海开始走向衰落。

除了开拓海外贸易，宋代伊始江门内陆也加快经济发展步伐。商品经济的发展离不开较为便利的交通，因此地方官员十分重视建设桥梁、渡口，其中龙溪桥和苏公渡为后人所熟知。龙溪桥，位于今新会西浇步冲，桥面由十一条花岗岩石并成，桥身正面刻"龙溪桥"三字。万历《新会县志》记载："花桥亭大石桥，一名龙溪桥，宋开禧三年（1207）知县蒋直建。上立彩亭。元季，亭废。"③可见蒋直初任新会知县，即着手建立龙溪桥。此桥至元代百数十年，虽然彩亭废弃，但桥身依然使用至今。苏公渡具体何人、何时修建不得而知，其得名源于苏轼曾由惠州借道新会、开平去往海南。苏公渡，位于开平东南六十里，"宋苏轼贬南海，自惠至琼，道经新会。值江潦暴涨，乃从山僻小径取道新兴，故新会有坡亭，开平有苏公渡，皆因苏轼所过而名之"④。苏轼从广州到鹤山，经新会、开平，主要是走水路。这也从侧面说明，宋代江门地区已经有了较为便利的水路条件。

宋元时期，江门的商品经济种类颇为丰富。其中最为后人熟知的陈皮逐渐从物产记载向药物商品经济方向发展起来。"广南可耕之地少，民多种柑橘以图利。"⑤宋代在岭南设置广南东路、广南西路，江门当时属于广南东路管辖。特殊的地理气候条件，使得柑橘在该区域得以广泛种植。除了陈皮，新会蒲葵也是很重要的经济作物。"蒲葵扇出广州新会县，其制度精巧者，一柄可值三两许。其大者五六尺，土人以之

① （宋）朱彧撰，李伟国点校：《萍洲可谈》卷2，中华书局，2007年，第132页。
② 叶显恩：《广东航运史（古代部分）》，人民交通出版社，1989年，第71页。
③ 万历《新会县志》卷6《桥梁》，第288页。
④ 民国《开平县志》卷44《古迹略二》，第676页。
⑤ （宋）庄绰撰，萧鲁阳点校：《鸡肋编》卷下，中华书局，1983年，第112页。

蔽日。"① 新会蒲葵，东晋时已经有名，宋元时期得到进一步发展。新会陶瓷业也较为发达，新会官冲窑生产时间延续至宋初时期，以烧造日常用青瓷器为主，是当时广东外销瓷的生产基地。元代广东设有商酒务官负责酒税收取，共有五处：东莞、增城、新会、香山、清远，其中新会县商酒务包括"提领一员，务使一员，务副一员，攒典一名"②。元代广州路各地的"市务税钱"统计中，新会县达四千零八十八贯，仅次于增城县与扶胥镇，成为当时岭南位列前茅的商埠。③

第四节　社会文化的进步

江门地区随着宋代以降人口不断南迁，经济重心南移，其社会文化也快速发展起来。主要体现在儒家重视的书院由私人办学向官方创办转型，其中新会由罗蒙正主持的古冈书院成为江门的文化传播中心。古冈书院为江门培养了文化人才，如明代江门第一个进士梁临、象山先生张扬等。与儒家文化相呼应，佛教文化在江门也得到发展。自唐代以来，该地区就建有诸多寺院，经过宋元时期的重建，黄云寺、玉台寺、仙涌寺等都为江门的佛教文化传播提供场所。

一、书院始建

书院制度在中国教育史上具有举足轻重的位置，其名称始于唐代，最初是修书之所，并非学子求学之处。随着宋朝印刷术的发展，文化愈加兴盛，书院也逐渐兴盛起来，故有天下四大书院之说，即衡阳石鼓书院、江西庐山白鹿洞书院、湖南长沙岳麓书院、河南商丘应天书院。根据刘伯骥先生的考证，宋代南恩州曾建立濂溪书院，以纪念周敦颐谪此而建。④ 该书院后来遭大火被毁，入元后曾进行过复建。此时广东的书院多属于私人创办。

历史上江门地区最早建立的官办书院是新会学宫。新会学宫，又称文庙、孔庙，始建于北宋庆历四年（1044）。北宋庆历四年三月，宋仁宗颁布诏令曰："诸路州府军

---

① （清）吴绮：《岭南风物记》，（清）罗天尺、李调元等撰，林子雄点校：《清代广东笔记五种》，广东人民出版社，2015 年，第 8 页。

② 成化《广州志》卷 14《题名》，第 81 页。

③ 大德《南海志》卷 6《赋税》，第 9 页。

④ 刘伯骥：《广东书院制度沿革》，商务印书馆，1939 年，第 20 页。

监，除旧有学外，余并各令立学。"① 新会学宫是在国家政策下所兴建的，据嘉靖《广东通志初稿》记载："新会学（宫），在县治东北宣化坊，宋庆历中始建，元因之。"② 新会学宫按山东曲阜孔庙布局因地制宜建造，元代毁于兵火，只存棂星门的六条石柱，直至明洪武三年（1370）才重建。明成化年间，陈献章曾在新会学宫设台讲学。此后在明、清两代也屡毁屡建，清雍正、乾隆两代进行大规模扩建，形成轴线式布局。日寇侵占会城时，学宫遭到严重破坏，除大成殿和棂星门幸存外，其余均被日寇所毁。③ 新会学宫成为岭南地区为数不多始建于北宋的学宫，1955 年进行重修，1989 年被列为广东省重点文物保护单位，后用作新会博物馆延续至今。

元代注重书院建设，"书院之设，莫盛于元，设山长以主之，给廪饩以养之，几遍天下"④。元代广东书院在规制上逐渐完备，且数量颇多，在此背景下新会建有古冈书院。该书院是元代至元间（1264—1294）由新会知县沈寿为当地名士罗蒙正授学而建，位于县城西南。⑤ 古冈书院在新会学宫之外增添一处学习场所，促进文风。主持者罗蒙正才华横溢，享有盛名，并善于教导，培养出很多优秀的学子，其中以梁临、张㧑两人为代表。梁临年少时跟随罗蒙正学习，工诗文，洪武三年中乡试，次年举进士，官至礼部主事。明代新会"邑人进士及第，自临（指梁临）始"。⑥ 张㧑性格灵敏，博闻强记，十八岁作《崖门怀古诗》一首得到罗蒙正的赏识器重。入明以后，新会知县谢景旸在象山建立书院，邀请张㧑授业讲学，因此其被尊称为"象山先生"⑦，著有《象山诗集》五卷。元末明初，新会主政者两次为罗、张师徒建造书院，弘文励教，实为重视教育、尊师重教的学林佳话。

二、东坡遗韵

北宋绍圣年间，大文豪苏轼被谪，从惠州前往海南。据考证，当时苏轼途经江门地区，进入梧州、藤州、雷州，最终抵达海南。⑧ 明清时期，江门地区仕宦对于苏轼途经江门地区的事迹多有记述，成就一段延续千年的"东坡遗韵"。正如康熙《新会县志》"流寓志"所言，苏轼"文章政事、词翰才品为当时第一，天下无不知有苏学士名者。所至，士民聚观之。未几，再谪儋州安置，道出新会，爱月华寺之胜，徘徊

---

① （清）徐松辑：《宋会要辑稿·崇儒二》，中华书局，1957 年，第 2189 页。

② 嘉靖《广东通志初稿》卷 16《学校》，第 311 页。

③ 王发志编著：《岭南学宫》，华南理工大学出版社，2011 年，第 59 页。

④ （清）于敏中等编纂：《日下旧闻考》卷 49《城市》，北京古籍出版社，1985 年，第 775 页。

⑤ 万历《新会县志》卷 6《古迹》，第 291 页。

⑥ 乾隆《新会县志》卷 10《人物下》，第 293 页。

⑦ 道光《新会县志》卷 8《列传一》，第 217 页。

⑧ 管林：《苏轼"迁道由新会"往海南考辨》，《华南师院学报（哲学社会科学版）》1981 年第 2 期；徐晓星：《坡亭史迹考索》，《岭南文史》1999 年第 1 期。

题咏。常过古劳乡，行山中，士人竞延留，为筑亭以居。去后，名其亭曰坡亭，乡曰坡山焉。……其流风余韵，后人钦慕如此。"① 相传，苏轼在江门期间，曾前往玉台寺、月华寺、金溪寺等名胜游览，留下苏渡、坡亭等历史遗迹。

圭峰山为岭南名山，上有始建于唐代的玉台寺。苏轼素与佛道中人交善，他曾前往当时的玉台寺游览，元末罗蒙正《登圭峰怀苏长公》诗云："久向风尘厌薄游，到来象外且淹留。溪边石枕和云卧，岩畔山茶带雨收。古寺老僧非旧主，疏林晴色又新秋。坡仙题咏今残剥，词客登临诵未休。"② 月华寺是另一座始建于唐代的名刹，元末明初诗人孙蕡诗云："急唤艄人早系舟，月华寺里散离忧。苔生曲径人稀到，门对长江水自流。两岸峰峦千古画，一川松桧四时秋。坡仙遗墨成灰烬，老衲于今说未休。"③ 由此可见，两位元末诗人对苏轼行迹颇有兴致，面对"坡仙题咏""坡仙遗墨"，抒发追古之情。

苏轼原在惠州的友人钟鼎隐居在新会文章里金溪寺炼丹，钟鼎"专以烧煮为事，居寺，设有丹灶三十六"④。但到访之时，钟鼎已尸解，于是苏轼"因种荔于院，曰东坡荔"⑤。苏轼前往金溪寺途中，在水口村唤舟渡江，此处后称"苏渡"。陈献章曾经苏渡访友人何述（字宗道），颜其庐曰"斯文堂"，留题《访教授何宗道》诗云："树隐肩舆行款款，花催春鸟闹关关。苏公渡口云连水，宗道庐前雨满山。"⑥ 明代新宁县从新会县析出之后，"苏渡怀贤"入选新宁八景。新宁县人黄浩然诗云："钟鼎丹成骨已仙，东坡空唤渡头船。我来二老俱陈迹，绿水青山尚俨然。"⑦ 伍骥《苏渡怀贤》诗有"物改世迁几度秋，临河犹说公风流。金溪过访丹成鼎，畦陌酬诗仙是刘"之句。⑧ 此后李沾春亦有诗云："自是德云风骨在，必须钟鼎肺肝投。偶从此渡通津后，千载追求想未休。"⑨ 清初，苏渡所在地从新宁县析为开平县，因此康熙《开平县志》云："新会石螺冈有坡亭，开平有苏渡，皆因轼所过而后人名之。开平，旧新会地也，名贤之所至，岂不令草木流芳，山川增色哉！"⑩ 台山公益埠曾建有苏渡亭，1928 年重修，遗迹今尚存。

---

① 康熙《新会县志》卷 14《流寓志》，第 722 – 723 页。

② 康熙《新会县志》卷 5《地理志》，第 467 – 468 页。

③ 成化《广州志》卷 26《寺观三》，第 164 页。

④ 成化《广州志》卷 23《人物》，第 110 页。

⑤ 万历《新会县志》卷 2《版籍略》，第 78 页。

⑥ （明）陈献章著，陈永正笺校：《陈献章诗编年笺校》下册，广东人民出版社，2018 年，第 979 页。

⑦ 成化《广州志》卷 26《寺观三》，第 167 页。

⑧ （明）伍骥：《养拙庵录》上卷，《广州大典》第 31 辑第 3 册，广州出版社，2015 年，第 741 页。

⑨ 康熙十一年《新宁县志》卷 10《艺文志》，第 169 页。

⑩ 康熙五十四年《开平县志》卷 21《流寓》，第 206 页。

苏轼在江门地区的遗迹以"坡亭"最为有名。苏轼进入江门地区,从新会石螺冈(今鹤山坡亭)登岸,"新会人以其尝至石螺冈,构亭表之,其为人向慕如此"①。这就是著名的"坡亭",明代陈献章、黄佐、湛若水、张诩、陈子壮等人均有所题咏,陈献章《经坡亭》诗云:"水绕寒柯雾半笼,游丝轻曳钓船风。三洲览遍题名处,闲向坡亭说长公。"② "三洲"位于德庆县,亦为苏轼途经之处。张诩认为"昔东坡南迁,寻仙人钟鼎过此,爱其山水之胜,因驻车盘桓久之。后人慕之,为筑此亭",其《东坡亭》诗即有"闻道坡亭迹已空,古劳都下几秋风。神仙到处期钟鼎,出处当年恨长公"③ 之句。大儒陈献章及其弟子的题咏,无疑扩大了苏轼遗迹的宣扬。正如清初苏楫汝所说:"陈子讲学白沙,远迩来游(坡亭)者且相接踵,流风犹存,后之人怀古寄思,心窃向往之矣。"④

清雍正间,鹤山县从新会、开平等析出新置,当地仕宦对坡亭建设表现出较高热情。当地坡山村举人易奇际《重修坡亭记》云:"乡名坡亭,景贤也。宋苏文忠公南迁过此,留连不能去,居人为筑亭于石螺山上。迨今五百余年,草柔如茵,不秽不棘甚矣。贤人君子如此其重也。"⑤ 检阅乾隆《鹤山县志·艺文志》可见,尚有《坡亭记》《游坡亭记》《坡亭水月赋》《坡亭观涛》《坡亭怀古》等大量纪念诗文。文人墨客流连忘返,抒发景贤之情,"斯山有坡亭以来,登览者不知几许矣"⑥。除了坡亭之外,清代鹤山县尚有东坡里、坡公泊舟处、朝云亭及东坡先生祠等相关纪念点。⑦

宋代苏轼行迹成为江门文化史上的重要事件,衍生出众多纪念建筑以及诗文。明清时期无论是新会县,抑或是先后析出的新宁县、开平县与鹤山县,均将苏轼行迹作为重要的文化资源,成为本地追慕先贤的文化载体,历代文人墨客题咏积为文化瑰宝,其流风遗韵影响至今。

三、道教南传

道教是中国土生土长的本土宗教。秦汉以降,中原与岭南的往来开始加强,一批批中原人士为避战乱迁入岭南。东汉末,中原道教形成不久,中原文化包含道教文化即随之传入岭南地区。两晋南北朝时期,道教在岭南得到较大传播,岭南开始成为中

---

① 嘉靖《广州志》卷48《流寓传·苏轼》,第561页。

② (明)陈献章著,陈永正笺校:《陈献章诗编年笺校》上册,广东人民出版社,2018年,第87页。

③ (明)张诩著,黄娇凤、黎业明编校:《张诩集》,上海古籍出版社,2015年,第12页。

④ 康熙《新会县志》卷14《流寓志》,第725页。

⑤ 乾隆《鹤山县志》卷12《艺文志》,第149页。

⑥ 乾隆《鹤山县志》卷12《艺文志》,第150页。

⑦ 乾隆《鹤山县志》卷1《舆地志》,第37页;道光《鹤山县志》卷1《建置》,第198页。

国道教的一个重镇。① 早在 20 世纪 30 年代，史学大师陈寅恪先生在《天师道与滨海地域之关系》一文中已指出，六朝时期天师道世家如陶氏、鲍氏、葛氏、孙氏等与岭南地区有密切关系，他说："岂交广二州之区域不但丹沙灵药可为修炼之资，且因邻近海滨，为道教徒众所居之地。以有信仰之环境，故其道术之吸收与传授，较易于距海辽远之地域欤？"② 早期道教传入时，道家世家中的陶隆（著名道教思想家陶弘景祖父）曾任新会郡监，对道教在江门地区的传播产生影响。古代江门地区出产金、银、铜、锡、铅等金属，为道士炼丹提供便利，前述宋代道士钟鼎选择在金溪寺炼丹即为明证。

唐元和间，新会县古博人区积溪创建有道观元和堂。③ 从唐宋开始，江门地区便有道士修仙炼道的传说。唐代新会文章里人黄归南"生性慧，幼牧牛，遇旱，语父老曰'能以角黍相惠乎'。如言，果雨，自是知祸福，因目为仙童"。长大之后，愈加"精禅修"，唐中和间（引者注：原文为"中和九年"，但唐僖宗"中和"年号共五年，疑为"中和五年"）削发趺坐而化，乡人在此建造"归仙堂"以祭祀。④ 宋元时期，江门地区的道观建设与道士故事开始增加。宋皇祐间，新会人李之先"尝自负石结坛于圭峰绝顶，周三十六步，每夜朝斗"，后尸解升仙，被称为"李真人"，乡人建隆兴观（又称龙兴观、李先生祠）纪念。明代李承箕说："予闻之真仙在浩渺外，钟（鼎）、李（之先）者果斯人之流耶。"⑤ 李真人遗留有祈雨坛、朝斗石、炼丹井等修道遗址。宋绍定间，新会县人朱立"生有异质，儿时牧牛，或对人出语异"，南宋淳祐三年（1243）五月五日趺坐而化，乡人在县西南庄村修筑"立仙堂"祀之。⑥ 朱立仙疑是如今港澳地区流行的朱大仙信仰原型。⑦ 宋代新会县另有一名陈氏子"自少慈善，与群儿异"，"后端坐而化，里人结庵祀之"，称其为"道仙"。⑧

相传，南宋著名道士白玉蟾（原名葛长庚）曾游历至江门地区。新会"叱石岩，即古北燕岩，在县北三十里归德都。峭壁凌空，巨石层叠，岩前有石涧，水声潺潺。宋嘉泰中，白玉蟾于此得金芝十二茎，服之成仙"⑨。新会神仙井"有仙掌迹二，一直一斜，帻迹一，有眉额痕。相传白玉蟾醉后过此踞地饮水，头俯手按处，入石成痕

①　王丽英：《道教南传与岭南文化》，华中师范大学出版社，2006 年，第 5 页。

②　陈寅恪：《天师道与滨海地域之关系》，《金明馆丛稿初编》，生活·读书·新知三联书店，2015 年，第 36 页。

③　成化《广州志》卷 26《寺观三》，第 168 页。

④　万历《新会县志》卷 6《仙释传》，第 317 页。

⑤　万历《新会县志》卷 6《仙释传》，第 318 页。

⑥　康熙《新会县志》卷 9《祀典志》，第 596 页。

⑦　郑炜明、罗慧、孙沁：《从港澳朱大仙信俗来源看非物质文化遗产的探源与传播问题》，《重庆文理学院学报（社会科学版）》2017 年第 3 期。

⑧　成化《广州志》卷 23《人物》，第 110 页。

⑨　康熙《新会县志》卷 5《地理志》，第 470 页。

不灭"①。元末有一名云谷老人"以蒙训至海晏之博荣，栖隐于仙岩之侧，或谈黄白之术，未有知者。久之，白玉蟾造焉，自称海琼子"②。

江门地区的部分地名据传得自宋元间的道士。梁金山，"传昔道人梁金修炼于此，故名"③。薛公岩，因"薛公"在此学道而得名，"薛公者，不知何许人。或曰宋元间人，隐古博山中修炼成仙，因名其山曰薛公岩。岩内室宇皆天成，尘迹罕到，中有清流涓涓不绝，下有石臼可供烹炊"④。骑虎庙、骑虎关与骑虎桥等，新会县"邓宥，字普世，宋元间人。得道术，为乡里救灾捍患，久之，骑虎而去，邑人奉之为神明，立庙祀之。庙前水关及桥皆以'骑虎'名"⑤。众多地名渊源解释与道士相关，反映出古代江门地区道教流行对社会各层面的广泛影响。

四、佛教盛行

宋元时期江门地区的佛教文化延续唐代以来的传统逐渐盛行。宋景祐年间，僧行宣云游至新会月华寺，"见一龙自草莽中飞去"，因此自号"慧龙"。其戒行严苦，后跌坐而化，乡民遇旱辄祈雨。庆元六年（1200），摄新会县尹方信孺《祷雨诗》云："为借天瓢翻马上，坐看花雨散空中。明日平原三尺水，须知佛力我无功。"⑥ 宋绍圣间，苏轼途经江门地区时也曾去月华寺、玉台寺等名刹游览。

始建于唐代的仙涌寺，后院落废弃，至宋代仅剩精舍遗址。宋天圣年间（1023—1032），新会乡老众人发愿希望重建，遂请和尚法迎主持筹建寺院事宜。法迎，俗姓龙，始兴人，"幼而颖达，摆去氛垢，于大源山广福院落发出家，自得空理"。经过众施金宝，市材佣工，数年之间共建造正殿三间，罗汉、十王堂各五间，法堂、僧堂共十间，官厅又十间，观音楼暨钟鼓楼三座。北宋景祐三年（1036），曾任吉州太和县事许钦所撰碑记称："今天下广化末俗，大起伽蓝，伐木空山不足以充梁栋，运土塞路不足以充墙壁。"这说明宋代佛教的传播已经非常发达。许钦还作铭赞叹云："大海汤汤，化涌仙山。古建佛庙，芜没其间。世有兴废，道有污隆。崛起众缘，得之□□。嗣兴基构，揆材俾工。不奢不侈，制度酌中。□处缁徒，钦奉无穷。"北宋庆历七年（1047）碑记落成时，落款者有新会县簿尉徐建中、新会县令赵让、广州李通判、尚书屯田郎中龚纪、广州任知州等诸官员。⑦ 这代表，宋代江门地区官方已经将

① 康熙《新会县志》卷5《地理志》，第477页。
② 康熙十一年《新宁县志》卷10《艺文志》，第173页。
③ 万历《新会县志》卷1《舆地略上》，第55页。
④ 道光《开平县志》卷10《外纪志》，第479页。
⑤ 道光《新会县志》卷11《列传四》，第315页。
⑥ 万历《新会县志》卷6《仙释传》，第318页。
⑦ 碑存新会罗坑医院，碑文据成化《广州志》卷26《寺观三》，第165－166页；道光《新会县志》卷12《金石》，第339－340页。

佛教传播作为文化事业予以参与。捐献者除本土信众外，尚有来自外地如东莞县等地的信众。方信孺曾到仙涌山及仙涌寺游览，其有诗云："龙伯何年钓巨鳌，两峰漂荡入洪涛。人间灵迹无寻处，仙涌罗浮相对高。"① 仙涌山正因有仙涌寺等仙迹，故能与粤东罗浮山相提并论。

除了原有旧寺，宋元时期江门地区新建多座寺庙。兹根据旧志记载统计如下：

表 3-1　宋元时期新会县佛寺

序号	寺名	地址	建造时间	建造者	备注
1	晓清寺	新会登名都双峰山南	宋景祐间	僧行趣	
2	普贤寺（普贤院）	新会得行都	宋景祐间	僧先裕	
3	华明堂	新会遵名都何村甲	宋景祐间	乡民汤贤	
4	九源寺	新会遵名都上台山	宋政和间	僧智璋	
5	象山寺	新会源清坊	宋宣和间	僧有定	
6	波罗寺	新会平康都楼冈甲波罗山	宋宣和间	僧善祥	
7	圆明庄聚宝庵	新会归德都都会村	宋绍兴九年（1139）	僧慈载	
8	地藏寺（地藏院）	新会海晏场郭丰山南	宋绍兴间	僧真静	
9	灵湖堂（灵湖寺）	新会广海卫城东	宋乾道间	僧永从	
10	天台兴寺	新会城西南二十里	宋绍定间		
11	景丰院	新会平康都儒林甲宝郭山	宋景定间	僧行柔	
12	六祖堂	新会泷水都	元至元二年（1336）		
13	六祖堂	新会潮居都区村	元至元二年	乡民麦有能	
14	碧玉堂	新会古博都麦村甲泰坑村	元至元间	乡人麦秀声	
15	云居堂	新会小横村	元至正三年（1343）	乡民胡仲达	

---

① （宋）方信孺撰，刘瑞点校：《南海百咏》，广东人民出版社，2010 年，第 46 页。

（续上表）

序号	寺名	地址	建造时间	建造者	备注
16	泗州佛塔院	新会源清坊象山下	元至正十三年（1353）	邑人唐忠卿、僧景茂	
17	广积院	新会得行都良田甲			元至正二十三年，里人郑临溪重建
18	翠林堂	新会石碑都联甲	元至正二十六年	乡人杜得名	
19	天竺观音庵	新会古博都小葫山	元至正间	僧光谦、乡民谭源清	
20	太平寺	新会古劳都	元至正间	僧永坚	
21	二贤堂	新会罗坑甲黄沙坑	元至正间	乡人林贤	
22	中溪堂	新会遵名都何村甲	元至正间	乡民吴平河	
23	月溪堂	新会遵名都	元至正间		
24	广化庵	新会宣化坊清泉山南	元至正间	僧子慧	
25	宝安寺（宝安院）	新会古劳村金台山南			元末毁
26	大国院	新会古博都桥头村曹幕山			元末毁
27	文殊院	新会大湖塘甲狮子山			元末毁
28	六祖堂	新会潮居都北到甲			元末毁
29	六祖堂	新会泷水都沙富村			元末毁
30	华严寺（华严院）	新会罗村甲锦秀山西			元末毁
31	尼姑寺	新会潮居都北到甲东能山			元代毁
32	红花寺（红花庵）	开平县水口市北	元代	进士李梦龙	

资源来源：成化《广州志》卷26《寺观三》；万历《新会县志》卷2《版籍略》；康熙《新会县志》卷9《祀典志》；民国《开平县志》卷44。

以上的寺庙中，九源寺最早由僧智璋建造，后供奉"定应无际禅师"，禅师为新会"南庄梁氏，戒行清严"，宝庆二年（1226）坐化后被"故老迎归寺中香火之"。该寺元末毁，洪武二十年（1387）僧广寿重建。① 灵湖寺，原称永庵灵湖堂，位于新会广海卫城东，南宋乾道年间僧永从始建，其弟子彭诚为广海奇石村人，出家四十余年后的彭诚于开禧年间将永庵改名为灵湖堂，并撰有《灵湖堂记》。

宋元时期，江门地区佛教女信众为数众多。前述仙涌寺重建时，施舍者除男信众外，尚有大量女信众，在《仙涌寺舍钱及田地碑》中即可发现有"押司录事邓从同妻容氏大娘""女弟子陈氏五娘、梁氏十一娘"等女性捐献者。② 诚然，大批女性捐献财产给寺庙，反映出江门地区尤其是新会佛教的盛行。江门地区的女檀越以新会归德都人黄道姑最为有名，她是富户独生女，"性少慧，因看芭蕉有感，遂不适人"，且善于纺织，积累田产至万顷，广施寺庙。逝后，光孝寺在其墓左立祠墓，创建圆明庄聚宝庵。③

第五节　宋元鼎革在崖门

崖门历来是岭南地区的经济、军事重地之一。宋代绍兴中便设置崖山寨以控扼乌猪大洋。南宋末年，杨太后携幼年皇帝赵昺及众臣退守崖门，利用崖门的特殊地理位置，建立起牢固的防御。江门地方的仕宦乡民也积极参与防卫。宋元双方在崖门展开殊死搏斗，最终宋军不敌，十数万人投海殉国，南宋宣告灭亡。崖门作为南宋最后的抗元根据地，见证了无数悲壮的历史人物，包含文天祥、张世杰、陆秀夫等忠臣在内的仕宦乡民，他们精忠报国、不屈强权的精神素来为后世所景仰。

一、崖门海战

忽必烈夺得汗位后，于宋咸淳三年（1267）派军围困襄樊，宋廷数次派重兵破围，均未成功。咸淳九年襄樊陷落，南宋防御体系崩溃。元军直逼南宋首都临安（今浙江杭州）。

德祐二年（景炎元年，1276），宋恭帝投降。宋度宗的杨淑妃在国舅杨亮节的护

---

① 万历《新会县志》卷2《版籍略》，第79页。
② 道光《新会县志》卷12《金石》，第341页。
③ 万历《新会县志》卷6《仙释传》，第317－318页。

卫下，带着益王赵昰、广王赵昺出逃，在金华与大臣陆秀夫、张世杰、陈宜中、文天祥等会合，并在福建建立南宋流亡朝廷，赵昰为宋端宗。在元军的追击下，南宋军队节节败退，众人借沿岸海道南奔至广东，当年十二月宋端宗从潮州次甲子门。景炎三年（元至元十五年，1278）三月，宋端宗欲走占城不得，驻跸于碙洲（今湛江硇洲岛），四月宋端宗因落水染病，不久崩逝。诸臣拥立卫王赵昺登基，改元"祥兴"。六月，帝昺在左丞相陆秀夫和太傅张世杰护卫下逃到新会崖山，在当地成立据点，升广州为翔龙府，准备继续抗元。崖门成为宋王朝最后的抗元据点。

崖山在新会县南八十里，是镇戍的绝佳之地。其位置险要，"在新会大海中，非舟楫莫能至"，高大独立，南面汪洋大海，"遥望大小螺珠、虎跳诸山，烟黛数点，舟浮其间，便有气吞六合之奇"，对外联络亦便利，"东瞰香山，西达阳江，南通琼崖暨海外诸夷，商舰、番舶所辐辏焉"。① 正因此，可据为天险以自固，张世杰于是遣人入山伐木，在此处造设行宫三十间，军屋三千间，资粮于广右诸郡，又招募工匠造舟楫、器杖。杨太后居慈元殿，外建行朝草市。起初形势喜人，"厓山之墟，屹然有一成一旅，寒浞可诛，天下可朝，而中兴可复之气象"。②

可是形势很快急转直下。忽必烈命张弘范为蒙古汉军都元帅、李恒为副元帅，自扬州水陆二道南征。次年正月，张弘范率军数千人从海道追至崖门，欲以招降，但张世杰等坚决不从。李恒亦率兵前来。面对元军围的压力，有幕僚向张世杰建议可以先占领海湾出口，为向西撤退提供保障，却被张世杰否决。张世杰将崖山防御完全寄托于海上，"以舟师碇海中，棋结巨舰千余艘，中舻外舳，贯以大索，四周起楼棚如城堞，居昺其中"。元军为了突破宋军阵型，找来船只载草灌油，企图乘风势用火船冲击宋军船城。宋军已料想此计，预先"舰皆涂泥"，并"缚长木以拒火舟"。不久，张世杰部将陈宝投降，元都统张达偷袭军营。随着局势推进，宋军败局已定，"南北受敌，兵士皆疲不能战。俄有一舟樯旗仆，诸舟之樯旗遂皆仆"。张世杰深知大势已去，于是抽调精兵进入中军，"会暮且风雨，昏雾四塞，咫尺不相辨"，张世杰与苏刘义以十余舟夺港而去，陆秀夫发现帝昺所居之舟大且诸舟环结，不得出走，"乃负昺投海中"。后宫、诸臣以及军民殉国者众，浮尸十余万人。杨太后闻帝昺已死，大恸曰："我忍死艰关至此者，正为赵氏一块肉尔，今无望矣！"凛然赴海死，张世杰葬太后于海滨而自溺亡。③ 文天祥认为决战布阵存在问题，应当坚守崖门，而不应一字排开，"世杰不守厓山门，作一字阵待之。虏得入门，作长蛇阵对之。半日而破，死溺者数万，哀哉！"④ 但张世杰决心决一死战，"恐久在海中，士卒离心，动

① （明）黄淳等著，陈泽泓点校：《厓山志》卷3，广东人民出版社，2018年，第127页。
② （明）黄淳等著，陈泽泓点校：《厓山志》卷3，广东人民出版社，2018年，第128–129页。
③ （元）脱脱等：《宋史》卷47《本纪第四十七》，中华书局，2000年，第635页。
④ （明）黄淳等著，陈泽泓点校：《厓山志》卷5，广东人民出版社，2018年，第214页。

则必散，欲与决胜负"①。战略失误，导致崖山海战宋军败绩，宋朝至此正式宣告灭亡。

崖门海战是宋元之间的最后决战，南宋军队全军覆灭意味着南宋残余势力的彻底灭亡，蒙元最终统一中国。明代崖山尚有永福陵、杨太后陵等遗址，并新建大忠祠、全节庙等祠庙。围绕崖山海战前后，文天祥、张世杰、陆秀夫被后人所熟知，他们的精忠报国精神被后人所铭记，合称"南宋三忠"。新会崖山作为南宋行朝达两年时间，围绕宋元鼎革之战发生的故事流传于当地，"崖门海战流传故事"已列入广东省非物质文化遗产名录。

二、抗元战斗

在宋末抗元的战斗中，不仅有文天祥、张世杰这些官员殊死搏斗，还有众多仕宦乡民参与其中。江门地区作为南宋最后的据点，涌现出一批精忠报国的人物。这其中，包括新会知县曾逢龙以及本地抗元义士伍隆起、陈元辅、陈英辅、何时、廖汝楫等人。

曾逢龙，字槐甫，江西宁都人，南宋开庆元年（1259）进士，咸淳末任新会县令，其在任时"见国事日非，以忠义自许"。此时他已经表现出愿为国尽忠的品质，处理政务也"有循良风"。景炎元年（1276）六月，元军将领吕师夔派遣黄世雄进攻广州，南宋方面经略使徐直谅派遣李性道抵拒，李性道不敌投降。是年九月，连州、韶州诸郡俱被元军攻破。曾逢龙与东莞人熊飞相继起兵。熊飞复韶州，曾逢龙带兵亦至广州，解广州之困，并斩李性道，一时间岭南的战况颇兴。不久，吕师夔携大军再次压境，连克连州、韶州。曾逢龙与熊飞拒守南雄，两军相遇，宋军不敌。曾逢龙见大势已去，遂正衣冠自缢身亡，死后被赠龙图阁学士、赣郡开国公。

伍隆起，新会文章里（今台山斗洞）人，其祖上在宋朝任官，因此，积极参与抗元斗争。"值宋季世，帝昺舟次厓山，（伍）隆起以祖三世受宋恩，非死不能报，于是贡米七千石，率乡民为义兵捍卫。"②元将张弘范入广，伍隆起英勇力战，最后牺牲身首异处。伍家富有积蓄，族谱记载他"家累千金，田连阡陌"，"乃予邑布衣之士，独能激义勤王"。③被称为"胸中维有宋，眼底竟无元""宋代真臣子，粤民大丈夫"。④

陈元辅、陈英辅两兄弟，新会县凌村（今鹤山址山）人，祖上陈珠原为汴梁人，后"谪宦南雄，迁邑凌村"。宋室南迁崖山之后，陈氏兄弟"仗义勤王，出粟数千石

---

① （明）黄淳等著，陈泽泓点校：《厓山志》卷2，广东人民出版社，2018年，第75页。
② 嘉靖《新宁县志》卷10《人物志》，第70页。
③ 陈田军、黄仁夫、黄仲楫编写：《台山县志》，2000年，第488页。
④ 陈中美：《台山人物志》，台山华侨书社，1988年，第2页。

助师",训诫"子孙不得仕元"。① 正因陈氏之祖陈珠曾在朝廷任职,故陈氏兄弟仗义饷军。朝廷赐建义士坊以示鼓励。明新会知县何廷仁题其族祠曰"宋义士祠"。现存陈氏"兄弟义士"牌坊为民国重建,匾曰"兄弟忠勋""勤王义士""崖山特旌""忠义流芳"。陈氏五世孙陈赋有诗云:"先世愤怀张义气,当朝宣命表忠心。云祁愿悉新祠力,庶挽芳名亘古今。"②

何时,新会县龙塘人,初任武弁,守飞鹅营。"帝昺迁厓山,时倾赏练勇,应募勤王,涕泣誓师,朝廷封为忠勇勤王大将军。"宋朝灭亡后,何时与夫人侯氏先后殉节。死后"面色如生",多有显灵,后沙堤村人建何将军庙祀之。③

廖汝楫,新会水南村人,初任学录,官至朝议大夫,"宋帝昺驻跸厓山,仗义勤王,出粟助师。特旨赐带以旌之"④。这些义士多以粮食捐助为军饷,他们是富户,拥有雄厚资产,因此可能以物资大力支持抗元斗争。

中华人民共和国成立后,江门地区屡有出土大量唐宋铜钱。1958 年 1 月,台山都斛五屋出土宋代铜钱 1 700 多枚。⑤ 1960 年夏,开平长沙师范后山出土 100 多枚唐宋铜钱。1973 年,开平赤坎出土唐宋铜钱 115 枚。1975 年 5 月,水口榄冲村出土窖藏铜钱 277 斤。1979 年 2 月,大江塘安新村狗尾山发掘出唐宋时期的铜钱 23.75 公斤。1982 年,开平赤水出土唐宋铜钱逾千枚。1995 年 12 月,新会会城镇振兴二路建筑工地相继出土古钱币 63 000 多枚,宋钱占 95%。⑥ 2007 年 8 月,恩平大田镇出土 600 枚唐宋两代古钱币。大量宋钱的出土发现,应与宋元之战的关系密切,这些有可能是当年支援南宋军队的钱财。

宋元鼎革之后,仍有一批遗民肩负复宋之任。至元二十年(1283)三月,林桂芳与新会赵良钤等起兵,聚众万余,称"罗平国",改元"延康",队伍中有"东莞、香山、惠州负贩之徒",起义军后被元军万户王守信镇压,"别降林桂芳昆弟"。⑦ 同年九月,南海人欧南喜、新会人黎德发动起义。黎德拥有船舰七千艘,众号二十万,声势浩大。起义持续一年多,至元二十一年一月,欧、黎等人被元军俘获而惨遭杀害,起义失败。道光《新会县志》评论云:"黎德在元为顽民,在宋亦不失为义

① 万历《新会县志》卷 5《人物传下》,第 227 页。

② 《古博陈氏族谱(广东新会)》,广东省立中山图书馆、中山大学图书馆编:《七编清代稿钞本》第 333 册,广东人民出版社,2015 年,第 160 – 161 页。

③ (清)彭君谷等纂修,刘正刚点校:同治《新会县志》卷 2《建置》,安徽师范大学出版社,2021 年,第 7 页。

④ 万历《新会县志》卷 5《人物传下》,第 227 页。

⑤ 黄仁夫编著:《台山古今五百年》,澳门出版社,2000 年,第 21 页。

⑥ 李锡鹏:《新会出土的古钱币》,《文物》2001 年第 9 期。

⑦ (元)姚燧:《牧庵集》卷 23《皇元故怀远大将军同知广东道宣慰司事王公神道碑铭并序》,《丛书集成初编》,中华书局,1985 年,第 294 页。

民。"① 宋元鼎革之际，新会人作为见证崖山海战的亲历者，无不怀念宋朝。直至元英宗至治二年（1322），仍有新会人氾长弟起兵反元。当其时，"新会民目激宋为元灭，愤愤起兵无宁岁，有若周之顽民然者。林桂芳、赵良钤、氾长弟盖亦有义焉"②。

三、忠节流芳

南宋虽最终被元朝灭亡，但南宋末年退守崖山的人群，上至太后、群臣，下至士兵百姓所表现出的英勇无畏、精忠报国的精神鼓励着后人在家国濒危之际，勇往直前。后人为纪念这段历史，相继建立慈元庙（全节庙）、杨太后陵、大忠祠、义士祠等。

南宋三忠为国捐躯，历来受到人们敬仰。明正统六年（1441），广东按察司彭金事提议在崖山立庙祀陆秀夫，"以慰忠臣于九泉，而亦可以作士气于千古"③。成化十一年（1475），陈献章弟子林光撰《请建大忠祠代疏》提议建庙祀文天祥、陆秀夫、张世杰三人，认为"忠臣义士踰岭蹈海效死报国者，固非一人。其最显者，文天祥暨太傅张世杰、右丞相陆秀夫，实佐帝昺与元将张弘范战死于广东新会之厓山"④。当时文天祥在京师已有祠且"每岁春秋致祭"，但"张、陆二人祀典独遗"，因此希望"令有司建祠于二人死所。乞加封谥，特赐庙额，著在祀典，命有司岁时致祭"，目的是"使二人忠义之灵有所依栖"，得到礼部同意。⑤ 而根据张诩的说法，成化十二年陈献章与陶鲁建议"请创大忠祠以祀文天祥、陆秀夫、张世杰三公"⑥。但这一次提议似乎没有实际行动。直至弘治四年（1491）十月，在广东左布政使刘大夏与陈献章再次倡议下，最终在崖山建造大忠祠、全节庙。当时修建祠、庙，新会赵思仁赞助经费，说明新会人具有颇向忠义的情怀。义士伍隆起配祀大忠祠东庑，牌位书曰"宋义士赠州判伍隆起位"。

全节庙，即原杨太后所居"慈元殿"，与大忠祠同期建。陈献章《慈元庙碑》称："宋室播迁，慈元殿草创于邑之厓山，宋亡之日，陆丞相负少帝赴水死矣。元师退，张太傅复至厓山，遇慈元后，问帝所在，恸哭曰：'吾忍死万里间关至此，正为赵氏一块肉耳，今无望矣！'投波而死，是可哀也。"⑦ 杨太后在宋末之际，承扶持朝

---

① 道光《新会县志》卷 13《事略上》，第 380 页。
② 万历《新会县志》卷 1《县纪》，第 19 页。
③ 《明英宗实录》卷 79，正统六年（1441）五月己酉，台湾"中央研究院"历史语言研究所，1962 年，第 1564 – 1565 页。
④ （明）林光著，罗邦柱点校：《南川冰蘖全集》卷 1，中国文史出版社，2004 年，第 21 页。
⑤ 《明宪宗实录》卷 148，成化十一年（1475）十二月辛巳，第 2710 页。
⑥ （明）黄淳等著，陈泽泓点校：《厓山志·厓山旧志序》，广东人民出版社，2018 年，第 6 页。
⑦ （明）黄淳等著，陈泽泓点校：《厓山志》卷 4，广东人民出版社，2018 年，第 169 页。

廷重任。南宋亡又悲愤殉葬，值得后人敬仰。陈献章又有《题慈元庙呈徐岭南纮》诗云："前有东山后有徐，慈元风教万年垂。岭南他日传遗事，消得江门几句诗。"① "徐岭南纮"即广东按察司金事徐纮。弘治十三年（1500）八月，徐纮奏请将慈元庙、大忠祠纳入祀典，得到皇帝同意。国家将全节庙、大忠祠列入祀典后，每年春秋二祭，享有极高的祭祀标准，"如古帝王仪制也"。祭祀时，祝、爵、几、笾、豆、簠、簋等礼器，牛、羊、豕等牺牲一应俱全，总计数十种，礼生则均达八名。② 为了配合祀典，徐纮建议编修相关志书，对陈献章弟子张诩说："厓山宜志而未有志之者，盖缺典也。先生盍留意焉！"于是张诩"与门徒博采群载，凡事关厓山者，次第编辑，既成，名曰《厓山志》，凡十有八卷云"。③ 此后，万历间学者黄淳重修《厓山志》。

但如此重要的表达"大忠""全节"的信仰祠庙，却在嘉靖九年（1530）之后被废弃十余年，另在圭峰山设置祠庙行宫。究其原因，一方面是因为崖山孤悬海中，每年祀典时官员需要渡海方能抵达，"厓山滨海，风波险阻，有司岁时艰于修祀"④；另一方面，则考虑到嘉靖初倭寇频繁侵扰广东沿海的情势，时常有倭寇登陆崖山，同样是出于安全的顾虑。嘉靖二十年，顺德赵善鸣感念其师陈献章等修建崖山祠庙之艰，于是向新会县上呈要求恢复崖山祭拜，希望县府将呈文转达巡抚、巡按衙门，"照前亲诣致祭，毋泥圭峰行宫之便"⑤。嘉靖二十二年，广东督学林云同、新会知县何廷仁主持，赵崇纲出资修复崖山祠庙，添置"忠义坛"祀宋死义士。恢复崖山旧祭之后，圭峰山纪念宋朝"宫祠废禁不复，立惩怠也"⑥。林云同说："厓山乃宋君臣死难之地，我皇明弘治间，翰林检讨陈公献章议祀事，金事陶公鲁辈奉旨建立大忠祠，祀文丞相天祥、陆丞相秀夫、张太傅世杰，又全节庙以祀杨太后。有司岁诣致祭，此诚崇忠义以正纲常，顺人心而兴礼乐，其所关系岂小小哉！"⑦

实际上，成弘间地方官员与陈白沙等地方精英积极渲染"大忠""全节"气节，推动崖山祠庙建设，有着多层面的需求。一方面，仕宦迎合国家劝忠之需，正如科大卫《皇帝和祖宗：华南的国家与宗族》所指出，"建立大忠祠，祭祀南宋忠臣及宋帝昺母亲杨太后，这一着，目的是利用新会当地人的情绪。南宋末代皇帝赵昺及其扈从逃亡至厓门并死于厓门海面这一事，即使在当时，就已经收编到许多宗族的历史内。

① （明）陈献章著，陈永正笺校：《陈献章诗编年笺校》下册，广东人民出版社，2018年，第830页。
② 嘉靖《广东通志初稿》卷21《礼乐》，第388–389页。
③ （明）黄淳等著，陈泽泓点校：《厓山志·厓山旧志序》，广东人民出版社，2018年，第6页。
④ （明）黄淳等著，陈泽泓点校：《厓山志》卷4，广东人民出版社，2018年，第175页。
⑤ （明）黄淳等著，陈泽泓点校：《厓山志》卷3，广东人民出版社，2018年，第151页。
⑥ 万历《新会县志》卷1《山川》，第52页。
⑦ （明）黄淳等著，陈泽泓点校：《厓山志》卷4，广东人民出版社，2018年，第172页。

而通过南宋忠臣来提倡'忠'的概念，对于15世纪新会当地人而言，可谓正中下怀。"① 另一方面，仕宦希望摆脱广东边陲蛮荒的形象，同时地方宗族借以显族，谋取利益，当地赵氏尤为积极。与此同时，"崖山"成为华夷之分、忠臣义士的集体记忆，形成影响至今的忠义景观。②

第六节　人物春秋——宋元江门名人

宋元时期，随着社会经济的快速发展，江门地区涌现出一批名人，其中的代表如宋代的黄道娘、马持国、陈仲真、伍隆起，元代的罗蒙正、黎贞等。这些人或善于置产经营，或为官廉洁为国为民，或精忠报国不屈强暴，或诗文卓著开江门文化兴盛之先河。

一、三世太守——马持国、马晞骥、马宜祖

马持国，字鲠臣，宋代名臣。北宋末年战乱之际，随父马直北"南渡入岭，遂居新会"。绍兴十三年（1143），学有所成，北上临安拜访主战派宰相张浚，贡献救国之策。张浚赏识其才华，留任幕僚。后结识兵部侍郎胡铨、庐州安抚张师颜，淳熙二年（1175）以功备补上州文学，摄武锋军都统司职位。

淳熙十年，果州团练、殿前副都指挥使郭棣向孝宗上奏称："持国在职六年，事事办集。今任将满，若改常调，恐未足以究其用也。"因此孝宗下旨让其继续留职。四年后，郭棣再次推荐马持国，称他"宣力精敏，持论公正"，请朝廷予以旌擢。孝宗召其来朝，他"奏三札，皆时务之可行者"，得到皇帝嘉赏，改授宣教郎。虽身任高官，但马持国认为"国家之耻未雪，讲解之谋为非，荣进非其志也"。于是把自己思考国家民族之良策，禀议朝堂前后之事宜，写成《中兴自治万全策》《愚忠录》上

① 科大卫著，卜永坚译：《皇帝和祖宗：华南的国家与宗族》，江苏人民出版社，2009年，第114页。

② 参见左鹏军：《厓山记忆与岭南遗民精神的发生》，《华南师范大学学报（社会科学版）》2012年第6期；刘正刚：《明代祭奠宋亡的运动：以崖山祠庙建设为中心》，《历史文献与传统文化》第18辑，齐鲁书社，2014年，第115-134页；刘正刚：《明代广东理学家的社会实践》，黄伟宗、王元林：《珠江学派与理学心学　南海西樵论坛论文集4》，广东旅游出版社，2018年，第214-230页；孙廷林、王元林：《礼制教化与地方宗族社会——以明代厓山大忠祠、全节庙为例》，《暨南史学》第19辑，暨南大学出版社，2020年，第113-128页；吴泽文：《明代"夷夏之辨"的演进与广东崖山忠义景观的形成》，《暨南史学》第23辑，暨南大学出版社，2022年，第163-180页。

呈皇帝。孝宗对其建议表示认可，采纳部分付之施行。时周必大、杨万里称其"持国之文，渊宏伟杰，深中时病，有用才也"。①

但此时南宋王朝已经无力抗击北方的势力，收复故土，马持国见"和议既不可破"，遂请求调回广东，在盐运使署任职管理盐政。回到广东后，他发现白皮盐场的管理有损民户的利益，请求撤销白皮盐场。当时州县对疍民多征收税款，他亦上书请求减免苛税。绍熙年间（1191—1194）任钦州通判，他劝导百姓拒买交趾（安南国）货物，维护国货利益。后改容州知州，亦有政绩。两州先后为其建生祠。年老后回到新会，终年八十余岁。陈献章曾有《乡贤咏（七首）》之《马持国》诗云："平生十数策，决定要经纶。不借魏公幕，知心是直臣。"②

马持国官任知州，居要职，且子孙亦有成就。其长子为马晞骥，字千里，弱冠入太学，举淳熙八年（1181）黄由榜第三甲进士。③初任安丰、六安知县，"勾稽决牛讼，人称神明。台、府每有事，必送之辩，士民咸以清强官目之"。后改衡山知县，将要出行，马持国问曰："汝作县，当有何法？"马晞骥曰："催科政抽，抚字心劳，此第一义也。"马持国听后，甚是高兴，说："如此可矣！"他上任后，宽催科之期，定差役之例，惩预借之弊，政务不扰，贿赂不受，清廉自守。境内有茶山为势家所侵占，百姓告到县里，有人希望他能曲笔，但他力争不可，将茶山判归百姓。任满，百姓"惜其去，耄稚携持，穷日追饯"。后升肇庆府通判，有人献上名贵端砚，他严词拒之，说："此非暮夜金？但吾职贰郡，当饮水自励，何敢以长物污家声耶！"送砚之人惭愧而去，由是名节益著。不久，任雷州知州，其父马持国正任容州知州，乡人以为荣。寿五十四卒。陈献章《乡贤咏（七首）》之《马晞骥》诗云："我邑登贤载，君家父子俱。清风端一砚，五马达乡间。"④

马晞骥之子马宜祖，曾任英德府知府，官至朝奉大夫。马持国、马晞骥、马宜祖祖孙三人均任知州、知府，被誉为三代太守、一门盛事。

二、气夺秋霜——黄道娘

黄道娘，又称黄道姑，新会都会村人，生于北宋皇祐元年（1049）。其父黄国珍，家道殷实，但只有黄道娘一个女儿继承家产。她自幼聪颖，曾因目睹芭蕉吐萼而有所

① （明）郭棐著，黄国声、邓贵忠点校：《粤大记》卷19《献征类》，广东人民出版社，2014年，第539页。
② （明）陈献章著，陈永正笺校：《陈献章诗编年笺校》下册，广东人民出版社，2018年，第949页。
③ 大德《南海志》卷9《学校》，第31页。
④ （明）陈献章著，陈永正笺校：《陈献章诗编年笺校》下册，广东人民出版社，2018年，第949页。

感悟，立志不嫁人。除了经营家族产业外，黄道娘还善于纺织，"据说北宋新会的黄道娘向乡妇传授纺织技术，比民间流传的黄道婆教纺织要早二百年左右，应该是名副其实的纺织术首创人"①。

黄道娘心性好佛，侍奉父母甚为孝顺，父母去世后能够尽心尽力埋葬。其父黄国珍留下的遗产加上她自己置办的田地，共计三千六百多顷，但她仅留下地名为大小布洲的田地，收取田租三百石，用以奉祀祖先父母，其余田产尽数施舍给广州光孝寺、韶关南华寺、开元寺、东禅寺、西禅寺、仁王寺、隆兴寺等，其中施舍给光孝寺的田产最多。南宋绍兴元年（1131），黄道娘去世，享年八十三岁。清代罗天尺云："吾邑吴妙静与新会处女黄道娘皆宋人，亦不嫁，皆奉佛，皆施田，皆富厚，皆寿八十三。惟吴守贞、黄得道异耳。"②

黄道娘死后葬在新会都会村路旁。绍兴九年，僧人慈载为纪念黄道娘对佛教的贡献，在其坟墓之左创办圆明庄聚宝庵。元代黄子长《圆明庄》诗云："圆明庄在海之隈，老我寻幽始一来。自是好山藏世界，非关弱水隔蓬莱。鸥沙鹭渚皆宜稼，粉壁雕墙半是苔。咲问檀那黄氏子，许多因果为谁栽。"③ 明代黎贞为黄道娘墓撰联曰："织成天下云霞布，赐与人间锦绣衣。"陈献章迁居白沙前住都会村，与黄道娘、黎贞为同村，其旧居在黄道娘坟东边，有诗《经黄道娘坟诵元人黄子长圆明庄壁诗有怀旧游因次其韵（十首）》，另有"道娘坟西近官路，朝朝暮暮行人多"之句。④ 张诩《黄道娘墓》诗云："道娘坟近官路傍，来往人拈一炷香。百顷良田都弃置，一生心地得清凉。八十红颜犹处子，寻常义气夺秋霜。只疑身是观音化，还以慈悲度十方。"⑤ 黄道娘一生特立独行，不落俗套，成为宋代江门地区著名人物。

三、绥靖伯——陈仲真

陈仲真，新会得行都（今台山）水南村人，相传为宋代将领。宋理宗时，陈仲真任校尉，掌管屯田，率领儿子希尧、希圣与土寇李猛龙战于百峰山下，斩其首领，贼败退。有一晚，陈仲真犒劳士兵，计划直捣盗巢，但其部下被收买竟在酒中下毒，于是父子三人俱死，被埋葬于百峰山五指塍下。⑥

---

① 徐潜主编：《中国古代金融与商业》，吉林文史出版社，2014 年，第 186 页。

② （清）罗天尺：《五山志林》卷 6《纪胜》，林子雄点校：《清代广东笔记五种》，广东人民出版社，2015 年，第 123 页。

③ 万历《新会县志》卷 6《仙释传》，第 318 页。

④ （明）陈献章著，陈永正笺校：《陈献章诗编年笺校》上册，广东人民出版社，2018 年，第 70 页。

⑤ （明）张诩著，黄娇凤、黎业明编校：《张诩集》，上海古籍出版社，2015 年，第 29 页。

⑥ 道光《新宁县志》卷 5《建置略》，第 73 页。

陈氏一门忠烈的英勇故事在民间流传，后成为民众信仰的地方保护神。据说，"其坟每日晡时辄有烟火迷离，似人马游猎之状，土人立庙祀之，凡疾疫祷禳甚验"①。陈仲真演变为抗疫镇宅、化解纷争、保护平安的本土神灵，受到当地人们的供奉信仰，祭祀陈仲真之庙被称为陈老官庙。有一种说法是，清道光年间，京城瘟疫流行，皇子教习、新宁籍举人邝吉祥向道光皇帝奏请，恭迎陈仲真之灵位赴京镇瘟抗疫，数天后疫情居然日渐平息。但据《清宣宗实录》"道光二十四年（1894）二月初三日"系事云："以祈祷灵应，封广东新宁县宋校尉陈仲真为绥靖伯，从巡抚程矞采请也。"② 可知是由广东巡抚程矞采呈请，得到朝廷同意将陈仲真敕封为绥靖伯。至于光绪《新宁县志》所言"绥靖伯庙，所在有之，祀宋校尉陈仲真，向为老官庙。道光二十三年封今爵"③。则很有可能是道光二十三年地方士绅经广东巡抚向清廷请求封号，至次年二月方正式批准。同年十一月初九日，新宁县知事李延福照知水南耆老、乡绅赴县接封，并将陈老官庙扩殿纪功。

台城水南绥靖伯庙是陈仲真信仰的祖庭，清末金武祥所著《赤溪杂志》云："厅治西有绥靖伯庙，香火甚盛。庙碑言神陈姓，来自新宁百足，此外所载殊略。初不知其本末，询诸厅中绅士，云神即新宁陈老官。……惟既灵爽丕显，能御灾患，则永享俎豆之报，亦固其宜。"④ 绥靖伯庙在新宁（今台山）及其周边地区所在多有。光绪十七年（1891）《重修傍龙古庙石碑》曰："我本村于咸丰之九年建有傍龙古庙，枕旗峰而夸壮丽，向溆海以作屏藩，所立之神一曰南界大王，是汉之太史也；一曰绥靖伯，固宋之校尉也。"⑤ 光绪二十四年江逢辰《重建绥靖伯宋陈公庙碑记》亦云："赤溪厅治西员山之侧有绥靖伯庙，其神赫濯翕絁久矣。"⑥

陈仲真信仰在本地形成之后，开始陆续向海内外传播。光绪二十四年五月，香山县"疫大作，邑人迎新宁陈绥靖伯神至，设坛城隍庙"⑦。佛山民间信仰主要神祇谱系中的"圣贤型神祇"就包括绥靖伯（陈公爷爷）。⑧ 19世纪60年代，五邑侨乡形成之后，本土民间信仰随之传播出去。1894年香港暴发瘟疫，迎请陈仲真神像前往镇压，建"绥靖伯庙"于香港上环。1895年香港中华印务总局刊印《敕封绥靖伯行实》宣扬其神迹。1895年澳门发生鼠疫，经由镜湖医院各绅董组织迎接"绥靖伯"到澳

① 道光《新宁县志》卷5《建置略》，第73页。
② 《清宣宗实录》卷402，道光二十四年（1844）二月庚子，中华书局，1986年，第16页。
③ （清）何福海等纂修，刘正刚点校：光绪《新宁县志》卷9《建置略上》，安徽师范大学出版社，2021年，第132页。
④ （清）金武祥：《赤溪杂志》，《广州大典》第34辑第12册，广州出版社，2015年，第400页。
⑤ 碑存台山市斗山镇其乐村傍龙古庙，2022年10月23日抄录。
⑥ 民国《赤溪县志》卷7《纪述志》，第593页。
⑦ 民国《香山县志》卷16《纪事》，第513页。
⑧ 李凡、司徒尚纪：《民间信仰文化景观的时空演变及对社会文化空间的整合——以明至民国初期佛山神庙为视角》，《地理研究》2009年第6期。

第三章　宋元时期江门地区的持续开发

门临街巡行；1932 年澳门流行霍乱疫症，再次迎请"绥靖伯"消灾解厄，至今澳门康公庙仍供奉"敕封宋校尉府绥靖伯陈老官人"牌位。海外如美国加州维弗维尔云林庙、纽约陈颍川堂，缅甸仰光陈家馆，马来西亚霹雳州太平市马登绥靖伯庙等均供奉有绥靖伯陈仲真，宋朝人物形成的民间信仰成为连接侨乡与海外的重要精神桥梁。

四、抗元义士——伍隆起

伍隆起，字正夫，号秀川，宋末新会文章里（今台山斗洞）人。伍隆起来自绿围伍氏家族，其"高祖曰珉者，高宗朝为岭南第十三将，守南恩州"①。伍珉卒于任内，"其婿尚书李乔木为卜葬于新会德行都十里坪"②。伍珉妻子麦氏定居斗洞乡。陈献章《绿围伍氏族谱序》言称："伍氏系出汴梁，先世有仕宋为岭南第十三将，卒于官，遗其二子，新会遂有绿围之伍，曰朝佐，曰朝恺，今为绿围始迁之祖。"③ 伍朝恺生之才，任阳春尉。之才生天麟，授龙井场提干。天麟生隆起。

伍家在新会、台山地方经营数代人，具有较大的影响力。南宋末年，杨太后携赵昺及张世杰、陆秀夫等一班文武官员率十数万军队和千余船舰，从硇洲迁帝驾前往新会崖山。享有丰厚家产的伍隆起积极起兵抗元，率领数千乡民为义兵，誓死捍卫南宋政权，倾尽家财贡献米粮七千石。元将张弘范入广，伍隆起的义兵与元朝的正规军短兵相接，英勇力战，毫不气馁。

但不幸的是，义兵内部出了叛徒，伍隆起被手下谢文子杀害，将其首级献给元军。陆秀夫闻知此事异常悲愤，"遣人收遗骸，续以木首，葬于文迳口山，后秀夫生募得文子，戮以祭隆起之墓，今人犹名其坟为钉头坟"④。其墓初名为"钉头坟"，后称"香头坟"，附近村庄称香头村。这里所提到的"文迳口山"即"文迳山"，"文迳山，在县东八里，亦曰香头村，亦曰钉头村，亦曰黄牛推车山，四山环峙，上有义士伍隆起坟，以隆起与元将张弘范战，为麾下所杀，丞相陆秀夫刻木首葬之，故名。"⑤陈献章《乡贤咏》其一《伍隆起》诗云："中原不可复，志士耻为夷。直把真心去，何妨假首归。"⑥

明弘治间地方仕宦修建崖山祠庙时，将抗元义士伍隆起神位供奉在大忠祠。弘治

① 嘉靖《新宁县志》卷10《人物志》，第70页。
② 康熙十一年《新宁县志》卷9《人物志》，第150页。
③ （明）陈献章著，孙通海点校：《陈献章集》卷1《序》，中华书局，1987年，第10页。
④ 嘉靖《广东通志初稿》卷15《人物·忠义》，第293页。
⑤ 嘉靖《新宁县志》卷1《封域志》，第16页。
⑥ （明）陈献章著，陈永正笺校：《陈献章诗编年笺校》下册，广东人民出版社，2018年，第950页。

十二年（1499），陈献章《永悙堂碑记》言伍隆起"有功于宋末世，今配享大忠庙"①。后伍隆起又入祀新宁县乡贤祠、忠义孝弟祠，并建义士坊予以纪念。"文迳吊古"成为明代新宁八景之一，有诗云："汴宋炎灰散海云，翠叶踪迹不堪闻。大忠争说文丞相，千载谁知义士坟。"②

五、圭臬盛唐——罗蒙正

罗蒙正，字希吕，其先祖是江西庐陵（今吉安）人，父亲名稽叔，游学至新会，因而定居于文章都斗冈村。罗蒙正天资聪颖，资禀秀拔，且勤学强记，诸史百家无不成诵，二十岁时追随肇庆罗斗明学诗。罗斗明看其求学心诚，"以诗法授之"。学习一年回到新会，诗名远扬。此时正值新会知县沈寿创办古冈书院，亟须名师坐镇指导。故沈寿以延师之礼，请罗蒙正主持书院事宜。

古冈书院虽然由知县沈寿倡修，但发挥主要作用的是罗蒙正。一时间学者云集，新会学风大开。不久，罗氏被任为高州学正。秩满而归新会，仍授徒于古冈书院。至正丁亥（1347），罗蒙正赴省试。遇见选拔将领的考试，有人劝他可以考虑报考巡检。他无心武职，一心从文，以诗对答："儒冠不是将军具，只作当年措大看。"这次考试并不顺利，但他亦未黯然。时值元末战乱，为避难躲在宪史赵式的家中。赵式将他推荐给长官，因而出任南恩州教授。当时南恩州州判吴元良，爱惜文士，素慕蒙正大名，且此时有意占据一方，故而想招募罗蒙正为幕僚。罗蒙正知道其用意，力辞弗就，以诗的形式谢绝，曰"愿赐一廛闲养病，简编灯火伴青衿"③。不久，罗蒙正去世，吴元良将其礼葬。后入祀县乡贤祠。

罗蒙正有诗名，影响所及南园诸子。清顾嗣立编《元诗选》录其诗二十一首。清温汝能《粤东诗海》称："元人诗多以丽缛为病，刻翠剪红，或近晚唐小令。独吾粤罗希吕圭臬盛唐，元气浑然，调高字响，开'南园后五先生'之派。"④ 著有《罗蒙正集》五卷。

---

① 康熙十一年《新宁县志》卷10《艺文志》，第158页。
② 嘉靖《新宁县志》卷1《封域志》，第17页。
③ 万历《新会县志》卷4《人物传上》，第204页；（明）黄佐著，陈宪猷疏注：《广州人物传》第10卷，广东高等教育出版社，1991年，第267页。
④ （清）温汝能纂辑：《粤东诗海·例言》，《广州大典》第57辑第15册，广州出版社，2015年，第4页。

六、文行首人——黎贞

黎贞，字彦晦，号陶陶生，晚号秫坡，世称秫坡先生，元末明初新会人。年少时其弟曾溺水，黎贞奋勇拯救，得到赞许。年纪稍长，追随"南园五子"之首孙蕡学习。"世修儒业，嗜学不倦，洪武间署邑庠贰教，五经子史，罔不涉猎。凡作诗文，辞理出人意表，见者□□不及。至于诲人，常俯而就之，故引接后进，侵然有成。"①后回乡筑钓鱼台（即秫坡钓台），每日徜徉其间，以汉代辞官不就、归耕钓鱼为乐的严光自居，过着恬淡的生活。

因在一次乡斗中抵触评判不公正的人，反而被诬陷，被罚往戍辽东十三年。临行时向祖先告称："贞习圣贤之行，读圣贤之书，徒切救人，反辱己躯。虽在缧绁，非贞之罪。"以此表明未辱祖先之名。黎贞在辽东共生活十余年，虽生活艰困，但学识愈加广博，志趣更加高雅，看问题和议论事务皆能够切中要点。负责监督戍民的将领，因其学问都以礼相待。后其师孙蕡因蓝玉案被牵连，亦被罚戍辽东，不久被判死刑。孙蕡死后黎贞抱尸痛哭，解衣将尸身裹起。为了能够安葬老师，他把衣服典卖，将老师营葬于安山，并撰文以祭，听闻者莫不堕泪。洪武三十年（1397），黎贞遇皇帝大赦，得归新会。四方学者听闻黎贞归乡，纷纷登门求学。他因材施教，循循善诱，培养人才颇多。他曾自撰像赞曰："江湖胜览，渤海浪游，飘飘一叶，浩荡沉浮。惟酒是务，陶陶忘忧。譬彼力稿，乃亦有秋。不知老之将至，乐夫天命死即休。"②年五十九卒，著有《家礼举要》《古今一览》《秫坡集》等。

图 3 - 2　黎贞垂钓图

来源：（明）黎贞：《秫坡先生文集》，《四库全书存目丛书》集部第 25 册，齐鲁书社，1997年，第 405 页。

---

① 成化《广州志》卷 23《人物》，第 109 页。

② （明）黄佐著，陈宪猷疏注：《广州人物传》第 13 卷，广东高等教育出版社，1991 年，第305 页；万历《新会县志》卷 4《人物传上》，第 205 页。

陈献章对黎贞推崇备至，称："吾邑以文行诲后进，百余年来，秫坡一人而已。"① 陈献章早年曾拜黎贞弟子梁继灏为师，并写有《读秫坡集（四首）》《观黎秫坡先生画像》《秫坡先生钓台（二首）》等诗，有"去年尘外访遗踪，亲拜先生旧德容。人物伟然流俗表，一竿台上钓秋风"② 之句。陈献章在蓬江边筑江门钓台，表达对黎贞的仰慕之情。正如万历间黄淳《秫坡先生传》所云："黄云紫水间，代不乏贤。尘铢之视，以其有重也。白沙先生最著秫坡钓台，曰'维先风'云。"③ 黎贞道学思想对陈献章产生影响，使陈献章思想从道学基础上向心学转化。④ 陈献章弟子区越《秫坡黎先生文集序》云："古冈自昔有文献，予未暇详言之也。由前，取其尤得一人焉，曰秫坡黎公；由后，取其尤得一人焉，曰白沙陈公。二公之名，播于海内，而黎公作于国初，已一百七十八年于兹矣！哲人云逝，遐哉邈乎，不可见已。予少犹接见白沙先生道学风采，倾倒士类，一时豪俊，不远千里，皆飚附景从，以趋我古冈，天下之人，莫不目古冈为邹鲁。然白沙先生虽独步当世，未尝不推尊秫坡先生。"⑤ 明举人谭士直编有《黎贞遗稿》二卷。

① 万历《新会县志》卷4《人物传上》，第205页。
② （明）陈献章著，陈永正笺校：《陈献章诗编年笺校》下册，广东人民出版社，2018年，第963页。
③ 仇江选注：《岭南历代文选》，广东人民出版社，2011年，第183页。
④ 王颋、倪尚明：《论陈献章与黎贞的思想渊源》，《湖南农业大学学报（社会科学版）》2006年第2期。
⑤ （明）黎贞：《秫坡先生文集》，《四库全书存目丛书》集部第25册，齐鲁书社，1997年，第406-407页。

明代

第四章

明代江门地区的进一步发展

明代朝廷从陆海两方面不断加强对江门地区的管治，在设立新县、加强城防的同时，又构建沿海卫所营寨的防御体系。而这些管治举措都是在江门地方政治危机不断加剧的背景下实施的，各种社会矛盾日益尖锐，此起彼伏的农民反抗斗争，震动朝野的新会民变，加之海上倭寇、海盗横行，明后期西方殖民势力纷沓而来，使江门地区陷入长时期的社会动荡。然而，即便在如此艰难的情况下，明代江门社会经济依然得到长足的进步，农业、手工业、商业呈现出新的发展气象，成为海上丝绸之路上重要一环。经济的发展推动文化繁荣，明代江门教育文化氛围浓厚，民俗娱乐文化生活得到丰富。江门地区在明代历史上地位突出，作为纪念宋朝的主要阵地，以及在此形成的"江门学派"名扬天下，江门成为岭南文化中心之一。西方文化开始传入中国，新会《木美人》油画即是明证，在传统佛教、道教发展兴盛的同时，天主教亦开始在江门地区传播。在这种文化氛围的熏染下，明代江门涌现一批历史文化名人，为本地文化发展做出重要历史贡献。

第一节　新县与军事机构设置

明代，朝廷对江门地区的管治进一步加强。明初朱元璋惩元旧弊，对杂乱的政区体制进行精简，逐渐建立起司府县体制。洪武时期，朝廷废置元时南恩州、新州等政区，原辖阳江、阳春、新兴三县被并入肇庆府。新会县地则由广州府统辖。自明初以来，江门地区山贼海寇频仍，动摇地方统治秩序。为了加强地方的管治，官府开始对县级政区进行调整，相继设立恩平县和新宁县。明代新会县、新宁县属广州府管辖，而恩平县属肇庆府管辖，此时江门地区处于二府分辖的境地。为加强地方军事防御能力，城池修建被提上日程，新会县城逐渐加固成为一座岭南名城。沿海地区广设卫所营寨等系列军事机构，由此从海陆两面加强江门地区的防守态势。

一、恩平县复置

恩平县的前身可追溯至东汉建安二十五年（220）设置的"思平县"，辖境包括今恩平全境及阳江部分地区，南朝陈时改名"齐安县"，隋开皇十八年（598）改名"海安县"，唐武德五年（622）定名"恩平县"。然而，宋开宝六年（973），恩平县并入阳江县。宋代阳江县行政地域相当广阔，对边远地方的管治陷入鞭长莫及的窘境。明洪武二年（1369），官府在阳江县东部地域设置恩平巡检司，以加强当地治安管理。巡检司承担日常巡捕职责，明中后期巡检司愈发难以适应日益复杂严峻的地方局势。景泰、天顺年间，广西大藤峡地区少数民族事变很快蔓延到两广交界的肇庆府，波及阳江、新会等县。流民集聚且伺机而动，各种不稳定因素相互交织冲击着地方社会秩序。在军事平叛活动中，官府已经认识到恩平地理位置的重要性。

有鉴于此，兵备佥事陶鲁在成化二年（1466）设立恩平堡，将恩平巡检司和恩平驿一并迁于堡内，修筑砖城周三百二十五丈，高一丈八尺，厚一丈二尺。开四门，东曰阳和，西曰镇夷，南曰永通，北曰承恩。同时挖壕沟、放置栅栏，在城上四周设敌楼、窝铺等一应防卫设施。明末恩平知县宋应昇认为："恩平处猺蛮溪峒之中，自昔用武之地。李唐之季已置清海军三千统于五府经略，俨然称巨镇焉，递兴递废，宋元勿论。自我宪庙初陶广公设立恩平等堡，以重弹压。"[1] 恩平县"山海盘绕，民猺杂处，宋元以前，沿革不一。官于斯者，非迁谪罕到。明置恩平驿，属阳江县。景泰、天顺间，西獠入寇，高凉以东数百里无完城，土人争起从贼，巢垒远近相望。成化初元，偏师征讨，丝棼莫治。台院简昇、佥事陶公直捣巢穴，渠魁聿歼，散余众数万人还各郡县，筑恩平堡以防之，在阳江水东都要险区，南通阳江，北通新兴，东连新会，当三邑之交，六郡之冲"[2]。恩平堡作为军事据点坐落在要害之地，对扼守要道，加强边界地带的控制管治有重要意义。设立恩平堡后，"广、肇二府所属新会、新兴、阳江三县附近人民，先年被贼惊散，近蒙议立恩平堡砖城在三岔路口，镇御保障人民复业"[3]。原先避乱奔逃在外的民人回乡复业，地方秩序逐渐得到恢复。陈献章《恩平县儒学记》称："恩平，古恩州之域。国朝置恩平驿，隶阳江县，今恩平堡是也。堡立于成化之己丑，先是西獠入寇，景泰、天顺间剽掠高凉以东，亘数百里无完城。民争起从贼，远迩巢垒相望，此其地也。成化改元，圣天子念两广夷贼未平，命将讨之，而用其偏师于此。既而贼势复炽，当道者以恩平地四达难守。"[4] 恩平堡成为重要的地方机构。

但恩平堡毕竟只是一个县级以下的军事据点，职能较为单一，不能承担复杂多样的社会事务，因而复置恩平县的呼声日益高涨。当地军民联名陈言："恩平当三邑之交，六郡之冲，舆马辐辏，合无将新会、新兴、阳江附近里图民人凑拨，以堡为县甚便。"[5] 官府很快与之达成共识，两广总督朱英亦指出："恩平故多虞，且其地介数邑之间，当东西行之冲。送往迎来，民劬于道路者无虚日，不如以堡为邑便。"[6] 在官府民间一拍即合的情况下，将"恩平堡"升格为"恩平县"的方案很快提上日程并逐步落实。康熙间恩平知县佟世男序《恩平县志》云："恩平，故宋恩州，隶肇庆府之南，古迁谪诸君子之区，其地当三歧冲涂，介山海，杂猺獞，无所为政。明成化二年

---

① 崇祯《恩平县志》卷6《兵防》，第 121 – 122 页。
② 道光《恩平县志》卷首《序》，第 295 页。
③ 崇祯《恩平县志·立县移文节略》，第 34 页。
④ 伍庆禄、陈鸿钧：《广东金石图志》，线装书局，2015 年，第 216 页。
⑤ 崇祯《恩平县志·立县移文节略》，第 34 – 35 页。
⑥ 伍庆禄、陈鸿钧：《广东金石图志》，线装书局，2015 年，第 216 页。

（1466）置堡以处其民；至十五年，从两广总督朱公奏请，割新会、新兴、阳江三县附比之里以立县。"① 恩平县正式复置是在成化十四年，恩平堡建造则是成化二年，万历《新会县志》所记载的"成化二年，析新会、新兴与阳江置恩平县"②，显然是混淆了恩平堡与恩平县的建置时间。

成化十四年六月，朝廷同意设立恩平县，隶属肇庆府。《明宪宗实录》对此有记载："设广东肇庆府恩平县。先是广西流贼侵轶广东，其路率由阳江县恩平巡检司，总督两广都御史朱英请于其地设立县治，从之。至是始析肇庆之新兴、阳江，广州之新会三县地为恩平县，而徙巡检司于那虔峒。"③ 而《明史》认为恩平"迁巡检司于县东南之城村，仍故名，后又迁白蒙屯"④。经过地方官员亲临踏勘，恩平堡处在险要之地，交通往来方便，由此顺理成章地成为恩平县县治所在地。至于恩平县的辖地、人口，则由邻近三县划出："阳江应析出附近水东、仕岗二都共四图，新兴应析出附近静德都八图、长居都七图，新会应析出德行都松柏山甲见在三图、上恭甲一图，俱近恩平堡见有城池。"⑤ 依照山川形便的原则，三县共析出五都二十三图，军民户三千四百一十一，男妇人口一万二千六百六十五，田地塘税二千一百六十顷五十四亩，秋粮一万二千零八十一石，夏税米一石，农桑丝六两，户口食盐钞三万九百八十四贯，查算明白后悉数归入恩平县管辖。⑥ 恩平县新设知县、典史、教谕各一员，额设县学生员二十名，官吏人员陆续上任。成化二十一年正月，经广东按察司金事张习奏准，恩平县增设儒学训导二员，廪膳、增广生各十名。⑦ 县治衙门、儒学、庙坛等一应建筑配套设施相继动工，恩平县逐步转入正轨运行。

恩平县设立后不断增高加固城池。成化十六年将城墙加高四尺。正德七年（1512）知县邹级再次加固城池，加高三尺，池广二丈，深一丈。然而，恩平城在堡的基础上加固城池，地方狭隘，容纳有限。嘉靖三十九年（1560），肇庆参将府徙至恩平塘宅堡。⑧ 但商旅往来和居住在城外的平民，安全依然得不到保障，屡屡受到贼匪劫掠，发生在嘉靖四十一年、隆庆三年（1569）的劫掠事件尤其悲惨。当地里老遂

---

① 乾隆《恩平县志》卷首《旧序》，第 15 页。注：乾隆《恩平县志》收录有康熙二十七年（1688）佟世男、沈志礼两篇旧序，但《广东历代方志集成》收录现存康熙二十七年《恩平县志》仅有沈志礼序，并无佟世男序，另有何吾驹、宋应昇、卢原、朱可贞、梁维栋旧序。

② 万历《新会县志》卷 1《县纪》，第 21 页。

③ 《明宪宗实录》卷 179，成化十四年（1478）六月甲午，台湾"中央研究院"历史语言研究所，1962 年，第 3215 页。

④ （清）张廷玉等：《明史》卷 45《志第二一·地理六》，中华书局，2000 年，第 759 页。

⑤ 崇祯《恩平县志·立县移文节略》，第 35 - 36 页。

⑥ 崇祯《恩平县志·立县移文节略》，第 36 - 37 页。

⑦ 《明宪宗实录》卷 261，成化二十一年（1485）正月戊申，台湾"中央研究院"历史语言研究所，1962 年，第 4427 页。

⑧ 崇祯《恩平县志》卷 1《县纪》，第 63 页。

上书请求拓宽城池，愿意每年雇佣工人烧砖修建，拓展范围"自旧城东北隅起，绕至西北隅止"，但时任知县萧蔚"以地方多故，遂寝"①。此后直至明末，都不过是较小规模的重修加筑。

由于恩平县早已设置，其间经废，至明代复置，故"此其事虽号新开，而实还旧观也"②。恩平县的复置对江门地区的政区格局影响颇大，此时的新会县与恩平县接壤，成为后来"五邑"中的重要两县，恩平地名沿用至今。

二、新宁县设立

明代广东新县的设置多数是地方动乱的结果。成化年间新宁县的设置亦与地方治乱有直接联系。新会县西部地区依山濒海，官府控制力度稍显薄弱。新宁县设县前后地方动乱频仍，"自正统壬戌（七年，1442）至景泰丙子（七年，1456），凡十五年，未设县以前为上；自弘治己未（十二年，1499）至嘉靖壬辰（十一年，1532），凡三十四年，既设县以后为下，盖亦志其土著为乱者。"③

正统十四年（1449），爆发黄萧养之变，其部队四处攻掠，震动岭南地区。当时江门地区多有附和者，嘉靖《新宁县志》记载："是年春二月，文章都大岭村贼首黄汝通乘风起兵，欲与为应。五日之间，众至三千余，剽掠船头、石洒、上冲等十二村。是时人心汹惧，计无所出，率乘舟逃窜，日则浮海中，夜则泊岸。既而群盗益炽，岑子华起铁炉坑，谭保起陂头，黄三起南坑，白大蛮起那西，各统兵二三千，竟往阳江诸县剽掠。……黄三、周义长、黄皂匠等倚以为势，俱受伪敕，封为侯伯、总督、都元帅等官，各据山立寨，煽惑诸村，愚民罔不摇动，思欲为乱。秋冬间，下山剽掠村落，屋宇烧毁殆尽，鸡犬为之一空。时居民奔窜逃贼者日夜不息，流离困苦之状，不可胜载。"④ 当时新会地区毗邻南海县，黄萧养势力与当地"盗贼"相互勾结，互倚为势。直至朝廷调集重兵平定黄萧养之变后，新会土著势力仍然据山立寨，为患地方。官府疲于奔命，难以建立起有效防御，贼盗势力愈加炽热。

至景泰七年（1456），官府又开展系列平叛行动，贼盗势力大为削弱。同年，新会县丞陶鲁对地方秩序加以整顿，"遍历诸村，设立乡老，置水牌开写各户丁口，逐月关报诸村动息。每五十家仍立总甲一名，管束出入，互相劝诫，自是盗贼敛迹，居民始获安堵"⑤。但是，新会县对西部地区难以进行管治的因素依然存在，山海之间极易滋生新的贼盗团伙。

---

① 崇祯《恩平县志》卷 4《建置》，第 111 页。
② 崇祯《恩平县志》卷 1《县纪》，第 49 页。
③ 嘉靖《新宁县志》卷 2《风俗志》，第 24 页。
④ 嘉靖《新宁县志》卷 2《风俗志》，第 24 – 25 页。
⑤ 嘉靖《新宁县志》卷 2《风俗志》，第 27 – 28 页。

弘治初年，新会县文章都排年李祖田等呈称："本都并得行都，矬峒、海晏二都地方，东至古兜由及厓门大海，西至豪岭、罗汉山，南至广海大洋，北接雷公、火炉等岭，边有榜涌、通递、白水地方，港汊数多，盗贼丛集，不时流劫乡村。……近来盗贼滋蔓，虽称捕解，遗孽尚存。众思本省先年顺德、恩平、从化、龙门等县因贼寇生发，奉设衙门抚治，民颇安生，乞于白水地方勘设县治，以安境土。"① 可见当时民间开始呼吁比附顺德、恩平、从化等地设县防贼的事例，在白水地方设立县治，以维护地方稳定。广东都司、布政司、按察司三司与总督两广太监王敬、总兵毛锐、广东巡按王哲等地方军政要员经过商议后，亦认为新会县贼情反复出现，官府调兵征剿难以彻底解决问题的原因，"实由官府窎远，不能管摄所致，必置设县治以控制，立学校以教化，方能保其久安"② 官府与民间就新设县治事宜达成共识。经由两广巡抚左都御史邓廷瓒具题上奏朝廷，请求"依恩平等县事例，行令岑边地方开设新宁县治，隶广州府管辖。遴选知县、典史并捕盗主簿、教谕、训导各一员，铸造本县及儒学阴阳、医学印记，就令知县等官赍领前来，敷宣德化，抚治人民"③ 地方军民盼望设立新县。

弘治十一年（1498），朝廷正式批准设置新宁县。嘉靖《新宁县志》记载："弘治十一年七月九日，三府奏言地濒穷海，约束不及，盗起白水诸村，累征不能平，遂析得行、文章诸都为六十图以置县，治岑边，以海晏二盐场及望高巡检司属焉。"④ 当年八月，朝廷批准"开设广东新宁县"⑤。但真正从新会县割置是弘治十二年，弘治十一年"秋七月初九日，都御史邓公请置县"；十二年"二月，始割新会得行、文章地置新宁县。夏六月，徐公绂相度县治于上坑蓢。知县任铖来任。秋八月，训导何潜赍印来任，始修城池、公宇"；十三年"春，主簿力叔明来任。夏六月，始建学宫。冬十月，诸工告成"。⑥ 可见新设新宁县后的配套建筑与人员等至弘治十三年才最终完成。《大明一统志》认为新宁县"本朝嘉靖中析置"，误。⑦ 首任新宁知县任铖为福建瓯宁监生，"弘治十二年六月初一日任，经营城邑，皆其绩也"⑧。起初地方提议的县治计划设在岑边，最终选定上坑蓢，"始卜岑边村前建城，弘治十二年六月，佥事徐

---

① 嘉靖《新宁县志》卷1《封域志》，第14页。
② 嘉靖《新宁县志》卷1《封域志》，第14页。
③ 嘉靖《新宁县志》卷1《封域志》，第14-15页。注：原刻本上下页内容互倒，《广东历代方志集成》影印本仍旧未改，此处引用根据上下页内容已改。
④ 嘉靖《新宁县志》卷1《封域志》，第13页。
⑤ 《明孝宗实录》卷140，弘治十一年（1498）八月丁卯，台湾"中央研究院"历史语言研究所，1962年，第2426页。
⑥ 嘉靖《新宁县志·年表》，第8页。
⑦ （明）李贤等撰，方志远等点校：《大明一统志》卷79，巴蜀书社，2017年，第3496页。
⑧ 嘉靖《新宁县志》卷3《秩官志》，第30页。

絃、同知高绥改卜今处"①。

具体言之，经广州知府林泮勘议从新会县划置新宁县的地方有："文章都十三图析拨罗塘甲三图，纸山甲二图，石崇甲三图；得行都析拨平安甲一图，冲云甲二图，潮境甲一图，冈头苦草甲四图；泷水都析拨古隆甲一图，俱系有丁粮图分；矬峒都全拨一十四图；海晏都全拨一十八图，俱系盐场办课，丁多粮少图分。共辖五十六里，立为裁减县治。"② 由此，新宁县完全由新会县析置，包括矬峒都全部及文章都、得行都、泷水都部分地区，土地、人户按都从新会县划出，交由新宁县管辖。新宁县在地方政治危机加剧背景下，脱胎于新会县。经过多次割置，新会县大为缩小，"编户旧有二百三十八里，拆置新宁、恩平、顺德后，止一百四十四里"③。

新宁县之得名，可追溯至东晋时期的新宁郡。嘉靖《新宁县志》论本县"开设"史事时云："新宁，本古广州之属，郡名自晋恭帝元熙二年分南海、新宁二郡地立新会郡，于盆允又分新夷地立义宁县。至宋析南海、新会、新宁三郡新附民立宋安、新熙、永昌、始成、招集、兴定六县，复以盆允、新夷二县界归化民立封乐县，后南海、新会犹存，而新宁郡遂废，历代因革不恒，亦莫详其郡治之所在。今邑治自隋唐以来皆辖于新会，以属广州。……定名新宁，邑虽新设，名盖仍旧云。"④ 指出"新宁"县名源自往昔的"新宁郡"。明代《郡县释名》则云："新宁县，本晋新会县地，明弘治十一年析置新宁县，新会安宁之义也。"⑤ 后者应属望文生义。

新宁县设立后，原始县城不过以木为栅，进行简单防守。正德年间，广东巡按周谟命地方官改筑，城池规模得以显现。张诩《新宁县修城记》云："正德辛未，监察御史周公奉命巡按广东，仲冬驻节斯邑，目击其弊，爰檄有司首筑城浚隍，次学校，次谯楼，次公署，咸撤而新之。城周遭五百三十丈，高一丈一尺，厚加一尺，比旧制殊增矣。"⑥ 此后隆庆、嘉靖时期，新宁县城相继大修，增高城垣、新增楼台设施等。值得注意的是，一般城多跨山岭，居于高处，而新宁县城没有依托山川形势进行规划。新宁城东有山三座，然而除东山在城内，其余二山处于城外，且比东山还高。因此每当贼寇进犯县城，就登上城外高山窥探城内虚实。新宁旧志编者对此亦无奈感叹道："此经始之不善也！"⑦ 为了弥补缺陷，明万历十五年（1587），知县揭廷植在东南建起敌楼一座，又在城上高筑驰道加强守御。

新宁县设置于明代弘治十一年（1498），清代沿袭，同治六年（1867）析置赤溪

---

① 嘉靖《新宁县志》卷4《创造志》，第33页。
② 嘉靖《新宁县志》卷1《封域志》，第13－14页。
③ 万历《新会县志》卷1《舆地略上》，第50页。
④ 嘉靖《新宁县志》卷1《封域志》，第13页。
⑤ （明）郭子章：《郡县释名》，《四库全书存目丛书》史部第167册，齐鲁书社，1996年，第64页。
⑥ 嘉靖《新宁县志》卷4《创造志》，第39页。
⑦ 乾隆《新宁县志》卷1《建置册》，第323页。

厅（后改赤溪县，今为台山市赤溪镇）。民国三年（1914）因四川、湖南两省亦有"新宁县"，故粤省之新宁县改名为台山县，自此"新宁"以及"宁阳"成为后来台山的代称。

三、新会城池修建

城池是加强治所防卫、稳定地方统治的重要设施。元末明初以来，南方没有城墙的城市纷纷筑起城墙，掀起一波城市建设史上的筑城高潮。[1] 新会县设县虽早，但一直未有城池。直至元末时期，新会地方动乱，时任主簿徐闻可为了加强防御，开始使用土块建造城垣。元至正十五年（1355），新会人黄斌起事，新会城池被攻破，后夷为废墟。明初，朝廷为了防御倭寇、海盗侵扰，将筑城重点放在沿海地区。且卫所在城池营建方面占主导地位。洪武十七年（1384），新会县民岑德才言称"其地倚山濒海，宜置兵戍守"，经广东都司定议，朝廷批准设置新会守御千户所。[2]

同年，都指挥王臻即拨军一千人立栅镇守，设立简单的防守设施。至洪武二十四年，才修筑土城，并在外环挖掘护城河以加强防御。洪武三十年，千户宋斌砌以砖石加固城墙，周围五里，凡六百六十八丈，其中开设城门四座，各有用以瞭望、攻守的楼橹，楼高一丈，东西还各设角楼二座。城上有供睡觉的窝铺十三间，用以防守掩蔽的雉堞九百零六个，城内警铺者六间。此时，护城河一千六百八十丈，阔三丈，深七尺。经过明初的筑城工程，基本奠定了新会主城的规模。

明中后期，广东社会矛盾和族群矛盾日益激烈，各类反抗斗争此起彼伏，为加强地方防御能力，天顺四年（1460）七月二十一日，两广巡抚叶盛要求各地务必修建加固城池。在这种形势下，新会城池建造工程再次启动。天顺六年，"西寇"进入新会境内，未能突破城池，转往城外大肆掠夺而退。有鉴于此，知县陶鲁开始修筑子城，内设马路交通，外凿重濠防御，濠外又筑竹基重堑，极力拓展新会城的防御范围。子城的修筑起到立竿见影的作用，次年，"寇贼"再至新会城下时，迫于坚固的新会城防，最终不敢进犯。

此后，官府担忧土城容易倾圮，于是悉砌以牡蛎为辅城，凡一千六百八十八丈，高一丈二尺。濠二千一百二十五丈，深一丈五尺，阔二丈二尺。竹基二千五百，作上七丈。外堑三千一百六十八丈，深八尺。复自县界，北连高要、古劳，南抵蚬冈、白蒙、阳江，延袤五百余里。夹道皆筑土垣一丈二尺，内筑马路，高五丈，阔一丈八尺。外堑深八尺，堑外复筑土基，栽竹以为隘塞。凡关口河道，各分士卒严守。新会

---

[1] 徐泓：《从"军七民三"到"军三民七"和"官三民七"：明代广东的筑城运动》，《中国地方志》2018 年第 1 期。

[2] 《明太祖实录》卷 162，洪武十七年（1384）六月甲申，台湾"中央研究院"历史语言研究所，1962 年，第 2519 页。

城池规制，防御体系逐渐完备。陈献章《辅城记》对新会城池赞叹曰："吾邑辅城周遭六七里，高若干尺。东南际水，西北凿山，城下为池，旁植刺竹，施蒺藜其中，为营门以守。尝记往年西寇之来，凭凌高凉以东，破关袭城，势如建瓴，至此则截然而止，如虹霓之收急雨。由是而吾民之丘陇以完，家室以安，鸡犬以宁，仓厢以盈，燕有岁时，乐有宾客。"①

由于年深岁久，新会城垣逐渐毁坏倒塌，继任知县者多有修造。正德间，知县徐乾意识到新会乃要害之地，"北有圭峰，南有崖山，东有江门，西有金牛，后连高凉、广右之区，前通边陲海岛之舶，故有备则为我之险矣，无备则为贼之冲矣"②。而此时子城已经倾圯，徐知县决意在原基础上对城池加以修复改造，"延袤一千七百丈，高八尺，濠堑马道一如陶鲁之旧"③。但新会城的夹道土垣，因为新会县析出版籍到新宁、恩平二县，最终没能重加修筑。万历元年（1573），兵备金事何子明、知县伍睿等人又议修筑外城，此议得到士民赞同，于是顺利动工，东至马山，西跨象山，至内西门。万历三十五年，知县王命璿又以旧城北一带民人稀少，土地空旷，防卫有缺陷，乃在东自马山，西自旧城计三百余丈修筑城垣，益以砖石，增高三尺。经过多次新筑重修，新会城池已是"屹然称名城矣"！④

民国初年，粤海道尹王典章视察新会县城，他说："县城距省会二百二十六里，为隋冈州治，元以前未有城郭，明洪武间始筑土城，后改为砖石城，周围六百六十丈，今所称故城是也。天顺、成化、万历间浚筑子城，延袤九百六十丈，是为新城。合新旧两城，周围计十里有奇。粤东城之大者，自省会外潮州为最，次则新会，他县治皆不及。"⑤ 从中可见，始修于明代的新会县城历经数百年风雨，至民国初年仍蔚为大观，仅次于广州城、潮州城，为广东省第三大城池。

四、沿海卫所营寨的设置

明初，倭寇不断侵扰沿海地区，朝廷面临来自海上的严峻形势。新会县濒临大海，且望峒海、大小金门海等处均为海上交通要道，"望峒海，在矬峒都。去县南五十里，与矬峒海同源，番船皆泊于此"⑥。由此，新会极易遭受倭寇海贼的袭击，洪武

---

① 万历《新会县志》卷1《规制略上》，第65－66页。
② （明）湛若水：《湛甘泉先生文集》卷18《新会县重修子城记》，广西师范大学出版社，2014年，第978页。
③ 康熙《新会县志》卷4《建置志》，第440页。
④ 康熙《新会县志》卷4《建置志》，第440页。
⑤ 王玉民等整理：《粤海道尹王典章巡行日记（续）》，《广东文史资料》第74辑，广东人民出版社，1994年，第219页。
⑥ 嘉靖《新宁县志》卷1《封域志》，第18页。

四年（1371），"海寇钟福全、李夫人等自称总兵，挟倭船二百艘寇海晏、下川等地"①。为了加强江门地区的军事防守，朝廷相继设立新会守御千户所、广海卫以及营寨、烽堠、巡检司等一系列军事机构，构筑完整的军事防御体系。

沿海卫所是海防的主要军事力量。洪武十三年（1380）七月，倭寇大规模流劫广州东莞县，促使广东沿海卫所建设得到重视。次年，朝廷设南海卫，大鹏、东莞、香山守御千户所加强沿海防守。新会县民岑德才呈文称当地依山濒海，形势险要，也应设置重兵把守。为了加强入海口地方的军事防卫，防止倭寇海贼登陆掠夺，经下广东都司计议，洪武十七年朝廷同意建立新会守御千户所。② 新会守御千户所在新会县治东，万历时，"见在官一十一员，旗军六百六十四名"③。其"建立，与城池同，千户田清督造。深三十五丈四尺，广一十二丈二尺，正堂五间，后堂五间，穿堂三间，东西百户所十间，吏房三间，贮军器库房两间，仪门五间，谯门三间，吏目厅三间，镇抚司三间，中有鱼池"④。万历间"守御所官吏一十八员，旗军五百九十六名，守城二百名，备倭哨一百四十九名"⑤，等等。可见新会守御千户所位于县城内，拥有独立驻所，官吏十几名，旗军在六百名左右浮动，专设"备倭哨"主要职责为守御倭寇的进犯。

洪武二十七年起，广东海防卫所建设进入高潮。时任广东都指挥同知花茂上书请将广东沿海地方疍户训练为水军，并奏请设立"沿海依山广海、碣石、神电等二十四卫所，筑城浚池，收集海岛隐料无籍等军，仍于山海要害地立堡屯军，以备不虞"⑥。花茂的方案得到批准，广东沿海卫所相继得到建立，广海卫就是其中之一。

广海卫所在地方古称溽洲，宋代时，朝廷就在此处置巡检司以控扼海道，明初设广海卫时，原巡检司迁往望头乡。洪武二十七年九月，"置广海卫于广州新会县"⑦。万历间广海卫"官三十员，旗军一千一百六十五名"⑧。广海一面枕山，三面滨海，控扼海道，位置险要，"海面汪洋无际，上下二川矗立于前。上川之左曰大金门、曰小金门，诸夷入贡遇逆风则从此进，致倭奴、红夷乘风煽祸，最为险要"⑨。可见，广

① （明）郭棐著，黄国声、邓贵忠点校：《粤大记》卷32《政事类》，广东人民出版社，2014年，第912页。
② 《明太祖实录》卷162，洪武十七年（1384）六月甲申，台湾"中央研究院"历史语言研究所，1962年，第2519页。
③ （明）应槚辑，赵克生、李燃标点：《苍梧总督军门志》卷7，岳麓书社，2015年，第93页。
④ 万历《新会县志》卷2《公署》，第101-102页。
⑤ 万历《新会县志》卷2《公署》，第107页。
⑥ （清）张廷玉等：《明史》卷134《列传第二十二》，中华书局，2000年，第2594页。
⑦ 《明太祖实录》卷234，洪武二十七年（1394）九月甲子，台湾"中央研究院"历史语言研究所，1962年，第3426页。
⑧ （明）应槚辑，赵克生、李燃标点：《苍梧总督军门志》卷7，岳麓书社，2015年，第92页。
⑨ 乾隆《新宁县志》卷4《广海册附》，第492页。

海卫不是简单地扼守入海口，而是控制一片广阔海域。广海城兴建后屡有扩建重修，广海卫城成为一座卫戍南海的军事雄镇。然而自嘉靖开始，倭患日重，卫所军人承平日久，武备废弛。隆庆三年（1569）十一月，倭寇二百余登陆劫掠海宴、双门诸村，又有奸贼勾连倭寇攻击广海卫城。广海卫竟被倭寇、"盗贼"联手攻陷，次年正月广海卫指挥王祯镇等武官被杀。[1] 倭贼占据广海卫达四十六日之久，杀戮三千余人，官民房舍焚毁殆尽。肇庆同知郭文通率兵前来追倭，最终败绩。[2]

弘治十一年（1498）新设新宁县，经过三十三年之后，即嘉靖十年（1531）才设置新宁守御千户所等军事机构，"立守御千户所于县城，设城冈堡、甘村营于矬峒都，苍步营于得行都"[3]。万历间新宁守御千户所"官九员，旗军四百六十六名"[4]。至此，江门地区卫所系统防御已有广海卫、新会守御千户所、新宁守御千户所三个军事单位，海防颇为坚固。

明代在全国广设卫所，卫所军士世居一地，且耕且守。作战时，由官府调兵遣将，兵将分离。在地方局势持续动荡的时候，卫所军跟随卫所武官到某地防守成为常态，逐渐设立固定营地，划分防区。明中后期，各地多以警患而设营防守。新会县曾设十三营：利径营、汾水江营、水哨赤水口营、蚬冈营、良村营、鬼子窟营、五坑径营、长沙塘营、游鱼山营、金钗营、塞壕径营、水流径营、火炉岭营；恩平县曾设八营：马冈营、红嘴山营、猎径营、楼径营、祠堂营、火夹脑营、长沙营、教场营；新宁县曾设二营：苍步营、甘村营。三县共设二十三营，目的是防范本地及周边"山贼""浪贼"。[5] 各营安置在防守要地，营官多由卫所武官兼领。但随着明中后期募兵制的兴起，营兵则不一定是卫所军士，可以由本地雇募人员充任。如新宁县甘村营调委广海卫左所百户一员，领顺德打手一百名，苍步营调委广海卫左所百户一员，领新会打手一百名。各营的设立对保障地方稳定起了重要作用，"营堡既立，至今守御不废，西南盗贼因稍平息"[6]。

为抵御倭寇海贼的侵扰，朝廷在沿海地区广建卫所营寨等军事据点，与之配合又设立烽堠等哨守点。烽堠是军事信息传递设施，拨军士哨守瞭望以加强戒备。烽台选址在视野开阔之处，其形制一般呈圆柱状。一旦有警，便迅速告知官府做好准备。新会县易受倭贼袭击，遂设烽堠十一处加强警备，分别为企人、月岭、江门、分水江、大泽、牛肚湾、仙峒、黄涌、三江、联台、赤眼涌。然而明中后期，新会地方烽堠已遭废弛不得使用，旧志编者批评道："烽堠之设，群邑不废，近如新会极似虚文，信

---

① 万历《广东通志》卷6《藩省志六》，第152页。

② 道光《新宁县志》卷7《事纪略》，第100页。

③ 嘉靖《新宁县志·年表》，第10页。

④ （明）应槚辑，赵克生、李燃标点：《苍梧总督军门志》卷7，岳麓书社，2015年，第93页。

⑤ （明）应槚辑，赵克生、李燃标点：《苍梧总督军门志》卷9，岳麓书社，2015年，第116–117、125页。

⑥ 嘉靖《新宁县志》卷9《武备志》，第64页。

不在烽，军不至堠，惟有守堠之名而已。"①

明代巡检司是独立于卫所系统的基层社会治安组织，具有巡逻盘诘、巡缉私盐、缉捕盗贼及协同防御等功能。洪武时期，巡检司各择防守要地相继设立，不同地区巡检司发挥的功能有所偏重。江门地区"山贼""海寇"出没频繁，当地巡检司除承担寻常的巡逻、捕盗等职责外，还具备部分海防职能，与沿海卫所形成相互配合的防守格局。江门地区设立十处巡检司，新会县七处：潮连巡检司、药迳巡检司、牛肚湾巡检司、大瓦巡检司、沙冈巡检司、沙村巡检司、松柏堡巡检司；新宁县二处：望高巡检司、城冈巡检司；恩平县一处：恩平巡检司。各处巡检司设有巡检一员，弓兵五十名。部分巡检司位置或因贼患、自然灾害等而有迁移。如药迳巡检司，原在皂帽药迳口，其后巡检司被贼烧毁，不得已徙于坡亭村。牛肚湾巡检司，原在海滨，后因水患移之。沙村巡检司经历多次迁移，其原在崖山，被徙于长珠大神冈，再徙仙峒，后都指挥花茂徙崖山之长沙。弘治间，复于崖山。值得注意的是，一些巡检司先于卫所设立，如前述广海卫即系建立在巡检司原址。这就意味着，此前巡检司承担了更多防海缉盗的任务。明初黎贞《赠望高巡检金玉川序》云："新会，广属邑。前代设戍寨六，㴖州其一也。圣朝因之，而易曰巡检司。洪武二十七年开广海卫，而以㴖州移望头，新其额曰望高，东南滨大海，倭寇出没无常，渔猎其民，民罔宁居，较与五巡司，其责任为尤难。"② 然而到明中后期，据守要地防寇卫民的巡检司已经废弛。万历《新会县志》评论云："巡检司之设，各有分土，所以防寇而卫民。今诸司久废，乃各僦居城中，求听差委而已。于所司地方理乱，寂不相关。朝廷设官初意，应不如是。"③ 巡检司人员已经脱离地方进驻城中求听差委，也就难以发挥维持地方治安管理的职能。

第二节　社会秩序的乱与治

明代江门地区依山濒海的地理环境，遭受来自陆海两方面的挑战。社会动乱不断加剧，新会县"山寇、海寇，时各窃发"④，成为困扰地方官府的痼疾。一方面，集聚山区的流民，在瑶、壮人民的配合下不断发起反抗斗争，"盗乱"史不绝书。另一

---

① 万历《新会县志》卷2《公署》，第106页。
② （明）黎贞：《秫坡先生文集》卷5《序》，《四库全书存目丛书》集部第25册，齐鲁书社，1997年，第483页。
③ 万历《新会县志》卷2《公署》，第103页。
④ 万历《新会县志》卷2《公署》，第106页。

方面，海上安全环境堪忧，极易遭受倭寇、海盗袭扰，抗击倭贼的斗争终明之世都未停止。明中后期，倭患不断加重的同时，葡萄牙殖民者在中国沿海制造矛盾，最终在新会县爆发中葡西草湾之战，中国成功挫败葡萄牙侵略者的殖民野心。此外，万历间广海葡奴案、新会民变进一步造成地方秩序的失调。

一、地方反抗斗争

明代广东的"盗乱"猖獗。江门地区地域广阔，山区集聚大批脱离里甲逃亡的流民以及不服管治的少数民族，随着社会矛盾激化，他们不断发动反抗斗争。在官方文献中，屡屡可见"贼""寇"的字眼。明代"盗贼之患随处有之，而皆莫甚于两广"，广东连州、新会、新宁、高明、恩平等县"民贼"均是"倚山负固，实繁有徒，乘间出劫，为患有年"①。当其时，"岭海之外，法度渐宽，于是（新）会、（新）宁、新（兴）、恩（平）山谷之交有群盗焉，十数年来不绝用兵而哨聚益众"②。

明代江门地区少数民族的聚居，加剧了地方反抗运动的频率。明前期，江门地区的少数民族与官府保持友好关系，当地瑶首、瑶人、抚瑶土官、抚瑶生员等多次向朝廷进贡，如新会皂幕山"多向化猺人居之"，永乐十三年（1415）"出贡于朝，敕为良猺"③。但瑶民在正统年间以后起事频繁，新宁县瑶人在"洪武、永乐时，猺首盘贵等相继来朝，始立土司。正统以后，屡次作乱"④。明代文徵明为新会知县彭寅甫撰写墓志铭时也说："新会即古之冈州，负山阻海，夷僚杂居，谿峒夷僚乘间时时窃发。"⑤ 恩平县"僻在万山，自昔猺蛮杂处，兵戈变故，迨无宁日"⑥。总之，在明人看来，新会、新宁、恩平三县少数民族的聚居，增加了地方的不稳定因素。

明中期以后，随着政治腐化和军事力量的疲弱，农民不堪重负，脱离里甲体制成为流民，瑶、壮等族群不服管治压榨，各种社会矛盾逐渐激化，导致农民反抗斗争愈发激烈，其频率和规模都有逾此前。正统七年（1442），新会有"盗贼"四处剽掠乡村，起初知县陶启未能招抚，后官府遣军剿捕贼首周义长、温观彩等，但通过贿赂得以释放。这刺激了流民反抗运动的发展，"由是诸贼益炽，水陆攻劫，无所忌惮"⑦。正统十三年，广东巡按杨刚认为"近年广东州县多被寇掠"的原因主要是"有司抚字

---

① （明）应槚辑，赵克生、李燃标点：《苍梧总督军门志》卷24，岳麓书社，2015年，第285页。
② 万历《新会县志》卷7《艺文略》，第342页。
③ 万历《新会县志》卷2《版籍略》，第82页。
④ 道光《广东通志》卷330《列传六十三》，第5265页。
⑤ （明）文徵明著，陆晓冬点校：《甫田集》卷30，西泠印社出版社，2012年，第449页。
⑥ 崇祯《恩平县志》卷1《县纪》，第70页。
⑦ 万历《广东通志》卷70《外志五》，第1562页。

之失宜", 时任新会知县也因"激变失机"而被罢官。①

正统十四年 (1449) 爆发的顺德黄萧养事变, 迅速波及江门地区。他们进攻新会, 得到本地黄汝通、黄三等人响应。景泰元年 (1450), 黄三联合"区蛋家"、温观彩等, 与黄萧养联军围攻新会城。当年十月, 黄萧养在广州战亡, 但新会反抗运动仍在继续, "广东新会县军民奏, 凶徒莫饶斌等尝集众附黄萧养, 受指挥千百户等伪官号", 次年二月, "复焚掠长沙诸村"。② 景泰七年, "新会县贼首刘三仔等伪称大将军, 纠众烧劫乡村, 屡行招抚不服"③。黄萧养事变被平定后, 这些势力还继续与官府对抗, 官军通过剿捕、招抚等手段进行镇压, 不过仅是收效一时, 形成反复拉锯局面, "师还, 不数日, 悉下山剽掠。村落屋宇烧毁殆尽, 鸡犬为之一空"④。随后, 新会县丞陶鲁立乡老加以约束, 且朝廷在弘治年间设立新宁县, 地方暂得平静。

然而, 反抗斗争旋即复燃, 且规模愈发壮大。正德年间, "广州之新宁、清远, 及新会之白水, 番禺之后山, 肇庆之恩平、阳江, 德 [庆] 之逳水、罗傍, 惠 [州] 之河源、龙川, 潮州饶平之滦洲、清远 (指饶平县清远都), 负山滨海, 民夷杂居, 盗贼啸聚, 频年不已, 皆地方任事之人利于用兵征剿, 而不利于扑灭故也"⑤。新会县、恩平县、新宁县均是粤省中部地方事变的核心区域。正德十五年 (1520), 兵备副使王大用率军讨平盘踞在羊公迳等处的流民, 同时新宁县城竟被流民部队围困数日。

嘉靖年间, 江门地区的农民反抗运动尤为强烈。嘉靖二年 (1523), 朝廷调集狼达官军前来剿捕, 攻破连堂、石鼓等寨, 擒斩流民部队不计其数。同年九月, 蔡猛三集聚新宁、恩平县等地流民, 发起"众至数万"的反抗斗争。朝廷调兵三万余人分两路进讨, 平定事变。次年, 官府对相关人员"论功行赏", "以广东新宁、恩平贼蔡猛三、严阮等平, 诏嘉镇巡等官功劳, 赐都御史张嵩、总兵官朱麒、巡按御史涂敬各银币有差, 其余功次及地方事宜候查议至日以闻。是役也, 用官土民兵三万八千余人, 前后共破贼巢一百九十九处, 擒斩贼首从一万四千一百五十二人, 俘获贼属五千九百八十二人。自来岭南用兵, 以寡胜众, 未有若此者"⑥。战后, 官府在荒芜地方分发耕

---

① 《明英宗实录》卷 171, 正统十三年 (1448) 十月丙子, 台湾"中央研究院"历史语言研究所, 1962 年, 第 3297 页。

② 《明英宗实录》卷 207, 景泰二年 (1451) 八月丁丑, 台湾"中央研究院"历史语言研究所, 1962 年, 第 4449 – 4450 页。

③ 《明英宗实录》卷 264, 景泰七年 (1456) 三月壬申, 台湾"中央研究院"历史语言研究所, 1962 年, 第 5618 页。

④ 万历《广东通志》卷 70《外志五》, 第 1563 页。

⑤ 《明武宗实录》卷 123, 正德十年 (1515) 四月癸卯, 台湾"中央研究院"历史语言研究所, 1962 年, 第 2468 页。

⑥ 《明世宗实录》卷 38, 嘉靖三年 (1524) 四月丙申, 台湾"中央研究院"历史语言研究所, 1962 年, 第 950 页。

牛、种子，招徕贫民耕种以稳定地方秩序。嘉靖五年（1526），新会县吴子明等“聚众至数千人，劫掠城邑，杀虏男妇以千计”①。同时，新宁、新会二县流民雷骨子等人聚众反抗，不断袭扰斗峒等处乡村。直到嘉靖六年，官军才彻底扑灭这股流民武装，“俘斩三百七十名颗，余党始平”②。而集聚在大隆相峒等处的以曾友富为首的流民武装，至嘉靖十年才投降被平定。这些流民武装，影响甚大，“新会之昆仑诸山，恩平之关村、青蓝角等寨，新兴之陈坑、双石、良塘，香山诸巢，皆群起响应”③。嘉靖二十五年（1546），朝廷筹措大军征讨平定。其后恩平、新会、新宁交界处“贼首”罗绍清等，恩平十三村“贼首”陈金莺，以及新宁藤峒等“贼首”黄飞鹰等被提督侍郎殷正茂镇压。

嘉靖三十五年，以新宁为中心的陈以明事变被镇压，“广东新宁、新会、新兴、恩平之间，皆高山丛箐，径道险歹，奸民亡命者辄窜入诸猺中，吏不得问，久之，众至万余人，推以明为王，号承天霸王，流劫高要、高明、阳江、德庆等处，官军讨之数败”④。经过两广提督谈恺领导，官兵分路出击，获得胜利，“剿平巢寨九十二处，擒斩首从贼级四千二百九十八名颗，俘获贼妇男女一千二百四十五名口，夺获牛马一百五十七头、器械赃物五百九十九件，夺回被掳男妇一百四十四名口”⑤。从这些数据可见反抗斗争规模之大。谈恺为此撰写《平岭西纪略》碑文，曰：“岭西故多盗，新、恩之间尤甚。宋以谪有罪，其所由来久矣。迩年风靡俗敝，盗日以聚。……天威所临，势如破竹。于是育蓝角十有三寨，布平小水诸村，相率面缚乞降，凡数千人，悉为编氓。”⑥ 嘉靖间江门地区屡屡受到“山贼”劫掠，“山贼交乱，嘉靖四十二年八月，突劫沙头，破西郭，住弥月，杀戮无算，紫水为之赤”，继而“繇西而东出劫都会、江门诸乡”，时任新会主簿钟器率领“岭西狼兵”平定事乱。新会举人李以龙对钟主簿的功劳十分肯定，云：“呜呼，曩者沙头之乱，凭陵而东，延于郭内，家无完室，死亡离散，荒落至今未已。伊谁之责与？都会之变，炽昌尤甚于时，兵不足，食不继，城东之民岌岌矣。钟以一簿倅之微，奋不顾身，直当其冲，贼势顿止，由是吾民之庐室以完，妻孥以安，城郭且赖焉，功岂小哉。”⑦ 这些事变深刻地动摇了地方的

---

① 《明世宗实录》卷65，嘉靖五年（1526）六月戊寅，台湾“中央研究院”历史语言研究所，1962年，第1504页。

② （明）郭棐著，黄国声、邓贵忠点校：《粤大记》卷3《事纪类》，广东人民出版社，2014年，第43页。

③ （明）郭棐著，黄国声、邓贵忠点校：《粤大记》卷3《事纪类》，广东人民出版社，2014年，第45页。

④ 《明世宗实录》卷441，嘉靖三十五年（1556）十一月丁丑，台湾“中央研究院”历史语言研究所，1962年，第7554页。

⑤ （明）应槚辑，赵克生、李燃标点：《苍梧总督军门志》，岳麓书社，2015年，第218－219页。

⑥ 伍庆禄、陈鸿钧：《广东金石图志》，线装书局，2015年，第260页。

⑦ 万历《新会县志》卷4《列传》，第191－192页。

统治秩序。

二、抗击倭寇与海盗

明代倭寇和海盗势力肆虐海上，剽掠乡里，使沿海社会陷入动荡不安的局势，乃至"终明之世，通倭之禁甚严，闾巷小民，至指倭相詈骂，甚以嚇其小儿女云"[①]。广东海岸线绵长，经济发达，成为海寇垂涎的富庶之地，"粤介裔夷之交，狂寇陆梁依山阻海，往往窃发"[②]。明代李迁曾说："今天下言盗贼之多者，莫过于广东；言募兵之费者，亦莫侈于广东。何也？凡言岭南之贼，不过曰倭、黎，曰猺、獞而已。广东除诸寇外，又有本中华之人习为不善，投匿山洞者曰山贼，游劫海洋者曰海贼，浮踪无定者曰浪贼，叛服不常者曰抚贼。"[③] 江门地区地处海上交通之要冲，极易遭受倭寇、海盗势力的侵袭。官府不仅要处理本地"山贼"，还要抗击外来的"海贼"与倭寇。明代郑若曾《筹海图编》即云倭寇"势必历厓门、寨门海、万斛山、纲洲等处而西，而望峒澳为尤甚，乃番舶停留避风之门户也"[④]。尤其是新宁县"其地山海相犬牙，时则有海寇、番舶之为虑"[⑤]。

本地海寇与倭寇勾结，导致形势更为严峻。早在洪武四年（1371），趁着倭寇前来之机，海寇钟福全、李夫人等自称总兵，联合倭寇，挟倭船二百艘进犯海晏、下川等地，广州左卫指挥佥事杨景率舟师剿捕。[⑥] 为了抵御海上势力的扰乱，朝廷除了广置沿海卫所加强防卫，还实施海禁政策，严禁沿海居民下海，且在洪武四年平定倭寇后，官府尽迁岛民进入内地，使岛屿成为荒野，影响沿海民众生计。海禁作为一种消极的防御手段，虽能减缓倭患，但未能真正解决倭寇难题。江门地区不断出台抗击倭贼侵袭的军事举措。景泰三年（1452）四月，倭寇势力猖獗，进犯新会，时总兵董兴遣都指挥佥事杜信前往剿捕被杀死，备倭指挥佥事王俊一路追剿，竟受贼盗贿赂，纵贼遁入大洋。此事惊动朝廷，皇帝怒而将王俊诛杀枭首示众。[⑦] 表明朝廷对倭寇问题的重视。

此后，官府剿捕倭寇取得不少胜利。天顺二年（1458），海寇进犯宁川守御千户所，"杀虏人财"，广东巡按吕益参奏副总兵翁信、备倭都指挥张通、都指挥佥事林清

① （清）张廷玉等：《明史》卷322《列传第二百十·外国三》，中华书局，2000年，第5598页。

② （明）颜俊彦：《盟水斋存牍》，中国政法大学出版社，2002年，第36页。

③ （明）应槚辑，赵克生、李燃标点：《苍梧总督军门志》卷24，岳麓书社，2015年，第300页。

④ （明）郑若曾著，李新贵译注：《筹海图编》卷3《广东事宜》，中华书局，2017年，第172页。

⑤ 康熙十一年《新宁县志》卷10《艺文志》，第155页。

⑥ （明）郭棐著，黄国声、邓贵忠点校：《粤大记》卷32《政事类》，广东人民出版社，2014年，第912页。

⑦ （明）郭棐著，黄国声、邓贵忠点校：《粤大记》卷32《政事类》，广东人民出版社，2014年，第913页。

等人守护卫所督责不严。后张通在军民协力下，率军对倭寇进行全面围剿，取得大捷，"海寇平，论功升备倭都指挥张通、按察司佥事谢瓛及官军十人俱一级，余一百二十五人赏有差，俱以斩获海贼故也"①。成化三年（1467），张通在今台山广海镇南湾紫花岗巨石上刻"海永无波"四个大字，题款为"钦差都督备倭都督张通书，巡视海道副使徐海刻"。"海永无波"石刻是纪念军民胜利抗击倭寇的历史丰碑，现为广东省文物保护单位。

明中后期海洋环境更为动荡，流民走投无路选择出海行劫，倭贼活动较前更为频繁。正德十一年（1516），"广东海洋贼数百人屡入广海卫城劫掠，无敢捕之者"②，此后甚至出现"嘉靖大倭乱"的严峻局面。嘉靖初，大学士桂萼说：广东"滨海一带，岛夷之国数十，虽时时出没，要其志在贸易，非盗边也。然诸郡之民恃山海之利，四体不勤，惟务剽掠，有力则私通番船，托名通番，因此行劫海上。无事则挺身为盗，桴鼓之警，弥满山谷"③。嘉靖二年（1523），世袭抚瑶官李盘抓获"番倭嗫唧哩"等人。④嘉靖十年，"分巡佥事龚公大稔临县，至广海，招抚海寇"⑤。倭寇侵扰日益加剧，嘉靖三十三年，何亚八等"纠同番船前来广东外洋及沿海乡村，肆行劫掠，杀虏人财"，指挥王沛"擒获何亚八等于广海三洲环"，同时"新会贼首陈文伯等乘机崛起，啸聚千余"，后官府"陆续于潮州、柘林、冈洲、乌猪洋、新会、雷、琼等海面，擒斩贼党共计一千二百余名颗"。⑥嘉靖四十一年，外国船侵入新会崖山，"番舶驻厓间，伐厓三大松作前桅"，次年七月又有"群小番乘小舟登厓"。⑦同年，倭寇进逼新宁县城，武官邓子龙率众奋勇杀倭方免于蹂躏，他"驰至新宁，跃马下城，独以五六兵自随，逐杀倭。倭走，追斫之。城得以存"⑧。因此，嘉靖间新会何熊祥说："自倭蹂躏属国，寇在门庭，征兵转饷，骚然烦费。"⑨

隆庆年间，倭患仍然严重。面对重重海洋危机，广海卫成为官府依靠的主要海事机构。但从历次对抗结果来看，并不理想。隆庆四年（1570）正月，"倭奴纠寨贼四百余人，破广海卫城"⑩。当其时，"倭据广海卫四十六日，杀戮三千余人，官民房舍

① 嘉靖《广东通志》卷7《事纪五》，第167页。
② 《明武宗实录》卷143，正德十一年（1516）十一月癸未，台湾"中央研究院"历史语言研究所，1962年，第2809页。
③ （明）桂萼：《广舆图叙》，《四库全书存目丛书》史部第166册，齐鲁书社，1997年，第266页。
④ 万历《新会县志》卷2《版籍略》，第82页。
⑤ 嘉靖《新宁县志·年表》，第10页。
⑥ （明）应槚辑，赵克生、李燃标点：《苍梧总督军门志》卷21，岳麓书社，2015年，第217页。
⑦ （明）黄淳等著，陈泽泓点校：《厓山志》卷3，广东人民出版社，2018年，第145页。
⑧ 万历《新会县志》卷1《县纪》，第28页。
⑨ 康熙《新会县志·旧序》，第391页。
⑩ 《明穆宗实录》卷45，隆庆四年（1570）五月己卯，台湾"中央研究院"历史语言研究所，1962年，第1132页。

焚毁殆尽。……倭满载东归，虏男女五百余人"①。这次战乱中导致无辜百姓丧生，如因倭贼掳劫，浮石赵莲峰"为倭贼所掳而死"②。再有彭景祥一家不幸罹难，其女儿彭大娘险被侮辱，最后她"厉声骂贼，触刃而死"③。其墓在广海马鞍山，称为"烈女坟"。经此一役，海防重镇广海卫城遭到倭寇的毁灭性打击，"隆庆四年庚午倭破卫城，杀戮之惨至今闻者寒心"④。隆庆五年（1571）正月，新会县"倭夷入寇，滨海民遭劫掠"⑤。当时被贬为民的外海陈吾德居乡，捐盗助饷，抵抗外夷，"辛未（1571），岛夷由厓门入犯，人情汹汹，闾左悉起赴敌，公（指陈吾德）父子输粟馈粮，岛夷乃遁"⑥。同年八月，开始重修广海卫城，李义壮在重修碑记中对倭患严峻与卫城安防表示忧心，"自嘉靖末年以迄于今，倭贼入寇，由建康、两浙、八闽以抵余广，沿海州县卫所内讧，外制无何，而广海一卫破矣。……前日倭贼之猖獗直抵城下，残丘败壁尚可守乎？"⑦ 十一月，倭寇从新宁越过蚬冈进入恩平，"入总屯寨屠之，所遗樵采数人而已"，后被岭西兵备李材追至电白战胜之。⑧ 隆庆六年闰二月，"广东倭寇入犯新宁、高雷等处，官兵与战于外村乌岙，皆捷，俘斩二百余人，焚溺死者甚众"⑨。同年六月，"广东倭海贼突寇广海、新宁、惠来，遂陷神电、锦囊诸城，转入高雷廉琼界，所过焚劫杀掳无算"⑩。明末泰昌元年（1620），在"乌猪外洋有倭船四只寄泊"⑪。崇祯七年（1634）六月，福建海盗刘香进犯江门地区，"有巨寇曰刘香者，徒党万众，楼船百艘，直抵江门，长驱都会，所过乡村，莫不焚掠殆尽，毒焰障天，肝脑涂地，此数百年未有之变也"⑫。时广东解元胡平运目击此乱，曰："贼于六月十五日由虎跳门驾船百余只闯入江门、新会大肆劫掠，杀死千余人，烧毁房屋，火光三日不绝，其近白沙、白石、都会、水南、麻围、寨尾、能子、三江等乡概被焚劫，即臣所居白藤乡流离逃窜，不可名状。贼所经村乡留连劫掠凡六昼夜，新

---

① 万历《广东通志》卷6《藩省志六》，第152页。

② 浮山月报社编：《浮石志》，1995年，第39页。

③ 康熙十一年《新宁县志》卷9《人物志》，第151页。

④ 康熙十一年《新宁县志》卷10《艺文志》，第158页。

⑤ 万历《新会县志》卷1《县纪》，第29页。

⑥ （明）叶春及：《奉政大夫湖广按察司金事陈公行状》，徐志达主编：《惠州文征》，广东人民出版社，2013年，第329页。

⑦ 康熙《广州府志》卷50《艺文志五》，第1207－1208页。

⑧ 崇祯《恩平县志》卷1《县纪》，第65页。

⑨ 《明穆宗实录》卷67，隆庆六年（1572）闰二月己亥，台湾"中央研究院"历史语言研究所，1962年，第1616－1617页。

⑩ 《明神宗实录》卷1，隆庆六年（1572）五月辛亥，台湾"中央研究院"历史语言研究所，1962年，第5页。

⑪ 《明光宗实录》卷4，泰昌元年（1620）八月辛亥，台湾"中央研究院"历史语言研究所，1962年，第97页。

⑫ 康熙《新会县志》卷3《事纪》，第428页。

会一县几不可保。"① 终明一代，倭寇、海盗势力对江门地区的侵掠此起彼伏，一方面说明朝廷面对山寇、海盗的双重压力，另一方面说明江门地区沿海位置险要，成为中外海盗觊觎之地。

三、新会西草湾海战

15 世纪地理大发现后，以葡萄牙、西班牙为首的西方殖民者乘此加速东进，进行殖民扩张和发展经贸关系。明正德年间，葡萄牙占领马六甲这个重要贸易通道后，便以此为跳板开始向中国扩展势力，开始在中国沿海进行走私贸易。但为了使得沿海贸易常态化，葡萄牙组织使团访问明朝中国。正德十二年（1517），葡萄牙舰队进入广东海域，仍保持其亦商亦盗的性质，参与种种不法行径，"先是，两广奸民私通番货，勾引外夷，与进贡者混以图利。招诱亡命，略买子女，出没纵横，民受其害"②。《远东国际关系史》也记载："1517 年，啡瑙·佩雷兹·德·安得雷德率葡萄牙船和马来船各四艘驶至现在称为圣约翰岛的那个上川岛，遂在港内下碇。"③ 正德十四年，另一支葡萄牙舰队到达屯门，又擅自修筑炮台、堡垒、哨所等军事设施。葡萄牙殖民者的暴行激起官民愤恨，正德十六年，朝廷决意"讨佛郎机夷人于屯门海澳"，在海道副使汪鋐的指挥下，这一场"屯门之战"明军大败葡萄牙舰队。

嘉靖元年（1522），葡萄牙人不甘心屯门的失利，再次组织舰队侵入新会西草湾，中葡海军在此会战。这场著名的中葡新会西草湾海战，在《明世宗实录》有明确记载："佛朗机国人别都卢寇广东，守臣擒之。初，都卢恃其巨锐利兵，劫掠满剌加诸国，横行海外，至率其属疏世利等千余人，驾舟五艘破巴西国，遂寇新会县西草湾。备倭指挥柯荣、百户王应恩率水师截海御之，转战至稍州，向化人潘丁苟先登，众兵齐进，生擒别都卢、疏世利等四十二人，斩首三十五级，俘被掠男妇十人，获其二舟，余贼米（末）儿丁·甫思·多·减（应是"灭"，即灭）儿等复率三舟接战，火焚先所获舟。百户王应恩死之，余贼亦遁。巡抚都御史张嵿、巡按御史涂敬以闻。都察院覆奏，上命就彼诛戮枭示。"④ 这里显示，"佛朗机"即葡萄牙的克亭何部下别都卢（Pedro Homen）掠夺满剌加诸国后，攻占位于苏门答腊西北的"巴西国"（Pacem），侵入新会西草湾后遭当地水师顽强抗击，指挥柯荣、百户王应恩率明军抵御葡军进犯，一直大战到稍州海面，最终以明军大获全胜告终。擒获别都卢、疏世利

---

① 咸丰《顺德县志》卷 24《列传四》，第 584 页。
② 《明武宗实录》卷 149，正德十二年（1517）五月辛丑，台湾"中央研究院"历史语言研究所，1962 年，第 2911－2912 页。
③ ［美］马士、宓亨利：《远东国际关系史》，上海书店出版社，1998 年，第 20 页。
④ 《明世宗实录》卷 24，嘉靖二年（1523）三月壬戌，台湾"中央研究院"历史语言研究所，1962 年，第 693－694 页。

等四十二人，斩首三十五级，缴获舰船两艘。葡萄牙人末儿丁·甫思·多·灭儿（Martin Afonso de Melo Coutinho）等前来援助，明军先焚烧已获得的战船，双方展开激战，百户王应恩阵亡，葡萄牙余众逃窜，中国取得最后胜利。其实，新会西草湾海战发生在嘉靖元年（1522），因为是以事后处置俘虏的结果系时，因此是记在《明世宗实录》"嘉靖二年三月壬戌"条。

关于嘉靖元年新会西草湾海战，外文档案有亲历者的记述，记载更为详细。葡萄牙国家档案馆藏有新会西草湾海战的直接参与者末儿丁·甫思·多·灭儿向国王汇报中国之行的信函，他在1523年10月25日的信中说道：

我于去年，1522年，离开满剌加前往中国。我获悉，因我们人在那里夺取了中国式帆船，爆发了战争，有葡萄牙人被杀。同时我也了解了有关人员、炮械及炮手的情况。

……我于8月7日驶近中国海岸。在那里，我游弋了二三日，等待我船队中一小船去接杜瓦尔特·科埃略（Duarte Coelho）及七八个与我在占城海岸离散的葡萄牙人。因他们迟迟未到，为不浪费更多的时间，我必须入港。进入各岛之间的水道后，立即见到一支中国舰队。此船队共有大小帆船97艘，其中仅双层桅楼大型中国式帆船便达80艘。它们装备着许多小型火炮及其他各式武器。我以为他们不过为了在入港处炫耀武力，只是在我入港前，在我面前敲锣打鼓，施放几炮而已。那天我强忍不还击，因为想让他们看看我对他们的射击无动于衷，让他们瞧瞧我议和的愿望。这是您先父命令并一再嘱咐我的悠悠大事。

我甫入这人称贸易岛的港口，便下令手下的船只做好一切准备工作。似乎从此以后，我们的命运与先到那里的人不相上下。他们以麝香的多少，而不是以看到他们正在制造供大炮用的铸铁丸来衡量华人的实力。他们承认说华人的海上实力很强，这地方太小，不足以自卫。①

可见，末儿丁·甫思·多·灭儿是1522年8月7日来到中国沿海地区，进入"贸易岛"港口。"贸易岛"为今上川岛，1836年瑞典人龙思泰《在华葡萄牙居留地简史》指出："上川港在上川岛的西北部海岸，是一个著名港口，中外商人云集此地，以各自的投资交易获利。巴罗斯和其他一些历史学家常常用马来语Beneagá或Veneagá为它命名，意为'市易之地'。商船在山脚下碇，方济各·沙勿略（Francis Xavier）就埋在那里（1552年）。当季候风尾声之际，所有交易停止下来，账目结清，港口空荡荡的，岛上杳无人迹，直至商人们再次返回。"②

末儿丁·甫思·多·灭儿来到被称为"贸易岛"的上川岛，然后参与到新会西草

---

① 金国平编译：《西方澳门史料选萃（15—16世纪）》，广东人民出版社，2005年，第37-38页。
② ［瑞典］龙思泰著，吴义雄等译，章文钦校注：《早期澳门史》，东方出版社，1997年，第10页。

湾海战。至于正德年间葡萄牙人来华登陆地"Tamāo",汤开建先生认为是上川岛西北的"大澳"。① 但是,20 世纪 30 年代以来有的研究认为"Tamāo"以及"贸易岛"是在东莞县界的屯门海澳。② 可是后者这种推测忽视了当事人末儿丁·甫思·多·灭儿所说的他是进入"贸易岛"之后,参与新会西草湾海战,单从距离而言,进入今台山上川岛后加入海战是合理的,而并非先去东莞海域再参与新会西草湾海战。

实际上,《明实录》明确记载嘉靖初年中葡之战发生在新会县西草湾。清修《明史·外国传》也记载:"嘉靖二年,(佛郎机)遂寇新会之西草湾,指挥柯荣、百户王应恩御之。"③《明史·张嵿传》又载:"佛郎机国人别都卢剽劫满剌加诸国,复率其属疏世利等拥五舟破巴西国,遂入寇新会。"④ 经查中国基本古籍库与爱如生中国方志库(初集),上述《明实录》"新会西草湾"的记载得到明清时期众多文献的肯定,如《全边略记》《名山藏》《五边典则》《明纪》《续文献通考》《国朝柔远记》《海国图志》《中西纪事》《康輶纪行》以及乾隆《澳门记略》、乾隆《府厅州县图志》、嘉庆《大清一统志》、道光《广东通志》等均写作"新会县西草湾""新会之西草湾"或"新会县之西草湾",可见明清两代不少文献均认为西草湾在新会县是没有疑问的。

但由于今天新会境内已没有"西草湾"这个地名,因此具体位置不详。清末,程佐衡曾在写给汪康年(1860—1911)的信中问及此事,说:"《明史·外国传》嘉靖二年佛郎机寇新会之西草湾,胡图不列西草湾,粤图九十二卷中亦无从查出,盆允为贤者桑梓之邦。西草湾距县何方?若干里?示悉为盼。将来增入《明史》考证,足下指引之力也。"⑤ 汪康年是否有回答此问题,尚不得而知。今人根据字面相近,或海图标注,提出关于西草湾具体位置的不同看法。第一,认为西草湾即新宁县甫草湾。⑥ 第二,认为西草湾是新安县屯门岛(大屿山)。⑦ 第三,根据《苍梧总督军门志·全广海图》《粤大记》《全海图注·广东沿海图》海图认为是路环岛(或氹仔岛)。⑧ 第

① 汤开建:《上、下川岛:中葡关系的起点——Tamāo 新考》,《学术研究》1995 年第 6 期。

② 张廷茂:《Tamāo:在上川岛还是在屯门澳——Tamāo 考订研究的学术史回顾》,《海交史研究》2006 年第 2 期。

③ (清)张廷玉等:《明史》卷 325《列传第二百十三·外国六》,中华书局,2000 年,第 5648 页。

④ (清)张廷玉等:《明史》卷 200《列传第八十八·张嵿》,中华书局,2000 年,第 3519 页。

⑤ 上海图书馆编:《汪康年师友书札》,上海书店出版社,2017 年,第 2037 页。

⑥ 黄伟堂:《我国古代海上交通的贸易口岸——"溽洲"与"上川岛"》,《台山文史》第 5 辑,1986 年;赵立人对"西草湾"位置问题提出不同说法,黄伟、赵立人合作的《明代在台山歼灭葡萄牙海盗纪实》(《台山文史》第 10 辑,1988 年)主"甫草湾"说;独作《葡萄牙人在广东沿海早期活动的地点》(《海交史研究》1993 年第 2 期)主氹仔岛说;独作《Tamāo 与西草湾》(《学术研究》1996 年第 3 期)则"甫草湾""香山"两说并存。

⑦ 林天蔚:《地方文献研究与分论》,北京图书馆出版社,2006 年,第 373 页。

⑧ 邓开颂等主编:《粤澳关系史》,中国书店,1999 年,第 19 页;汤开建、周孝雷:《明宋应昌〈全海图注·广东沿海图〉研究》,《中国历史地理论丛》2020 年第 3 辑。

四，根据《苍梧总督军门志》海图标注有"西草湾"，推测在香山南海域①，《广东通史·古代下册》根据谢杰《虔台倭纂》所附海图也认为是香山县西草湾，并进一步细化为"今珠海市横琴岛、三灶岛以北、磨刀门水道南部海域"②。第五，认为是香港鲤鱼门水域。③ 从上引所根据不同海图得出不同的结果，说明海图表意标注其实并不准确，但文字上的记载在明清两代是一以贯之的。考虑到明清时期珠三角海岸线南移，还有一种可能是明代海图标注的西草湾虽然显示在今珠海南部，但在嘉靖年间属新会县海域管辖。值得注意的是，万历《新会县志》提道："广海卫倭澳番船不时至焉，奸民勾引，安能保无往岁佛朗机之变乎？"④ 这里的"佛朗机之变"应指发生在新会的西草湾海战。笔者认为，在没有更直接的证据之前，《明实录》所记载的"新会西草湾"是可信的。

新会西草湾之役，是中葡军事冲突中规模较大、战况惨烈的战役。这是中国与西方殖民者的初期较量，葡萄牙殖民者在中国沿海的战事失利，使之不敢再贸然进犯，迟滞了西方殖民者的侵掠步伐。

四、新宁"葡奴案"

明朝正德时期，葡萄牙多次前往广东沿海活动，中葡发生"屯门之战""西草湾之战"，明政府拒绝其"朝贡"通商的请求。嘉靖三十二年（1553），葡人假称需要地方晾晒货物，并向海道副使行贿，得以登上澳门居住。此后，越来越多的葡萄牙人居住在澳门，并蓄有奴仆。万历三十五年（1607），有澳门葡奴进入新宁县广海被抓获，笔者称之为新宁"葡奴案"。

万历三十五年七月，澳门葡奴马大于罗⑤、马大支罗、单施罗、多尾哥、向余罗、支还、施罗氏等14人同乘一艘艇进入广海山里取柴，刚好遇到当地官兵谭奇、梁杰等巡海兵船，误以为又是倭寇前来偷袭，于是展开追捕，双方由此发生冲突。官兵将两名葡奴杀死斩首，生擒马大于罗等8人，但中国官兵张权等3人在这次行动中牺牲。

地方官初审认定这是一起强盗抢劫案。认为米六等人在海上抢劫白艚船户，将船上客人杀死，并在八月十七、十八日突然进入广海内地。当时有督兵看到船内有"光头倭夷"大约50余人，向前迎敌交锋，澳门葡奴弹死士兵张权等人，并伤士兵王杰

① 陈占标：《"新会西草湾"之谜》，《新会文史资料》第54辑，1997年，第99页。
② 方志钦等：《广东通史·古代下册》，广东高等教育出版社，1996年，第289页。
③ 金国平：《1521—1522年间中葡军事冲突——"西草湾"试考》，《西力东渐——中葡早期接触追昔》，澳门基金会，2000年，第17-18页。
④ 万历《新会县志》卷2《食货略》，第84页。
⑤ 原文葡奴及其主人名字均有"口"字旁，为便于行文，本文引述时去掉"口"字旁。

等人。广海夏守备率领官兵擒获 8 人外，并将砍下的两颗首级和器章一起解押到兵巡海道处，然后转发海防倪同知处审问。倪同知唤一名"番兵通事"进行"传译"，经报出米六等姓名，对案件进行研审。由于语言不通，无法诉辩，再具招由，转解两广总督处。两广总督将案件批发广东按察司"译审"，最终米六、马大于罗等 8 人均问拟"依强盗得财斩罪枭首"。监候期间，米六、多尾哥、向余罗、支还陆续在狱中亡故。

　　直到万历四十三年（1615），距离案发八年之后，最初被抓获监候的 8 人中还剩下马大于罗、马大支罗、单施罗 3 人。时任广东巡按田生金对此案进行会审，案件出现新的转机。田生金认为，马大于罗等系真倭奴进犯内地，并与明朝官兵发生冲突，判处枭刑没有异议。但认为该案至少存在几个疑点：第一，这群外国人飘入广海地方，并没有发生抢劫掳掠人口的事情。该案与其他案件不能混为一谈，如在白沙寨被掳的捕兵陈胜送到海南道收问，被掳"红毛通事"郭实、丘仁等 12 人被送新宁县收审，但后两者是在哪一艘外国船中被抓，怎样返回，在招由书中均没有清楚交代。所谓上川等地方失事是什么时间，初审官员似乎故意将两件不同案件牵和一起。第二，根据官兵梁杰等侦探，当时所看到是光头倭寇，并非短发倭奴。且"马大于罗"名字也不像倭寇姓名，所获兵器仅有两把倭刀，剩下的都是汉人兵仗。第三，在对马大于罗、马大支罗、单施罗 3 人审问时，他们强调自己是乘船到广海山里砍柴，主人在澳门居住。尽管对此三人证词不能尽信，但田生金也指出"武弁贪功妄杀，亦往往有之"，有可能是地方武职为了战功，将普通的葡奴故意称为倭寇，博取赏赐。

　　根据这些疑问，田生金将案件批回兵巡海道转分巡岭南道，委任广州、肇庆两府推官联合"译审"，基本证实田生金的怀疑与推测是正确的。这次审问得到不少信息，首先，通过验证这 3 名葡奴有长发，不像倭寇，其实是朝鲜釜山人，自幼被倭寇掳卖给"佛朗机"即葡萄牙人，带到"香山澳"即澳门成为葡奴，居住在三巴卢寺下街。原本 14 名来自澳门的朝鲜奴仆乘坐一只艇外出砍柴，被官兵抓获。田生金最后指出，案发时间正是八月时期，"风汛不顺"，按常理不会有倭寇在这个时候进行内犯。正如他在《条陈防海事宜疏》中所说："窃照倭奴乘风入犯，惟春冬二时，然非内地奸人潜为向导，彼必不敢深入。"[1] 可见倭寇多在每年春冬两季进犯内地。新近研究也揭示，明代倭寇春冬两季入侵广东频率较高，夏秋两季入侵广东频率较低，与广东沿海地区季风气候、海流以及台风的发生规律有密切关系。[2] 八月时处秋天，这时风汛等自然条件不利于进犯内地。

　　其实，广州、肇庆两府推官的审问已经证明这是一起冤案。他们将审理结果报告

---

[1] （明）田生金：《按粤疏稿》卷 3《条陈防海事宜疏》，明万历四十五年（1617）刻本，中国国家图书馆藏。

[2] 吴宏岐、崔文超：《明代广东倭患的时空分布特征研究》，《暨南史学》第 12 辑，广西师范大学出版社，2016 年，第 126－148 页。

给兵巡海道，此后兵巡海道又令香山县拘唤澳门的夷目、夷主查问，均表示此前的葡奴确是为委派外出到新宁广海砍柴的，如果有虚言就承担相应罪名。案件再经一名黄姓右参政复审，认为3名罪犯"有主夷奴采柴情真"，应当进行平反释放，再次将案件报回到田生金处。田生金指出这是一起冤案，实际上是澳夷前往广海砍柴之船，被地方官兵诬为"日本真倭"，将14人夸大为50多人，斩获数人而得到上级嘉赏。这3名葡奴有主并出具甘结证明并非行劫倭寇。案件由中方士兵挑起，虽然中方有伤亡，但对方14人中被杀2人，溺死4人，监故5人，还剩3人经多次"译审"，认定为可矜案件，建议"疏枷辩释"，送还澳门原主约束。田生金将审录罪囚意见上报朝廷。①

经过实践，田生金对于粤省倭患有更深的认识，他说："粤四面皆海，夙称盗薮。其内为里海，千支万派，郡邑翩联。虎门而外，东通闽省，西接交夷，即日本、暹罗、占城、浡泥、东西洋之属，皆可航海而至，是以有海防道之设。……又况朗夷托濠镜以潜窥，倭奴逐风涛而谋犯。"② 万历年间葡奴潜入江门地区，进而引发大案，即是沿海海防安全受到威胁的现实案例。

五、万历"新会民变"

明中后期，政治统治腐败，国库空虚。为了满足奢靡生活的需求，万历皇帝大肆敛财，自万历二十四年（1596）起，不断派出太监充当矿监税使以"开矿""收税"的名义掠取天下财货，搜刮民脂民膏。这些矿监税使遍布全国各地，万历二十六年，矿监李敬、税使李凤先后被派往广东。二人在广东横行霸道，为非作歹。都御史温纯疏言："近中外诸臣争言矿税之害，天听弥高。今广东李凤至侮辱妇女六十人"，为皇帝搜刮大量财货的同时自己中饱私囊，"私运财贿至三十巨舟、三百大扛，势必见戮于积怒之众"。③

矿监税使的恶行激起民众反抗，全国先后爆发过多起旨在反抗矿监税使肆意掠夺的民变，其中包括所谓"新会民变"。起因为万历二十八年初，李凤派遣榷官陈保来到新会县，抓获几十名富民倒悬在县衙仪门树上，进行严刑逼讯，需要缴纳金钱才能放免，只有数人交钱后得免。二月二十六日，数千士民到县堂求救，知县纽应魁使皂卒操戈击民，民众争先恐后逃出谯门，最终导致死亡五十一人，负伤而逃者难以统计，造成严重伤亡事故。事后由新会县丞蔡道全支给库银埋葬死者。由于发生在县衙谯门，又称为"谯门之变"，并以年份纪之称"庚子之变"。"自税使之差官，激变一

---

① （明）田生金：《按粤疏稿》卷6《辩问矜疑罪囚疏》，中国国家图书馆藏。
② （明）田生金：《按粤疏稿》卷1《请补道缺疏》，中国国家图书馆藏。
③ （清）张廷玉等：《明史》卷323《列传第二百十一·外国四》，中华书局，2000年，第5608页。

邑，曾不移时，而民间枕籍死者五十一命，各省直受祸，从未有新会之惨者。"①

　　事发后，主簿郭一儒、典史陈元振为纽知县献上计谋，说："先发者制人，若不即贿权监题奏非策也。吴通判、劳举人等非若隙乎，盍一网尽之。"因此纽知县出于私人恩怨，向李凤指称该次民变由当地土豪李芸易、梧州府通判吴应鸿，以及新会举人劳养魁、梁斗辉、钟声朝等人为首。李凤先下手为强，诬告李芸易等人"结党千余，树旗作乱，平毁工廨，劫抢钱粮，好生玩法"②。万历皇帝接到奏疏震怒，将李芸易等人送京究审。"李凤激变新会县，乃参县民李芸易，原任通判吴应鸿，举人劳养魁、钟声朝、梁斗辉阻挠课务，主谋兴叛。上震怒，即命官旗逮系李芸易等赴京究问，其余有名渠魁，即付李凤严拿正法。"③ 他们无辜被逮捕，"士夫莫不号冤哭于家，百姓莫不号冤哭于市。按院李时华及各部院台谏俱上疏救"④。时人杨奇珍《庚子季夏劳、梁、钟三孝廉、吴别驾奉逮北行怆然有赋》云："霜飞六月莽生寒，病骨那堪强据鞍。万里飘零余短剑，几人惨淡惜南冠。邹阳梁狱书堪上，李白浔阳泪未干。慷慨侍臣争折槛，书生名已动长安。"⑤ 将此次事件喻为六月飞霜。

　　这完全是一起莫须有的冤案，在朝野引发轩然大波。"时政府部科、南北台臣明冤之牍几满公车，王给谏、李侍御两疏语尤激烈，俱留中不报。"⑥ 这里的"王给谏"即工科都给事王德完，"李侍御"即广东巡按李时华。由于万历皇帝一意孤行，偏袒税使，导致吴应鸿等四人仍然被关在京师。不幸的是，四年后吴应鸿瘐死狱中。广东巡按顾龙祯认为，该起冤案责任主要是在李凤身上，他说："新会迫在海滨，民轻易动，而李凤以垄断之计，开告密之门，无影无踪，忽兴大狱。"⑦ 大约案发一年之后，"广东珠监李凤进银内库一万二千两，时凤听奸民首告，擅拿平民，新会县民哨聚千余珠贼横行海上"⑧。可见当时仍有大量本地人反对李凤的暴行。经过朝野长期的呼吁，万历三十二年（1604）九月，"诏释举人劳养魁、梁斗辉、钟声朝回籍"⑨。但释

---

① 万历《新会县志》卷1《县纪》，第43页。

② （明）文秉：《定陵注略》卷5，《原国立北平图书馆甲库善本丛书》第193册，国家图书馆出版社，2013年，第1227页。

③ 《明神宗实录》卷346，万历二十八年（1600）四月乙酉，台湾"中央研究院"历史语言研究所，1962年，第6450－6451页。

④ 万历《新会县志》卷1《县纪》，第37页。

⑤ 万历《新会县志》卷7《艺文略》，第368页。

⑥ 康熙《新会县志》卷12《人物志上》，第679页。

⑦ 《明神宗实录》卷346，万历二十八年（1600）四月乙未，台湾"中央研究院"历史语言研究所，1962年，第6460页。

⑧ 《明神宗实录》卷358，万历二十九年（1601）四月丙申，台湾"中央研究院"历史语言研究所，1962年，第6700页。

⑨ 康熙《新会县志》卷3《事纪》，第426页。注：同书卷12《人物志上》梁斗辉传记载："万历四十二年（1614）以水灾修省，用阁臣沈一贯、谏垣梁有年等议，诏赦斗辉及同邑举人劳养魁、钟声朝削籍归里。"则新会三举人被释放有万历三十二年（1604）、万历四十二年之说。

放回乡的三位举人失去参与会试资格，后又经大臣们力争，在万历四十三年七月十五日，终于等到"劳养魁等俱准会试"的圣旨。① 此时距离案发已达十五年之久，可谓旷日持久。

"新会民变"是市民、乡绅反对矿监税使的一次自发斗争，与万历年间的"苏州民变""临清民变""武昌民变"等一样，均是反对腐朽封建统治的举动，展示出民众反抗暴政的不屈精神。经过多位正直官员的施救，由所谓"民变"导致的冤案才得以平反。经此一役，江门地区的地方秩序继续被打破，明末乱世危机已隐潜其下。

第三节　社会经济的发展

明代江门地区虽面对"内忧外患"，社会动乱频仍的局面，但社会经济总体上稳步向前发展，在经济领域呈现一系列新的面貌。经历过元末纷乱，明初朝廷注意休养生息。农业上掀起围垦沙田的热潮，蒲葵种植业成为新会农业特色。手工业技艺不断创新，产品远销外省。商品经济领域同样活跃，江门墟异军突起，开始成为区域商品集散地。城乡发展，交通网络的密布，尤其是在海上丝绸之路上扬帆起航，江门地区成为中外经济交流的交汇点。一幅幅农工商业的繁盛景象，表明明代江门社会经济踏上新的台阶。

一、沙田开发与农业扩展

明代珠三角农业地理环境发生沧海桑田的变迁。珠江上游地区垦荒活动加剧，原生植被被破坏，造成水土大量流失。珠江携带大量泥沙冲入大海，加快了珠江三角洲的泥沙沉积并出现大片"浮生沙坦"。劳动人民在这些土地上围垦圈筑成田，便是"沙田"。随着江门地区人口增加，对土地资源的需求增大，进一步刺激了沙田的开发利用。可以说，开发利用沙田是明代江门乃至珠三角地区农业发展的一大特征。

明代农业仍是主要产业，以农为主的总体格局没有改变。新会是围垦沙田的重要区域，《桑园围志》记载："迨元至明，下流香山、新会等处，淤积沙坦，圈筑围田。"② "广州边海诸县皆有沙田，顺德、新会、香山尤多"，耕作之余，还可以捕获鱼、虾、蟛、蛤、螺等海渔产品，由此盛平之时，边海人以沙田致富者颇多，"买沙

---

① 万历《新会县志》卷1《县纪》，第49页。
② 转引自华南师范学院地理系编辑：《历史时期珠江三角洲河道变迁研究》，华南师范学院地理系，1979年，第40页。

田者争取沙裙，以沙裙易生浮沙，有以百亩而生至数百亩者"①。新会县民众赖以为生的"食货"有四类：田利、海利、山利、造作之利。田利主要是由新形成的沙田所产生的，"象山之下，昔皆沧海。民生其间，不为波臣者几希。今则淤为沃壤，望不可极。厓门以内犹然浩渺，岁受西水，种荻积污，目为浮生。鼓之以献投，假之以科升。豪门贵客，迭相争夺"②。新会人陈添佐"世居陈冲，方言冲为涌，谓溪港之通潮者也。……有先人旧庐四十楹，良田四千亩"③。通过购置沙田积累成为地主。明代新会县土地增幅多，成为珠三角许多寺庙购置寄庄田地的理想目的地。以广州光孝寺为主的外县寺观田产与本地寺观田产，约占全县田额10%。④

沙田地势平坦，极易遭受洪水的侵袭，使各项水利建设得到重视。明初，新会县修筑不少陂围。明前中期，当地乡民赴工部或省布政司请求修筑，然后官府派员前来落实，个别为乡民自筑。永乐十年（1412）八月，"修广东新会县圩岸二千余丈"⑤。正统二年（1437）十月，修筑"新会县鸾台山至瓦塘涌颓塌圩岸一千一百余丈"⑥。成化年间，新会县潮连乡民区鉴（进士区越之父）率众兴筑堤围，使得乡里湖田从"岁一稔"变为"岁获两稔，成膏腴"。⑦明末堤围多为民间修筑，"昔陂围多鸣上，上使人为筑之，今则皆民力而已，岁有塌崩，疲劳自苦"⑧。根据《珠江三角洲堤围水利与农业发展史》一书的统计，明代江门地区修筑的堤围共有坡亭大水围（古劳围）等三十一处。⑨但大量修筑堤围有利于农业生产的同时，也会造成地方水灾隐患，如"古劳一带，竞筑陂围以御西水。一孔之决，举围莫收。此谓田利而亦有害焉"⑩。

经过持续开发，江门地区形成不少适合耕种的肥沃土地。明初，新会黎贞《溪隐记》云：梁氏"买地于天台山之西，自熊海汪洋入小水，袤袤行五六里，环绕萦带不绝，平壤如掌，多腴田，宜稻宜秫，遂卜居焉"⑪。其《水东村》诗有"秋风熟禾黍，

---

① （清）屈大均：《广东新语》卷2《地语·沙田》，中华书局，1985年，第51－52页。

② 万历《新会县志》卷2《食货略》，第83页。

③ 嘉靖《广东通志》卷59《列传十六》，第1526页。

④ 任建敏：《明代广东寺观田产研究》，中山大学出版社，2019年，第21页。

⑤ 《明太宗实录》卷131，永乐十年（1412）八月辛酉，台湾"中央研究院"历史语言研究所，1962年，第1617页。

⑥ 《明英宗实录》卷35，正统二年（1437）十月丁巳，台湾"中央研究院"历史语言研究所，1962年，第673页。

⑦ 万历《新会县志》卷5《人物传下》，第230页。

⑧ 万历《新会县志》卷2《食货略》，第86页。

⑨ 赵绍祺、杨智维修编：《珠江三角洲堤围水利与农业发展史》，广东人民出版社，2011年，第106－114页。

⑩ 万历《新会县志》卷2《食货略》，第83页。

⑪ （明）黎贞：《秫坡先生文集》卷6《溪隐记》，《四库全书存目丛书》集部第25册，齐鲁书社，1997年，第497页。

旭日散鸡豚"① 之句。新会潮连"壤地膏腴，宜稻，比屋之民居积殷富"②。梁金山"其下沃壤延袤七八十里，民环居"③。李翔《滨江即事》诗也有"种竹为村近水傍，家家初插水田秧"④ 之句。以水稻为主的种植业蓬勃发展，新会县"谷"类即"多粘品，多稻品，多糯品，多菽品，有黍，有麦"⑤。

其他的农作物以及经济作物也得到发展。新宁县"山川相错，土田依附其中，多水少旱。论其利，田为上"⑥，其物产"五谷"类有红糯、黄粘、油粘、鹧鸪稻、狗蝇稻、黄糯、毯子糯、安南糯、粳糯、茅包锦、花黏、交趾黏、旱禾、白豆、绿豆、芝麻等，"桑麻"类有绵、葛、青麻、络麻、桑等，"蔬"类有芹、𦸈、菌、蕨、苦荬、蕹菜、蒲突、芥、芥蓝、茼蒿、芫荽、萝卜、蒜、葱、韭、瓠、葫芦、金瓜、香瓜、丝瓜、冬瓜、薯、芋、土瓜等。⑦ 农作物种类较为丰富。种茶业也得到发展，"大雁山西北临大江，高崎横截，为海门之捍，利种茶"⑧。当时新会县已出现专门用来泡茶的井水，"江湾井，在东关外石上，为邑煎茶第一泉"⑨。

桑基鱼塘得到进一步的发展。经济作物种植业是最发达的商业性农业部门，其中蚕桑、甘蔗、水果、蒲葵、花卉、蔬菜等一些作物已形成商品性集中产区，成为商品经济发达的珠江三角洲和沿海一些地区的农业地理特色。⑩ 明新会人区越《餐荔次韵》诗有"一抹丹霞百树连，江园荐荔喜新鲜。繁华独数端阳后，风味应无夏至前"之句。⑪ 嘉靖间，浙江人徐渭在阳江吃到新会出产的"进奉"荔枝，为此写下《荔支（二首）》诗，自注云："出新会者名进奉，绝佳，有以小瓮载贩阳江者，到即竞报。"⑫ 万历间，今江海区滘头等地大量种植蔬菜，外海粉葛、麻园菠菜久负盛名。⑬ 蒲葵种植业集中在新会，新会"葵扇之制，几遍天下"⑭。

---

① 万历《新会县志》卷7《艺文略》，第350页。
② （明）区越：《乡贤区西屏集》卷7《耕野记》，《广州大典》第56辑第6册，广州出版社，2015年，第370页。
③ 万历《新会县志》卷1《舆地略上》，第55页。
④ 万历《新会县志》卷7《艺文略》，第363页。
⑤ 万历《新会县志》卷2《食货略》，第87页。
⑥ 嘉靖《新宁县志》卷5《食货志》，第47页。
⑦ 嘉靖《新宁县志》卷5《食货志》，第44页。
⑧ 万历《新会县志》卷1《舆地略上》，第54页。
⑨ 万历《新会县志》卷2《食货略》，第86页。
⑩ 司徒尚纪：《明代广东农业和手工业分布的若干特色》，《经济地理》1982年第4期。
⑪ （明）区越：《乡贤区西屏集》卷1，《广州大典》第56辑第6册，广州出版社，2015年，第296页。
⑫ （明）徐渭著，周郁浩校阅：《徐文长文集》，广益书局，1936年，第68页。
⑬ 江门市江海区地方志编纂委员会编：《江门市江海区志》，方志出版社，2012年，第1页。
⑭ 万历《新会县志》卷2《食货略》，第84页。

二、军屯与民屯兴起

围垦沙田、开发土地的活动中，军屯的力量不容忽视。明初，大军平定广东之后，朝廷在沿海广设军屯等屯田以供应卫所粮饷。卫所旗军部分守城操练，部分安置到屯田进行耕种。

洪武间，卫所屯垦扩展到新会和香山等地。[①] 永乐二年（1404），"更定天下卫所屯田守城军士，视其地之夷险要僻，以量人之屯守多寡。临边而险要者则守多于屯，在内而夷僻者则屯多于守，地虽险要而运输难至者，屯亦多于守"[②]。军屯多设在较为偏僻的荒地，新生沙田区自然是较好选择。屯田百户所是屯田区最基层的组织，新会共设置七个屯田百户所："曰龙溪，在县东；曰官涌，在潮居都；曰那泥，在古博都；曰沙冈、曰江门、曰小乾，俱在归德都。曰古镇，在香山小榄都，遥属本邑。"[③] 卫所旗军在本地的屯种，对继续开垦荒地和围垦沙田起到积极作用。

嘉靖间，军屯屯政败坏，逐渐衰落，而民屯得以兴起。嘉靖十年（1531），两广提督林富等官员提议"以（新）会、（新）宁二县田为贼所据及抛荒无主者，凡数百顷籍之官，以为民屯"，招募贫农每人分种十五亩，"三年之后乃输正粮，免其杂徭"，耕种之余"以时习武"，这样"度田百五十顷，可练民兵千人"。[④] 军屯为正规军屯田，这里的民屯则以贫民进行屯田，可视作民兵屯田，国家可减少军费负担。这些屯兵"无事耕种，有事悉听调发。捕贼有功，照格给赏。中间如有诡名及老弱幼小重冒者，连总甲一体问罪。如有废耕无勇，或犯罪不悛者，俱收其田业，发遣回籍，另召耕种"，新宁县"立为七屯"，分别是镇安屯、新安屯、塘村屯、沙田屯、黄沙屯、瓦塘屯、平田屯。[⑤] 万历初，兵备佥事李材平恩平十三村、牛牯岭、王三坑等"贼"处后置屯耕守，因此崇祯《恩平县志》记载的民屯包括镇安屯、开平屯、巩靖屯、庆宁屯、肇熙屯、镇戍屯、丰建屯、城置屯、白石屯、陈靖屯、镇平一、镇平二、镇平三、白蒙屯、大澨屯、潘村屯、永定屯、永宁屯、靖思屯、肇康屯、武定屯、永镇屯等处。[⑥] 上述的镇安屯应位于明代新宁与恩平二县交界处，因此两县志书均有记载，清初开平县新置后划入开平县，旧址在今开平金鸡镇。据现存万历三年（1575）《镇安屯驻守屯丁碑》记载："镇安屯原系得行都，地名抱鼓岭，于嘉靖十一年（1532）

---

①　蒋祖缘：《明代广东农业的飞跃发展》，《广东社会科学》1985年第4期。

②　《明太宗实录》卷30，永乐二年（1404）四月甲午，台湾"中央研究院"历史语言研究所，1962年，第552页。

③　万历《新会县志》卷2《公署》，第102页。

④　《明世宗实录》卷130，嘉靖十年（1531）九月丙子，台湾"中央研究院"历史语言研究所，1962年，第3096页。

⑤　嘉靖《新宁县志》卷9《武备志》，第66页。

⑥　崇祯《恩平县志》卷1《县纪》，第132-138页。

奉右侍郎两广军门林富奏准，合行岭南道肇庆府参将程，召集江西赣州府千长刘万球、邹振环带屯丁前来，□于地建城，□发银起造，书名为镇安屯，耕守地方。"① 当时"召赣州龙南、安远贫民立屯耕守，凡一百三十九人，人受田一十五亩，计田二十顷八十五亩"②。可见镇安屯的屯丁为来自江西赣州府龙南、安远两县的 139 位贫民，他们每人获得 15 亩田，来此耕守后定居下来。

屯田的好处是显而易见的，至隆庆三年（1569）四月，仍有刑科给事中魏体明建议："东莞、新会、顺德、香山、惠潮沿海之民习水战，知地利，可召为兵，令以其七出战而三屯耕。"③ 即将沿海善于水战之人组织起来进行屯田，在出战之余进行耕作。然而，过多的屯田给地方带来不稳定因素，因为最初军屯、民屯有"寓兵于农"的用意，但弊端逐渐显现，即"隐占民田而复岁糜百金之饷，无当于用者"，对民田进行侵占。更有甚者，"屯田之弊无如开平为最，以其地接新会之平康都，都民刁梗，且屯兵尽非昔日之兵。民之视屯甚于盗薮，畏屯之兵甚于寇盗"④。可见明代江门地区屯田政策未能善始善终，演变为地方顽疾，已远离设兵屯田、寓兵于农的初衷。

三、手工业的发展

明代江门地区各项手工业水平已经发展到一个新高度。依托当地的原料进行加工制造，因地制宜地发展相应手工业，其中制盐业和葵扇制造业最具代表性。在前代的基础上，不仅手工技艺得到新的提升，且生产规模较大，乃至远销南北各省。此外，其他手工业亦在稳步发展。

（一）制盐业

明代设广东盐课提举司管理全省盐政，下辖盐场十四个，各设盐课司进行管辖，包括新会县矬峒、海晏两个盐场。这两个盐场是唐宋以来的老盐场。海晏盐课司在海晏都，矬峒盐课司在矬峒都，均有官厅一座、大门一间，负责将盐场的各块盐田分给灶户（盐户）使用。弘治间设新宁县后，矬峒、海晏二盐场一并归入新宁县。矬峒盐场所在地名称为"盐廓"，海晏盐场所在地名称为"场廓"。新宁拥有两大盐场之外，也扩大产盐区域，盐业发展迅速，如"寨门海，在县城西南二百里，产鱼盐"⑤。煮盐所需木柴就地取材，上川山"多香腊、材木，其居民煮盐者，多取木于是"⑥。此

① 谭棣华等编：《广东碑刻集》，广东高等教育出版社，2001 年，第 432 页。
② 崇祯《恩平县志》卷 1《县纪》，第 132 页。
③ 《明穆宗实录》卷 31，隆庆三年（1569）四月乙卯，台湾"中央研究院"历史语言研究所，1962 年，第 811 页。
④ 崇祯《恩平县志》卷 6《兵防》，第 122 – 123 页。
⑤ 嘉靖《广州志》卷 13《山川三》，第 317 页。
⑥ 嘉靖《新宁县志》卷 1《封域志》，第 17 页。

外，新会县"濒海，以鱼盐为生"①。恩平县"多盐，……近立盐商"②。明代江门沿海地区大多产盐。

海盐制作技艺上，衍生出不同的制作方式。新宁县保留两种制盐古法："海晏盐，取沙淋卤而煎之；矬峒盐，用藁浸水、干烧灰淋水而煎之。"③ 新会县"盐之所出，一煎一晒，竹釜蛎涂，转久弥密，此煎法也，功倍于晒，视淮浙煮而用铁者尤便"④。

江门地区制盐业成为重要的税赋来源，灶户每年按丁额向官府缴纳盐课，还有临时差盘盐船抽税。成化初年，因处置两广"瑶乱"需要大量军饷，都御史韩雍于新会等"盐船经过之处，设法查盘"，每引抽银五分作为军饷。⑤ 嘉靖时，矬峒盐课司岁办大引盐二千四百一十引一百九十七斤，海晏盐课司岁办大引盐四千七百八十引一百一十四斤八两。⑥ 按明制，盐每大引即为四百斤。可见明代江门地区制盐业的兴盛。

（二）葵扇业

新会蒲葵质地优良，用其制作的葵扇得到海内外赞誉。明代王临亨《粤剑篇》称："葵树，绝类棕榈。广人取其叶以为扇，今天下通用之。"⑦ 新会则是制作葵扇的主要地区，"新会葵扇"闻名遐迩。新会葵扇的制作步骤是："叶之圆长，制而为扇。缘之以天蚕之丝，嵌之以白鳞之片，柄之以青琅玕之牌，缠之以龙须藤之线，铜钉漆涂，绘画为绚。"⑧ 这种制作工艺精湛的新会葵扇，用料复杂，做工精致，是明代江门地区手工业的独特产品。明末新会葵扇远销全国各地，于上海、汉口、镇江、重庆创建有商业会馆。

（三）陶瓷业

明代珠三角地区形成以佛山石湾为中心的陶瓷基地，产品多仿制各地名窑瓷器，制作饭煲、粥煲、盆缸、水缸等，江门地区的陶瓷业亦受其影响。恩平燕子归巢山，开平叶洞村、兰芳村，台山广海石栏村等地发现有明代窑址，可见当时江门陶瓷手工业仍有一定的生产规模。

---

① 嘉靖《广东通志》卷20《民物志一》，第528页。
② 崇祯《恩平县志》卷7《地里》，第199页。
③ 嘉靖《新宁县志》卷5《食货志》，第43－44页。
④ 万历《新会县志》卷2《食货略》，第83页。
⑤ 《明武宗实录》卷147，正德十二年（1517）三月庚子，台湾"中央研究院"历史语言研究所，1962年，第2878页。
⑥ 嘉靖《新宁县志》卷5《食货志》，第49页。
⑦ （明）王临亨：《粤剑编》卷3《志物产》，中华书局，1987年，第80页。
⑧ （清）屈大均：《广东新语》卷16《器语》，中华书局，1985年，第454页。

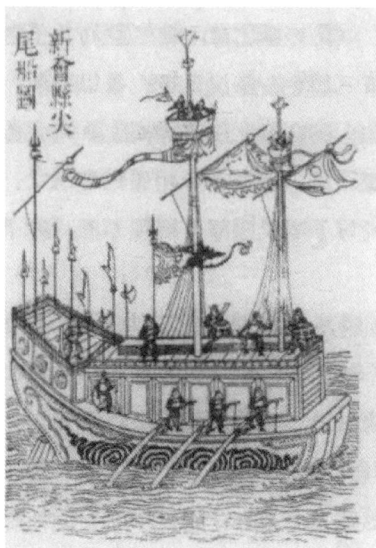

图 4 - 1 新会尖尾船

（四）造船业

明代广东造船业发达，广船、福船、沙船并称为我国三大木质船，新会为广东造船中心之一。新会滨海，时常受到倭寇与海盗的侵扰，本土造船业因此得到发展，新会横江船、尖尾船等战船有较高知名度，属于"广船"系列。新会横江船可搭载七百石至二千石不等。明代将领俞大猷曾说：东莞乌尾船和新会横江船，"其船系富家主造，其驾船之人名曰后生，各系主者厚养壮大，每船各四五十人，南至琼州载白藤、槟榔等货，东至潮州载盐，皆得十倍之利"①。新会横江船在海防中有重要地位，"广中御寇，多资新会、顺德、东莞等处乌艚、横江等船"②。有学者认为，"东莞大头船、新会尖尾船是广式战船中的翘楚，两船以其原产地命名，同样证实了以上地区造船业之发达"③。

但地方造船业征税过重，嘉靖年间征倭"以新会一县言之，调去一百一十艘，迄无一还。加以频年刷掳，有司之侵渔多端，免差就征，斯民之膏脂顿竭"④。嘉靖十三

---

① （明）俞大猷：《洗海近事》卷上《呈总督军门张》，《中国海疆文献初编：沿海形势及海防》第 2 辑第 12 册，北京知识产权出版社，2011 年，第 75 页。

② 《明穆宗实录》卷 31，隆庆三年（1569）四月乙卯，台湾"中央研究院"历史语言研究所，1962 年，第 811 页。

③ 周孝雷、唐立鹏：《明代广东的海防战船——兼论广州府的造船业》，郭声波、吴宏歧主编：《中国历史地理研究》第 6 辑《环南海历史地理与海防建设》，西安地图出版社，2014 年，第 246 页。

④ （清）卢坤、（清）邓廷桢主编，王宏斌等校点：《广东海防汇览》卷 14《方略三·船政三》，河北人民出版社，2009 年，第 420 页。

年（1534），新会"濒海民造双桅大船将为海患，故毁之"①。隆庆三年（1569）十月，时任工科给事中的新会人陈吾德在《条陈东粤疏》中说到广东善后事宜包括"议船户"，提及恢复新会横江等船，可收无艺之众，通商贾之利，待战守之需，复税课之额。② 据此，梁方仲先生注意到"陈吾德《谢山存稿》，《条陈东粤疏》（隆庆三年作）记东莞乌、新会横江（大船）被征发轮差所受之打击"。③ 江门地区造船业刚有起色，奈何征调过密，极大地阻碍造船手工业发展壮大。

四、墟市与交通发展

古代农村约定日期进行商品买卖的市场，北方称集市，南方称墟市。"岭南村墟聚落，间日会集裨贩，谓之虚市。"④ 墟与市的区别是时间不同，"粤俗以旬日为期，谓之墟；以早晚为期，谓之市"⑤。明代江门地区墟市得到发展，新会、新宁、恩平三县共有墟五十五处，市十三村。新会县有墟二十七处：新街、沙头、小泽、潮透、何村、古冈、寺前、龙塘、通天、沙坪、水口、那洋、水边、长沙、波罗、长沙塘、鸡笼冈、小冈、天亭、都会、奇榜、江门、杜阮、外海、河塘、沙坪头、古劳，有市十处：县前、东门、南门、西门、募前、濠桥、通济、桥头、分水冈、白沙。⑥ 天亭墟较为繁华，明末李彝云："吾乡天亭为巨市，……往来络绎，日以万计。"⑦ 新宁县有墟十三处：归化坊、腹岭、马头冈、张村、潮境、冈尾、崩塘、上泽、宝国寺、塘尾、太和、沙栏、渡头。⑧ 恩平县有墟十五处：南门、圣堂、老官、平安、洞平、那吉、竹峒、石窟（那田）、葫底、水边、巷口、牛岗渡、马冈、仓步、尖石，有市三处：上街、水街、南门。⑨

其中新会县江门墟的发展最为引人注目。位于西江出口的蓬莱山，与烟墩山相望对峙，犹如江海之门户，故称"江门"。元末，这里形成"江门墟"，是一个简易农、渔产品交换地。明初，江门墟不断发展，成为一个重要的商贸墟集，时外海、白沙、白石等村村民多乘船来此趁墟。随着社会经济的发展，江门墟更为兴盛。成化间，已

---

①　康熙《新会县志》卷3《事纪》，第417页。

②　（明）陈吾德：《谢山存稿》卷1《奏疏》，《广州大典》第56辑第11册，第455–456页。

③　梁方仲著，梁承邺等整理：《梁方仲遗稿·读书笔记（下）》，广东人民出版社，2019年，第326页。

④　（清）徐松：《宋会要辑稿·食货六十七》，中华书局，1957年，第6253页。

⑤　冼宝干编纂，佛山市图书馆整理：《民国佛山忠义乡志校注本》上，岳麓书社，2017年，第64页。

⑥　万历《新会县志》卷2《食货略》，第87页。

⑦　康熙《新会县志》卷4《建置志》，第454页。

⑧　嘉靖《新宁县志》卷1《封域志》，第21页。

⑨　崇祯《恩平县志》卷7《地里》，第167–168页。

呈现出"日日来鱼虾""商船夺港归"的繁盛商贸景象。陈献章所居白沙村距江门墟仅有一江之隔，对江门墟的热闹景象体会很深，其诗《江门墟》云："十步一茅椽，非村非市廛。行人思店饭，过鸟避墟烟。日漾红云岛，鱼翻黄叶川。谁为问津者，莫上趁墟船。"① 江门墟店铺林立，过客来往繁忙，一副热闹寻常的墟市场景。另有一首"故老相传为白沙所作"的《咏江门墟》诗则云："二五八日江门墟，既买锄头又买书。田可耕兮书可读，半为农者半为儒。"②

明后期，江门墟成为区域商品集散地，商品经济繁荣。万历间，新会举人李子世曾有诗吟咏江门当时船渡密集的景象："千船如蚁集江边，却喜江声效雨喧。向晚绿杨归渡映，远灯明灭认前村。""千船"形容江门渡船之多与水上交通之发达。③ 崇祯间，江门号称"臣镇"，"客商聚集，交易以数百万计"④。江门墟故址今有墟顶街、京果街地名，被称为江门市的"城市原点"。

传统社会，交通关系着社会稳定和王朝的统治。明代"设有驿传，在京曰会同馆，在外曰水马驿并递运所"⑤，以供公差人员往来或者军事需要。随着商品经济和城乡发展，商人运送商品物资，平民出行亦多使用驿路，广布交通线客观上发挥更广泛作用。

明代江门地区内设有独鹤驿、蚬冈驿、东亭驿与恩平驿等多处驿站。洪武元年（1368）设独鹤驿（在今开平苍城）。洪武十四年，新会县设蚬冈驿。成化十六年（1480）十二月，"开设广东新会县东亭驿"⑥。《明会典》记载有"新会县蚬江水马驿、东亭驿"⑦。"蚬江"即"蚬冈"。嘉靖间"自新会东亭、蚬冈、恩平莲塘而至高、雷、廉、琼及崧台，由腰古、新昌、独鹤而至恩平"，"高州一带而来，或由蚬冈，或由崧台取船，而至五羊倒换"。⑧ 也就是说，蚬冈驿的定位是中转站，这就比一般经过站更为重要。"自广东省城，水路至新会县之蚬冈驿登陆，计至高州八站，至雷、廉各十二站，至琼州十五站。"⑨ 另有恩平马驿，始设时间不详，"成化中移于城北，后

① （明）陈献章著，陈永正笺校：《陈献章诗编年笺校》上册，广东人民出版社，2018年，第149页。

② （明）陈献章著，陈永正笺校：《陈献章诗编年笺校》上册，广东人民出版社，2018年，第150页。

③ 叶显恩：《广东航运史·古代部分》，人民交通出版社，1989年，第86页。

④ 咸丰《顺德县志》卷24《列传四》，第584页。

⑤ 《大明会典》卷145《兵部二十八·驿传一》，《续修四库全书》史部第791册，上海古籍出版社，2002年，第475页。

⑥ 《明宪宗实录》卷210，成化十六年（1480）十二月丙寅，台湾"中央研究院"历史语言研究所，1962年，第3667页。

⑦ 正德《大明会典》卷119《兵部十四·驿传一》，正德六年（1511）刻本，日本国会图书馆藏。

⑧ 嘉靖《广东通志初稿》卷28《驿传》，第488、492页。

⑨ （明）应槚辑，赵克生、李燃标点：《苍梧总督军门志》卷26，岳麓书社，2015年，第327页。

又数迁，万历六年（1578）改为满沟驿，移置于城南"①。这些驿站通过驿道连接起来，便利交通。

驿站首要功能是便利官员出行。弘治十七年（1504），福建方良永"出按海北，取道新会县，舟次东亭驿"，前往崖山祭拜，写下《厓门吊古记》。② 广东巡按潘季驯《过独鹤驿》诗有"独鹤去何处，庭空松自闲。檐飞千涧水，门叠万重山"③ 之句。黄萧养事变时，香山人乌头娘（萧氏）被捕，被押至新会东亭驿时不堪受辱而被杀害。④ 但东亭驿开设于景泰之后的成化年间，可见此类烈女故事部分细节应属"虚构"。明后期，驿站方便商旅来往，促进地方社会经济发展。东亭驿处于"四方辐辏之冲"，路上行人"怒马飞帆，往来如织"。⑤ 僧人释德清也曾借宿独鹤亭，其《宿独鹤驿题壁》诗有"独鹤何年去，孤征此日来。庭遗毛色古，松带唳声哀"⑥ 之句。驿站也是外国贡使、商人停居之所，新会蚬冈（江）在明代广东驿站中位置突出。正德间进士夏良胜《送驿宰邓景升之蚬江序》云："广州会府隶州一、县十，南海最大，新会次之；州县所隶水驿十有一，马驿五，惟新会隶水驿二，蚬江其一，是必当水陆孔道也……蚬江且岸海，圣化薄内外，海国在服。若暹罗、浡泥、占城、真腊、苏门答剌、爪哇之属，岁时朝贡，候风潮而来者，日集番舶胡贾，交市奇物，帖而人，激而犬羊，虽疏简节目，而必制之。"⑦

除了陆上驿站，渡口和桥梁建设开始增加。江门地区河流纵横，渡口、桥梁在贯通出行路线上起到重要作用。明代新会县桥梁达到六十座之多，渡口有十四处，其中城下渡、江门渡、蚬冈渡、高沙渡、坡亭渡、塘下渡是长河渡，但这仅是官渡部分，为数不少的私渡则未被统计收录入县志。成化初，新会县丞陶鲁曾计划疏通广海的海道，"以新会至广海由厓门出大洋海，有风涛之险，且多海寇，舟惮往来"，建议开凿由渔塘至黄塘二十余里，但最终未能成功。⑧

新宁县陆路交通不便，水路交通显得更为重要，有桥七座，渡口十四处，以县治为中心，开辟城东、城南、城西三条通道，向外延伸至阳江、恩平、新会县等地，

① 杨正泰：《明代驿站考（增订本）》，上海古籍出版社，2006年，第58-59页。

② （明）方良永：《厓门吊古记》，林邦钧选注：《历代游记选》，中国青年出版社，1992年，第381-383页。

③ 刘广生编选：《中国古代邮亭诗钞》，北京邮电学院出版社，1991年，第269页。

④ 嘉靖《香山县志》卷6《黎献志》，第94页。

⑤ 万历《新会县志》卷2《公署》，第104页。

⑥ （明）释德清：《憨山老人梦游集》，沈乃文主编：《明别集丛刊》第4辑第6册，黄山书社，2015年，第703页。

⑦ 衷海燕、唐元平编：《广东海上丝绸之路史料汇编·明代卷》，广东经济出版社，2017年，第70页。

⑧ 嘉靖《新宁县志·图经》，第7页。

"顺风可一日夜，逆风可二三日达新会"，"一日达蚬冈驿，由蚬冈而上小水至恩平"。① 恩平县有桥十一座，渡口六处以及邮递一十九处。② 交通路线的拓展是城乡发展的结果，反过来又促进城乡的不断发展。

五、海洋贸易繁荣

明代是海上丝绸之路的繁荣发展期，即使在海禁期间，中外海上贸易亦未彻底中断。洪武时期，为抵御海贼倭寇侵扰，设立广海卫，建立卫城加强守御，使广海等地成为外国贡舶商船的安全停靠港湾。江门地区南部海洋是传统航路，这里不少海域或岛屿成为明代诸国入贡时停留之所，如广海、望峒、奇潭三地成为"暹罗国并该国管下甘蒲拓、六坤州与满剌加、顺塔、占城各国夷船"③ 湾泊之地。此外，新宁县纲洲海、寨门海、大小金门均是番舶往来之所。④ 景泰七年（1456），满剌加国正副使柰霭等朝贡途经新会县。⑤ 成化元年（1465），爪哇国遣使臣梁文宣入贡方物途经广海卫。⑥

商船番舶频繁经过江门地区，乌猪岛是海上重要地理航标。乌猪岛"上有都公庙，舶过海中，具仪遥拜，请其神祀之。回，用彩船送神"⑦。上下川岛、崖山在海上丝绸之路上占有关键地位，海禁期间依然是重要的贸易点。明代航海条件成熟，吸引国内商人在此贸易。成化间，新会县民刘铭、梁狗前往海康卖谷，回程时海康民吴祁与其弟金童"挈家避寇附舟至新会"⑧。嘉靖初，新会县"海利居多，商艘载海南椰子、槟榔之属及鱼盐埠，例赴县投税，岁可得数百金为公费"⑨。由此可见，粤西、海南与江门地区商贸往来较为频繁。

除了国内航海贸易，海外贸易也有所发展。江门地区作为外国人入贡必经之路，一方面遭受倭寇、海盗侵扰，一方面在岛屿上进行贸易。上下川岛居民有出洋谋生的传

① 嘉靖《新宁县志·图经》，第6－7页。
② 崇祯《恩平县志》卷4《建置》，第118－119页。
③ 嘉靖《广东通志》卷66《外志三》，第1749－1750页。
④ 嘉靖《广东通志初稿》卷1《山川上》，第28页；嘉靖《新宁县志》卷1《封域志》，第18页。
⑤ 《明英宗实录》卷266，景泰七年（1456）五月己丑，台湾"中央研究院"历史语言研究所，1962年，第5654页。
⑥ 《明宪宗实录》卷19，成化元年（1465）七月戊申，台湾"中央研究院"历史语言研究所，1962年，第379页。
⑦ （明）张燮，谢方点校：《东西洋考》卷9《舟师考》，中华书局，2000年，第172页。
⑧ 《明宪宗实录》卷115，成化九年（1473）四月辛巳，台湾"中央研究院"历史语言研究所，1962年，第2233页。
⑨ 万历《新会县志》卷1《县纪》，第24页。

统，上下川"二山皆产香蜡、竹藤之属，而上川为优。居民以贾海为业"①。上下川岛在海上贸易网络中占有重要地位，民间海上走私贸易盛行。成化十四年（1478），以江西浮梁县人方敏为首，用大船装载货物出海与夷人交易，"远出外洋，到于金门地方，遇见私番船一只在彼，敏等将本船磁器并布货，兑换得胡椒二百一十二包、黄蜡一包、乌木六条、沉香一扁箱、锡二十块过船"②。此处所说的"外洋"，也就是上下川岛附近的金门海域，为走私贸易的终点站。

随着海洋贸易的发展，上川岛成为中外贸易之所，外国货船频繁出没于附近海域。明代林希元云："弗朗机之来，皆以其地胡椒、苏木、象牙、苏油、沉束、檀乳诸香，与边民交易，其价尤平，其日用饮食之资于吾民者，如米、面、猪、鸡之数，其价皆倍于常，故边民乐与为市。"③ 正德十二年（1517），葡萄牙四艘商船抵达川岛，其中两艘在朝廷的获准下登岸贸易，此后葡萄牙商船不断到达上下川岛进行贸易。西班牙传教士方济各·沙勿略在 1552 年登陆上川岛，他描述当时的贸易场面："多亏我主的慈悲、怜悯，迪奥戈·佩雷拉的大船及所有乘客安全无恙地来到了上川港。在此我们遇到了许多其他商人的船只。上川港距广州 30 里格，许多商人从广州城赶来此地与葡萄牙人交易。"④ 萨莱瓦《澳门名城历史事件集》也记载："直到这一年（1553），葡萄牙人和中国人一直在上川岛交易，许多船只从马六甲前往该港口贸易，但条件是，必须做完生意立即撤离，或返回马六甲，或前往日本。中国人从来没有同意葡萄牙人在那儿居留或建造房屋，只允许搭起一些窝棚，即圣·方济各神父逝世时所在的那种茅屋。"⑤

梅尔乔尔神甫 1555 年 11 月 23 日致果阿耶稣会修士的信函中称，上川岛"此地富甲天下，仅在我们停泊的港口有一条从日本来的大船载三十几万公担胡椒及价值 10 万的白银。这些货物不消一个月便销售一空。原因是允许他们将货物从广州运来上川，在此与华人交易，换取运往印度、葡萄牙及其他地方的货物。据说，每年如此交易"⑥。数十万公担及十万白银，贸易规模之大颇为惊人。意大利传教士利玛窦即称"在澳门城兴建之前，上川岛是中国和葡萄牙人贸易的地点"⑦。当时葡萄牙人在上川岛进行临时贸易，"每届贸易时，张搭天幕，构建茅屋，为临时商场，及贸易终了，

---

① （明）李贤：《大明一统志》卷 79《广东布政司·广州府》，《四库提要著录丛书》史部第 207 册，北京出版社，2012 年，第 425 页。

② 《皇明成化十五年条例》，"接买番货"，台北傅斯年图书馆藏抄本。

③ （明）林希元：《林次涯先生文集》卷 5《与翁见愚别驾书》，《四库全书存目丛书》集部第 75 册，第 539 页。

④ 金国平编译：《西方澳门史料选萃（15—16 世纪）》，广东人民出版社，2005 年，第 62 页。

⑤ 转引自张廷茂：《从汪柏与索萨议和看早期中葡关系的转变》，《安徽史学》2007 年第 2 期。

⑥ 金国平编译：《西方澳门史料选萃（15—16 世纪）》，广东人民出版社，2005 年，第 230 页。

⑦ ［意］利玛窦、金尼阁著，何高济等译：《利玛窦中国札记》，中华书局，1983 年，第 128 页。

则撤去之，例以为常。盖彼等明知贸易不稳固，故不能如过去时建造城寨，为久居计也"①。当其时，为葡萄牙人服务的中国籍通事"多漳、泉、宁、绍及东莞、新会人为之，椎髻环耳，效番衣服声音"②。这些通事俨然一副外国人的装扮，其中就有新会本地人。至万历间，仍有番舶因为台风被覆于上川，"川人间捞所覆余物"③。民国初，《广东通志》通讯员余觐光到访上川岛三洲港，写下《三洲访葡人互市遗迹》诗，云："西风何处入中华，莽莽三洲望眼赊。疑幻波光成蜃市，再寻烟址是渔家。"④ 上下川岛海域成为明代中西海上贸易的重要交汇点。在中葡早期交流上有突出位置，中葡两国关系发展的起点即在上下川岛及其附近海域。⑤ 考古资料显示，上川岛西北部大洲湾遗址保留大批葡萄牙特色外销瓷器，有的是葡萄牙人定制品，年代大体在正德至嘉靖间。⑥ 2011 年，大洲湾遗址被评选为"广东省第三次全国文物普查百大新发现"之一。⑦

　　除了上川岛，崖山也成为外国人的贸易场所。明末崖山岛港口有葡萄牙船、暹罗船和西班牙船，葡、西、荷三国曾为获得贸易港口而在此展开过激烈争夺。⑧ 嘉隆间，有外国船只停泊新会，擅自砍伐崖山松树，当地人收受定金诱拐良家子女出卖。万历间新会进士何熊祥说："嘉隆之际，岛夷嗜汉物如蔗，峨舳之艑蹯入于厓，通关市，贿汉人，掠良家子以归。"⑨ 隆庆三年（1569），新会知县林会春将其驱逐出境，并抓获当地勾结外国人的奸民，"始申逐夷舶，擒惟蛟兄弟置之法，民患始息"⑩。

　　① 转引自朱亚非：《明代中外关系史研究》，济南出版社，1993 年，第 278 页。
　　② （明）庞尚鹏：《陈末议以保海隅万世治安事》，《明经世文编》卷 357，中华书局，1962 年，第 3835 页。
　　③ 康熙十一年《新宁县志》卷 4《秩官志》，第 114 页。
　　④ 陈中美：《台山杂记》，台山华侨社，1986 年，第 74 页。
　　⑤ 汤开建：《上、下川岛：中葡关系的起点——Tamão 新考》，《学术研究》1995 年第 6 期。
　　⑥ 黄薇、黄清华：《广东台山上川岛花碗坪遗址出土瓷器及相关问题》，《文物》2007 年第 5 期。
　　⑦ 广东省文物局、广东省第三次全国文物普查办公室、广东省文物保护基金会编：《广东省第三次全国文物普查百大新发现》，2011 年，第 10 页。
　　⑧ 李庆、戚印平：《晚明崖山与西方诸国的贸易港口之争》，《浙江大学学报（人文社会科学版）》2017 年第 3 期。
　　⑨ 万历《新会县志》卷 3《规制略下》，第 148 页。
　　⑩ 万历《新会县志》卷 1《县纪》，第 28 – 29 页。

第四节　社会文化的兴盛

明代江门地区社会经济的发展，促进文化事业繁荣。思想上，理学大儒陈献章倡道东南，创办"江门学派"，深刻影响明代思想文化发展轨迹。教育上，开设儒学、普及社学，出现一批有影响力的书院，培育大批来自省内外的学子。礼俗文化上，江门地方积极开展移风易俗的改革，进行教化和整顿。随着明中后期商品经济的发展，民俗娱乐活动亦得到丰富发展。宗教文化上，传统佛教、道教得到延续发展，大批寺观得以建立。中西文化交流开始深入，江门作为海上丝绸之路的前沿，首先受到西方文化的影响。新会《木美人》油画是最早传入中国的油画作品，首位来华传教士方济各·沙勿略以江门上川岛为基地传播天主教，这些都是中西文化交流的重要见证。

一、江门学派

江门学派是明代岭南大儒陈献章创建的以宣扬"心学"思想为宗旨的儒家理学学派，又称白沙学派、江门之学、江门心学。儒家学派由春秋末期孔子始创，汉武帝时期"罢黜百家，独尊儒术"，儒家思想占据统治地位。两汉经学之后，宋元及明前期统治者极力推崇儒学中的程朱理学，朱熹传注"四书"反而禁锢读书人思想。直至明代陈献章创建江门学派，开创明代心学先河，冲击宋代以来程朱理学的思想统治地位。

明中期，陈献章赴京会试落榜后，返回江门一心研究学问，讲学授徒。其思想以宋代儒家理学为根基，上承濂溪之学，融合儒、释、道，主张"以自然为宗""学贵乎自得""为学须从静坐中养出端倪来""心即理也""天地我立，万化我出，而宇宙在我"等。他说："学者苟不但求之书而求诸吾心，察于动静有无之机，致养其在我者，而勿以闻见乱之，去耳目支离之用，全虚圆不测之神，一开卷尽得之矣。非得之书也，得自我者也。盖以我而观书，随处得益；以书博我，则释卷而茫然。"[1] 鼓励弟子独立思考，重视主观能动性，强调心性作用。

陈献章创立的江门学派开启明代学术风气之先，上承程朱理学，下启阳明心学。明代黄淳序万历《新会县志》云："新会之所重于天下者，以有江门道学、厓山忠节在……陈子突起海滨，上接周孔之传，名满天下，为世儒宗。"[2] 清初黄宗羲对陈献章

---

[1]　（明）陈献章著，孙通海点校：《陈献章集》卷1《奏疏》，中华书局，1987年，第20页。

[2]　万历《新会县志·序》，第4－5页。

及江门学派评价较高，《明儒学案·师说·陈白沙献章》云："先生学宗自然，而要归于自得。自得故资深逢源，与鸢鱼同一活泼，而还以握造化之枢机，可谓独开门户，超然不凡"；《明儒学案·白沙学案》云："有明之学，至白沙始入精微。其喫紧工夫，全在涵养。喜怒未发而非空，万感交集而不动。至阳明而后大。"① 对江门学派的内涵有精准的概括。

江门学派是第一个具有岭南特色的学术流派，标志岭南文化发展的第一个高峰。② 江门学派的形成与发展，既见证明代江门地区文教昌盛，又活跃全国儒学氛围，是明代的思想与文化繁荣的见证，正是"白沙先生遂以理学特兴，昭烁海内，非仅为一邑之望也"③。

江门学派弟子众多，明万历《新会县志》专列《白沙弟子传》记载伍云（字光宇）等106人，清代陈遇夫《白沙陈子门人》记载98人（附录8人），阮榕龄《白沙门人考》记载180人（减去重复者为176人），仍未能尽录。据考证，白沙门人总数为190人，来自新会县者74人、新宁县1人。④ 主要学术传人有贺钦等，"及门如辽东贺钦之（引者注：据《明史》，贺钦字克恭，此'之'字应是衍字）、嘉鱼李承箕、番禺张诩、增城湛若水、东莞林光，皆绍江门之绪"⑤。湛若水是陈献章晚年得意弟子和学术继承人，是江门学派的集大成者，师徒齐名，并称"陈湛之学""陈湛理学"。陈献章逝世后，江门学派仍有发展，"其弟子辈继续传播及发扬其绝学于本省及全国，由是演成驰名于吾国学术史上之'江门学派'。其在广东则开'岭学'之先河，树'粤风'之模范"⑥。

二、学校建设

明太祖朱元璋出身寒微，尤其重视学校教育在治国中的作用，认为"古昔帝王育人材，正风俗，莫先于学校"⑦。明初，朝廷将兴建学校作为官员考核标准之一。"盖无地而不设之学，无人而不纳之教。庠声序音，重规叠矩，无间于下邑荒徼，山陬海

① （清）黄宗羲著，沈芝盈点校：《明儒学案》卷5《白沙学案上》，中华书局，2008年，第4、79页。
② 黄明同：《岭南文化的三次大兼容与三个发展高峰》，《学术研究》2000年第9期。
③ 康熙《新会县志》卷17《艺文志》，第784页。
④ 王光松：《白沙学派论考》，巴蜀书社，2018年，第5页。
⑤ （清）李调元：《南越笔记》卷4，林子雄点校：《清代广东笔记五种》，广东人民出版社，2015年，第250－251页。
⑥ 简又文：《白沙子研究》，简氏猛进书屋，1970年，第345页。
⑦ 《明太祖实录》卷46，洪武二年（1369）十月辛卯，台湾"中央研究院"历史语言研究所，1962年，第925页。

涯。此明代学校之盛，唐、宋以来所不及也。"① 明初，广东各地州县学宫相继恢复重建。洪武三年（1370），新会知县吴拳在原址重建新会学宫，此后不断完善。弘治十七年（1504），广东提学副使潘府、新会知县罗侨在学宫内创建道源亭，"聚四方之英，以讲六经"②。新会学宫环境幽雅，士人聚此，讲学氛围浓厚。赵梦獬《学宫文庙重修碑记》云："新会为岭南首郡巨属，在昔庶富拟畿赤。其学宫负山临溪，形胜既壮而宏丽称之，人文蔚起。"③

成化十年（1474），广东提学副使涂棐"令州县内外择地建学，简教读一人以掌教事"④。明代除重建新会学宫外，因应恩平县、新宁县之析置，开始修建两县学宫。成化十六年，陶鲁在恩平县治西修建恩平学宫，远近士人学子云集学宫谈学论道。陈献章《恩平县儒学记》云："既成，诸士子远近云集，学舍不能容。诵弦之声盈耳，过者叹曰：美哉！洋洋乎！昔为盗贼之垒，今为诗书之府……"⑤ 明初恩平盗贼丛生，恩平学宫的修建一定程度上承担了教化士民、移风易俗的重要职责。弘治十三年（1500），新宁训导何潜上书请建新宁学宫，得到广东巡按费凯同意，于是委派广州通判谭秀前往新宁督修学宫。新建成的新宁学宫"宫墙巍然数仞，肖像俨然如生，规制森然，罔不如制"，由此成为敷泽教化的理想场所，"以文会友，烝烝勿懈，殆彬彬辈出为用矣。教成于学，敷于闾阎，遍于郊野，人人率得改行……建学立教之功于斯为盛"。⑥ 以上三县学宫的重建与新建彰显了明代江门地区官办学校教育的兴盛。

除了兼具祭孔功能的学宫外，还有社学、书院的建设。洪武八年（1375），"诏有司，立社学，延师儒以教民间子弟"⑦。洪武十六年，又"诏民间立社学，有司不得干预"⑧。成化间，新会知县丁积、杨如相继举行社学，"凡坊隅乡都，皆立社学"；嘉靖间，提学张希举将社学良师"分司教读，自是俊秀子弟日多造就"；万历间，新会县社学共有十四所，其中宣化坊二所、源清坊二所、礼义坊二所、归德都一所、华萼都二所、中乐都二所、潮居都二所、泷水都一所。⑨ 此外，新宁县有一所中隅社学，恩平县则有四所社学：城内社学、朝阳社学、进职社学、鹏冈社学。⑩ 后二县相对新

---

① （清）张廷玉等：《明史》卷69《志第四十五·选举一》，中华书局，2000年，第1126页。

② 万历《新会县志》卷6《宫室》，第274页。

③ 康熙《新会县志》卷17《艺文志上》，第784页。

④ 嘉靖《广东通志初稿》卷16《学校》，第321页。

⑤ （明）陈献章著，孙通海点校：《陈献章集》卷1《记》，中华书局，1987年，第37页。

⑥ 嘉靖《新宁县志》卷4《创造志》，第40-41页。

⑦ 《大明会典》卷78《礼部三十六》，《续修四库全书》史部第790册，上海古籍出版社，2002年，第420页。

⑧ 《大明会典》卷78《礼部三十六》，《续修四库全书》史部第790册，上海古籍出版社，2002年，第420页。

⑨ 万历《新会县志》卷3《学校》，第134-135页。

⑩ 嘉靖《广东通志》卷37《礼乐志二》，第946-947页。

会县而言数量较少，仍处于社学教育的起步阶段。

书院是私人谈学论道和教化礼乐的重要场所。明代江门地区有书院八所，其中新会五所：象山书院、小庐山书院、阁新书院、富山书院、云山书院，恩平二所：凤凰书院、敷文书院，新宁县则有蜚英书院。虽然从数量上而言，明代江门地区的书院在珠三角地区并不突出，但一些书院名声在外，大批学生慕名而来并培育了大批学者。其中，为了解决"四方来学者日益众"的问题，陈献章建设小庐山书院"以待学者，虽中官、缁流、番夷、农贾接之，无不得其欢心者"①。陈献章提倡"学贵知疑"的精神，鼓励学生各抒己见，在书院形成良好的学问风气，使小庐山书院成为蜚声内外的一所独具特色的书院。地方主政者对书院也表示支持，嘉靖间，新会知县何廷仁在象山书院讲学五载，升任赴南京后，士民每过象山书院，"辄指曰：此何侯讲学处也"②。万历初，新会教谕萧端升"日与诸士讲求江门之学，集六约以迪士，士翕然兴起"③。

从学宫到社学、书院，明代江门地区教育有长足的发展，文教昌盛，人才辈出。新会县"士人尊师务学问"，新宁县"设县以来，士渐向问，学务坚忍"。④ 据统计，明代新会县有进士40名（包括1名新会守御千户所军籍），在广州府12个州县中次于南海、番禺、顺德、东莞，排名第五，属中上水平。⑤ 江门地区有着浓郁的讲学风气，活跃的学术风气，江门学派具有深远影响。正因此，万历间新会知县王命璿曰："新会为粤东岩邑，号称海滨邹鲁。"⑥

三、礼俗与节庆文化娱乐

明初，官府制约社会各阶层的衣食住行等物质生活和礼俗风尚，以期形成贵贱有别、崇朴去奢的理想社会。恢复社会秩序成为当务之急，朱元璋认为："天下初定，所急者衣食，所重者教化。"⑦ 礼俗教化方面，制定礼仪程序规范社会生活，如改革旧元服制，恢复唐制衣冠等。明中后期，随着社会经济的繁荣、物质生活的充裕，基层民众的文化生活亦得到丰富。

① （明）过庭训：《本朝分省人物考·陈献章》，《四库禁毁书丛刊》史部第63册，北京出版社，2000年，第514页。
② 万历《广东通志》卷21《郡县志八》，第523页。
③ 万历《新会县志》卷4《列传》，第193-194页。
④ 嘉靖《广东通志》卷20《民物志一》，第528-529页。
⑤ 刘明鑫：《明代广东进士总数、时空分布及其成因考述》，《暨南史学》第19辑，暨南大学出版社，2020年，第141页。
⑥ 万历《新会县志》卷1《舆地略上》，第59页。
⑦ 《明太祖实录》卷26，吴元年十月癸丑，台湾"中央研究院"历史语言研究所，1962年，第387-388页。

成化年间，新会"冠婚丧祭"礼俗仪式偏离正统。表现为：冠礼废弛，多不举行；婚礼在花费以及接亲仪式上皆不按礼制；丧礼在安葬时多信风水，葬礼间饮酒无度，且有火葬；祭礼则根据家庭的财力厚薄而行，有祠堂实行春秋之祭，没有统一的礼仪。这些民俗被认为是教化不明的结果，"民伪日滋，礼教寝坏。以新会观之，品节不修，上下无别，大则害义，小则伤财。害义者无分，伤财者致窭。无分则僭乱作而名器轻，致窭则恩爱衰而盗贼生。此而不禁，谁之咎也"①。于是，新会知县丁积与陈献章着力进行礼俗上的整顿改革，根据《洪武礼制》《朱子家礼》酌定《礼式》三十二条，其中冠礼二条，婚礼十五条，丧礼七条，祭礼二条，另有通谕七条。② 有力推行《礼式》整顿旧俗后，"自是人皆激励，一年之后，风俗渐正，狱讼日少。庠序之士，益知趋向。编氓虽在僻壤，亦向慕礼义。皆丁知县一变之力也"③。这其中显然有夸大成分，移风易俗并非一朝一夕所能完成，但新会县的移风易俗有一定的效果是可以确定的。

随着物质生活的丰裕，民众文化娱乐活动逐渐丰富。各种节日风俗活动是新会民众文化生活的重要组成部分。根据嘉靖《新宁县志》、万历《新会县志》以及崇祯《恩平县志》的记载，可以看出明代江门地区岁时节庆活动之大概情况。

元旦是一年之始，民众互相祝贺并祭祀祈求新年的顺利。新会县"交相贺，祀以斋"④。明代新会人区越《元旦》诗有"蓝尾初醒守岁厄，衣冠喧动拜年时"之句。⑤新宁县"烧香祀神毕，亲友交踵门致贺"⑥。

元宵节，又称上元节，灯烛通明，彻夜奏乐取乐。新会县"灯烛、箫鼓，彻夜为乐，有傩戏"⑦。新宁县"采松竹结棚于通衢，灿华灯赛，鳌山聚箫鼓，好事者作灯谜以试博敏，谓之打灯。嬉欢歌舞之声达于旦"⑧。恩平县"有鱼龙走马，化球琉璃、鳌山诸灯。又以纸笼灯，平地曲折盘旋为九曲灯，男女恣意游其间"⑨。今开平泮村灯会每年正月十三日举行，据说始于明代，应是元宵节灯会遗俗。

清明节祭拜祖先。新会县"事墓祭，小家妇女则往"⑩。新宁县"祀墓，无大小咸插柳"⑪。恩平县"清明踏清，男女皆插柳上坟，谓之划草"⑫。

① 万历《新会县志》卷2《礼教》，第93－94页。
② 万历《新会县志》卷2《礼教》，第94－97页。
③ 万历《新会县志》卷2《礼教》，第97页。
④ 万历《新会县志》卷2《风俗纪》，第92页。
⑤ （明）区越：《乡贤区西屏集》卷1，《广州大典》第56辑第6册，广州出版社，2015年，第294页。
⑥ 嘉靖《新宁县志》卷2《风俗志》，第24页。
⑦ 万历《新会县志》卷2《风俗纪》，第92页。
⑧ 嘉靖《新宁县志》卷2《风俗志》，第24页。
⑨ 崇祯《恩平县志》卷7《地里》，第176－177页。
⑩ 万历《新会县志》卷2《风俗纪》，第92页。
⑪ 嘉靖《新宁县志》卷2《风俗志》，第24页。
⑫ 崇祯《恩平县志》卷7《地里》，第177页。

端午节，人们普遍饮艾酒，吃角黍，观看龙舟竞渡。新会县"早饮蒲艾酒，餐用黍，午后看竞渡横江，鼓乐喧天"①。区越《端午》诗云："菖蒲细缕屑辰砂，暂倒磁罂醉一家。半夏碧抽窗外草，午时红绽目前花。未闻琼管销戈甲，忍听龙舟竞鼓茄。合寄南陲征战士，赤灵符解辟兵邪。"② 新宁县"饷角黍，饮雄黄菖蒲酒，插艾虎于门。江浒设龙舟竞渡，城中军余以草为船，以纸为人，鸣鼓纵歌，谴抬街衢为乐，谓之扒旱船"③。

夏至，新宁县"屠狗食之，云可解疟"④。

七夕节，新宁县"晒衣服、书帙于庭，其夜，儿女设瓜果乞巧"⑤。恩平县"人家晒衣及书，有乞巧及请厕神者"⑥。

中元节，新宁县"祀先，间有为盂兰盆会者"⑦。恩平县"中元以十四日为节，备酒肴、存楮衣祀祖，谓之鬼节"⑧。

中秋节，新会县"具芋馔，赏月"⑨。新宁县"具酒、熟芋，招邀赏月，有秋千之兴，村中小户男女或相与答歌为乐"⑩。恩平县"荐新芋，邀亲朋赏月"⑪。

重阳节，新会县"泛菊饮萸，童子放鸢，玉台如市"⑫。民众涌向圭峰山玉台寺登高望远。新宁县"登高，簪萸"⑬。恩平县"登高，用糕荐，出郊放纸鸢"⑭。

冬至是古代重要节日，新会县"煮团炉以祀，东坡所云骨董羹也"⑮。新宁县"遇风塞，杂烹肉、鱼、蚬菜以饷客，谓之边炉"⑯。恩平县"祀先祖，燕饮，有骨董羹"⑰。"打边炉"，即火锅，其形式由来已久。

---

① 万历《新会县志》卷2《风俗纪》，第92页。
② （明）区越：《乡贤区西屏集》卷1，《广州大典》第56辑第6册，广州出版社，2015年，第313页。
③ 嘉靖《新宁县志》卷2《风俗志》，第24页。
④ 嘉靖《新宁县志》卷2《风俗志》，第24页。
⑤ 嘉靖《新宁县志》卷2《风俗志》，第24页。
⑥ 崇祯《恩平县志》卷7《地里》，第177页。
⑦ 嘉靖《新宁县志》卷2《风俗志》，第24页。
⑧ 崇祯《恩平县志》卷7《地里》，第177页。
⑨ 万历《新会县志》卷2《风俗纪》，第92页。
⑩ 嘉靖《新宁县志》卷2《风俗志》，第24页。
⑪ 崇祯《恩平县志》卷7《地里》，第177页。
⑫ 万历《新会县志》卷2《风俗纪》，第92页。
⑬ 嘉靖《新宁县志》卷2《风俗志》，第24页。
⑭ 崇祯《恩平县志》卷7《地里》，第177页。
⑮ 万历《新会县志》卷2《风俗纪》，第92页。
⑯ 嘉靖《新宁县志》卷2《风俗志》，第24页。
⑰ 崇祯《恩平县志》卷7《地里》，第177页。

腊月二十四小年夜，新会县"祀灶"①。恩平县"是夜烧爆竹祀灶"②。

年末除夕夜，新会县"遍祀诸神，烛光爆声彻夜，家长幼多欢集守岁"③。新宁县"饮团圆酒，执火炬通宵不寐，谓之守岁"④。

此外，明代新会流行演杂剧的文化活动，起初只是在新会城中进行，随着社会经济文化的发展，演杂剧活动在乡村社会亦开始盛行。乡村好饮酒的习气相应传到城中。每当大场演杂剧之时，往往又设酒肆，民众以喝酒看剧为乐。但这在官府看来是腐化的举动，万历年间被取缔。

四、新会《木美人》油画

新会博物馆现收藏有两件明代油画肖像，画中两名女子双目炯炯有神，面带笑意，神态生动，被称为《木美人》。两名女子分别被绘制在两扇门板上，其中左门板高 160 厘米，宽 42 厘米；右门板高 159 厘米，宽 39 厘米。头上梳髻，衣服为低领汉式衿衣。女子面貌有西洋特征，且采用西洋古典油画技法，与传统的绘画风格大相径庭。据说，这两件油画是明中叶新会人李仕升在福建莆田县担任教谕时所得，卸任后将其携带回故里河村瓦岗，放到天后庙供奉，后为村民珍藏，1958 年入藏新会博物馆。该画曾遭受火灾，被烧毁边缘，故又被称为"烂大门"。

图 4-2　《木美人》

来源：作者摄自新会博物馆。

---

① 万历《新会县志》卷 2《风俗纪》，第 92 页。
② 崇祯《恩平县志》卷 7《地里》，第 177 页。
③ 万历《新会县志》卷 2《风俗纪》，第 92 页。
④ 嘉靖《新宁县志》卷 2《风俗志》，第 24 页。

《木美人》油画肖像栩栩如生的奇异造型，引起人们无尽的遐想。清代山东士人曾衍东游历新会时特地去参观《木美人》画像，且做详细记录："辛丑（乾隆四十六年，1781）游粤，在新会袁春舫业师署，闻库中有西洋美人画一对，甚异。师令胥吏持入廨观之。已昏，设炬置桌。俄而持二版至，各长四五尺，盖随人画形而刓之者，皆系以械。其一衣绯，色剥落，约二十许，丰颐隆准，高钿云髻，一手持物如烛台形，一手自理衣带，如大家娃；其一衣黄，修容堕马，半面惊顾之状，两手捧物不能辨，丰神凛然，面上有爪痕，年较稚。灯光寻丈之外，望之若生，流波凝睇，若接若离，可惊可怖。"① 可见，这件油画对曾衍东造成极大的视觉冲击。

《木美人》油画是迄今为止我国发现最早传入的西洋油画实物，是具有重要艺术价值的珍贵文物，也是明代西学东渐、中西文化交流的历史见证。该油画曾于"在最遥远的地方寻找故乡——13—16世纪中国与意大利的跨文化交流"等展览展出，2012年中央电视台《国家档案》栏目播出纪录片《明〈木美人〉油画》，备受社会各界关注。

五、民间宗教信仰

明代前期对佛道等传统宗教采取既保护又抑制的双重政策。一方面，国家承认佛、道教合法性，保护佛教的有序发展；另一方面，实施限制性政策进行管制。洪武六年（1373），"令府、州、县止存大寺观一所，并其徒而处之"②。通过合并，控制寺观数量、徒众人数以及寺观经济。明中期以后，统治者提倡与保护佛教。在此背景下，明中后期江门地区的佛教得到发展，寺庙恢复重建。综合前代遗留与新建者，明代新会县有龙兴寺、玉台寺、黄云寺、象山寺、万寿寺、九源寺、双涌寺、月华寺、尼姑寺、仙涌寺、晓清寺、波罗寺、齐兴寺、广化庵、聚宝庵、六祖堂（一在泷水都，一在北到甲）、报恩寺等18处寺庵。③ 新宁县有海丰寺、宝台寺、白象寺、鹫峰寺、齐兴寺、地藏寺、宝国寺、灵湖堂、金溪寺等9处。④ 恩平县则有云松寺、横冈寺2处。⑤ 山不在高，有仙则名，明代江门地区寺庙成为人们游览休闲的场所，嘉靖《新宁县志》云："深山穷谷，古刹禅宫，亦幽人逸士修静怡神之所"⑥。同时，"庵"是女性佛教徒修行的地方，显示明代江门地区佛教女信众群体亦有相当规模。陈献章

---

① （清）曾衍东著，盛伟校点：《小豆棚》卷12《怪异类·画版》，齐鲁书社，2004年，第201页。

② 《明太祖实录》卷86，洪武六年（1373）十二月戊戌，台湾"中央研究院"历史语言研究所，1962年，第1537页。

③ 万历《新会县志》卷2《版籍略》，第78-81页。

④ 嘉靖《新宁县志》卷4《创造志》，第37-38页。

⑤ 崇祯《恩平县志》卷8《祀祠》，第214-215页。

⑥ 嘉靖《新宁县志》卷4《创造志》，第39页。

母亲林氏便是虔诚的佛教信徒，"太夫人颇信浮屠法，及病，命以佛事祷，先生从之"①。在浓厚的佛教氛围中，陈献章亦受到熏染，多次前往圭峰山玉台寺，自号"玉台居士"，诗句中亦多次提及玉台寺。另外，陈献章与太虚禅僧、玉台寺文定上人等交往密切，其心学思想渊源与佛教有所关联。② 明代江门地区佛教的兴盛由此可见一斑。

道教亦得到一定的发展。岭南地区"重巫崇鬼"的社会风气，深刻地影响江门地区的宗教活动，信徒每遇疾苦便到庙观向神灵祈祷，各种灵验的神迹无疑又将扩大道教的影响力。明代新会县有立仙堂、道姑堂、归仙堂、隆兴观等。③ 新宁县有城隍庙、关王庙、天妃庙（一在城西门街，一在斗峒渡头）等。④ 恩平县有关帝庙、真武庙、天妃庙、大王庙等。⑤ 江门地区不少山头上佛教与道教寺观建筑交相辉映，如新会县大云山"盘郁若云然，中有文昌宫、有龙兴寺、有天妃庙、有六祖庵"⑥。天妃即我国传统的海洋保护神"妈祖"，明代江门地区新会、新宁、恩平三县均有天妃庙，彰显了江门地区海洋文化的发展。

除了传统佛、道教在江门地区的发展，天主教徒亦开始进入江门地区传教。明中期，葡萄牙人沿着新航路到达中国沿海进行亦商亦盗的接触探索后，西方传教士尾随其后到达中国沿海地区开展传教事业。其中，西班牙耶稣会士方济各·沙勿略是首个来华的西方传教士，1542 年沙勿略受葡萄牙国王的派遣前往东方传教。随后数年，其足迹遍布印度、马六甲、日本等地，且渴望进入中国内地传教。怀着进入中国的夙愿，沙勿略在 1552 年 8 月来到上川岛，并以此岛为基地，兴建一座小型教堂进行传教活动。这是天主教在中国传播的先声。当年 12 月，沙勿略在上川岛逝世。他在上川岛的传教活动是早期来华传教士的重要事迹，罗马教廷视上川岛为圣地。

第五节　硕儒名宦——明代江门名人

明代文化教育氛围浓厚，由此培育了大批人才，活跃在国家与社会的舞台上。他们或是为官一方，造福百姓；或是忠贞爱国，奋勇前行；或是精于学术，长于文艺，于国于民都做出了不容忽视的贡献。

---

① （明）林光著，罗邦柱点校：《南川冰蘗全集》卷 6《墓碣》，中国文史出版社，2004 年，第 180 页。

② 赵伟：《陈献章与道教和佛教考》，《宗教学研究》2009 年第 1 期。

③ 万历《新会县志》卷 2《版籍略》，第 81 页。

④ 嘉靖《新宁县志》卷 4《创造志》，第 37 页。

⑤ 崇祯《恩平县志》卷 8《祀祠》，第 214－215 页。

⑥ 万历《新会县志》卷 1《舆地略上》，第 53 页。

简明江门古代史

一、硕德乡贤——伍骥

伍骥（1367—1425），字弘道，号褅广，晚号讷翁，新会文章里人。其祖先为汴人，宋末任翰林典章，南渡至新会崖门，"宋亡，遂遁居县东乡文章里"①。伍骥生于元至正二十七年（1367），出生三月，慈父见背。他自述云："吾父丧时，兄方二岁，吾甫生三月，时值元季扰攘，豺狼满道，有势力者尚不能支，况于黄口孤弱者乎？赖吾母杜门守节，躬勤劳，甘淡薄，抚育尽瘁，得以成人。"② 长大之后，性孝友，其兄长因群讼遭排，被谪戍东北。他甘愿请求代兄受罚，但没被允许，兄弟临别之日，伍骥哀伤难禁，连路人也深受感动。伍骥曾前往辽阳探视其兄，途次入京。

伍骥自京城回乡，将船停靠在白沙岸边。半夜时，忽然听到水中有人呼喊，立即起床救援，发现是一个小孩。经询问，得知此小孩的父亲是江西人，因事全家被没收入官，幸而获得释放。于是小孩父亲带着妻子和两个孩子在附近租船回乡，但父亲中途病死，不料船夫谋财害命，半夜将他们母子三人赶下河中，母亲和弟弟被淹死，小孩会游泳才得以生还。小孩担心船夫会来追杀，伍骥说："你不必担心，我会为你报仇的。"天亮之后，船夫果然来到，欺骗说他儿子半夜起床时掉下水，救得者给予一百两白金酬谢。说完就拿出白金，劝伍骥归还孩子。伍骥严正拒绝，并吩咐随从到白沙寨告诉巡检前来捉拿船夫。最终，船夫伏法。可见伍骥是一位正义之士。

伍骥素有文名，"平生积书多至千卷，性好儒术，一时名士新会黎贞，南海王子伦、胡济，番禺董匡，皆受其延聘。其所建祠堂墓亭，制家规族谱，率近古制，邑人多之"③。永乐十一年（1413），伍骥写下诫子书，要求子孙"绳祖武、体父心、睦亲姻、丰祭养、笃同气、戒妇言、勤读书、慎交友、守基业、立功名"④。洪熙元年（1425）卒，年五十九岁。清代入祀新宁县乡贤祠、忠义孝弟祠，官府建造"名贤继起"牌坊纪念他。

二、岭南一代文人——邓林

邓林，原名彝，又名观善，明成祖赐名"林"，字仕齐，号退庵，新会石牌都人。擅长诗词歌赋及书法，尝自谓"学诗于陶、韦、李、杜，学文于《史》、《汉》、韩、柳，学书于晋、唐诸名家"⑤。学有所本而才华横溢。

① 嘉靖《新宁县志》卷10《人物志》，第72页。
② 道光《新宁县志》卷8《古迹略》，第116页。
③ 嘉靖《新宁县志》卷10《人物志》，第72页。
④ 道光《新宁县志》卷8《古迹略》，第116–117页。
⑤ （明）黄佐著，陈宪猷疏注：《广州人物传》，广东高等教育出版社，1991年，第315页。

洪武二十九年（1396）中举，初授广西贵县教谕。大学士杨士奇、祭酒李时勉阅读其诗文，赞誉他为"岭南一代文人"。于是留在史馆，参与修编《永乐大典》。五年后，出任南昌教职。任满，经复试迁吏部验封、稽勋二司主事，曾任应天府秋闱监考官，"时翰苑诸公多与之为文字交"。宣德四年（1429），以言事忤旨，谪居杭州。得到布政使黄泽、宪使林硕等人礼遇，日常与友人畅游湖山，唱和之作被收录于《湖山游咏录》。新会黄淳云："古冈代不乏人，在国初则有黎征君贞、梁进士临、李礼部宜，诸先生彬彬踵出可数也，邓先生林挺生其间，由洪都外输入主吏部验封，政未既，以忌者谪之杭。先生即角巾野服，放迹西湖，烟霞云水间题览殆遍，吴越人莫不知重先生者。"① 太常少卿陈赟任广东参议时曾修建其庐，感叹曰："先生有大抱负，蹭蹬弗达，赍志以没，惜哉！"于是"索退庵遗集梓行于世"。② 邓林《五月十三日入杭》诗云"游遍江湖未到杭，不知人世有天堂"③。天顺间，新会知县陶鲁刻其《退庵集》行世。

三、铁面御史——鲁能

鲁能（1426—1484），字千之，新会人。先祖从甘肃泾川县至新会县驻防，遂入籍新会。其父鲁真沿袭武官，戍守会城。少时，鲁能熟读儒家经典，中景泰五年（1454）进士，初授南京户部主事，累官户部郎中。历经官场十余年，成化九年（1473）才出任陕西参议一职，时有同僚为之可惜，鲁能则笑着回应道："人臣当务尽职，岂暇计资级哉！"④

成化十四年，晋升右参政。十六年，升右布政使。次年，转左布政使。八年之间升迁四次，均在陕西任职。时关陕地区为抵御外族侵扰，囤聚着十余万兵马，而粮草辎重都由陕西布政司措置，责任尤为艰巨。鲁能为佐贰官时就四处巡视，陕西地区的风土人情、山川河流、人马储积各项事宜已是了然于胸。升为布政司长官后，鲁能创立会计堂，凡是钱谷出纳事宜皆由此会议记录，精打细算，有条不紊，使得"筹度出纳，酌量损益，咸得其当。藩封禄米，亦均节惟允。自是边储有备，而民力少休"⑤。同时，户部每岁给籴米银数十万两，但多被权要贪污，鲁能不惜开罪权要终于革除此弊。

---

① （明）邓林：《邓退庵遗稿》卷1《序》，《广州大典》第56辑第2册，广州出版社，2015年，第463页。

② 万历《新会县志》卷4《人物传上》，第207页。

③ （明）田汝成：《西湖游览志余》，《杭州文献集成》第10册，杭州出版社，2014年，第700页。

④ （明）郭棐著，黄国声、邓贵忠点校：《粤大记》卷17《献征类》，广东人民出版社，2014年，第478页。

⑤ 万历《新会县志》卷4《人物传上》，第209页。

成化二十年，关陕遭受大旱，饥荒严重到民人相食的地步。鲁能在虔祷拜祭求雨之时，仍殚精竭虑，多方计议赈灾之法，一方之民赖以得活。同年，升迁右副都御史，巡抚甘肃。刚到甘肃任职，便严肃部伍，针砭时弊颁布合行事宜十条：新号令、谨练习、修城堡、明赏罚、核功实、抑虚诈、恤孤寡、稽积储、行赈贷、抚蕃落。政令下达之日，军民欢呼载道。上任才三月，鲁能父亲去世的消息传来，他到关内道却"以疾卒"，朝廷"遣官谕祭，命有司归其丧而葬之"，官方评价他"为人朴实勤慎，遇事奉行惟谨"。① 著有《强斋诗集》二卷。

四、岭南大儒——陈献章

陈献章（1428—1500），字公甫，号石斋、石翁，明代著名思想家、诗人、教育家、书法家与古琴家。高祖判卿，曾祖东原，祖永盛（号渭川），父琮（号乐芸居士）。宣德三年（1428）十月二十一日出生于新会都会村，出生前一月其父（年二十七岁）离世，作为遗腹子由年仅二十四岁的母亲抚养成人。十岁时，随母迁居白沙村，士大夫尊称其为"白沙先生"，妇孺则目其为"陈道统"。

少年时，陈献章"自幼警敏绝人，读书一览辄记"。② 弱冠，成为县学生员。正统十二年（1447）中广东乡试第九名举人，正统十三年、景泰二年（1451）两度参加会试落榜。听闻理学家吴与弼（号康斋）讲授伊洛之学，于是前往江西跟随吴与弼学习。吴与弼要求严格，但陈献章从学数月自觉所得不多，他说："仆年二十七，始发愤从吴聘君学，其于古圣贤垂训之书，盖无所不讲，然未知入处。"③ 景泰六年，陈献章返回白沙村隐居不出，专注于"闭户读书，尽穷古今典籍，旁及释老、稗官小说"，其间读书颇有心得，认为"夫学贵乎自得也，自得之，然后博以典籍，则典籍之言，我之言也"。④ 专筑"春阳台"作为静坐之所，并注重动静结合，"暇日或与门徒习射礼于旷野"，但此举被他人所不解，导致"流言四起"。时翰林侍读学士钱溥谪任顺德知县，雅重陈氏，致信劝其北上，因此成化二年（1466）陈献章重游太学。太学祭酒邢让试其学问，出题要求和北宋杨时（号龟山）《此日不再得》诗。陈献章当场以《和杨龟山此日不再得韵》应试，邢让读后大受震撼，自叹不如，称其为"真儒复出"。由此"名振京师，一时名士如罗伦、章懋、庄昶、周瑛辈皆乐与为友"⑤，给事

---

① 《明宪宗实录》卷269，成化二十一年（1485）八月戊子，台湾"中央研究院"历史语言研究所，1962年，第4544页。

② （明）张诩：《翰林检讨白沙陈先生行状》，黄娇凤、黎业明编校：《张诩集》，上海古籍出版社，2015年，第280页。

③ （清）黄宗羲著，沈芝盈点校：《明儒学案》卷5《白沙学案上》，中华书局，2008年，第82页。

④ 万历《新会县志》卷4《列传》，第196页。

⑤ 万历《新会县志》卷4《列传》，第196页。

中贺钦执弟子礼。出太学后，历吏部文选司。

成化五年（1469），陈献章第三次参加会试落第，最终决意放弃科举，南归白沙里潜心学问，"四方来学者日益众，天下日益闻其名，乃筑小庐山书屋以待学者，日与门人、宾友讲学不倦"①。他自述："坐小庐山十余年间，履迹不踰于户阈佹焉，孜孜以求少进于古人。"② 得到时人赞许，御史熊达为之建嘉会楼。广东布政使彭韶、右都御史朱英先后将其荐举于朝。成化十九年复至京师，听候任用，朝廷敕吏部考试才可任职，陈献章以疾病为由不去赴试，并以治病侍奉母亲请求归家，成化皇帝诏授陈献章翰林检讨。

陈献章博学多才，在文学、教育以及书法上取得较高成就。文学上，一生中创作两千多首诗歌，重视"诗教"，其诗作"功专而入神品，有古人所不到者"③。弘治间新会知县罗侨刻《白沙先生全集》，弟子张诩编《白沙遗言录纂要》，湛若水编《白沙先生诗教解》。《粤东诗海》云："理学名儒多不以诗见长，而本性原情，自然超妙，朱晦翁后推吾粤白沙先生一人。"④

教育上，从教数十年，因材施教，鼓励弟子独立思考。张诩云："先生教人，随其资禀高下，学力浅深而造就之，循循善诱。"⑤ 康沛云："先生之教也，文章性道，因人而传，未尝言易，亦不语难。"⑥ 为广东培养不少人才，康有为云："白沙为广东第一人，……广东学术之正，人才之盛，皆出白沙。"⑦ 钱穆亦云："白沙非粤儒，乃中国传统一大儒也。白沙非仅宋明一理学家，实亦近代社会一哲人，新导师也。"⑧

书法上，善行书、草书，随势变化，自成一家。利用圭峰山茅草独创"茅龙笔"，"能作古人数家字，尝束茅代笔，人争效之，谓之茅笔字。天下人往往得其片纸只字，宝之不啻金玉"⑨。明王世贞云："近来陈白沙先生缚茅草作笔，故白而不飞，遒而不能逸。"⑩ 清初"新会书家仿之，多用茅笔"⑪。乾隆间广东学政李调元称陈献章"其

① 万历《新会县志》卷4《列传》，第196页。

② 万历《新会县志》卷7《艺文略》，第344页。

③ （明）陈献章著，孙通海点校：《陈献章集·白沙先生行状》，中华书局，1987年，第880页。

④ （清）温汝能：《粤东诗海·例言》，《广州大典》第57辑第15册，广州出版社，2015年，第5页。

⑤ （明）张诩：《翰林检讨白沙陈先生行状》，黄娇凤、黎业明编校：《张诩集》，上海古籍出版社，2015年，第295页。

⑥ （清）阮榕龄：《白沙门人考》，《广州大典》第31辑第1册，广州出版社，2015年，第490页。

⑦ 康有为著，吴熙钊、邓中好校点：《南海康先生口说》，中山大学出版社，1985年，第67页。

⑧ 《白沙学刊》创刊号，香港白沙教育基金会，1963年，第72页。

⑨ 万历《新会县志》卷4《列传》，第200页。

⑩ （明）王世贞：《弇州续稿》卷167《王子裕先生墨刻五跋》，《文津阁四库全书》集部第429册，第317页。

⑪ （清）屈大均：《广东新语》卷16《器语·茅笔》，中华书局，1985年，第452页。

诗自名其家，书法宗晋唐，晚喜为茅笔书，世竞珍焉"①。现存陈献章书法作品《慈元庙碑》《忍字赞》《种萆麻》等均为使用茅龙笔所创作。

弘治十三年（1500）三月十日陈献章逝世，享年七十三岁，七月二十一日葬圭峰山麓，远近送葬者数千人。正德八年（1513），有司于新会县城建祠春秋祭拜。正德十一年，广东巡按吴麟于府城北建祠悬像祭之。正德十六年，湛若水主持改葬皂帽峰下。万历元年（1573），"诏祀吴与弼、陈献章、胡居仁及元儒吴澄于各乡社"②。万历二年，朝廷下令于白沙始建特祠并赐额联祭文，联曰"道传孔孟三千载，学绍程朱第一家"。万历十二年，朝廷诏准陈献章从祀孔庙，追谥"文恭"。③ 陈献章成为岭南地区从祀孔庙唯一者，被誉为"岭南一人"。陈献章入祀山东孔庙与省府县乡贤祠，受到时人尊崇，万历《新会县志》称："先儒陈白沙氏倡道东南，号海滨邹鲁，至今人士尸而祝之，屡请崇祀学宫，炳炳乎名垂天壤矣。"④

五、良臣循吏——区越

区越（1468—1535），字文广，号西屏，新会潮连（今属蓬江区）人。八岁丧母，侍奉继母唐氏孝顺，陈献章作《慈母石》诗赠之。自小投陈献章门下熟读儒家经典，弘治十八年（1505）中进士。出任浙江嘉善知县，施政简静，亲民平和，由此"民甚怀之"。然而当朝觐时，权阉刘瑾擅权把持朝政，若无珍宝金银贿赂不得引见，区越心生厌恶，终一金不进献。

其后，区越升任户部主事，再升员外郎，皆以清廉自守。在被派往清江兑粮时，同去的朝中官员大量挥霍，请区越饮宴，为区越所拒绝。寻晋升建宁知府，因母死回乡守孝。后补宁国知府，区越任职期间"敦厚平易，士民相安，长者也"⑤。其勤于政事，详察刑狱，发现前任知府以严刑峻法入人重罪，便毅然拨乱反正，释放无辜平民，使狱无冤抑。又有一夜忽转寒冷，区越马上取衣服出门，盖在荷枷的示众人犯身上，区越称："此辈罪止示众，倘以械冻死，是以政杀人也"，其施政仁厚可见一斑。又升迁至浙江按察副使，所到之处，无不刑清恩洽，商民安顿。离任之时，浙江民众为之立去思碑表彰其功绩。最终提拔至江西左参政，守湖东道，直至年老致仕。其间，调兵遣将平

---

① （清）李调元：《南越笔记》卷4《白沙先生》，林子雄点校：《清代广东笔记五种》，广东人民出版社，2015年，第251页。

② 《明神宗实录》卷15，万历元年（1573）七月丁酉，第464页。

③ 此前嘉靖九年（1530）薛侃《正祀典以敦化理疏》议请陆九渊、陈献章从祀孔庙未果，隆庆元年（1567）魏时亮议请陈献章从祀孔庙亦未果，直至万历十二年（1584）成功入祀，其间交织学术与政治力量的较量。参阅黄海娟：《陈白沙从祀孔庙考》，《五邑大学学报（社会科学版）》2007年第1期。

④ 万历《新会县志·序》，第1－2页。

⑤ 万历《宁国府志》卷3《官师表》，成文出版社，1984年，第279－280页。

定了为患日久的寇贼团伙，使地方安宁。

　　区越在外居官三十余年，其任职地方多有功绩，政声大著，且清廉自守，志行高洁，为士民称道。他在《方岳区氏家庙碑记》中自述道："我祖宗积德行义，庇我子孙，其来已远，迨于不肖始登弘治乙丑进士，授嘉善知县，历官户部郎中，至江西左参政。平生作事无以逾人，惟知勉求古人所谓'清慎勤'者。以为当官之法，守己爱人，始终如一，恐贻玷先德也。"① 其文采斐然，尤擅诗词，著有《西屏集》《见泉诗集》。

六、清官典范——李翔

　　李翔，字举南，号适者，新会潮连人。正德二年（1507）中举人，嘉靖二年（1523）中进士，随即出任浙江衢州推官。② 李翔孝事母亲，以衢州路远，母亲年老难行，因此留下妻儿照顾母亲，在赴任时只携一仆随行。在任期间，李翔性情刚直，只要事情于民有所裨益，哪怕忤逆上级，得罪权贵也不动摇。时镇守太监残虐百姓，李翔竟在座上手持铁如意敲击他，一时群小震惊，浙江百姓称其为"李铁尺"。按察使潘旦之弟与衢人打官司，潘旦将文书送给李翔，希求通融办理案件。李翔坚执不可，衢州民众愈加敬重之。他清廉简朴，杜绝贿送，每日菜品仅供一条鱼干。在衢三年，萧然独处，两袖清风，离任时仅有几件破衣服和几卷图书，时人"以廉介称"，又与当时副使朱裳、仁和知县李义壮号称"三清"。

　　李翔得到巡按御史王演的敬重，寻被擢升刑部主事，但其考虑到北京路途遥远，不方便迎养母亲，竟上书请求改到南京。有人劝止他时，他回应称最近思念母亲，梦魂颠倒错乱，忧心忡忡。最终请得旨意，日夜兼程归乡。李翔到家侍奉不过七日，其母便因病离世。其后，补户部员外郎，晋郎中。嘉靖十八年（1539），出任邵武知府，令属县各社皆立学，学凡数十区，弟子系籍者凡数千人，一时文教大兴，学风蔚然。时有僧人犯法，论罪当死。上级官员袒护他，欲免死改发充军。李翔坚执不可，被其指傲慢无礼。李翔竟挂冠而去，弃官归乡。

　　回乡后，李翔钻研学问，"足迹不至公门，推明性命理气之原，阐所独得，著《似说》一卷，《闲稿》一卷"③。

七、有道君子——陈吾德

　　陈吾德（1528—1589），字懋修，号省斋，新会外海（今江海区）人。陈氏祖籍

---

　　① （明）区越：《乡贤区西屏集》卷7《记》，《广州大典》第56辑第6册，广州出版社，2015年，第372页。

　　② 天启《衢州府志》卷4《皇明推官列传》（成文出版社，1975年，第539页）称李翔为"广东潮州府揭阳人"，有误。

　　③ 万历《新会县志》卷4《人物传上》，第216页。

莆田，元初陈吾德六世祖陈倬总管惠州，五世祖陈太常始迁新会外海村，数代为农，其父陈文凤被封兵部给事中。嘉靖七年（1528）十一月陈吾德出生，十岁时已能诵干支、卦名、纳甲、画挂、九九之法。嘉靖二十八年成为县学生员。① 外海有谢前山，陈吾德著述名之为《谢山存稿》，并自署为"古冈陈吾德"，即可为明证。②

嘉靖三十一年中广东乡试第二名举人，嘉靖四十四年举进士。初授行人，擢工科给事中。当时广东盗贼日多，陈吾德条陈"广东八事"，包括明赏罚、复兵防、议舟师、禁谰言、补假贷、核虚冒、慎抚剿、恤忠劳，隆庆皇帝从之。因出现日食、月食天象，上疏劝皇帝修省。此后又进谏中官督织造，力论朝廷采珠危害，激怒皇帝，施以杖刑一百，拘禁刑部监狱，并削籍被贬为民。

万历皇帝继位后，起任兵科给事中。但因性情耿直，不惜得罪首辅张居正，《明史》记载："张居正柄国，谏官言事必先请，吾德独不往。礼部主事宋儒与兵部主事熊敦朴不相能，诬敦朴欲劾居正，属尚书谭纶劾罢之。既而诬渐白，吾德遂劾儒，亦谪之外。居正以吾德不白己，嗛之。未几，争成国公朱希忠赠定襄王爵，益忤居正。及慈宁宫后室灾，吾德力争，出为饶州知府。有盗建昌王印章者，遁之南京见获。居正客操江都御史王篆坐吾德部下失盗，谪马邑典史。御史又劾其莅饶时违制讲学，用库金市学田，遂除名为民。"③ 直至张居正逝世后，荐任思州推官、宝庆同知，皆以亲老为由不赴任。亲没后，任绍兴同知、湖广按察司佥事，万历十七年（1589）十一月卒于官，次年五月归葬新会，由其好友惠州叶春及作墓志铭。

陈吾德学宗陈献章，叶春及云："冈州自公甫（陈献章）先生倡道江门之间，虽津人田父，犹有先哲遗风。其君子则重厚质直，可与共学，故公于不佞一见而合。同时诸子，岂不翩翩囊鞬相从，惟我二人其臭味也！公学一本公甫，具《二居录》。"④ 受到陈献章思想影响的陈吾德以气节著称，多有善政，史载"吾德以生近江门，日与同志讲学于正学祠。至于弥盗御倭，建义仓、筑外城，皆所旦夕经营者。中丞李材曰：'陈懋修立朝则正色，居乡则端表，盖所谓有道之君子也！'"⑤ 著有《谢山存稿》《律吕管窥》《甲子历年图》等。江西名宦祠、广东乡贤祠奉祀。外海陈氏为纪念陈吾德，在上街建有"给谏乡贤、经元进士"牌坊，在谢前山下建"大中宪祠"（即省斋陈公祠），陈子壮题堂号"忠直堂"，御史叶宪祖题匾"精忠亮节"并题祠联："学

---

① （明）叶春及：《奉政大夫湖广按察司佥事陈公行状》，徐志达主编：《惠州文征》上编，广东人民出版社，2013年，第326页。

② 《明史》记陈吾德为"归善人"并不准确。参阅李建勋：《陈吾德、陈子壮研究资料勘误》，《五邑大学学报（社会科学版）》2021年第2期。

③ （清）张廷玉等撰：《明史》卷215《列传第一百三》，中华书局，2000年，第3790–3791页。

④ （明）叶春及：《奉政大夫湖广按察司佥事陈公行状》，徐志达主编：《惠州文征》上编，广东人民出版社，2013年，第330页。

⑤ 乾隆《新会县志》卷9《人物志上》，第252页。

不负君，一片忠谟光谏疏；行将化俗，千秋正气壮尊彝。"①

八、博学才士——黄淳

黄淳，字叔化②，号鸣谷，新会高地街人，学者、画家、地方志学家。领隆庆元年（1567）乡荐，举万历八年（1580）进士，次年出任浙江宁海知县。

黄淳勤政爱民，极力造福士民。为激励士风，崇尚教化，修方正学祠，建文峰塔，称以此祈求科举的顺利。"甫下车，鼎新方正学祠堂，以崇起教化为先务。适度田令下，躬巡阡陌，徭赋维均，吏胥不能上下其手。时府盐捕有蜑民为奸利者，淳置之法，主者嫉之。"③ 宁海县水害频仍，黄淳重修宁海白峤塘，为民谋利，不惜得罪上级，"宁抗上意而分为二则，居然陈长官遗泽也"④。

其博学多才，擅长诗词书画，"工染翰，纵笔作树石危峰，出寻常蹊径之外"，当道索画而拒绝之，竟因此得罪。其后，他告病还乡，在象山之左的鸣山建定帆亭，"醉咏其中，以陶彭泽自况，因号六柳先生。卒年八十五"。⑤ 居乡三十余年，极力提倡地方建设，如筑城、赈灾等。

黄淳有史才，与同邑举人李以龙协助知县王命璿主编万历《新会县志》，该书纪事翔实且多有评议，是一部质量上乘的县志，书中"诗文自出机杼，琐录俚谣，尤匪夷所思，有嘐嘐踽踽之态者"⑥。他有感于南宋史事及旧志过略，决定重修崖山新志，"迺展旧志，惜其太略，辑补缺遗，一时忠节，搜绿存附，不避僭妄，用彰永劝"。⑦因此续编《厓山志》，另著有《鸣山集》《李杜或问》。

九、刚正不阿——何熊祥

何熊祥（1567—1642），字乾宰，号圆谷，新会河村人。其父尝题"简肃"二字，

<hr/>

① 陈一峰：《外海古代坊表、寺观、祠堂、街里所在考》，《江门文史》第25辑，1992年，第7-10页。

② 黄淳参编万历《新会县志》落款自称"邑鸣山老人黄淳叔化""邑鸣山黄淳叔化"。黄淳于象山之左鸣山读书，著有《鸣山集》。可知其字为"叔化"。康熙《新会县志》卷13《人物志下》则载其字为"鸣谷"，今人编《江门五邑百科全书》称其号为"鸣谷老人"，均误。

③ 康熙《新会县志》卷13《人物志下》，第709页。

④ 崇祯《宁海县志》卷5《名宦志》，成文出版社，1983年，第310页。

⑤ （清）顾嗣协：《冈州遗稿》卷4，《广州大典》第57辑第31册，广州出版社，2015年，第791页。

⑥ 康熙《新会县志》卷13《人物志下》，第709页。

⑦ （明）黄淳等著，陈泽泓点校：《厓山志·重修厓山新志叙》，广东人民出版社，2018年，第3页。

作为家学。何熊祥举止庄重，寡于言笑，万历十六年（1588）中举人，万历二十年中进士，初选翰林院庶吉士，寻改巡按御史，巡察地方府县。

初到上谷，在了解当地军民苦于积欠赋税，多逃亡在外后，何熊祥上疏请求豁免，上谷军民闻此欢欣雀跃。再至福建，首先发现福建巡抚侵占关饷，何熊祥不假思索便上疏揭发弹劾，官场震动，风气为之一新。又有云南巡抚李材因被人诬奏充军到闽南，何熊祥特上疏为之申辩，冤情得到反正。后到直隶巡按，地方税赋相较他处尤为苛重，何熊祥奏请豁免，先后减免御额银六万两，旱涝银五十万两，积欠金花银六十万两。到南京地方又奏免税券十五万两，江浙民人无不感恩戴德。又有税监想兼并织造之权，何熊祥上疏斥其奸状，事得以制止。即便在皇帝面前，何熊祥依然保持刚正不阿的性情，时有京官吴宗尧上书言事触怒皇帝，被下诏狱问罪，何熊祥竟为之上疏申辩十余次，言语恳切，最终说服皇帝。

按照明代官员升转制度，御史任满六年就升京堂官，然而何熊祥满九年始升任太仆寺卿，又九年才升任大理寺卿。此后迁为南京刑部右侍郎，恰好此时南京户部、礼部、吏部尚书俱缺，朝廷遂命他兼署，而他措置得宜，政务运转有条不紊。随即又升任南京左都御史兼署兵工二部尚书，如此一来，何熊祥统揽了南京六部职权。时有谏臣上疏弹劾大臣荒于职守，其言语激切以致触怒皇帝，被削官夺职，何熊祥立刻上疏援救，最终事得平息。最后晋任南京工部尚书，翌年改南京吏部尚书，于天启三年（1623）致仕回乡归养。

何熊祥为官数十年，直至成为朝堂大员，其间不畏权贵，敢言他人所不敢言，体贴民情，造福百姓，赢得士民爱戴。归养十余年后，何熊祥于崇祯十五年（1642）病卒，享年七十六岁，朝廷赠太子太保，谕赐祭葬，谥"文懿"①。著有《平刑八议》《四巡疏抄》《南都疏略》《马政事宜》等。

---

① 康熙《新会县志》卷12《人物志上》，第667-668页。

第五章

清代鸦片战争前江门地区的全面发展

清代是中国最后一个封建王朝，处于从传统社会转变为近代社会的关键时期。明清鼎革之战与迁海之政给江门地区带来严重灾难。南明与清朝均对江门地区行政区划进行调整，开平县、鹤山县应运而生，江门地区最终形成五邑格局。社会经济上，人民坚毅勤劳，通过围垦沙田大力发展农业，葵扇、陈皮等成为畅销各地的土产。依靠发达的商品经济与优越的自然条件，江门墟成为区域经济的核心，与周边地区乃至海外均有贸易往来。江门地区民众下海出洋，远渡重洋。这一切，都为近代江门五邑地区转型为侨乡社会的发展奠定坚实基础。

第一节　管理秩序的重建

明末清初，此起彼伏的政治动荡对江门地区造成深远影响。顺治初，广东仍为南明政权所控制。顺治七年（1650），清军虽攻克广东全境，但广东抗清运动并未停息，新会黄公辅以及恩平王兴均是当时著名的抗清将领。因当时沿海地区郑成功势力颇大，故清朝推行海禁政策，迫使民众迁界，康熙时又因地方官员奏请、清朝收复台湾等原因，下令复界。江门地区深受清朝的海疆经略政策变迁影响。

一、反清复明斗争

崇祯十七年（1644），清军入关，定都北京，随后便大举南下，试图统一全国。在消灭了浙江的鲁王政权和福建的隆武政权后，顺治三年（1646），清廷命令"留重兵守邵武，遣佟养甲、李成栋自漳、泉进征广东"[1]。同年，南明官绅分别于广州、肇庆，拥立隆武帝之弟、唐王朱聿𨮁与桂王朱由榔称帝，即绍武政权与永历政权。佟养甲、李成栋率兵二万，进攻广东，由潮惠地区直指广州，潮、惠二府不战而降。清军攻陷广州，位于广州的绍武政权由此覆灭。永历帝听闻后，慌忙由肇庆逃到广西梧州。

但清军在广东的军事行动并没有因此结束。清军攻占广州后，分兵三路向省内西部、北部和南部进军。西部由李成栋率领，进攻肇庆，直指梧州；北部由叶承恩率领，进攻南雄韶州；南部由徐国栋等率领，进攻高、雷、廉、琼等地。[2]

南明抗清的努力仍未停息，李定国等将领筹划着要恢复广东。顺治十一年

---

[1]　（清）魏源：《圣武记》卷 1《开国龙兴记》，《续修四库全书》史部第 142 册，上海古籍出版社，2002 年，第 169 页。

[2]　陈启汉：《清初广东的抗清斗争》，《岭南文史》1987 年第 2 期。

（1654），新会战役爆发。李定国认为恢复广东的关键在于攻克新会，他与郑成功通信时直言："不谷之意，欲就其地以芟除，庶省城可不劳而下，故亦合力于斯。"① 新会战役自六月开始，一直打到十二月中旬，长达半年之久。当年十月，李定国"猝陷高明，复围新会"②。十一月，李定国"围犯新会，城中粮尽，杀人马为食"③。出现吃人惨剧，"盖自被围半载，饥死者半，杀食者半，子女被掠者半。天降丧乱，自古及今未有如是之惨者也"④。时新会人苏楫汝曾记载该次战乱惨况云："甲午之冬，困城者三阅月，贼攻于外，兵掠于内，城中绝食，掘鼠罗雀以救残喘，而卒为悍兵俎上之脯，枯骸委地，见者心悸。"⑤ 可见战争之残忍，民众之苦难。当其时，李定国部将"吴子圣率贼兵万余，并以象只围困新会，浚壕栅，昼夜攻城"，平南王尚可喜"亲率官兵援剿，贼众驱象迎战，击败之，斩数百人，遂解新会之围"⑥。

与此同时，南明兵部主事陈邦彦联合农民军领袖余龙起兵于顺德，南明监军御史张家玉起兵于东莞，大学士陈子壮联合增城花山农民军起兵于南海，"三路连兵，势同鼎足"⑦。陈邦彦、张家玉与陈子壮合称"岭南三忠"。一时之间，广东响应者甚多，江门地区积极响应抗清者有王兴、黄公辅等。

明亡，广东地方大乱，王兴部义军与地主武装之间在江门地界攻伐不断。王兴奉永历年号，"散家财，收纳亡命，以谋恢复，四方归之。初屯花山，迨绍武被杀，乃盘踞文村（今台山汶村）"。文村位置险要，"为肇、广交界，与新会、新宁、开平、恩平、阳春、阳江六县毗联，处万山之中，四邻大洋，羊肠鸟道，一径通人，而刺竹陂塘，交相间隔，实百粤之天险也"⑧。文村成为江门地区抗清斗争的根据地。起初，文村举人陈王道倡建城墙抵御战乱，"明社既屋，土贼蜂起，王道乃倡筑垣墉如城，环乡四周以为固"⑨。清代陈淇《文村古城行》诗提及："文村古城山绕郭，断垒颓垣兀未剥。千家烟火连云屯，东倚虎门崎海角。……干戈四起盗贼兴，豺狼啮人狐饮血。新兴鼠盗哨箐林，幺么小号绣花针。乘间已窃恩州寨，役窟沿侵浔海浔。吾乡并力严拒守，狼噬无计思北走。东邻不念齿唇依，忍为自祸戕腋肘。"⑩ 顺治十五年

---

① 福建师大历史系郑成功史料编辑组编：《郑成功史料选编》，福建教育出版社，1982年，第116页。

② 《清世祖实录》卷86，顺治十一年（1654）十月壬午，中华书局，1985年，第682页。

③ 《清世祖实录》卷87，顺治十一年（1654）十一月壬申，中华书局，1985年，第688页。

④ 康熙《新会县志》卷3《事纪》，第433页。

⑤ 康熙《新会县志·序》，第386页。

⑥ 《清世祖实录》卷116，顺治十五年（1658）四月甲戌，中华书局，1985年，第904页。

⑦ 马以君主编：《陈岩野集》，顺德县志办公室，1987年，第160页。

⑧ （清）樊封撰，刘瑞点校：《南海百咏续编》，广东人民出版社，2010年，第268页。

⑨ （清）何福海等纂修，刘正刚点校：光绪《新宁县志》卷20《列传三》，安徽师范大学出版社，2021年，第270页。

⑩ （清）何福海等纂修，刘正刚点校：光绪《新宁县志》卷16《古迹略》，安徽师范大学出版社，2021年，第220页。

（1658），平南王尚可喜率兵进攻文村，挖沟筑垒，调集重兵长期围困。次年八月，尚可喜派使臣前去招降日渐窘迫的王兴。王兴自知文村陷落已不可避免，但仍拒绝投降。王兴嘱咐他的儿子们，其死后墓碑当写"大明虎贲将军王兴之墓"。[①] 王兴至死都将自己视为明臣，最终与其妻妾自焚而死。今恩平蓝坑村仍有王兴抗清遗址。

黄公辅，新会杜阮（今属蓬江区）人，万历四十四年（1616）进士。历任福建浦城知县、南京山西道御史、兵部尚书等。甲申国变的消息传到广东，新会人黄公辅听闻后，写下《甲申江门看竞渡》一诗："习习薰风逗舫窗，飞凫白浪沸长江。莉花香扑霓裳调，山色晴侵艾虎缸。击楫中流谁祖逖，吹刁半夜寝毛龙。无端漫逐少年队，莫是痴心未肯降。"[②] 黄公辅欲效仿东晋名将祖逖收复中原。顺治六年（1649），各路起义军相继战败，其后数年，南明军与清军互相拉锯，终不得胜。黄公辅与王兴退守文村。

王兴虽死，但其部下仍伺机而动，"王兴占踞新宁文村为寨，大师围之逾年，困食，始阖家自焚，其党数千人免死，出省充兵。后贼目萧国隆、王懋德、李玉、钟茂、梁国柄、邓雄、蒋雄、东瓜四等相继逃回作乱，其祸蔓延。屡抚屡叛，十余年始灭"[③]。尽管江门地区全境为清朝所统治，但反清复明运动仍存在，令清朝不得安宁。

二、海禁与迁界

江门地区地处广东沿海，深受清廷海疆经略政策的影响。明清鼎革最终于广东完成，但这并不意味着清朝对南明放松了警惕，恰恰相反，在东南海疆，清朝设重兵防范南明特别是郑成功势力。顺治十八年，郑成功收复台湾，奉南明为正统。同年，清朝下令加强沿海防卫，"将山东、江、浙、闽、广滨海人民尽迁入内地，设界防守"[④]。平南王尚可喜在广东"奉旨同督抚踏勘滨海寇艘可犯地方"，与总督李棲凤奏请"自番禺至新会、新安以及惠潮抵分水岭，还辕肇、高、雷、廉所属州县冲险之地，酌设官兵，分汛防守"[⑤]。

清廷采用隔绝大陆、台湾之间往来的策略，以图困死据守台湾的郑氏政权。康熙初，清廷颁令江、浙、闽、粤、鲁五省沿海边民全部内迁五十里，史称"康熙迁海"。

---

① （清）朱溶：《忠义录》，（明）姜垓、（清）解瑶等撰，高洪钧编：《明清遗书五种》，北京图书馆出版社，2006年，第737页。

② （明）黄公辅：《北燕岩集》卷4，《广州大典》第56辑第13册，广州出版社，2015年，第509页。

③ 康熙《恩平县志》卷1《事纪》，第313页。

④ （清）夏琳：《海纪辑要》卷1，《台湾文献史料丛刊》第6辑，大通书局、人民日报出版社，2009年，第29页。

⑤ 罗振玉校录：《平南敬亲王尚可喜事实册》，《北京图书馆藏珍本年谱丛刊》第68册，北京图书馆出版社，1999年，第392页。

康熙元年（1662），广东实行第一次迁界，"岁壬寅二月，忽有迁民之令，满洲科尔坤、介山二大人者，亲行边徼，令滨海民悉徙内地五十里，以绝接济台湾之患，于是麾兵折界，期三日尽夷其地，空其人民"①。临海的江门地区自然在迁界范围之内，新会县"康熙元年，以海氛不靖，徙濒海居民于内地"②。新宁县"（康熙元年）春三月二十五日，迁海岛及海滨居民于内地"③，包括"赤溪、磅磚、白石、铜鼓、上川、下川"等地方"皆当迁"④。开平县"（康熙元年）春三月，迁海岛及海滨居民于内地，立边界、墩台，拨兵防守"⑤。由此可见，虽然二月政令紧迫，但江门地区是在三月份开始迁界的，官方定立边界，并有武装防守。拨兵防守、设立汛防，既是防外，抵御郑成功势力，亦是防内，防止内地居民私通郑成功。由于迁界紧迫，当时"有在界外未及迁者，俱以犯禁，坐重刑"，海宴人赵同炳"奋不顾身，白诸当事，所存活甚众"⑥。

由于迁界导致地方秩序破坏，番禺疍民周玉、李荣等组织武装进入江门。康熙元年十二月，"蛋匪李荣劫沿海乡村"⑦。当其时，"李荣、周玉，以捕鱼为业，所辖缯船数百，设楼橹，列器械。三帆八棹，冲涛若飞。平藩尚可喜以其能习水战，委以游击之任。遇警周遭，水上赖安。自奉有海禁之旨，于是尽掣其船，分泊港澳。玉等遂反，焚汛哨庐舍，独于居民一无骚扰。自称恢粤将军，破顺德县，执知县王允而去。十月，突入我邑之江门，游击张可久死之。既而平藩遣兵破其众，玉就擒，余党溃散"⑧。正是迁界导致疍民事变，而该起事变导致了康熙三年（1664）更为严酷的迁界举措。

康熙三年，广东进行第二次大规模迁界，五邑地区备受其害。这一次"续迁番禺、顺德、新会、东莞、香山五县沿海之民，先画一界，而以绳直之，其间多有一宅而半弃者，有一室而中断者，浚以深沟，别为内外，稍逾跬步，死即随之。迁者委居捐产，流离失所，而周、李余党乘机剽掠"⑨。清杜臻《粤闽巡视纪略》云："（康熙）三年续迁，恩平县共蠲田地七百五顷有奇，开平县共蠲田地一百九十九顷有奇。"⑩ 恩

---

① （清）屈大均：《广东新语》卷 2《地语·迁海》，中华书局，1985 年，第 57 页。

② 康熙《新会县志》卷 3《事纪》，第 435 页。

③ 康熙十一年《新宁县志》卷 2《事略志》，第 101 页。

④ （清）雷泽普编：《新宁乡土历史》卷上，《广州大典》第 37 辑第 33 册，广州出版社，2015 年，第 638 页。

⑤ 康熙十二年《开平县志·事纪志》，第 51 页。

⑥ （清）何福海等纂修，刘正刚点校：光绪《新宁县志》卷 20《列传三》，安徽师范大学出版社，2021 年，第 271 页。

⑦ （清）何福海等纂修，刘正刚点校：光绪《新宁县志》卷 14《事纪略下》，安徽师范大学出版社，2021 年，第 186 页。

⑧ 卢子骏增修：《新会潮连芦鞭卢氏族谱》，五邑大学广东侨乡文化研究院资料室藏。

⑨ （清）钮琇：《觚剩》，《丛书集成续编》子部第 95 册，上海书店，1994 年，第 1114 页。

⑩ （清）杜臻：《粤闽巡视纪略》卷中，《广州大典》第 34 辑第 8 册，广州出版社，2015 年，第 97 页。

平县"撤庐毁田，自吊颈凹至邮龙，挑濠为界，筑墩台六座"①。新会荷塘一带"奉令移村，勒令徙居。官兵乘势拆屋宇，荷塘一带村乡悉为丘墟矣"②。新会县"潮连乡四面皆海，亦在迁徙之例，维时颠连辛苦，亦殆类是"③。台山《陈姓族谱》则云："甲辰（康熙三年，1664）有迁海之役，举族流离"。④

两次迁海历时三年，死者以数十万计，"自有粤东以来，生灵之祸，莫惨于此"⑤。江门地区沿海百姓被摧残严重，开始出现大面积饥荒，大量人民死亡，新宁县康熙三年"夏五月六日，续迁近海居民；六月，大饥，多饿殍。……（四年）春，大饥，饿殍载道"⑥。开平县康熙三年"六月，大饥，米一斗银一钱二分，民多饿殍。……四年乙巳春，大饥，饿殍载道"⑦。康熙四年，恩平县"米贵，每斗价银三钱，迁民饿死者甚众"⑧。新会县情况尤为严重，康熙"三年，复以迁民窃出鱼盐，恐其仍通海舶，乃再徙近海居民。时督院及大人临县勘定海界，会潮水大至，稻田弥望，皆为茫茫巨浸。署县经历李肇丰、城守都司耿光欲因以索赂于民，一时民无以应，于是近郭腴田悉为界外，附郭居民流离失业，转死沟壑"⑨。地方贪官污吏趁机勒索，加剧了迁界所带来的后果。《新会县志》载"康熙三年甲辰，复徙濒海居民。时惩于李荣之乱，又值潦浸，内河皆成浩淼，于是逼城为界，邑地遂迁其半，民皆扶老携幼，流离载道，见者恻然。唯都司耿光日于锹界处所置酒为乐。迁民贫者行乞街市，露宿衢道，往往饿死，门有死者，则署县经历李肇丰藉究死因，连逮保甲、邻佑，贻累多人。阖城民卧不安枕，每夜守坐，有垂毙者，曳至别甲以避祸"⑩。同年六月，"知县龙之绳抵任，即具详'界外海田俟收稻毕方徙'。一时迁民，赖稻以救目前之困"⑪。天灾加上人祸，新会、新宁、恩平、开平四邑地区民众深受迁界之苦。

新会水南人黄居石是清初迁界的直接受害者，康熙三年迁界令颁下，他被迫离开家乡四年时间，侨居肇庆谋生，饱受离乱之苦。在此期间，他创作了许多反映迁界导致民不聊生的写实诗歌，如《哀江门》《徙村行》《悯故乡》等。《徙村行》诗云："新朝防海不防边，威令雷行刻不延。相传徙村诏昨下，居人犹疑未必然。已报大人巡海上，力役征徭交鞅掌。令尹仓皇出郊迎，牛酒猪羊忙馈饷。犹恐菲薄慢王师，计

① 康熙《恩平县志》卷1《事纪》，第313页。
② 新会荷塘《李氏族谱·世变小记》，手抄本。
③ 卢子骏增修：《新会潮连芦鞭卢氏族谱》，五邑大学广东侨乡文化研究院资料室藏。
④ 台山《陈姓族谱》，民国元年（1912）刻本，台山档案馆藏，第7页。
⑤ （清）屈大均：《广东新语》卷2《地语·迁海》，中华书局，1985年，第58页。
⑥ 康熙十一年《新宁县志》卷2《事略志》，第101页。
⑦ 康熙十二年《开平县志·事纪志》，第51-52页。
⑧ 康熙《恩平县志》卷1《事纪》，第314页。
⑨ 康熙《新会县志》卷3《事纪》，第435页。
⑩ 康熙《新会县志》卷3《事纪》，第434页。
⑪ 康熙《新会县志》卷3《事纪》，第434页。

田派饷曰公仪。民力竭矣胥吏饱，岂无老弱死鞭笞。惊看村前一旗立，迫于王令催徙急。携妻负子出门行，旷野相对啜其泣。孰无坟墓孰无居？故土一旦成邱墟。此身播迁不自保，安望他乡复聚庐？君不见咸阳三月火，顷刻烟尘起青琐。不独眼前事可哀，国亡家破奚独我？吁嗟谁绘郑侠图，流离载道天难呼。回首昔年烟火地，青青草树暮啼乌。"① 流离失所之况惨不忍睹。

迁界不仅改变了沿海地区的社会环境，也改变了当地的自然环境，导致出现虎患。康熙三年，开平县"古博、平康多虎。时因迁海，界外无人，虎多渡河而来，将入夜，遂队成群突屋食人，乡中多警惧"②。人们想方设法驱逐老虎，"多虎伤人甚众，乡人设竹签、火铳百计擒之不能得，后知县高子翼至，为文檄告城隍神并督令民壮设法追捕，其患始息"③。人退虎来，迁界导致人口锐减，只好组织民壮予以追捕。

康熙四年，面对迁界引起的大量人口死亡，新会本地有识之士开始组织施粥等公益活动。"康熙四年乙巳春，迁民饥疫，署县事金爽劝募赈之。时迁海贫民，流离失业，至于仲春，饿殍蔽野，弃儿塞路。生员余开临、关业鸿等乃恳署县发给印册，沿门劝募，得米二千石，同事何荣亨等五十人分番直事，在大云寺糜粥餔之。自春二月至秋七月，赴食者五六千人。病不能兴者，寝处文昌宫下。开临与僧云岭亲至病所，日授粥二次，给以药饵。然死者日常十人，开临、荣亨等复募金掩瘗，所存济者四千有奇。时海防高元勋捐掩瘗银三十两，署县金爽给米一百石，县丞杨振捐掩瘗银三十两、米二十石，举人罗钜璘捐米五十石，贡生何锴英捐米三百石。至捐三四十石以下者，不可胜纪。其劳苦功高，则开临为最，荣亨次之。"④ 从中可见迁界对新会造成严重损害，生灵涂炭，幸好有本地读书人组织募捐活动，联合个别官员、僧人力量，为保存乡邦民众发挥极大作用，对于离世者也尽力予以埋葬，体现出高度的人道主义精神。另外，地方官也注意安抚百姓，康熙五年（1666）十月"设中路巡海大人于新会。时命近臣巡视海界，中路应驻顺德，及檄下，乃驻新会。愚民汹汹，比至，安静无事。而是时知县苏文耀又以身翼蔽小民，一切节省，民以不扰"⑤。

面对迁界导致如此严重的后果，单靠慈善组织救援并不能从根本上解决问题。康熙四年，原广东总督李率泰遗疏请宽边界，曰："臣前在粤，粤民尚有资生。近因奉旨迁徙百姓，弃膏腴而为荒土，捐楼阁而就茅檐，赤子苍头，啼饥在道，玉容粉面，丐食街头，以至渐渐死亡，十不存其八九。为今之计，难不复其家室，万乞边界稍宽，使各处迁民，耕者自耕，渔者自渔，可以缓须臾之死，臣虽死亦瞑目矣。"⑥ 多年

---

① 陈一峰：《江门诗人黄居石》，《江门文史》第 17 辑，1989 年，第 54 页。
② 康熙十二年《开平县志·事纪志》，第 52 页。
③ 道光《开平县志》卷 10《外纪志》，第 480 页。
④ 康熙《新会县志》卷 3《事纪》，第 434 页。
⑤ 康熙《新会县志》卷 3《事纪》，第 435 页。
⑥ （清）何大佐：《榄屑》，《广州大典》第 49 辑第 3 册，广州出版社，2015 年，第 177－178 页。

迁界造成的严重后果之一是"迁民结党为乱"①。康熙七年（1668），广东巡抚王来任被罢官还京，临终前亦请求复界，"遗疏论粤东边界居民奉檄内迁，流离失所者至数百万，宜令复还故地。诏许之。滨海之民复归田里，为立庙祀焉"②。两广总督周有德亦支持复界。

经过正直官员的争取，在康熙八年朝廷终于决定开始局部展界复业。当时民众对复界异常雀跃，"诏展海界，令迁民复业。……以巡抚都御史王来任遗表，重以总督部院周有德疏继之，皆力为陈请，遂有是命。于是元年所迁百姓得返乡土，欢呼遍于海隅焉"③。可是经历饥饿生死考验后，真正能够回到故土的人并不多。潮连《区氏族谱》记载，"康熙甲辰（三年，1664），（奉）旨下令移界，族人则播迁矣，复归只数十矣，从此子孙散居各方，安集他邑"。《浮石赵氏族谱》亦云："康熙八年二月展界，族人始归，田宅坟茔俱为榛莽，不可复识，有互相侵没者，盖去而不能复者十之五六。"④ 能够回乡者也未能完全恢复耕作，"山泽之区率多弃土，而复界之后未报垦者尚十之二三"⑤。虽然部分地区展界，但仍严禁出海，康熙十年"申严洋禁。广东、福建二省严禁出海，其余地方止令木筏捕鱼，不许小艇出海"⑥。沿海部分岛屿也尚未开放，开平县"（康熙）八年己酉春正月，奉文展界，复两迁地，仍禁海岛"⑦。同样，新宁县"（康熙）八年己酉春二月七日展界，复两迁地，海岛仍禁"⑧。康熙十一年朝廷还规定："凡官员兵民私自出海贸易，及迁移海岛，盖房居住，耕种田地，皆拿问治罪。"⑨

展界后经济仍旧凋零，社会秩序尚未完全恢复。"复界之后，居民稀疏。乡之东有贼钟吉生，西有伍茂桂，俱剽掠为害，乡人筑垒以自固，出外者多被掳杀。"⑩ 黄居石《哀江门》诗云："雪峰烟起暮钟残，一床笤薜坐弥勒。先年展界通鱼盐，中泽哀鸿方戢翼。酒炉旦户尚晨星，大半荒芜塈未得。今春何复成清人，筑砦开堑无休息。毁瓦颓墙塌道平，回顾萧条目空极。数百年来杂沓场，惟有昏鸦啼山北。"⑪ 由于

---

① 道光《新会县志》卷13《事略上》第394页。

② 道光《广东通志》卷255《宦绩录二十五·国朝一》，第4098页。

③ 康熙《新会县志》卷3《事纪》，第435页。

④ （清）赵宗坛、赵天锡总纂：《浮石赵氏族谱》卷首《前事记》，台山档案馆藏，第41页。

⑤ 康熙《新会县志·序》，第385页。

⑥ 雍正《广东通志》卷7《编年二》，第205页。

⑦ 康熙十二年《开平县志·事纪志》，第56页。

⑧ 康熙二十五年《新宁县志》卷2《事略志》，第197页。

⑨ 乾隆《钦定大清会典则例》卷24《吏部·考功清吏部司·海防》，《四库提要著录丛书》史部第128册，北京出版社，2011年，第360页。

⑩ （清）赵宗坛、赵天锡总纂：《浮石赵氏族谱》卷首《前事记》，台山档案馆藏，第41-42页。

⑪ 陈一峰：《江门诗人黄居石》，《江门文史》第17辑，1989年，第56-57页。

"展界后，田地荒芜，粮务烦重"，海宴人赵同炳"分田给种，俾粮役无缺，族赖安堵"。① 直至康熙二十三年（1684）"特遣大臣巡海，谕令迁民复业。（恩平）知县佟世男捐给牛、种，劝垦迁荒一百余顷"②。由于迁界期间人民流失严重，于是展界之后闽赣与粤东地区的客家人陆续进入江门地区。清初"边界虽复，而各县被迁内徙之民，能回乡居者已不得一二。沿海地多宽旷，粤吏遂奏请移民垦辟以实之。于是惠潮嘉（原注：即清惠州、潮州、嘉应州郡名）及闽赣人民，挈家赴垦于广州府属之新宁（原注：今改台山）、肇庆府属之鹤山、高明、开平、恩平、阳春、阳江等州县，多与土著杂居。以其来自异乡，声音一致，俱与土音不同，故概以客民视之，遂谓为客家云"③。

迁界对江门地区影响深远，地方上对于展界有功官员予以祭拜，其中以原广东巡按王来任为主。自康熙时起，江门地区便对王来任多有祭祀。在官方记载中，清代新会县有三处巡抚王公祠，一在水南乡三丫路；一在归德江嘴村前；一在泷水沙富墟桥侧名为恩宪祠，"康熙初，巡抚王来任为民奏请展界，民德之，为立庙以祀，曰民之父母"④。此外，新会潮连"烟山古庙之傍座，有王巡抚像，其下兼祀李、周总督等三小像，盖康熙移村之时，流离转徙，艰苦万状，其后得以安居复业者，皆此诸公之力也"⑤。新宁县则专设两处王巡抚祠，一在矬峒都莘村，一在海晏（宴）都那马村，其"疏请展界，沿海居民赖复故业，多建祠以志遗爱焉"⑥。此外，新宁县广海建有巡抚祠，乾隆五年（1740）新宁知县王昌《重修亭前天后宫巡抚祠记》云在天后宫旁建造两室，"一祀展界王抚宪，一奉题豁加增盐课鄂大司马"⑦。清代何彬有诗赞云："地作鸿沟割，民同洛邑移。图无郑侠绘，谏有史鳅尸。一疏皆安堵，千村各立祠。至今闻父老，犹说昔流离。"⑧ 此处巡抚祠后称报德祠，位于广海卫西门街，"祀展界王中丞来任，与题豁加增鄂大司马弥达"⑨。乾隆十六年，新宁古横岗乡李、许、黄三姓共建三王庙纪念王来任。⑩ 清末《赤溪杂志》亦云："赤溪坛庙祀典阙略甚多，将来必应增建。余谓并宜建三公祠以申崇德报功之谊，三公者，一为宋和州防御使刘

---

① （清）何福海等纂修，刘正刚点校：光绪《新宁县志》卷20《列传三》，安徽师范大学出版社，2021年，第271页。

② 康熙《恩平县志》卷1《事纪》，第315页。

③ 民国《赤溪县志》卷8《开县事纪》，第598页。

④ 道光《新会县志》卷4《建置下》，第95页。

⑤ 卢子骏增修：《新会潮连芦鞭卢氏族谱》，五邑大学广东侨乡文化研究院资料室藏。

⑥ 乾隆《新宁县志》卷1《建置册》，第333页。

⑦ 道光《新宁县志》卷5《建置略》，第72页。

⑧ 道光《新宁县志》卷5《建置略》，第72页。

⑨ （清）何福海等纂修，刘正刚点校：光绪《新宁县志》卷9《建置略上》，安徽师范大学出版社，2021年，第132页。

⑩ 陈中美：《台山杂记》，台山华侨书社，1986年，第91页。

公师勇，一为国朝前广东巡抚王公来任，一为前广东巡抚蒋果敏公益澧。……至今各属庙祀（王来任）不绝，赤溪海隅曾被其惠，亦应尸祝者也。"① 有功于民则祀，清代江门地区遭受迁界巨创，因此对复界有功的原广东巡抚王来任进行祭拜，感激其恩。

三、"社变"：佃农反抗

明末清初，广东奴仆解放运动兴起，官府、地主污蔑他们为"社贼"，将佃农反抗剥削的斗争称为"社变"。明末，因为"滨海诸县田里多旷"，贫农投靠富农成为佃仆，"藉其资本以垦辟"，富户逐渐对贫农表现出傲慢无礼的态度，导致佃农联合起来反抗富农地主。②

乾隆《新宁县志》"社乱"条记载："社贼者，明季乡中佃仆叛主贼也。先是，承平日久，富室多有凌弱其下，使之不以礼者，乘岁饥世乱互相煽诱，所在蜂起。富族之贫而无赖者亦或与焉。立社于村隙，歃血联谋，与富室为敌。甚则戕杀其主，阖门遭祸。次则抄家掠谷，禁棗辖粂，折秤锯斗，士庶知分之家皆逃窜避难。国朝定鼎后，法令既行，逆党知畏，黠者或投充营伍而去，轻者或从原释，余多伏法，盖数年而后定。"③ 光绪《开平县志》专论"社贼之祸"云："社贼，奴叛主也。土名呼奴仆为社，相传当时有守宫俗名四脚蛇数十斤从天而降，社、蛇同音，彼等无知，以为奴仆当兴，遂扛守宫起事，所至惨杀，此殆篝火狐鸣之故智也。其实奴隶愤主人专制，故作乱，欲脱奴籍耳。"④ 可见大规模的"社变"实质是一场明清鼎革之际奴仆乘机脱离奴籍的反抗运动。

明末，已有奴仆进行斗争，《浮石赵氏族谱》云："崇祯间社贼四起。社贼者，仆谋胁其主也。子弟无赖者或反附，有良瑞者为社党之魁，族人愤之，执送县官，数日死于狱。……顺治五年群盗四起，社贼又张，后数年法令大行，或执之正法，或竟逃亡，乡境乃安。"⑤ 明清鼎革之际，江门地区的社变运动愈发高涨。清初新会三江庠生赵君绥专门写下《录奴变》"与后世子孙共知"，他说："崇祯甲申〔十七年（1644）〕末年、顺治初年，神京失守，圣主就义，社稷邱墟，海内遂震动焉。及大清定鼎，四方蜂起，于是有奴仆倡为灭主之谋，鸠众聚党，立社作乱，抄家赀，据田产，占妻子，翻天覆地，王法莫施。始于滘头、外海，而四村陆续响应，由是啸聚绿

① （清）金武祥：《赤溪杂志》，《广州大典》第34辑第12册，广州出版社，2015年，第399页。
② （清）赵天锡：《宁阳杂存》卷2，《广州大典》第57辑第33册，广州出版社，2015年，第452页。
③ 乾隆《新宁县志》卷4《杂记册》，第490页。
④ 光绪《开平县志·政绩篇》，第122页。
⑤ （清）赵宗坛、赵天锡总纂：《浮石赵氏族谱》，台山档案馆藏，第40–41页。

林，联踪海岛，在在有之。"① 清政府尚未立足，江门地区的社变运动一发不可收拾，对地方秩序产生极大影响。

随着清兵南下，南方各地都有社变发生。广东社变最早兴起于顺德，但五邑地区后来居上。入清之后，社变运动愈演愈烈。"社贼叛乱占领了新会、香山的县城，杀死了当地的乡绅，很可能还建立了某种形式的政治和经济组织结构，虽然没有这方面的直接证据，但他们的名称'社'贼和他们能够在占领地区盘踞十年时间都证明了他们应当具有一定的组织能力。而且他们非常彻底地清除了他们曾经的主人及其家庭，以至于到1730年代这些地区的土地才被重新认领耕种。"② 五邑地区的新会县、新宁县与开平县深受其影响。

顺治二年（1645）二月，"社贼起，奴叛主也。祸始于顺德冲鹤，延及新会，东则麻园、外海、滘头、河塘，西则楼冈、波罗、龙塘、潘村、河村，南则籍竹门、凌涌、沙富、陈涌，率皆杀逐其主，据其田庐。甚者掳其妻子，掘其坟墓。兵连不解，逾二十年其祸始息"③。反抗地主压迫的运动超过二十年，可谓旷日持久。当时这些佃农联合起来进行斗争，官府的镇压较为严酷，顺治八年五月，新会知县刘象震"请兵剿籍竹门社贼，平之，斩首五千余级"④。地主也联合各姓武力镇压佃农反抗。顺治四年新会外海乡"奴仆"事变，顺治七年刘似涓、李茂迪等人自立乡兵，抽收田饷、塘饷，大户财主多躲避，至顺治十七年，新会知县胡襄国移营镇压平息。⑤ 新会是顺德之后首先受到社变冲击的地方，因此史学家傅衣凌先生在《明季奴变史料拾补》认为广东奴变风潮"其始实起于顺德、新会"⑥。

新宁县社变也此起彼伏，境内潮境、福场、矬峒各乡均有蔓延。顺治四年，正当"社贼甚炽"之时，浮石村赵表正平日约束堂弟赵居五严格，赵居五"素横暴，喜与社贼结交"，竟然伙同"社贼"焚烧赵表正楼房，赵表正因此被害。⑦ 开平县的情况更为激烈，出现不少"仆贼"杀主后占据村落的事例。顺治十五年，"举人甄苣诣控两院道府请兵剿社贼，知县张大忠复文。秋九月，调总兵侯袭爵、岭西兵巡道沈橺督兵平之"，对于甄苣请兵镇压的事迹，劳爱之认为甄苣对于镇压奴变厥功至伟，他说："本邑向为三县鞭长不及之地，先苦于土寇，继苦于仆贼。一邑六都，贼踞过半。新

① （清）赵君绥：《录奴变》，李龙潜等点校：《明清广东稀见笔记七种》，广东人民出版社，2010年，第142页。

② ［美］马立博著，王玉茹、关永强译：《虎、米、丝、泥：帝制晚期华南的环境与经济》，江苏人民出版社，2012年，第142页。

③ 康熙《新会县志》卷3《事纪》，第429-430页。

④ 康熙《新会县志》卷3《事纪》，第432页。

⑤ 江门市江海区地方志编纂委员会编：《江门市江海区志》，方志出版社，2012年，第10页。

⑥ 傅衣凌：《明清社会经济史论文集》，商务印书馆，2017年，第481页。

⑦ （清）赵宗坛、赵天锡总纂：《浮石赵氏族谱》卷首《杂说记》，光绪二十七年（1901）刻本，台山档案馆藏，第55页。

塘、扶峒两乡逼处城南十外里，屡剿不下，自丁酉芑登贤书，力请官兵，先平新塘，次平扶峒，余各寨畏惧，以次督徙，通邑安堵，仆贼永寝。芑一请兵之力，岂浅鲜哉。"① 由此可见，开平县的社变运动长达十余年，最终在官府相继镇压之下最终平定。"社贼起于乙酉（顺治二年，1645），盛于癸巳（顺治十年，1653），……或剿、或抚，俱次第芟除，民以获安。"② 至此，盛极一时的社变运动结束。

在长期的社变运动中，仍有部分奴仆忠于原主。开平"龙塘社贼有化号'黑皮均'者，悍贼也。乡人何清日为贼所忌，迁居新会。仆谭卓殷、谢毓祺二人从之。清日曾窖藏银六百两于家，令谭卓殷还家掘取，谭对贼以误从受苦，悔恨归来为词，贼信之，乃暗将藏镪运回，家赖以安。今何氏附祀谭于清日祠，称为义仆"③。但是，总体上在长达十余年的社变运动中，佃农反抗运动占据主流，双方展开激烈斗争，不惜以刀兵相见，因清政府的强力镇压，这一场轰轰烈烈的农民反抗地主运动最终失败。

四、华南海盗

清代海盗的来源多为社会的边缘群体，他们无法在社会中寻得安家立命之处，便只得下海寻找一线生机。广东一省历为海疆重地，海疆辽阔，岛屿众多，水道纵横交错，这得天独厚的自然条件为破产失业的渔民下海寻找一线生机提供了便利。这些渔民有的成为官方眼中的海盗，"岛屿不可胜数，处处可以樵汲，在在可以湾泊。粤之贼艘，不但蹭据海舶，此处可以伺劫，而内河桨船槽船渔舟，皆可出海，群聚剽掠。粤海之藏污纳垢者，莫此为盛"④。便利的自然环境，发达的海洋经济都在诱惑着当时在陆上已走投无路的民众下海为"盗"。

明代以来，江门地区的海盗问题已较为严重，延至清初仍是如此。1646年前后，来自新会县的海盗首领高镇、林芳、黄信、麦明襄、叶垣居、黎侯玺、梁帝觉等活动于新会县海面上，并曾攻打新会县城。⑤ 康熙间"沿海诸省虽小，有海贼闻，俱啸聚于广东新会县地方"⑥。乾嘉时期，华南海盗活动更为频繁，乾隆中叶"广东新宁县属之大澳，环山滨海，商渔船聚泊，颇有贼匪藏托乘间出洋行劫"⑦。在声势浩大的乾嘉华南海盗运动之中，江门地区不少渔民参与其中，并出现数位海盗首领。

---

① 康熙十二年《开平县志·事纪志》，第49－50页。
② 民国《开平县志》卷20《前事略二》，第470页。
③ 民国《开平县志》卷45《杂录》，第682页。
④ （清）陈伦炯：《天下沿海形势录》，贺长龄等编：《清经世文编》，中华书局，1992年，第2028页。
⑤ ［美］安乐博著，［美］张兰馨译：《海上风云：南中国海的海盗及其不法活动》，中国社会科学出版社，2013年，第39页。
⑥ 《清圣祖实录》卷215，康熙四十三年（1704）三月辛酉，中华书局，1986年，第184页。
⑦ 《清高宗实录》卷756，乾隆三十一年（1766）三月上庚辰，中华书局，1985年，第331页。

新会人陈添保素以打鱼为生，时常带妻子和两个儿子在廉州洋面捕鱼。1780 年10 月，他的船只被风暴吹到越南，因此留在河内周边捕鱼为生。1783 年，他被越南西山军抓住，之后西山军委任其为总兵、都督，他以前的舵手梁贵兴也参与其中，1785 年陈、梁合作加入西山军。陈添保被封为"保德侯"，旗下拥有 6 艘战船和 200名越南士兵。陈添保还招募了另外一位来自新会的海盗首领梁文庚，委任其为"千总"。1788 年，陈添保招募到莫官扶、郑七，两人被任命为总兵。越南所有海盗帮派一度均受陈添保节制。① 郑七的大哥便是著名海盗郑一（郑文显），也曾为西山军效力。1794 年，江门渔民郑流唐（郑老童、刘唐伯）被郑一俘虏后入伙，他带领 8 艘帆船在内外洋面流动行事，直至 1805 年率领 388 名手下归顺清政府。②

郑一娶石香姑（郑一嫂）为妻。郑一嫂原是来自新会的疍家妓女，自幼习武，聪明有胆识，少女时嫁给海盗郑一，协助处理帮务，被各帮海盗尊称为"龙嫂"。③ 1807年郑一死于越南，其义子张保仔掌管红旗帮。张保仔亦来自当时的新会江门，得到郑一嫂倚重。道光十年（1830）顺德人袁永纶撰《靖海氛记》记载："张保，新会江门渔人子，其父业众，日取鱼于海外。十五岁，随父在舟中取鱼，遇郑一游船至江门劫掠，保遂为所掳。郑一见之，甚悦，令给事左右。保聪慧，有口辨，且年少色美，郑一嬖之，未几升为头目。及嘉庆十二年（1807）十月十七，郑一为飓风所沉，其妻石氏，遂分一军以委保，而自统其全部，世所称郑一嫂者是也。"④ 郑一嫂比张保仔大11 岁，名义上应是母子，但后成为夫妇。"（张）保每劫掠，不前者手斩之，得财瓜分不私蓄，虏人不妄杀，赏罚仍请命于郑一妻石氏，或云张与石阳主仆，实夫妇也。"⑤

乾嘉时期华南海盗活跃，尽管郑一嫂与张保仔均来自本地，但江门地区亦时常受到他们的滋扰。嘉庆九年（1804），外海陈明纲接引"海贼"郑一嫂进村，掳去男女65 人，伤亡 6 人，118 户受害。⑥ 这次行动，在《清仁宗实录》亦有记载："新会县外海村被洋匪抢劫"，"广东洋匪向来不过在外洋劫掠，此次胆敢由磨刀、虎跳门，潜行登岸，劫掠村庄"，清廷将新会营守备曹守仁、新会营参将德昌、署新会知县孙树新、潮连司巡检蒋福基等人革职。⑦

---

① ［美］穆黛安著，刘平译：《华南海盗 1790—1810（增订本）》，商务印书馆，2019 年，第47 –51 页。

② ［美］穆黛安著，刘平译：《华南海盗 1790—1810（增订本）》，商务印书馆，2019 年，第86 页。

③ 戴胜德：《中国南海海洋文化传》，广东经济出版社，2013 年，第 231 –232 页。

④ （清）袁永纶：《靖海氛记》卷上，（美）穆黛安著，刘平译：《华南海盗 1790—1810（增订本）》附录，商务印书馆，2019 年，第 228 页。

⑤ 同治《南海县志》卷 14《列传二》，第 623 页。

⑥ 江门市江海区地方志纂委员会编：《江门市江海区志》，方志出版社，2012 年，第 10 页。

⑦ 《清仁宗实录》卷 128，嘉庆九年（1804）四月戊寅，中华书局，1985 年，第 732 页。

此后，张保仔一伙仍侵犯江门地区。嘉庆十四年（1809），"洋匪张保仔等驾船百余窜入新会县之沿滘口地方傍岸，焚掠沿滘口与县东北药迳司属杰州、黄宝坑、坡山、维敦、古劳一带"①。当时"盗首张保仔，潜入内港登岸掠食。……南海、新会等县附近海岸村墟，致令盗匪登岸肆劫"，清政府命令新会知县沈宝善、开平知县吴廷扬、鹤山知县王廷锦等人"戴罪督缉"②。沈宝善带领士绅军民全力抵御张保仔的骚扰，但也无济于事，数日后"贼劫牛渚湾复兴墟"，此后"复由厓门入泊银洲湖"③。地方团练对于海盗进犯进行抵抗，新会荷塘人李大成好读兵书，"嘉庆中，洋盗张保肆剽濒海诸村。大成率乡人团练躬冒矢炮，卒保无虞"④。新会外海武举陈大英协同地方武装进行抵抗，使用大炮击沉张保仔大船一艘，乡勇陈五因炮管爆裂而牺牲，乡人在海边为其立碑纪念⑤。

新宁县、开平县也深受其害。新宁县遭到张保仔多次入村劫掠，嘉庆十四年五月"海盗张保劫张良边诸村，掳雷成等男妇九十六人"，八月"贼张保焚劫大门墟、龙围、大江、小坑、獭山、茶坑诸村，乡勇叶宜盛、陈敬裕死之"，九月"贼张保复焚劫大门墟，乡勇李保、郑亚斗、麦亚晚、陈上赞、黄阿秀六人死之"；次年二月"贼张保流劫苏渡、旺北、桑园诸村，乡勇甄参篪、甄业苍、吴隆壮、吴裔罗死之"⑥。因此，民国《那伏区乡土志略》评论曰："张保海盗也，故其时本区沿海一带，均被其波累焉。"⑦ 与此同时，开平县被"洋匪张保等突至长沙埠放火劫财，掳掠男妇二百余人，总督百龄亲临查勘赈恤"⑧。张保仔的侵扰对地方造成较大损失。

嘉庆十四年海盗活动之所以明显增加，是因为总督百龄改变以往的商运路线，导致海盗反扑。《广东海防汇览》记载：张保辈数百艘游弈外洋，全恃内奸为之接济。自总督百龄抵粤，改盐船为陆运，聚封海港，商舶不通，数万之众势不得不扑岸觅食。于是连帆内窜、香山、东莞、新会诸县滨海村落，惨遭焚劫，而顺德、番禺尤甚。⑨ 直至当年十一月，嘉庆帝谕军机大臣云："朕闻广东数月以来，洋盗充斥。因百龄到任之后，更张过急，查办严紧，故盗匪登岸转多，肆行劫掠，顺德、新会、番

---

① 道光《鹤山县志》卷3《事纪》，第235页。
② 《清仁宗实录》卷214，嘉庆十四年（1809）六月己酉，中华书局，1985年，第871页。
③ 道光《新会县志》卷14《事略下》，第399页。
④ （清）彭君谷等纂修，刘正刚点校：同治《新会县志》卷6《列传一》，安徽师范大学出版社，2021年，第48页。
⑤ 陈一峰编：《龙溪风华》，《江门文史资料特辑》第30辑，1995年，第23页。
⑥ （清）何福海等纂修，刘正刚点校：光绪《新宁县志》卷14《事纪略下》，安徽师范大学出版社，2021年，第193页。
⑦ 觉庐主人：《那伏区乡土志略》，民国二十二年（1933）铅印本，台山档案馆藏，第43页。
⑧ 道光《开平县志》卷8《事纪志》，第418页。
⑨ （清）卢坤、邓廷桢编纂，王宏斌等校点：《广东海防汇览》卷42《事纪四·国朝二》，河北人民出版社，2009年，第1039页。

禺、香山、东莞等县到处皆有。"① 江门地区除新会县外，新宁县、开平县亦同时受到张保仔的侵扰。

正是在此前后，在朝廷坚壁清野的指导思想以及熟悉地方事务的各级官僚士绅的建言献策之下，广东当局开始积极筹办治理海盗的方略。② 华南海盗气势迅速下降，大批投降或被剿灭。嘉庆十五年（1810）三月，郑一嫂、张保仔正式投降，其"帮船二百七八十号、伙党一万五六千人，全赴香山县之芙蓉沙海口，听候收验投诚。……头目伙党有二万余人之多"③。投降后的张保仔被授予千总衔。

道光二十年（1840）林则徐在广东销烟时谈及："张保即张保仔，本系蛋户，幼嗣郑一为子，并受安南国伪封，郑一毙后，接管帮船，所聚大小匪艇数百只，盗伙数万人，劫掠商民，戕伤将士，其罪逆更有甚于郑一。粤省滨海村庄，受其荼毒之惨，至今闾巷传闻，痛心切骨。"④ 张保仔见证了华南海盗的兴衰。时过境迁，今江门地区所广泛流传的张保仔"藏宝"的故事，为人们所津津乐道。

第二节　政区调整与五邑形成

除了海疆政策的调整外，朝廷对江门地区的政区也进行了调整。自明末起便屡有成立开平县的动议，最终由南明政权完成。开平立县后，朝廷为了更好治理大官田等地，又于雍正年间设立鹤山县与大官田同知，并进一步提出设新会府的构想。大官田同知的设置尽管有益处，但其缺陷也颇为明显，因此在乾隆初年便被裁撤。今日江门地区的五邑格局最终于雍正年间正式形成。

一、开平县设立

开平县设于清顺治六年（1649），但开平县并非清朝所设，而是当时流亡于广东的南明政权所设。事实上，自嘉靖时期起，便屡有广东官绅动议于今开平地区设立新县。开平建县既与明代嘉靖、隆庆、万历以来当地的盗乱、军事活动有关，也与明清

---

① 《清仁宗实录》卷221，嘉庆十四年（1809）十一月乙酉，中华书局，1985年，第988页。
② 陈贤波：《百龄与嘉庆十四年（1809）广东筹办海盗方略》，《华南师范大学学报（社会科学版）》2017年第4期。
③ 《清仁宗实录》卷227，嘉庆十五年（1810）三月丁丑，中华书局，1985年，第52页。
④ 林则徐全集编辑委员会：《林则徐全集》第3册《奏折卷》，海峡文艺出版社，2002年，第1508页。

鼎革之际地方士绅的积极倡议密不可分。

明代肇庆府南部的新兴县、恩平县与广州府新会、新宁两县毗邻之处，地域广阔，盗贼多发。为加强管控，朝廷遂于嘉靖十三年（1534）在恩平县东北长居都设置塘宅堡，驻扎有旗军、打手，其主要职责便是"防（新）会、（新）宁诸山贼"①。明代两广瑶乱多发，"大藤峡之乱"持续数十年，邻近大藤峡的肇庆府更是深受其害。为更好治理瑶乱，肇庆官绅开始动议高肇韶广参将移驻塘宅堡。嘉靖三十六年，提督两广军务的谈恺采纳肇庆府通判吕天恩的意见，正式上书朝廷，建议将高肇韶广参将移驻塘宅堡，"塘宅堡为广、肇二府喉舌之冲，瑶贼出没之地，宜修筑城垣，创建参将衙门，令参将钟坤秀移兵驻扎其地"②。此议得到朝廷批准，高肇韶广参将正式移驻塘宅堡，为此修建城池、衙署，使得该地的政治、军事地位进一步提高。此后，当地士绅开始希望建县自立。嘉靖四十四年，"恩平县里排集省，呈割登名、平康、得行三都，附伊县治。邑人张乃心联龙塘何姓，绘图献议，以道里险远不便，愿三都自立一县，保障地方。赴察院上陈并各衙门，呈准行县，差巡检王得禄踏勘结报具申"，此次申请建县未果，但当地仍未放弃，至隆庆元年（1567），广州府差巡检吕天玉到登名都寺前地方勘踏立县，"旋肇庆府奉军门、粮储等衙门行文差巫百户，及院道行文广州府委督捕吴皆勘报立县情形"③。建县一事牵扯甚大，故旋议旋废。但该地盗乱、瑶乱甚多，却是不争事实。

万历元年（1573），岭西兵备佥事李材在恩平仓步村建立开平屯，万历二年，再徙新会平康、古博等都入籍开平屯。④ 开平屯一带从参将驻扎的军事据点演变成军屯地，又有百姓系籍的都图并入其中，这无形中增强其政治向心力，使这里逐渐成为人们理想中的新县治所在地，从此新的立县之议往往以开平屯为中心来展开。⑤ 仅有开平屯并不能管控地方治安，时人认为建屯仅是权宜之计，建县方为万年之计。新会人陈吾德在《仓步建县议》中直言："余登曹幕之峰，四顾徘徊，（新）会、（高）明、（新）兴、恩（平）四邑于此襟喉焉。盖皆百里而近，几于声教不讫矣。议者欲因仓步旧城，益以（新）会之古博、平康，（新）兴之双桥一都置县数里。变田价以修廨宇，招流亡以复里甲，盖事一而功百，劳暂而逸永。十年生聚教训，庶几反逋负而供输，带牛佩犊之众，尽缘南亩矣。为岭西南图治安者，计宁出此乎？尝闻丰城李公曰：仓步建县为万年计，建镇为数十年计，独奈何竟置屯！非其计不终日者耶。汉人有言曰：屯戍之士，非忠臣孝子不可尽绳以法。况法所不绳乎？乌合数邑不逞之徒据

① （明）郭棐著，黄国声、邓贵忠点校：《粤大记》卷28《政事类》，广东人民出版社，2014年，第850页。
② 《明世宗实录》卷444，嘉靖三十六年（1557）二月己酉，中华书局，1985年，第7581页。
③ 民国《开平县志》卷19《前事略一》，第464页。
④ 道光《开平县志》卷3《疆域志》，第264页。
⑤ 陈国飞：《明清"治广以狭"思想在广东的形成与实践》，《中国边疆史地研究》2021年第1期。

兹沃土，今稍闻四出剽掠，且为逋逃薮矣。建县之议格不行焉，岂非更事者限于后时哉。"① 丰城李公即李材。在陈吾德看来，尽管设县可能造成滋扰民众等弊端，但利远大于弊。且屯兵多为乌合之众，建屯相对于建县可谓有百害而无一利。

天启五年（1625），御史吴裕中则从征税困难的角度建议立县，他说："粮寡者其数易办，粮多者其力亦饶，非遇大灾祲粤，未尝逋粮至一分以上也。惟有远乡邃谷，勾摄不能及，如新会县之平康、德行二乡，粮额几可当一小邑，乃自来深匿不出，应卯无人。有司莫可奈何，曾议建新邑未果。臣摄篆时，查二都疆土附近恩平、新宁二县，若割此以属之，征输俱便，逋欠易追。"② 在吴御史看来，新会县平康、德行两都的粮额已经相当于一个"小邑"，假如此处提议建设新县不成，不如将这两处分给恩平、新宁两县。实际上明代新会县疆域是非常广阔的，新宁县、恩平县已经从新会县析置而来，新会县对于西部地区仍然管理薄弱，完全是可以再新立一县的，这其中也体现了明代中后期新会县人口的急剧增长，反而导致自身不断被割置为新县。可以说，吴御史从路远无从征税的事例中是希望设置开平县的，如此，则能分担新会官吏征收民众所拖欠的"逋粮"，地方官也不至于因此受累。

崇祯八年（1635），恩平知县宋应昇《论开平、巩靖二十四屯募兵之弊》所言士兵"生事轹民，趁机纵贼，亦所时有者"③。屯兵非但不是地方社会秩序的维护者，反而成了地方社会的不稳定因素。因此，宋应昇于崇祯十一年请求以新会、恩平、新兴三县地析立开平县治。当地民众对建县呼声依然很高，恩平西北马冈、焦园、堂马等处民众"举手加额，恨不速成"，因为这些地区"素称有盗，且去县过百里之外，每有寇警，皆内盗借外盗为势，而外盗倚内盗为援，保甲之法，既不易行，而勾摄艰难，催征亦不易"，寄希望于开平建县，"一县开平，则此患都息，是宜其望，立新县如脱汤火"④，可缓解长期以来的动乱和加强社会治理。但这次动议却因宋应昇升任高州府同知以致无疾而终。

可当地士绅并未放弃建县的努力。自宋应昇条请立县后，崇祯十四年生员张朝鼎、排老甄略宏等赴肇庆府申请建县，崇祯十五年知府张禹前来实地勘察，至崇祯十六年两广总督沈犹龙据情题请立县，得到部议核准立县，但这时明朝已岌岌可危，"仍以时诎，未及举行"⑤。原本朝廷已允准开平建县的申请，因形势变化不得不搁置。甲申国变后，广东社会秩序混乱，南明政权曾一度失去对广东的控制。直到顺治五年［永历二年（1648）］，时任清朝广东提督李成栋与两广总督佟养甲不合，聚众

---

① 康熙《新会县志》卷 17《艺文志上》，第 797 页。

② 《明熹宗实录》卷 60，天启五年（1625）六月甲辰，台湾"中央研究院"历史语言研究所，1962 年，第 2859 页。

③ 道光《开平县志》卷 10《艺文志》，第 446 页。

④（明）宋应昇：《方玉堂集·文移类》，《四库全书禁毁书丛刊》集部第 165 册，北京出版社，2000 年，第 291 页。

⑤ 民国《开平县志》卷 19《前事略一》，第 466 页。

反清归明，南明永历政权重新取得对广东的控制权。在此背景下，开平立县再次被提上日程。顺治六年二月，举人张钜璘联合生员张朝鼎、许熙祥、戚元吉等向南明朝廷请求建立开平县，"时地方多故，人皆思乱，举人张钜璘目击时艰，思惟县可以弭之，遂慨然以立县为己任"，亲自前往南明政府驻跸的肇庆递交呈文。①

顺治六年三月，南明政权允准设置开平县，隶属肇庆府，首任知县为伍士昌。从此正式以开平屯为县治中心所在，同时"割恩平之长净，新兴之双桥，新会之登名、古博、平康、得行等都，凑立县治"②。县治初设时规模较小，且居民亦少，"因屯为县，城内居民不满二百，又无绅衿富户充实其中"③。但新县设置，容易对周边县造成一定的损失。起初设置开平县，抽割恩平县长净都富户，"时永历都肇，贿赂公行。初议割谭、劳、李、冯、谢、崔等户丁粮数百，后竟割长净富户四千余石入隶开平，议割阳江马桥二都补回，不果。于是，恩民困于里役，破产莫支"④。因此在政局尚未平稳之际设立的开平县，从一开始便与恩平县产生矛盾。

开平县是南明永历政权于顺治六年所设立的，但开平县正式纳入清朝版图是在顺治十年，于是出现复设开平县的情况。⑤ 显然，这是将南明永历政权四年前设置的开平县在形式上重设，与其说是复设，不如说是继承更为实际。这其中涉及新旧政权的复杂关系，导致清初方志对开平县设置时间的记载较为隐晦，正如道光《开平县志》所指出："开平建县，《新兴志》谓在崇祯十一年，《新会志》谓在顺治十年，《恩平志》亦谓在顺治十年。年岁俱与县志不合，然《恩平·沿革志》又谓顺治五年析开平县。《府志》谓在顺治六年，意新兴所云崇祯十一年乃就建议时言之，至谓在顺治十年，未知何据。考《府志》顺治六年开平知县伍士昌创建县堂，县志同旧志又载七年知县宋光年行乡饮酒礼于县堂，其非十年建县明矣。"⑥ 实际上，由前述可知，开平县设于顺治六年，为南明永历政权所设，清初志书只为隐讳而称顺治十年设立而已。开平县设立后进行初步城池建设，旧开平屯"周三百五十丈，高八尺，厚二尺"，至顺治七年城守张瑞汉增建城楼、敌楼，康熙四年（1665）知县高子翼修高城楼二尺，并增建雉堞，东门曰"紫来"，南门曰"开平"。⑦

二、鹤山县设立

经过清初政区分化后，江门地区已形成新会、新宁、恩平、开平四邑，但分属两

---

① 康熙十二年《开平县志·事纪志》，第44－45页。
② 道光《开平县志》卷3《疆域志》，第264页。
③ 康熙十二年《开平县志·创造志》，第82页。
④ 康熙《恩平县志》卷1《事纪》，第312页。
⑤ 周振鹤主编：《中国行政区划通史·清代卷》，复旦大学出版社，2017年，第514页。
⑥ 道光《开平县志》卷3《疆域志》，第265页。
⑦ 道光《广东通志》卷127《建置略三》，第2206页。

府管辖，前两县属广州府，后两县属肇庆府。随着县级政区数量增多，原有县级政区幅员过大的问题已得到一定缓解，政区边界也与流域的自然分界线大致吻合。但四邑仍然存在地方管治问题，在新会、开平间添设鹤山县的建议又开始出现。

崇祯十六年（1643），新会县西部平康、得行、登名、古博四都爆发大规模民变，"啸党百峰山中，肆劫乡落，浸至踰城夜劫，莫可如何。知县李光熙廉其主名，沿乡搜捕，然渠魁剧盗，皆逃入山。新会之贼，遂自此始，盖嗣是四十余年无宁晷矣"①。民变队伍面对朝廷的追剿，索性遁入皂幕山脉，占山为王。皂幕山脉无论从政治地理，还是从自然地理来看，均颇为复杂。复杂的政治、地理环境导致其成为民变爆发、盗匪滋生的场所。

顺治初年，新会民众希望朝廷能于大官田地方立县治。里民伍德彝称："新会大官田也，其地则一望平芜，有皂幕、黑坑、障贝、金钟、大小昆仑诸山，层叠环绕，岩壑深峻，中通新兴之甕峒、里峒等处，各县治隔越既远，藏奸聚匪，久为居民剥肤深患。"② 不过当时明清鼎革战役正于广东进行，无论清朝还是南明均无暇顾及。当清朝控制广东全境后，新会地方社会得到片刻喘息，但此地仍不平静。

康熙初，随着清朝在广东统治日渐稳固，朝廷欲解决大官田等处盗乱。康熙八年（1669），参将赵某率兵剿"官田、长沙诸贼"，"连破梁经玉、李山官七诸寨"，救回被掳民众一千四百余人，擒获贼首三人，"贼氛稍熄"。③ 但此次围剿并未从根本上解决大官田的问题。康熙十三年，梁经玉、李山官七等盗匪卷土重来。左翼总兵班际盛、水师总兵张伟等率兵追剿。但官兵却以剿匪之名，连屠六洞、河村、马涌等乡，杀掠良民。康熙十四年，官田群盗趁着马雄攻下高州之际、广东全境动荡不安时，再次兴风作浪，攻入新会县城内。尽管最终群盗被新会守军击退，但民众亦受到波及，盗贼被击退后，曾又潜入城内，杀无辜民众数十人。官兵数次征伐，却难以奏效。官田复杂的地理环境注定平定官田群盗并非易事，"官田一山，绵亘数县。古兜、百峰前临大海，皆道路险阻，人迹罕通，往往兵集则遁，兵去复出。因而草草议抚，数抚数叛"④。康熙十八年，在生员林宜的陈请下，广东于官田设兵分屯。同年，两广总督吴兴祚亲自带兵平叛，最终官田群盗被剿灭。

官田设立汛防之后，时人便开始认为单单设立汛防并不能保障官田的长治久安，建县设想此时更为明显。理由是官田群盗直到吴兴祚亲自带兵才被剿灭，官田重新恢复稳定，但"今惟官田七村，调有防汛守备一员，鞭长不及，将来或奉调遣，废置不常，则官田、古兜复为盗贼渊薮"，在这种情况下，建县官田才是"久安长治之

---

① 康熙《新会县志》卷 3《事纪》，第 429 页。
② 乾隆《鹤山县志》卷 12《艺文志》，第 141 页。
③ 康熙《新会县志》卷 3《事纪》，第 435 – 436 页。
④ 康熙《新会县志》卷 10《兵防志》，第 600 页。

策"。① 康熙二十一年（1682），原籍新会的唐化鹏强烈建议于官田立县，他在《请大小官田立县原议辩》中表达的观点是：大小官田的地理位置颇为关键，"实诸县之最要害者也"，既是皂幕山脉盗贼出入的交通要道，更是盗贼联合的重要枢纽，因此"诚能于此建立县城，则土寨之路径不通，贼虽居深山，不能勾通二县之歹民以聚众。贼既无众，必不能行劫。不能行劫，则虽处岩峒，必绝粮食"，盗贼将不剿自降。②

雍正九年（1731），面对地方官绅的再三请求，朝廷同意于官田立鹤山县，最终割新会、开平之地，具体分拨的都图包括新会县古劳、遵名、新化都，开平县双桥、新兴、古博等都。作为新设之县，配置学额、兵防、官吏等相应人员，又有建筑配套。雍正九年七月"吏部议复广东总督郝玉麟疏言，新会、开平两县连界之大官田地方，与两县县城远隔，请增置一县，设知县一员，典史一员，训导一员。分新会县药迳司巡检，改隶新县。县学额取进文武童生各八名，于新会原额二十名内拨取五名，开平原额十二名内拨取三名。均应如所请。从之。寻定新设县曰鹤山"③。鹤山县之名源自"鹤山"，符合古人以山水命名行政区的基本准则，"鹤山，在城内，其形如鹤，因名鹤山，遂以名县"④。另外，"至建城垣、衙署、祠坛、庙宇、籍田、仓库、监狱等项需用工料实数、动支款项与布防官兵应添数目，知县等各官应给印信及俸工役食暨新会、开平二县所拨烟户额征粮米数目，应俟该督逐一查明勘估，另行题报户部、兵部、礼部、刑部、工部查核"⑤。鹤山建县伊始，首任知县黄大鹏出力颇多，他在《建鹤山县记》中说："集岭表诸土著暨近省本分愿来者，给地造居，截山之脊，夹垂平麓，筑城为卫，南之门曰恩波，东曰近悦，西曰远来，北距山近不设门，慎之也。凿河于南，接址山水道以达江口，舟楫得载货财集于城下"，同时建设万寿宫、学宫、神庙、拱北楼、积谷仓等建筑，并增加防卫，开辟土地，使原始"榛莽渊亭之域，辟作坦途，聚为烟火"。⑥ 随着鹤山县的建立，江门五邑即新会、新宁、恩平、开平、鹤山五县格局最终形成。

三、大官田同知置废与新会设府构想

事实上，为了更好治理大小官田地区，朝廷除设立鹤山县外，又设立大官田同知。设立鹤山县后不久，地方官便开始动议，应于新县设立同知，"大官田既设县治，所辖地方界在广、肇二府之间，崇山环绕，除新、开二县外，又恩平、新宁等县接

① 康熙《新会县志》卷10《兵防志》，第600页。
② 乾隆《鹤山县志》卷12《艺文志》，第135－136页。
③ 《清世宗实录》卷108，雍正九年（1731）七月己丑，中华书局，1985年，第443页。
④ 乾隆《鹤山县志》卷1《舆地志》，第32页。
⑤ 乾隆《鹤山县志》卷12《艺文志》，第139－140页。
⑥ 乾隆《鹤山县志》卷12《艺文志》，第152页。

连，控制不易，知县一官犹恐鞭长不及，应设捕盗同知一员，驻扎新县，专司各县捕务"①。同知为知府佐贰官，正五品，品秩比七品知县高。广东巡抚鄂弥达疏奏在新会、开平两县交界的大官田设捕盗同知一员，于雍正九年（1731）九月朝廷正式同意设置大官田同知。②朝廷既于大官田立县，又于此处设立捕盗同知，皆因"以其地处岩疆，事繁势重故也"③。

大官田同知虽设置在新设鹤山县内，但管辖范围包括五邑地区。乾隆《新宁县志》记载："现在新会、新宁隶属广州，鹤山、恩平、开平隶属肇庆，又添设大官田同知督缉五邑捕务。④"但如此设置有不可忽视的缺陷，首先，五邑分属于广州、肇庆两府，而这两府均幅员广阔，致使盗匪、政务繁多，大官田同知对于五邑的缉盗实际上处于一种鞭长莫及的状态。其次，五邑均为独立县，加之分属两府，"诸务阻于两地，未必如声响之相应"⑤。大官田同知原驻扎于鹤山县，其官署"旋因风雨多有倾圮"，这自然不利于其办公。故在乾隆五年（1740），时任大官田同知王游禀明上司，便"暂驻新会之冈州义学"。仅过两年，即乾隆七年，吏部议准广东巡抚王安国裁撤大官田同知的奏请，理由是"大官田地方，因有昆仑、皂幕诸大山，昔称盗薮，添设同知，驻扎鹤山县城，管辖新宁、新会、开平、恩平、鹤山各县捕务。今查其地均已平宁，且现有知县、典史等官，又有药迳、双桥二巡检巡缉，洵为周密。亦应将大官田同知裁汰，所管捕务，仍归各府同知、通判管辖。至鹤山县捕务，请归肇庆府通判兼管"⑥。在王安国看来，当初设立大官田同知，其直接原因是大官田地方盗贼众多，颇为难治。但经过十余年的治理，大官田盗贼已经逐渐销声匿迹。加之鹤山县的建立，使得朝廷在其地设立知县、典史等官治理地方，单论捕盗又有药迳、双桥二巡检司的存在。从这一角度来看，大官田同知的设置已属多余。从大官田同知被裁这一最终结果来看，朝廷无疑也是支持王安国的观点。

随着雍正年间鹤山县的设置，五邑的联系更为紧密。鹤山县再次从新会县析出，此前偌大的新会县面积越来越小，从宋代开始至清代雍正间一分为六，"新会，岩邑也。其在晋为新会郡，隋唐为封州、冈州、允州，辖有属县，其疆域不待言。自宋以还，析为香山，分为顺德，割为恩平、新宁，而国朝又置开平及鹤山，盖一邑而六之，当日之提封可知矣"⑦。乾隆初，时人据此便产生一个大胆想法，即建立"新会

①　乾隆《鹤山县志》卷12《艺文志》，第137－138页。

②　《清世宗实录》卷110，雍正九年（1731）九月戊寅，中华书局，1985年，第467页。注：乾隆《鹤山县志》卷3《编年志》记载，"（雍正）八年，设大官田同知一员。时未建鹤山县。"不仅时间错误，且本末颠倒，不知论从何来。

③　乾隆《新会县志》卷13《附余志》，第417页。

④　乾隆《新宁县志》卷1《沿革册》，第298页。

⑤　乾隆《新宁县志》卷1《沿革册》，第299页。

⑥　《清高宗实录》卷173，乾隆七年（1742）八月癸卯，中华书局，1985年，第207页。

⑦　乾隆《新会县志》卷1《舆地志》，第19页。

府"统辖五邑。乾隆二年（1737），广东巡抚杨永斌奏请朝廷，拟升新会县为新会府，领新会、新宁、开平、恩平、鹤山五邑，理由是新会县"昔名新会郡，领属邑者六，继名冈州，领属邑四。……五邑接壤之昆仑、皂幕诸山蜿蜒绵亘，箐密林深，西南百峰一山，尤为险巇"，设府后可与广州府、肇庆府成犄角之势。① 时任新会知县王植也同意设府，认为五邑地区地势险要但分属两府，广州为省会，肇庆为两广总督驻所，各自下辖十余州县，有鞭长莫及的忧虑。"若建府于新会，而以宁、鹤、恩、开属之，则广、肇二府以南山海交错、素称难治者，得新府以镇之，遂成犄角辅车之势"②，乾隆三年《新宁县志》编者对此表示赞成，因为新宁县距离广州过远，却与新会接壤，假如五邑地区同府，不但追捕协力，输运亦便利。③ 新会设府一事牵连至顺德县、香山县，皆因此两县地部分从原新会县析出，因此听到新会设府的消息，担心改隶新府而上诉控禀，乾隆间顺德罗天尺在《五山志林》中专论说："（新）会邑宜复郡治之说，其来久矣。……尺按：当事原无顺德、香山俱隶新府之议，香、顺二县不考详文，哄然控禀，至倾县之绅民数万以不便于供输为辞，亦可谓卤莽生事者矣。"④ 新会设府事关重大，香山、顺德两县自然不甘从广州府改隶新府，反应激烈也情有可原。

但随着杨永斌改任江苏巡抚，此事一度搁置。随后由两广总督鄂弥达主稿复奏。但乾隆三年（1738）十二月朝廷驳回申请，认为新会形势虽属要区，但已新设有鹤山县治、大官田捕盗同知以及虎跳门、乌猪洋等处炮台，布防控御已极周密，且新会城内地狭民稠，难以建造府治，建设配套学宫、府署、佐贰首领衙门等无地可拓，认为会城距离广州府二百余里并不远，因此决议照旧不设府。⑤ 新会设府的构想就此落空。直至清末光绪十四年（1888），广东总督张之洞仍建议设"新会府"，却再次被驳回。直至20世纪80年代江门市的建立，才真正将新会、新宁、恩平、开平、鹤山五县从文化意义上的"五邑"变成真正政区体制下的实体"五邑地区"，从这点而论，五邑地区同根同源，历史联系密切，文化彼此交融，今天五邑政区演变为三区四市（新会区、蓬江区、江海区、台山市、恩平市、开平市、鹤山市），仍有相同的文化基因。

---

① 乾隆《新会县志》卷13《附余志》，第417页。

② 乾隆《新宁县志》卷1《沿革册》，第299页。

③ 乾隆《新宁县志》卷1《沿革册》，第299页。

④ （清）罗天尺：《五山志林》，林子雄点校：《清代广东笔记五种》，广东人民出版社，2015年，第91－92页。

⑤ 乾隆《新会县志》卷13《附余志》，第417页。

第三节　社会经济的繁荣景象

清代是中国最后一个王朝，是从传统社会过渡到近代社会的时期。鸦片战争前，江门地区的社会经济在清初战乱之后，逐步得到恢复，并且呈现出较为繁荣的景象。

一、农业发展

（一）水利兴修

水利建设是农业发展的基础。江门地区临近海滨，为保护、推动农业生产与开发耕地，官府积极修筑堤围和围垦。雍正五年（1727）十月，朝廷要求"以道员督修沿海田亩基围。新会天河、横江、周郡三围责之广南韶连道督修"①。雍正九年始任新宁知县的王昌在瓶峰山"凿山开渠引泉，溉田千余亩"。② 鹤山县堤围更为集中，乾隆十四年（1749），鹤山知县张甄陶为解决古劳堤围的修缮经费，决定采取每年招佃的办法。嘉庆十八年（1813），鹤山药迳司窦玉璠深知官修堤围之弊，联同县令蒋善功向两广总督蒋攸铦申请将堤围改为民修，获得允许，确立"批佃则归诸民，查勘则委诸官"原则，在坡亭旁树立《鱼埠招佃告示》。③ 此方法促进堤围建设实效，"民之衣食资于田，田之利资于围，围之固资于石，围不固则有田如无田也"④。堤围发展，促进桑基鱼塘的形成，因此鹤山县"围墩村池鱼利最饶，常舟载而鬻诸省会，其味最鲜肥，出棠美、北门者尤胜"⑤。道光初，新会天河大坑村钟廷芳弃儒业，种树致富后在家乡筑堤围，"建水闸以时蓄泄，广植树株以裕修费，前后经理将二十年"，村人称之为"钟公堤"。⑥ 堤围的修筑改变生态环境，促进农业发展，遗泽至今。

（二）土地劝垦

清初，江门地区经历明清鼎革战乱以及迁界，造成地方经济凋零，直到康熙开海后，农业经济逐渐得到恢复。复界之后原本荒废的土地被再次利用起来，康熙二十三

---

① 乾隆《新会县志》卷2《编年志》，第59页。
② 道光《新宁县志》卷9《官绩传》，第137页。
③ 道光《鹤山县志》卷1《建置》，第199页。
④ 道光《鹤山县志》卷5《职官》，第257页。
⑤ 乾隆《鹤山县志》卷7《食货志》，第89页。
⑥ （清）彭君谷等纂修，刘正刚点校：同治《新会县志》卷6《列传一》，安徽师范大学出版社，2021年，第55页。

年（1684）春，国家"特遣大臣巡海，谕令迁民复业。（恩平）知县佟世男捐给牛、种，劝垦迁荒一百余顷"①。新会县"土田日益辟，户口日益稠，钱谷军宾日益繁"②。新宁县"建设万山之中，土田硗确，而又滨于洋海，为岭南第一岩边"③。开平县"近河低下之田为单造稻田，潮水常浸，不畏旱潦，田甚膏腴"④。土地也得到利用，如乾隆四十六年（1781），新宁、惠来、恩平、三水、遂溪等五县"开垦水田一百一十二顷三十亩有奇"⑤。此类土地开垦纳税的记载屡见于《清实录》之中，说明清代重视江门地区土地的垦荒，田土面积逐步扩大。

随着耕作条件较好的抛荒田地的复垦工作基本完成，劝垦活动便提上日程。新宁县"山隰平衍，海滨广斥，可施植艺。雍正十年，粮道陶正中亲至劝垦，召异县殷实之民多备资本雇工给食开耕，以安插穷民。一时邻境皆赴承垦以千顷计"，开垦田地和收成分配有不同形式，"开垦乡例田有近山、近水二种，招佃有收租、分禾之异"。⑥雍正十年（1732）广东总督鄂弥达《开垦荒地疏》云："查肇庆府大官田地方，新设鹤山一县及附近恩平、开平等县，现有荒地数万亩，以之开垦耕种，安插贫民，最为相宜。臣上年曾委粮驿道陶正中料理新县城工，兼令查勘荒地。现据丈出荒地三万三千余亩。查业户每耕地百亩须佃五人，此可安集佃民一千六百余户。恩平、开平荒地甚多，不止一二万亩。现今丈出五千余亩，尚未及四分之一。因该处地广人稀，虽有藩库垦荒银两，莫肯赴领承垦。臣等谕令有力商民，招集惠、潮等处贫民，给以庐舍、口粮、工本。每安插五家，编甲入籍，即给地百亩。复念各佃远来托居，虽有可耕之业，仍恐日后予夺，凭由业户，不能相安，应为从长计议。凡业户领田百亩外，并令各佃俱带领地五亩，一例纳粮，永为该佃世业，田主不得过问。庶佃户稍有余资，无偏枯之叹，亦可无逋租之虞。今惠、潮二府贫民，就居鹤山耕种入籍者，已有三百余户。现在陆续依栖，日益增聚。"⑦由此可见，雍正年间随着开垦荒地运动的开展，外地人民逐渐进入江门地区定居耕作，既充实人口，又提高地方农业产出，同时解决外地贫民口粮问题，是为良策。

与此同时，朝廷仍把减免赋税视为推动江门农业发展的重要举措。雍正十一年（1733），朝廷减免鹤山双桥都四百一十七顷的田赋，因为这些田地先前为盗贼所占据，倘若照旧征收田赋，这自然不利鹤山的农业发展。⑧雍乾时期，江门地区的农业

---

① 康熙《恩平县志》卷1《事纪》，第315页。

② 康熙《新会县志·序》，第378页。

③ 康熙十一年《新宁县志·叙》，第79页。

④ 康熙十二年《开平县志·水利志》，第115页。

⑤ 《清高宗实录》卷1168，乾隆四十七年（1782）十一月壬寅，中华书局，1985年，第670页。

⑥ 乾隆《新宁县志》卷2《食货册》，第359页。

⑦ （清）魏源：《皇明经世文编》卷34，《魏源全集》第15册，岳麓书社，2004年，第27－28页。

⑧ 乾隆《鹤山县志》卷3《编年志》，第47页。

得到快速发展，民众自发掀起新的垦荒高潮。乾隆二年（1737），生活在上川岛，原本投寄他人户头纳粮的少数民族"瑶民甘大振等，呈请立户，自办税粮"，为朝廷所允许。[①]

（三）沙田扩张

清代五邑地区的沙田得到较大发展。随着珠江上游的不断开发，毁林造田，珠江三角洲平原面积迅速扩大，这意味着耕地面积的不断增加。由于人口快速增长，耕地增长速度远远无法满足实际需求。进一步扩大耕地面积，发展农业生产，成为当时民众的普遍愿望。修筑堤围、海坦围垦在乾隆以后得到快速发展。"别省田有定数，粤省常生新沙，浩瀚波涛中忽涌膏腴可耕之产，亦地不爱宝之一端也。（新会）邑民名之曰沙，亦名曰坦。"[②] 正是因为沙土堆积而出现沙田（坦田）。"滨海地方，涨出沙滩，每处多至万余亩，少或数百亩，广州府之南海、番禺、东莞、顺德、新会、香山尤多，尽开成田，于民食有济。"[③] 新会外海陈氏宗族在沙田垦殖中获利最丰，与番禺何氏并称"沙湾何，外海陈"。清代还流传一则新会人黄生通过广东布政使司关照，获得沙田成为巨贾而暴富的故事。[④]

清代珠江三角洲地区的沙田，大多为宗族占有，族田一类的土地特别多，其名目多种多样。因此沙田的大量开发，伴随着诸多宗族的族田数量暴增。江门地区也不例外，嘉庆间顺德人龙廷槐云："新会县除山村贫瘠外，所称殷富，首称外海，次则河塘、潮连、县城天河等处多藉沙田之利，而水尾一带田丰谷盛，号为小广西。"[⑤] 新会何世德堂嘉庆二十三年（1818）仅有族田0.9亩，到光绪十七年（1891）增至2 189亩。[⑥] 增加族田的方式尽管有多种，但最主要的无疑是围垦沙田，因为沙田"子母相生"，其附近水下的沙坦，可以逐步淤积增高成为沙田。

（四）农作物增加

随着土地扩张，农作物与经济作物得到更广泛种植。乾隆《新宁县志》"月令"记载一年的农事变化：

春

正月：桃李花盛，种姜剪韭，田功始兴。

二月：雷发声，虹霓见，蝼蝈鸣，蚯蚓出，王瓜生，苦瓜秀，木棉、

---

① 《清高宗实录》卷52，乾隆二年（1737）闰九月己巳，中华书局，1985年，第888页。

② 乾隆《新会县志》卷13《附余志》，第426页。

③ 《清高宗实录》卷452，乾隆十八年（1753）十二月己丑，中华书局，1985年，第893页。

④ （清）欧苏：《霭楼逸志》，李龙潜等点校：《明清广东稀见笔记七种》，广东人民出版社，2010年，第226-227页。

⑤ （清）龙廷槐：《敬学轩文集》卷2《初与邱滋畲书》，《广州大典》第56辑第30册，广州出版社，2015年，第654页。

⑥ 谭棣华：《清代珠江三角洲的沙田》，广东人民出版社，1993年，第75页。

橘、柚叶。是月也，农功毕作。

三月：温风至，梅子熟，催耕鸣，田蛙鼓吹。

夏

（四）月：榴火明，榕成阴，白雨以时至。俗曰：半晴半雨早禾天。

五月：朱荔熟，蝉大噪，早禾登场。早禾自播种始计，八十日可割，俗名抛犁望。

六月：白雨足，潦水涨，芭蕉垂，荔奴早熟。圆眼曰荔奴，谓其随荔枝之后也，早花者以三月间可食。是月也，新谷既升，巫播晚种，俗曰翻藁。

秋

七月：秧针碧，莠田浮。是月也，暑始酷。

八月：木芙蓉花，芋可剥。

九月：菊有黄花。

冬

十月：梅始开，橘垂实，田禾尽登。是月也，霜始下，气乃寒。

十一月：水始涸，鹧鸪蔽叶。鹧鸪早暮有霜露则不飞，飞必啣木叶以自蔽，霜露微沾其背，声为之哑，其性绝畏霜露。是月也，农敛谷屯围。

十二月：梅乃大放，青阳渐畅，草木萌动。①

就上述农事描述记录而言，清代江门地区农民已掌握农业生产的基本规律，其中以种植水稻为主，兼有经济作物，农业安排管理。稻谷充足，乃至出卖。开平县"地多产谷贩枣，间出新会、甘竹"②。新会城外有多处交易稻谷的"谷埠"，"商民枭籴谷石之所，常以数十谷船横亘其中"，导致水泄不通，官府对此进行规划③。

本地生产的水果众多，种类丰富。开平县有"荔枝，俗呼有荔机、黑叶、丁茄、密叶、白蜡数种，俱腊后作花，夏至成熟，色赤皮皱，肉如白玉，味甘美。又一种名九里香，一种名香荔，核甚小，味更香。一种名果榍，肉薄核大，不及香荔"④。岭南名荔"玉露霜"产自新会崖山⑤。此荔枝入诸药典。乾隆间鹤山举人吴应逵著有《岭南荔枝谱》六卷。道光间，新会"黑叶、锦谷诸荔，处处产之，惟古井文楼村吴家石头塘有挂绿一株……亦与增城挂绿无异"⑥。另有开平县"龙眼，二月着花，处暑后

① 乾隆《新宁县志》卷1《天文册》，第302页。注：2011年《珠江三角洲堤围水利与农业发展史》（原稿为1976年编成之《珠江三角洲农业志》）第195页、1987年《简明广东史》197页、2003年《广东省志·经济综述》第21页等均误为嘉靖《新宁县志》所载。

② 道光《开平县志》卷3《风俗志》，第274页。

③ 乾隆《新会县志》卷13《附余志》，第418页。

④ 道光《开平县志》卷4《物产志》，第286页。

⑤ 王双怀：《明代华南农业地理研究》，中华书局，2002年，第266页。

⑥ 道光《新会县志》卷2《舆地》，第59页。

乃熟，一名荔奴，实如弹丸，壳黄肉白，味甘美"①。新会县"甘蔗，一名竿蔗，常食者白蔗，紫者昆仑蔗，小而燥者竹蔗。邑田园种植甚夥，而产分水江马能村者最良"②。新会橙成为名优产品，以"近城源清、礼义两图所产为上，以老为贵"③。胡方《春园书事》诗有"近有柑橙种，过淮事反看。倍甜非待熟，自小不曾酸。一树方盈尺，三丫始作端。移来新雨后，一日百盘桓"之句，并自注云："冈州柑橙近皆变出异种，凡果由醋面上糖，此独由水上糖，甜胜常品而早可食。"④ 清代之橙"以产广东新会者为天下冠"⑤。新会甜橙成为贡品，清张渠《粤东闻见录》记载："橙有酸甜二种：酸者产番禺，甜者产新会。此皆进贡物也。"⑥ 新会柑也为重要土产，利用其柑皮做成的陈皮天下闻名，柑树"种植者千百株成围，每岁大贾收其皮售于他省，才过岭北，其香转胜，其利最溥"⑦。

　　清代"鹤山茶"远近驰名。雍正九年（1731）新置鹤山县之后，"邑中地多荒落不治，听有力者申明垦种，十年纳赋。或高燥不宜禾黍，植茶、桐诸可为民用者，亦无旷土"⑧。因地制宜，利用高燥地方种植茶树。乾隆年间，鹤山种茶业发展迅速，"古劳之丽水、冷水山阜间皆植茶，其最佳者曰雨前，生石地者尤良，味匹武夷而带芳，婚礼多用之。白露日采者谓之旱白露，能愈百病。邑中物产，惟此可以甲诸郡"⑨。古劳茶因品质优良，成为当地重要嫁妆，鹤山县婚礼"以槟榔、椰子、古劳茶为首重之物"⑩。至道光时，"自海口直至附城，毋论土著、客家，多以茶为业"，而且当时茶农对于茶叶种植与管理也有相当深入的实践认识，"种茶之法，先于七八月下种，次年正月即发嫩叶可采，凡采一次，谓之一造。每年有六造，十月后叶老无可采矣。十二月则去其枝，约离地三四寸许并松其根旁之土，用草厚覆之，至来年树愈茂而嫩芽多"⑪。此外，大雁山"宜茶，来往采茶者相续不绝"⑫。乾隆间，鹤山县

---

① 道光《开平县志》卷4《物产志》，第286页。

② 道光《新会县志》卷2《舆地》，第60页。

③ 道光《新会县志》卷2《舆地》，第59页。

④ （清）胡方：《鸿桷堂诗文集》卷3，《清代诗文集汇编》第196册，上海古籍出版社，2010年，第56页。

⑤ （清）吴其濬著，侯士良等校注：《植物名实图考校注》卷31《果类》，河南科学技术出版社，2015年，第753页。

⑥ （清）张渠撰，程明校点：《粤东闻见录》卷下，广东高等教育出版社，1990年，第88页。

⑦ 道光《新会县志》卷2《舆地》，第59页。

⑧ 道光《鹤山县志》卷1《建置》，第190页。

⑨ 乾隆《鹤山县志》卷7《食货志》，第89页。

⑩ 道光《鹤山县志》卷2下《地理》，第215页。

⑪ 道光《鹤山县志》卷2下《地理》，第217页。

⑫ 道光《鹤山县志》卷2上《地理》，第208页。

成为省内仅次于西樵山的最大茶产地。① 鹤城成为茶叶加工集散地，出现茶行街。道光八年（1828），鹤山人黄存普在江门墟创办黄永记茶号买卖茶叶，随后江门出现同珍、松茂等茶号。② 道光年间，鹤山茶全年出口达 200 万担之多。③ 今鹤山"茶山"一地因种植茶树得名。

清代五邑地区的烟草也颇有名气。一般认为，烟草最早为明嘉靖间从吕宋传入广东，随后大量种植。但清代恩平烟草是从交趾（越南）传入的，康熙《恩平县志》记载："烟叶，出自交趾，今所在有之。茎高三四尺，叶多细毛，采叶晒干如金丝色，性最酷烈，取一二厘薰竹管内，以口吸之，口鼻出烟。人以之御风湿，徒取一时爽快，然久服而目俱黄，肺枯声干，未有不殒身者。"④ 可见清初时本地人已对烟叶的种植以及烟丝的吸用与危害有较深的认识。新会县河村、天等地方"田宜旱烟，故种烟者十之七八，种稻者十之二三"⑤；烟叶"河村最多，罗家湾为上"⑥。乾隆间，鹤山县"禄洞、平冈、雅窑等村，地高而燥，不宜早稻，而利于种烟叶。种烟则粪力丰，可易瘠为沃，烟登乃植晚稻，所取过于腴田，耕凿之民恒以是致富，不明地利者不知也"⑦。清代江门地区所产以熟烟为主。"烟有生熟之分，其种各别。南雄所产者生烟，新会、鹤山所产者熟烟也。本邑（指鹤山）种烟村落甚多，以古蚕、芸蓼、沐河为上"，并认为"鹤邑无多物产，古劳茶之外惟烟草最盛"。⑧ 可见，恩平、鹤山、新会均产烟，而新会如思烟与省内嘉应黄烟、潮烟、南雄烟并驾齐驱。清代赵古农《烟经》记载："新会如思，直省以烟作生涯者，闽贾居首。吾粤贩烟为业者，大半皆新会人，而新会所制烟则又以如思馆为得名也。其味香辣，其色老苍须明，火啖之而灰烬成白为上。近数年来，人人皆如思，人人不离口，如有所思，而不置矣。"⑨ 《烟经》卷首题词者包括两位新会人，其一人黄景星诗云："吕宋来烟草，争传制作烟。自从入中土，相嗜已多年。不那人知味，翻为世取怜。一枝难放手，惹我别情牵。"另一人李汝梅则对本地特产如思烟爱不释手，其诗云："我生癖好在如思，手不离时口不离。土物移人经可著，巢阿先我味能知。"⑩ 新会城外东头所产篱竹、中乐都金竹

① 吴建新：《明清广东的农业与环境——以珠江三角洲为中心》，广东人民出版社，2012 年，第 52 页。

② 黄国材：《江门茶叶业历史概况》，《广东文史资料》第 21 辑，广东人民出版社，1965 年，第 31 页。

③ 黄启臣：《广东商帮》，黄山书社，2007 年，第 52 页。

④ 康熙《恩平县志》卷 7《地理》，第 377 页。

⑤ 道光《新会县志》卷 1《图说》，第 18 页。

⑥ 道光《新会县志》卷 2《舆地》，第 62 页。

⑦ 乾隆《鹤山县志》卷 7《食货志》，第 89 页。

⑧ 道光《鹤山县志》卷 2 下《地理》，第 217 - 218 页。

⑨ （清）赵古农：《烟经》，《广州大典》第 43 辑第 3 册，广州出版社，2015 年，第 561 页。

⑩ （清）赵古农：《烟经》，《广州大典》第 43 辑第 3 册，广州出版社，2015 年，第 540 页。

冈所产金竹均可制为"烟管"，且前者"以苏州茅竹比之"。[1] 正因如此，"18 世纪，广东珠江三角洲的一些县份，包括新会、东莞和新安，烟草成为重要性的商品作物"[2]。民国宋森《可爱之鹤山》一文直言："本邑特产，首推茶烟。"[3]

二、手工业进步

清代的江门地区除了农业发达之外，手工业也颇为繁荣。这个时期的手工业以新会葵艺业、制盐业、制糖业与纺织业较为有名。

（一）葵艺业

清初新会葵扇业受到战争影响，一度遭到沉重打击。顺治十一年（1654），李定国攻打新会城时，蒲葵树几乎被砍伐殆尽，"伐木填濠，逼累城下，谓之捆青，欲令木与城齐，因履而登城中，以膏沃薪，纵火焚之。惟葵树不坏，乃复伐葵，城中恐惧"[4]。加之当时粮食匮乏，百姓挖掘葵基以充饥，加剧对葵扇业的破坏。战争结束后，新会蒲葵种植很快得到复苏。随即又呈现繁荣场面："新会之西沙头、西涌、黎乐、新开滘诸乡多种之，名曰葵田，周回二十余里，为亩者六千有余。"[5] 康熙时江苏人吴绮《岭南风物记》云："蒲葵扇出广州新会县，其制度精巧者，一柄可值三两许。其大者五六尺，土人以之蔽日。"[6] 清初梁迪《蒲扇》诗云："犹见林中片影寒，制来真不让齐纨。炎州自具清凉用，素质堪同雪月看。细把每怜藤翠滑，频摇还爱叶声干。过时莫应相捐弃，何处风流少谢安。"[7] 乾隆六十年（1795）六月，新会人李时金雇梁亚荣挑负葵扇赴县城售卖，许给工钱四十文。[8] 清代著名学者全祖望《张新会惠葵扇》诗有"江门葵田遍阡陌，员叶扶疏几四尺。长夏能嘘长养风，凉不伤人在温克。江门工师剪裁精，被暴兼资水火力"[9] 之句。

道光间新会葵扇业得到高度发展，"葵虽通邑所产，然以城南三丫营为佳，盖近

① 道光《新会县志》卷2《舆地》，第59页。
② ［美］穆素洁著，叶篱译，林燊禄校：《中国：糖与社会——农民、技术和世界市场》，广东人民出版社，2009年，第350页。
③ 宋森：《可爱之鹤山》，《鹤山文史》第8期，1987年，第24页。
④ 康熙《新会县志》卷3《事纪》，第432页。
⑤ （清）屈大均：《广东新语》卷16《器语》，中华书局，1985年，第453 – 454页。
⑥ （清）吴绮：《岭南风物记》，林子雄点校：《清代广东笔记五种》，广东人民出版社，2015年，第8页。
⑦ （清）梁迪：《茂山堂诗草》，《广州大典》第56辑第26册，广州出版社，2015年，第25页。
⑧ 《乾嘉时期广东档案资料辑存》，李龙潜等点校：《明清广东稀见笔记七种》，广东人民出版社，2010年，第335页。
⑨ （清）全祖望：《鲒埼亭诗集》卷10，《清代诗文集汇编》第302册，上海古籍出版社，2010年，第309 – 310页。

城者心蒂圆正，骨格细匀，他乡莫及。其植法，每数十亩或一二顷外筑基围之，内分畦疏沟，每株距四五尺许，是名葵基。制扇之所，名曰扇寮"①。原料充足自然推动了葵扇业的恢复与发展。葵扇被列为新会"货属"之首。因其品质极佳，更是成为朝廷贡品，远销省外，新会"葵扇，督抚两院每年采为方物，而货行于天下"②。除了天下闻名的新会蒲葵，恩平油葵也颇有名气。清代李调元《南越笔记》云："油葵，生阳江、恩平大山中，树如蒲葵，叶稍柔，亦曰柔葵。取以作蓑，御雨耐久。谚曰：'蒲葵为扇油葵蓑，家种二葵得利多。'"③可见恩平油葵作为蓑衣雨具的原料，具有相当的经济价值。

（二）制盐业

清代江门地区制盐业继续经营两个旧有盐场：海晏（今写作"海宴"）场、矬峒场。清初迁界对制盐业是个沉重打击，大多盐场停止生产。康熙八年（1669）广东开始展界，海晏都人赵陛挺身而出，"时值展界，己酉（康熙八年）与王府官余德义往海晏场，募人煎盐，给资开垦，一都安之"④。矬峒场有十三栅：那塘、塘底、都斛、那银、冲旁、古隆、场廓、端芬、上泽、新古、南石、塘尾、白石，顺治十四年（1657）原额灶丁七百二十九丁，康熙八年展界至十一年召回复业灶丁四百四十三丁；海宴场有十栅：那雍、沙头、场廓、那马、夏春、文村、沙浦、大儋、怀宁、博荣，顺治十四年原额灶丁一千一百八十六丁，康熙八年展界至十一年召回复业灶丁二百五十二丁。⑤展界后灶丁尚未恢复，海晏场约四分之一，矬峒场一半多，制盐业生产力下降。

雍正七年（1729），朝廷将海晏、矬峒两个盐场合并为海矬盐场。乾隆间，新宁县"濒海苦咸卤，平衍苦灌注，又有盐农农于盐者也。产盐之地曰田，故治盐亦以农称，其苦视田农更甚"⑥。乾隆《新宁县志》"盐课"条记载矬峒、海晏两盐场历年课税外，还附录"丁随灶转之议"以及"煎盐"之法。⑦乾隆五十七年（1792），海矬盐场大使陈惟馨与当地人黄贤严合作，把海水煮盐改为日光晒盐。晒盐时，盐田多选择在沙滩、背风的海湾之中。但因规模小，设备简陋，不久就被海潮淹没，这也意味着晒盐法的失败。在盐业生产过程中，清代海晏沙边村陈氏始迁祖于乾隆年间，通过

① 道光《新会县志》卷2《舆地》，第60页。
② 乾隆《新会县志》卷6《食货志》，第186页。
③ （清）李调元：《南越笔记》卷13，林子雄点校：《清代广东笔记五种》，广东人民出版社，2015年，第336－337页。
④ （清）何福海等纂修，刘正刚点校：光绪《新宁县志》卷20《列传三》，安徽师范大学出版社，2021年，第271页。
⑤ 康熙十一年《新宁县志》卷6《食货志》，第125－127页。
⑥ 乾隆《新宁县志》卷1《民俗册》，第316页。
⑦ 乾隆《新宁县志》卷2《食货册》，第353－357页。

承办盐田以外来人的身份迁入当地。① 嘉庆间，改海㑇场为上川司，嘉庆《大清一统志》记载："上川盐巡司，在新宁县南，本朝嘉庆二十一年裁海㑇场大使改置。"②

（三）制糖业

明末时，恩平县已有蔗糖生产，"蔗，本地亦有，而榨糖行贩，皆闽人专之"③。清代江门地区的制糖业取得长足进步，新宁县发展为重要产糖区，"竹蔗，土人以为糖，约岁计值万金"④。新宁三合糖被称为"宁糖"，畅销本地及省城，享有上价。⑤ 康熙间，新会"产蔗，在近城地搭盖葵厂榨糖"⑥。新会县产有黄糖、白糖等，天禄村白糖远近驰名，外省称之为"天禄糖"，制糖方法为土法，具体而言是："糖以二石相比如两磨，纳蔗于中，牛榨之，对面各一人，此掌纳蔗，彼掌出渣滓，地开石窖，流其液于漏内者。瓦器径七八寸，长尺许，如盎，末有孔大如指，糖凝于内，复盛其余滴，上盖以土，则色益白，是为上白，次则二白，俱沙糖，古名糖霜、黄糖，煮时以饭撒之，俟凝结，切以刀块，亦有上下数种，开肆名曰糖榨。"⑦ 开平县本地所产包括"布帛、缕苧、蔗糖、青蒟等类"⑧。可见，清代江门地区多地产糖，以土法榨糖，对外销售，开始形成本地品牌，深得顾客喜爱。

（四）纺织业

清代江门地区的纺织以编织麻布、青纱布、棉布为主，仍属自然经济下的小作坊生产。新会县"波罗麻、青纱布均出河村等乡，商贩贸易每年不下十余万匹，其青纱布愈浣愈白，故为四方所尚，外夷亦重之。机白各处皆织，而以潮连为最"⑨；"女子不轻出门，出必以葵扇障面，贫者多藉缝扇为生。……多以耕樵纺织苦节自完"⑩。新会"潮连机"与番禺"新造机"、东莞"花头机"、香山"古镇机"并称为"广布"代表。⑪ 开平县"贫者或织麻编竹以为业"⑫。鹤山县"坡山围墩以上，妇女以蚕桑为业。越塘、雅窑以下，各勤机杼织布，互易麻棉。故布之利为饶，坚厚而阔大者曰

---

① 段雪玉：《盐、户籍与宗族——广东台山市海晏镇沙边村〈陈氏族谱〉介绍》，《盐业史研究》2008 年第 3 期。

② （清）穆彰阿等纂修：嘉庆《大清一统志》卷 442，《续修四库全书》史部第 362 册，上海古籍出版社，2002 年，第 433 页。

③ 崇祯《恩平县志》卷 7《地里》，第 200 页。

④ 道光《新宁县志》卷 4《舆地略》，第 53 页。

⑤ 陈中美：《台山杂记》，台山华侨书社，1986 年，第 105 页。

⑥ 道光《新会县志》卷 7《官绩》，第 210 页。

⑦ 道光《新会县志》卷 2《舆地》，第 61 页。

⑧ 道光《开平县志》卷 3《风俗志》，第 274 页。

⑨ 道光《新会县志》卷 2《舆地》，第 61 页。

⑩ 道光《新会县志》卷 2《舆地》，第 57 页。

⑪ （清）陈徽言撰，谭赤子校点：《南越游记》，广东高等教育出版社，1990 年，第 180 页。

⑫ 道光《开平县志》卷 3《风俗志》，第 274 页。

'古劳家机'，另有"双桥兰绸，以山桑饲蚕，如禺压丝，坚实可比兖州山兰"。① 清代江门地区纺织业规模虽小，但形成自身特色，以新会潮连、鹤山古劳为主要产地，产品远销省内外，甚至得到"外夷"的重视，成为地方手工业发展的一个亮点。

（五）雕刻业

清代五邑地区雕刻业以恩平县为代表。恩平蜡石在清初已名声在外，屈大均《广东新语》"蜡石"条云："岭南产蜡石，从化、清远、永安、恩平诸溪涧多有之。"② 可见恩平溪涧之中的石材质量上乘，成为岭南蜡石代表之一。

嘉庆时期开始，恩平人利用茶坑石进行雕刻。两广总督阮元对恩平砚石赞赏有加，其撰《恩平茶坑砚石记》云："岭南恩平县南廿余里，溪尽处入山，又廿余里，有岩曰茶坑，产异石。嘉庆初，山民始掘之，持至端州。端州砚工见之曰：'此非吾端石，何佳乃尔？'于是端州工始采为砚，以冒端州石"，相比之下，"端州新坑润而滑，不发墨，恩平石虽不及老坑，而发墨胜于新坑"，阮元特意买来恩平茶坑石制作砚台。③ 吴兰修《端溪砚史》称："茶坑石不见纪载，自阮仪真（即阮元）师极称之，始以名著。其直廉于新坑，积古斋购藏数百块，就其异纹略加刻画。……时谢里甫（即谢兰生）太史善画，亦喜为之随石点缀，各有生趣，由是石以画传。近且以充贡品矣。大抵茶坑石质燥，扣之作金声，发墨而损毫，若择其纹之佳者缕作砚山，亦雅品也。"④ 起初，谢兰生获得粮道夏修恕赠送一方恩平石，发现适合作砚画，于是先后购买数十块恩平茶坑石，阮元对其砚画感兴趣，而又为他送来数十块恩平石。⑤

清代恩平砚石比新坑端砚便宜且质量较为优良，正如钱泳《履园丛话》所言："近日阮云台宫保在粤东，又得恩平茶坑石，甚发墨，五色俱有，较端州新坑为优，此前人之所未见。"⑥ 可见恩平砚石颇得广东仕宦的中意。清代学者江藩索性将恩平砚石列入端砚之列，其《端研记》云："恩平坑，石出恩平县。色青，类龙尾坑。又名茶坑，茶山所产也。石璞外层五色斑斓，阮伯元制军命工劓刻为研山，有霜林一幅，丹黄相间，极为工致。"⑦ 恩平砚石质优价廉，深得藏家赞赏，同时阮元慧眼识珠宣扬其名亦功不可没。

清代恩平砚石现存不多，其中一方"卵形恩平石砚"收录于《中国名砚·地方砚》，20世纪90年代中期相关人员在深山老林重新找到恩平砚石，21世纪初恩州奇

---

① 乾隆《鹤山县志》卷7《食货志》，第89页。

② （清）屈大均：《广东新语》卷5《石语》，中华书局，1985年，第178页。

③ （清）阮元著，邓经元点校：《揅经室集》，中华书局，1993年，第704页。

④ （清）吴兰修：《端溪砚史》，《广州大典》第48辑第1册，广州出版社，2015年，第40页。

⑤ 李若晴：《青萍之末：嘉道年间岭南的文人生活与艺术世界》，人民美术出版社，2021年，第217页。

⑥ （清）钱泳撰，张伟点校：《履园丛话》，凤凰出版社，2021年，第240页。

⑦ （清）江藩：《端研记》，转引自《端砚大观·历代端砚著述辑要》，红旗出版社，2005年，第245页。

砚重新问世。^① 恩平茶坑石雕从最初以雕刻砚石为主，演变为至今雕刻茶壶、茶杯以及工艺品等为主，"茶坑石雕刻技艺"现为广东省非物质文化遗产。

三、贸易重镇江门墟

发达的农业、手工业加之便利的交通环境，促使清代江门地区的商品经济也颇为发达。江门墟从明代的一个乡村墟市逐渐发展为区域商业的核心，清代前中期趋向繁荣。佐贰官（主要是县丞）官署多位于城外关津要冲、繁华市镇之地，新会县丞正是驻扎于江门墟，"江门千总"亦在此分防。乾隆十九年（1754），两广总督班第奏称："广东新会县地方，有潮连、江门二处，向设潮连司巡检一员，驻扎潮连，兼辖江门。嗣因江门地更冲繁，将巡检改驻江门，但距潮连较远，未免顾此失彼。查新会原有县丞一员，应请移驻江门。其潮连司巡检，仍请回驻潮连。"^② 得到吏部议准，因此将新会县丞移驻江门墟。嘉庆《大清一统志》记载："江门汛，在新会县东十六里，本朝乾隆十九年移县丞驻此。"^③ 无论是在政治上还是军事上，江门墟受到充分重视，这侧面表现了江门墟当时的繁荣昌盛。

康熙二十三年（1684）朝廷决定开海贸易，全国沿海港口贸易市镇发展进入一个新时期，当时开放给中外商人进行贸易的大小港口市镇共达 127 处，其中广东 67 处，江门是其中之一。^④ 次年，粤海关在江门设立正税口，成为粤海关广州总口江门口，江门区域交通枢纽的位置更加突出。据《粤海关志》记载，江门正税口需征税的沿海贸易船有："往琼南、雷州、高州各口贸易船只""往惠、潮各口白艚贸易船只""往浙闽白艚贸易船只"，进口的"海南贸易货船""高州、雷州贸易货船""澳门、香山渡船"，来口的"省城各船""佛山各船"等。^⑤

江门墟水运便畅，成为商船云集之地，"远则高、廉、琼、雷之海舶，近则南、顺、香、宁、恩、开之乡船，往来离迤，乾嘉时号繁盛"^⑥。清代，琼州会同县教谕吴者仁《槟榔赋》云："揽艨艟，屯箱轴，舟交樯，车系毂，或鸥浮巨海，数日直抵江

---

①　关键：《中国名砚·地方砚》，湖南美术出版社，2010 年，第 154 页。

②　《清高宗实录》卷 458，乾隆十九年（1754）三月庚申，中华书局，1985 年，第 958 页。

③　（清）穆彰阿等纂修：嘉庆《大清一统志》卷 442，《续修四库全书》史部第 362 册，上海古籍出版社，2002 年，第 434 页。

④　刘进：《江门：从滨江商贸小镇到连通海洋的城市——以近代海关文献为主的历史考察》，《五邑大学学报（社会科学版）》2013 年第 1 期。

⑤　（清）梁廷枏撰，袁钟仁点校：《粤海关志》卷 11《税则四》，广东人民出版社，2014 年，第 225–227 页。

⑥　（清）彭君谷等纂修，刘正刚点校：同治《新会县志》卷 10《事略》，安徽师范大学出版社，2021 年，第 126 页。

门；或足捷长途，经旬乃至梅菉。"① 道光间江门狗山（即蓬莱山）"下瞰江门，海帆樯如织，历历可数。……上流为各渡船舣棹之所"②。清前中期，江门有长行渡四通八达，直达珠三角核心地区，"江门往省城渡二，分二五八、三六九日。江门往佛山渡五，分一六、二七、三八、四九、五十日。江门往香山城渡一，二五八日。江门往香山三灶渡一，三八日。江门往香山高澜渡一，二五八日。江门往香山石岐渡一，二五八日。江门往西南渡一，二五八日。江门往石龙渡一，三八日。江门往肇庆城渡一，二五八日。江门往碧江龙头渡一，二五八日。江门往古镇渡二，以上自江门起渡"③。佛山有河道直达江门，"佛山到新会、江门的这条内河运道，路程既短且风平浪静，走此可免绕虎门大口和海浪颠簸之苦，开海贸易后即成为重要商路"④。"江门一镇，港通外洋，百货所集，复助以沙田之利，其力自较胜于东（莞）、香（山）。"⑤ 根据外国人马丁的记载，1831 年经澳门、江门港停泊的船只包括福建厦门 80 艘，福建漳州 150 艘，惠州府与潮州府 300 艘，来往于江门与福建者 300 艘，来自广州至镇江及辽东者 16 艘。⑥ 可见大量海船前来此处进行贸易。"江门兼海河港的功能，同时是粤海关广州大关下属的一个正税口，每年税额达 1.4 万余两，居粤海关所有正税口之首。"⑦ 清代江门成为广东重要贸易口岸与商业市镇，与石龙、佛山、香山齐名。

四、商业发展

随着本地农业与手工业的发展，商品经济得到发展，江门墟成为贸易重镇。江门地区更多人开始参与到商业贸易之中，促进商业兴盛。这些变化，在方志中亦有所呈现，开平县"四民士农工商相参互作，士不废耕，工商各业多行于农隙"⑧；新会县则有区域之别，"西南多农鲜贾，依山濒海者以薪炭耕渔为业，民无积聚而多贫，故其俗朴而野，其流弊也犷而不驯；东北多商鲜农，贫者则习工技以资生，故其民饶"⑨。重视商业的社会风气逐渐形成。

在此风气影响下，愈来愈多的江门五邑商人向外谋求发展，新会县"商渔船只，

---

① （清）于煌等纂修，杨卫平点校：乾隆《会同县志》卷 10《艺文志》，海南出版社，2006年，第 232 页。
② 道光《新会县志》卷 2《舆地》，第 34 页。
③ 乾隆《新会县志》卷 3《建置志》，第 93 页。
④ 罗一星：《明清佛山经济发展与社会变迁（增订本）》，广东人民出版社，2021 年，第 329 页。
⑤ （清）龙廷槐：《敬学轩文集》卷 2《初与邱滋畲书》，《广州大典》第 56 辑第 30 册，第 654 页。
⑥ 方志钦、蒋祖缘主编：《广东通史·古代下册》，广东高等教育出版社，2007 年，第 989 页。
⑦ 王荣武等：《广东海洋经济》，广东人民出版社，1998 年，第 114 页。
⑧ 康熙十二年《开平县志·风俗志》，第 62 页。
⑨ 道光《新会县志》卷 2《舆地》，第 57 页。

从厓门出入，直达雷、琼、惠、潮各府"①。崇祯间，新会商人卢从慧"业铜铁于佛山"，其叔卢克敬则"以贩珠致巨富"②。当时僻在广西东部（今属广东西北部）的怀集县"盐商、木客列肆当墟，多新会、顺德、南海人"③。乾隆间，新会商人卢继恪"自置商舶，来往于南洋者凡十数艘"，定常往返于南洋各港口。④ 清代广州十三行中包括新会人卢观恒、卢文锦、卢文蔚家族的广利行以及鹤山人易元昌的孚泰行。⑤ 卢观恒还一度成为继潘有度之后的首席广东行商。嘉庆间龙廷槐云：省会、佛山、石湾"三镇客商，顺德之人民居其三；新会之人居其二；番禺及各县各府、外省之人居其二；南海之人居其二。……（新会县）贸易于外省及省、佛、江门、石龙四镇"⑥。换言之，在广州、佛山经商者约有 20% 为新会人。罗一星先生统计的"清代佛山侨寓商贾人物表"中共有 27 人，其中来自新会、鹤山者 9 人，占三分之一。⑦ 由此可见清代江门地区商人外出经营者并不在少数。

江门五邑之中，新会商人更加善于利用本地优势，将葵扇、陈皮等土产运往外地销售。"广州望县，人多务贾与时逐，以香、糖、果、箱、铁器、藤、蜡、番椒、苏木、蒲葵诸货，北走豫章、吴浙，西北走长沙、汉口。"⑧ 清康熙间，长江南北各地经销葵扇者陆续增加，经南雄出江西，由民船运至长江。其中以新会商人黄景濂（黄灵翘）最富传奇，他继承家业后于乾嘉间在会城设立扇庄，经办葵扇和陈皮售往四川，回程办川药回粤，首先在重庆开设德隆号，然后在重庆、成都等地相继开设悦隆、协隆、广隆、华隆、均隆等八家商号。由于"隆"与"龙"同音，时人称之为"九隆（龙）入川"，成为新会商业上的佳话。⑨

清代江门地区外出商人为了联络乡情、处理商务以及保障共同利益，在全国多地开设工商业会馆，见证商品经济的繁荣发展。明代万历年间苏州已设有岭南会馆，当时新会人的冈州馆应是岭南馆的一部分，直至康熙十七年（1678），苏州另外创建"冈州会馆"，嘉道间学者顾禄《桐桥倚棹录》云："冈州会馆，在宝安馆东。国朝康

①　乾隆《新宁县志》卷 1《沿革册》，第 298 页。

②　卢子骏增修：《新会潮连芦鞭卢氏族谱》，五邑大学广东侨乡文化研究院资料室藏。

③　乾隆《怀集县志》卷 1《舆地志》，第 26 页。

④　卢子骏：《潮连乡志》卷 5《人物略》，《中国地方志集成·乡镇志专辑》第 32 册，上海书店，1992 年，第 134 页。

⑤　梁嘉彬：《广东十三行考》，广东人民出版社，1999 年，第 293、336 页。

⑥　（清）龙廷槐：《敬学轩文集》卷 2《初与邱滋畬书》，《广州大典》第 56 辑第 30 册，广州出版社，2015 年，第 654 页。

⑦　罗一星：《明清佛山经济发展与社会变迁（增订本）》，广东人民出版社，2021 年，第 370 - 371 页。

⑧　（清）屈大均：《广东新语》卷 14《食语》，中华书局，1985 年，第 371 页。

⑨　何卓坚：《新会葵业史略》，《广东文史资料》第 15 辑，1964 年，第 147 页；关协晃：《解放前新会葵业经营概况》，《新会文史资料选辑》第 12 辑，1983 年，第 11 页。

熙十七年义宁商建，嘉庆年间重修，俗呼'扇子会馆'。"① 嘉庆间重修，时新会进士伍有庸撰《苏州山塘重修冈州馆碑》云："新会县其产有菠萝、麻布、蒲葵扇、柑子皮，此他邑所罕者。……故（苏州）山塘桥街有岭南馆，吾邑于前明已建冈州馆，数百余载矣。"② 顾禄《桐桥倚棹录》又称："葵扇，俗呼'芭蕉扇'，山塘扇肆，多贩于粤东之客。其叶产粤东之新会城，乃葵叶非蕉叶也。上等之葵叶，都贮诸箱来吴，故谓之箱叶，粗者谓之包叶。"③ 康熙五十一年，汉口"冈州会馆"成立。乾隆元年（1736），南宁"新会会馆"成立，并附建"新会书院"。乾隆五年，重庆古冈栈（即冈州会馆）成立，该馆由新会葵商所建，葵商们议定建馆所用青砖由每包葵夹带一块青砖而来，最终由广东运去几万块青砖。④

道光二十二年（1842），新会葵业同行在会城大云山重建葵扇会馆，伍有庸撰写楹联曰："品传中宿，基创云山。"⑤ 咸丰三年（1853），在北京粉房琉璃街建新会会馆，梁启超赴京时多次在此短暂居住；光绪十三年（1887），新会举人吴铁梅联合番禺县举人何淡如筹款在宣武门外大街另建一座新会会馆，吴铁梅撰写楹联云："五百年各代更生，黄云紫水；八千里家乡风味，葵绿橙香。"⑥ 除此之外，上海广东会馆内附设新会葵扇行会组织。三水县有新会会馆、冈州会馆，连县有冈州会馆。⑦ 清代众多外地冈州会馆、古冈会馆、新会会馆的设立，正是江门地区商人足迹所及，参与国内长途贸易的真实历史写照。

第四节　社会教育文化活动

清代江门地区社会教育文化发达，学校教育方面继承明代遗产之外，对县学宫进行多次修葺，并新建不少书院、社学以及义学，使更多适龄人接受教育。在冠婚丧祭人生礼仪方面基本遵守儒家礼仪标准，而根据地方实际有适时变通，岁时节序亦具有本土特点。武术文化得到张扬，成为蔡李佛拳的诞生地。冈州古琴文化也得到继承与光大，冈州成为岭南古琴文化的中心地。

---

① （清）顾禄撰，王稼句点校：《桐桥倚棹录》卷6，中华书局，2008年，第323页。

② （清）伍有庸：《闻香馆续吟》卷3，《广州大典》第56辑第32册，广州出版社，2015年，第70页。

③ （清）顾禄撰，王稼句点校：《桐桥倚棹录》，中华书局，2008年，第376页。

④ 叶显恩：《广东航运史·古代部分》，人民交通出版社，1989年，第183页。

⑤ 赵茂松：《清凉天地——新会葵艺》，广东教育出版社，2013年，第19页。

⑥ 谭仲川编注：《新会历代楹联选》，2008年，第53页。

⑦ 刘正刚：《广东会馆论稿》，上海古籍出版社，2006年，第188、205页。

一、学校教育

（一）新会县

新会学宫始建于北宋，进入清代之后，于顺治十六年（1659）教谕姚士裘、康熙二十年（1681）教谕吴孟嶙等先后修葺。新会苏楫汝云："吾邑沐先正文恭教，称海滨邹鲁，学宫视诸郡邑为较重。"① 嘉庆间新会县学"入学额数十八名"②。

清初新会地方官重新设置义学，"顺治九年，知县刘象震聘五经师各一人开塾于邑城内。康熙二十四年，督粮道参议蒋伊设岭南义学于郡，于是郡邑始设义学，知县何汉英设于接龙楼，二十五年设于许家祠，二十六年知县贾雒英设于余家祠，二十七年仍旧，然未有学舍，所延经师皆知县捐俸以为修脯"③。雍正十一年（1733），生员甄相等呈请将金紫街原西洋天主教堂的公所改建为古冈义学，有大门、正厅、次大厅、厨房、次楼等，并置有学田。④

乾嘉道时期，新会的学校建设更为蓬勃。乾隆初，新会知县王植"以经学课士，刻《冈州课录》"⑤：乾隆十七年（1752），新会代理知县张甄陶将城内大新街明代陶鲁故宅改建为冈州书院；乾隆二十年，里排在中和坊合建九源寺社学；乾隆二十五年，知县周志让将原江门盐仓街社学改建为景贤书院；乾隆二十七年，县民在茶墟四圣宫左建造潮连社学；乾隆四十年，士绅在小冈南门巷墟建小冈社学；乾隆四十五年，士绅周乾矩等倡建大泽社学；乾隆四十六年，知县萧榕年在棠下墟南建观澜书院；嘉庆五年（1800），十三姓里排在牛肚湾共建龙山庙社学；嘉庆十年，士绅张达夫等在泷水都沙富墟建沙富社学；嘉庆十八年，里排在潮居都冈头墟合建冈头社学；嘉庆十九年，行商卢文举等在城内花园巷创建紫水义学；道光元年（1821），潮居、泷水两都士绅在泷水口墟建水口社学；道光四年，知县文廷杰在礼乐乡建礼乐书院，在石头乡建富山书院，同年重建南山社学；道光九年，中乐都建有天河书院、云汉书院；道光十七年，在遵名都庙前墟建有龙光书院；道光十九年，小桥乡、天禄乡均有养正书院，此外尚有河塘乡桂园社学、潮阳雁峰社学、窦口墟虎岭书院与石头乡萃华书院，等等。⑥ 可以看出，清代鸦片战争之前，新会的基层学校建设取得长足的进步。

---

① 康熙《新会县志》卷 8《学校志》，第 576 页。

② （清）穆彰阿等纂修：嘉庆《大清一统志》卷 441，《续修四库全书》史部第 362 册，上海古籍出版社，2002 年，第 417 页。

③ 康熙《新会县志》卷 8《学校志》，第 580 页。

④ 乾隆《新会县志》卷 3《建置志》，第 69 页。

⑤ 道光《新会县志》卷 14《事略下》，第 410 页。

⑥ 道光《新会县志》卷 3《建置上》，第 82 − 83 页。

（二）恩平县

清初经过战乱，原明代恩平学宫荡然无存，至康熙二十四年（1685），知县佟世男主持重建。康熙五十一年，知县陈圣煜迁学宫于城东北石神山下，"恩平介肇属一隅，枕山襟河，学之建起前明成化间。……学校风化之原，功名事业之本，未有学宫兴而人文不盛者。兹地岂惟湫隘，抑亦未萃山川之淑气而发玉石之精英"，于是陈知县捐俸倡议，得到士大夫与父老支持以顺利重建，"以卜恩人士之崇实学、敦古处而大有为于天下也"。① 康熙五十五年知县王斌、雍正五年（1727）知县王树元先后重修。乾隆四年（1739）知县何达善增建明伦堂。乾隆十三年知县缪锦修复崇圣殿，乾隆十八年又修青云路。学宫规制由崇圣殿、大成殿、月台、戟门、名宦祠、乡贤祠、泮池、棂星门、青云路、明伦堂、斋房、大门等构成。② 乾隆四十一年知县李莐、嘉庆十八年（1813）知县金锡鬯均又重修。③ 嘉庆间恩平县学"入学额数八名。"④

康熙二十五年，因原有凤凰书院、敷文书院均"久废"，四所社学亦倒塌，知县佟世男在学宫旁设置义学，"每年延师设教，通邑人士咸欣欣来学焉"。⑤ 乾隆十八年知县缪锦在原县署右的典史署捐俸建立义学，"堂庑咸具，自为文以记之"⑥。

乾隆二十三年，知县张安世于县城北门外捐建南平书院，并置学田作为学生膏火，他说："国家文教覃敷，无远弗届，省会有越秀，肇庆有端溪其外，书院、义学之建于各郡县者指不胜数，惟恩平界山阻水，（弦）诵寂然，非长吏之耻欤。"于是兴建南平书院，"门堂、学舍以及燕息、庖湢之所"俱全。⑦ 乾隆二十八年知县曾莩迁建于东门外，"堂宇宏整，规模大备"，并编纂《南平书院志略》。⑧

此外，嘉庆间恩平县新建两所社学，一是敦仁社学，"在牛冈渡墟，嘉庆三年仕峒都人题建"，另一是咸升文社，"在歇马村东成墟上，歇马梁姓题建"。⑨ 当时恩平县宗族大力扶持子弟读书，"各姓多立书田以给膏火，自岁科、大比迄礼闱，祖尝皆有资助，或年节聚而考课，至秋冬间各村乡会尤多，前列者给赏冠履、纸笔，亦栽培奖励之一术也"⑩。上述咸升文社即为嘉庆十九年（1814）歇马梁氏所建，聘请名士指教，培养出大量优秀学生。歇马村文教兴盛，清代中后期培养出大批士子。

---

① 乾隆《恩平县志》卷10《艺文志》，第249－250页。
② 乾隆《恩平县志》卷2《建置志》，第46页。
③ 道光《恩平县志》卷8《学校》，第373页。
④ （清）穆彰阿等纂修：嘉庆《大清一统志》卷447，《续修四库全书》史部第362册，上海古籍出版社，2002年，第579页。
⑤ 康熙《恩平县志》卷4《建置》，第329页。
⑥ 乾隆《恩平县志》卷2《建置志》，第59页。
⑦ 乾隆《恩平县志》卷10《艺文志》，第251页。
⑧ 乾隆《恩平县志》卷2《建置志》，第59页。
⑨ 道光《恩平县志》卷8《学校》，第378页。
⑩ 道光《恩平县志》卷15《风俗》，第465页。

（三）新宁县

明弘治间设新宁县后始建新宁学宫，入清之后分别在顺治十八年（1661）、康熙二十四年（1685）、康熙四十二年、雍正九年（1731）重修，"棂星门之久塌者新之，泮池之久堙者辟之，凡瓦木砖石之朽蠹者——整饬之，学校之制度规模焕然改观矣"[①]。乾隆五十二年（1787），广东巡抚图萨布奏称："新宁县客童四百余户，请附籍新宁应试，另编客籍字号，取进文童二名，武童一名，止准入考乡试，廪增不准拨给等语。查新宁客童，既核与寄籍应试之例相符，应如该抚所请。另加学额，听学臣取录。自后即应试人数较多，亦总以现额为限。取进生员，统归新宁县学管束"，得到清政府批准。[②] 因此新宁县学"入学额数十二名，外额追客童二名"[③]。正是因为清初展界后外地客家人涌入，导致适学童生增加，县学名额特此增设二名为"客童"专属。

雍正十七年，在新宁县城西王侯祠旁建王侯书院。[④] 乾隆十八年，训导李乾在城西王侯祠右建义学，乾隆三十五年知县康基田将其改建为宁阳书院[⑤]，嘉庆二十五年（1820）知县江涵暾重修，并撰有碑记云："宁邑僻处海滨，不通商贾，农力耕，士力学，村建文昌之楼，祠置诸生之谷，所以佑文风，奖后进者，法至善也"；乾隆三十五年，知县康基田在文村北隅建文海书院，同时又在莘村建潭州书院；嘉庆二十二年县丞沈志仁倡建琴溪书院。[⑥] 总体上来看，官方文献仅对学宫以及书院情况有所收录，其他义学与社学未见记载，参照其他县的情况，应分布有基层教学单位才能满足教学需求。

（四）开平县

开平县始置于清顺治六年（1649），康熙六年（1667）正月始建学宫，由知县高子翼、训导祁士驿与地方士绅倡议，因县治草创而暂时建在城内民房内。[⑦] 康熙二十年知县韩滢倡建明伦堂、名宦祠、乡贤祠。康熙二十年翰林院侍读邵吴远撰《新建开平县学碑记》对韩知县修建学宫表示赞赏，云："粤东素称海滨邹鲁，开阳萃三邑之人文，蔚然彪炳。尔多士之列名胶序、登庸仕籍者，处则懋诚正之功，出则建治平之

---

① 乾隆《新宁县志》卷1《建置册》，第 325 页。

② 《清高宗实录》卷 1289，乾隆五十二年（1787）九月戊子，中华书局，1985 年，第 284 页。

③ （清）穆彰阿等纂修：嘉庆《大清一统志》卷 441，《续修四库全书》史部第 622 册，上海古籍出版社，2002 年，第 417 页。

④ （清）穆彰阿等纂修：嘉庆《大清一统志》卷 441，《续修四库全书》史部第 622 册，上海古籍出版社，2002 年，第 418 页。

⑤ 嘉庆《大清一统志》将"宁阳书院"误为"安阳书院"，见（清）穆彰阿等纂修：嘉庆《大清一统志》卷 441，《续修四库全书》史部第 362 册，上海古籍出版社，2002 年，第 418 页。

⑥ （清）何福海等纂修，刘正刚点校：光绪《新宁县志》卷 9《建置略上》，安徽师范大学出版社，2021 年，第 126－128 页。

⑦ 康熙十二年《开平县志·事纪志》，第 55 页。

业，勋名树于今兹，芳名传于后祀。庶上不负朝廷教育之恩，下不负令尹作新之意耳！"① 康熙五十五年知县陈还重修，增建棂星门、礼门、青云路。乾隆十七年（1752）知县叶重秀、乾隆四十六年知县厉绳、嘉庆十七年（1812）知县龚鲲先后重修。② 嘉庆间开平县学"入学额数九名"③。

学宫之西建有桂轮书院，乾隆十九年由当地绅士里民创建，但乾隆四十六年因修学宫而卖此地改建学署。④ 学宫之东建有苍城义学，于乾隆四十九年由知县厉绳创建，"讲堂三间，学舍二十二间，生童无定额。每岁由县延请山长，生童入学肄业月课由县出题，阅定名次，出榜悬挂。义学山长束修由义学官租支送"⑤。此外，道光十八年（1838）开平谭、林等十五姓与鹤山黎姓等在水口合建兴贤社学。⑥

与前述恩平县一样，开平县同样较为重视基础教育，清中期"四民相参，读不废耕，水习网罟，山业樵薪。童子幼岁必就蒙馆受读，以钱为贽，故虽农人贩夫皆能解书识字"⑦。随着宗族的形成与壮大，开平各族多设经费支持读书，"开平诸姓各有宗祠，宗祠各有祭田，洁奉蒸尝之外，或族中有读书入泮者则奖以花红，登贤书赴礼闱者助以路费，平时月课名高列者给以膏火，所以劝学也"⑧。吴应逵《楼冈文会序》云："吴氏之居于楼冈者，自宋以来历二十余世，乾隆辛丑岁族长会明合百一十七人醵金创立文会，每岁正月、五月两进子弟而课之，前列者奖赏有差。"⑨ 可见地方宗族通过物质奖励促进教育的发展。

（五）鹤山县

鹤山县新置于雍正十年（1732），不久便在县署前创建学宫，规模宏大，有大成殿、东西两庑、戟门、泮池、棂星门，前有圣域门，后有五王殿，东为明伦堂，左为名宦祠、忠义祠，右为乡贤祠、孝节祠。嘉庆十一年（1806）士绅吴槐炳、古大鲲，道光四年（1824）知县徐香祖等先后重修，两广总督阮元《新修鹤山县学宫碑》云："鹤山开县始国朝雍正十年，世宗宪皇帝实赐今名，从其望也。其地距省治二百九十里，毗连恩平、开平、新兴、高明、新会诸邑，界昆仑、曹幕、大雁万山中，林深箐

---

① 民国《开平县志》卷42《金石略三》，第656–657页。
② 道光《开平县志》卷6《学校志》，第326页。
③ （清）穆彰阿等纂修：嘉庆《大清一统志》卷447，《续修四库全书》史部第362册，上海古籍出版社，2002年，第579页。
④ 道光《开平县志》卷6《学校志》，第337页。
⑤ 道光《开平县志》卷6《学校志》，第337页。
⑥ 民国《开平县志》卷8《建置略二》，第379页。
⑦ 道光《开平县志》卷3《风俗志》，第274页。
⑧ 道光《开平县志》卷3《风俗志》，第276页。
⑨ （清）吴应逵：《雁山文集》卷2，《广州大典》第56辑第33册，广州出版社，2015年，第207页。

密，溪涧陡绝，自开县后大化覃敷，学校并设，人俗丕变，固久同礼乐之风矣。"① 署广东巡抚王謩等疏称："鹤山县自雍正九年建设，现在人文蔚起，请照小学例，廪、增各十五名，二年一贡"，礼部议复同意"廪、增各十名，俟初补之首廪食饩十年后，三年一贡"。② 乾隆十五年（1750），广东巡抚苏昌等疏称："鹤山县向设廪、增各十名，三年一贡。现在人文加盛，请将廪、增各加五名。其出贡，俟补足廪额后，照例二年一贡。选拔之年，亦准一体选拔"，礼部议准，从之。③ 嘉庆间鹤山县学"入学额数八名"④。

乾隆十一年，知县阮懋业将原鹤城大官田同知旧署改为鹤山书院。乾隆十五年，知县刘继认为"治民以教士为先，于是缮修院宇以居生徒，月给膏火以示策励"⑤。刘继重视教育发展，除了重修鹤山书院，还将原陶黄二公书院从县署西迁移至县署东，陶黄二公书院是纪念开县有功的粮驿道陶正中、首任知县黄大鹏二人的学校，迁移后建有头门、大堂、后堂、书房、厨房等设施，并撰《新迁陶黄二公书院记》以纪其事。⑥ 道光四年，知县徐香祖将陶黄二公书院并入鹤山书院。

乾隆十四年，古劳都禄洞村李氏捐尝租建造蟠光义学，设有膏火津贴学生。掌教者李畅馥，鹤山滘珍人，中乾隆三年举人，参加会试落第后成为明通榜进士，初任新安教谕，后署番禺、遂溪二县学，因病告归，"时鹤邑新开县治，文风未振，畅馥首倡都人建昆旸义学，又率族人建蟠光义学于禄洞，厚其廪给，族人即延畅馥主讲设教"⑦。他在《蟠光义学说》中解释"蟠光"名称的来源："乡学而系以蟠光者何？禄洞之北有山曰龙蟠。前明李公渭以乡贤著而继起者，后先接踵，人以其钟蟠峰之秀也，故为之取象于龙。……霖雨苍生，皆潜德幽光者为之，蟠之为义，佑启我后矣。"⑧ 知县刘继在《蟠光义学记》中对此表示赞赏："邑有禄洞李氏创蟠光义学，以祖尝资鸠工庀材，置书田以供膏火，合子姓以诵习，贯司厥铎者。"⑨

乾隆十九年（1754），古劳都士民在沙坪墟建立昆旸义学，由举人李畅馥等十五人为首事，易顺之、吕允甫等六十六族捐献尝租，吕翘芳、李之士等二百九十人进行捐款。知县刘继亦捐俸支持，其撰《昆旸义学记》云："国家雅化作人，兴贤育才，备极三代党庠州序之法，各省府州县学外，兼设书院，赐帑金以资膏火，犹恐地广人

① 道光《鹤山县志》卷1《建置》，第191页。
② 《清高宗实录》卷130，乾隆五年（1740）十一月乙亥，中华书局，1985年，第903页。
③ 《清高宗实录》卷377，乾隆十五年（1750）十一月丁卯，中华书局，1985年，第1181页。
④ （清）穆彰阿等纂修：嘉庆《大清一统志》卷447，《续修四库全书》史部第622册，上海古籍出版社，2002年，第579页。
⑤ 乾隆《鹤山县志》卷12《艺文志》，第158页。
⑥ 乾隆《鹤山县志》卷12《艺文志》，第154页。
⑦ 道光《鹤山县志》卷7《人物中》，第280页。
⑧ 乾隆《鹤山县志》卷12《艺文志》，第165页。
⑨ 乾隆《鹤山县志》卷12《艺文志》，第152页。

稠，有远不能赴者，更命大乡巨堡各置社学一区，并命多立义学。是义学之建，凡以凛遵功令而然也。……沙坪为古劳适中之会，处昆仑之东，日出旸谷，光华先被，故额曰旸阳义学，盖取'文明日升'义也。"① 可以说，清代鹤山教育发展得益于知县刘继等主政官员的高度重视。在他的组织之下，建有多所书院、义学，为地方培养众多人才，使清中期的鹤山在五邑地区的教育事业中占据重要地位。

此后，乾隆二十七年（1762），附城都禾谷坪墟建有昆南义学；乾隆五十五年，昇平墟建有维敦义学。② 道光十八年（1838），鹤山双桥都六乡绅民集资兴建成梧冈书院，时署鹤山县事陈庆俫撰《梧冈书院序》云：县西南双桥都"六乡善士、七族殷民，若堂马梁氏，靖村余、李、张氏，双桥李氏，泗合麦氏，荷村罗氏、文氏，洗田吴氏并叶氏、苏氏，慨焉兴怀，翕焉合志，谓立教以文为先，造士自乡而始。惟吾子弟情殷服古，已咸怀泮水之鸮音；而业进乐群，当伫览高冈之凤翙，是非设书院以育人才使之相观而善也，其可冀乎？繇是询谋金同，卜吉于宅梧古埠，集资购地而建焉。地不足则有余张诸子慨捐祖业以拓成之。同心协力，庀材鸠工，自丁酉（道光十七年，1837）八月经始，迄戊戌（道光十八年，1838）六月落成。堂舍门庑，黝垩丹漆；师生有次，庖廪毕成。其山川清淑，足以发皇耳目，振文藻而秀诗葩。因其地名而会《卷阿》诗意，颜其额曰'梧冈书院'，用以勖励后进，寓颂祷之旨焉。"③ 可见从官府至地方，士绅、宗族均重视教育发展，学校的增加使教学点分布更为广泛并趋于合理。

二、节庆习俗

清代江门地区繁荣的社会经济、独特的自然环境孕育出多姿多彩，乃至独具特色的节庆习俗。冠婚丧祭是传统社会人生四大礼仪，清代江门地区的礼仪大多遵循礼俗。五邑地区之间大都类似而略有差异。

冠礼是男子的成年礼。新会县"民间冠婚丧祭多循《朱子家礼》"④。新宁县"冠恒聚宾，而少三加"⑤。"三加"是指古代冠礼中的"三加冠"，即依次戴上缁布冠、弁冠、爵弁冠。但是此古礼较为烦琐，逐渐被弃。

婚礼是人生重要仪式。新会县乾隆时聘礼用雁或鹅，道光时"婚礼用槟榔以当委禽"⑥。新宁县康熙时"聘以槟榔盛担为礼饰，以彩花银牌或加表里绸绢，贫富随力，

---

① 乾隆《鹤山县志》卷12《艺文志》，第153-154页。
② 道光《鹤山县志》卷1《建置》，第196页。
③ （清）陈庆俫：《梧冈书院序》，《鹤山文史资料》第20期，1995年，第96页。
④ 乾隆《新会县志》卷1《舆地志》，第34页。
⑤ 康熙十一年《新宁县志》卷3《风俗志》，第103页。
⑥ 道光《新会县志》卷2《舆地》，第57页。

娶多论财，迎则聚饮"①；乾隆时"男女婚嫁，以齿之二十前后为率。男不迎亲久矣，娶之日，具书命仆往女家致意，捧雁而前以当委禽，雁不恒有，多易以鹅。张彩灯，盛鼓乐，前导香车结纨绮焉。女家富者，先数日至典于男，曰铺陈，亦曰嫁妆。衣服、饮食、居室之用，大小悉备。旧俗有打塘梅之习，乡里子弟年少者，聚戏于新婚之房。事近于亵，近代绅士维持风俗，严整家规，此风渐息矣"②。婚礼活动颇为热闹，女方有嫁妆，还有闹婚房习俗。恩平县"婚礼有同辈伴郎，有妇人接嫁。有三日见庙礼，有逾月回门礼。生子则邀亲朋聚饮，必以姜，谓之姜酒。亲朋致馈，谓之煖月"③。开平县"男家有礼酒送女家，名为扫厅酒，又有奶乳钱。嫁女有完房三牲、点心、奁饰、仪具各随厚薄贵贱异用"④。鹤山县"婚礼用槟榔、椰子、古劳茶为首重之物。娶妇鲜迎亲，先一日，男女家俱行醮礼，延族戚叙饮，谓之坐花烛。夫妇饮膳，谓食硬房。案上珍馐罗列，必取咸鱼一篓，谓之久长饭。次早，见家庙、翁姑、亲党，献币帛、帨履，谓之荷惠，即古礼枣粟暇修以献意也"⑤。婚礼仪式颇为繁复。

　　丧礼，新宁县"丧而待宾不以斋桌，间尚佛事，葬则小家尝徇硐葬，大家多溺风水"⑥。开平县"丧而待宾不以斋桌，衣衾棺椁，哀桑麻痛哭，各引分，自尽后数日始设灵幕，行朝夕奠仪。每遇旬七举奠，亲戚各具酒米奠金相慰。未卒，哭。孝子不敢出门谢客，贫贱之家不拘。葬则小家尝徇硐葬，大家多溺风水，间惑于堪舆之说，有延年选择不肯安葬父母者"⑦。鹤山县"丧葬多仿古礼，然亦有惑于僧道斋醮及风水之说。里有丧事，邻近各敛钱为酒食代款吊者"⑧。丧礼大体遵循古礼。

　　祭礼，新宁县"祭则随节序为之，大家上祠堂，小家寝祭，俱以中元、忌日为重。墓祭二，清明名曰划草，岁除名曰送年饭"⑨。恩平县"四时之祭，惟巨族则建宗堂，置尝田，讳日群集于堂祭毕而燕，以时献新。虽小民亦然"⑩。

　　除了以上四大礼仪之外，在岁时节庆之中，清代五邑地区每个节日有不同的仪式活动。

　　元旦，古时以正月初一为元旦，祭祖拜神，亲朋好友之间互相拜年。新会县"交相贺，祢祀用素菜酒果。好事者往龙兴寺放爆竹，观比势。是日雨，实兆丰年，谚

① 康熙十一年《新宁县志》卷3《风俗志》，第103页。
② 乾隆《新宁县志》卷1《民俗册》，第317页。
③ 康熙《恩平县志》卷7《地理》，第373页。
④ 康熙十二年《开平县志·风俗志》，第64页。
⑤ 乾隆《鹤山县志》卷1《舆地志》，第38页。
⑥ 康熙十一年《新宁县志》卷3《风俗志》，第103页。
⑦ 康熙十二年《开平县志·风俗志》，第64-65页。
⑧ 乾隆《鹤山县志》卷1《舆地志》，第38页。
⑨ 康熙十一年《新宁县志》卷3《风俗志》，第103页。
⑩ 康熙《恩平县志》卷7《地理》，第373-374页。

云："冬干湿年，黍稷满田"①。新会人喜求神问卜，将军山"山半有大圣庙最灵验，元旦村人于此请乩"②。新宁县"祀神毕，亲友踵门致贺，既而涓日召燕，谓之春酒"③。鹤山县"供神祀祖，卑幼拜见尊长，致祝词，尊长答以温语，出而遍拜乡党亲友，交贺三四日乃已，谓之拜年"④。

正月十五元宵节，又称上元节，民众张灯结彩，赏灯、猜灯谜。新会县"张灯燕饮，行游街市，箫鼓喧阗，杂剧之戏，络绎不绝"⑤。次日，江门地区普遍有"走百病"的习俗。新宁县"采松竹结棚于通衢，张灯赛花为乐。好事者作灯谜以试博敏，谓之打灯谜，嬉笑咏歌之声彻夜。小家妇女间出游观，谓之走百病"⑥。同时祭祀紫姑神，新宁县"迎紫姑神以卜"，相传紫姑"以是夜为大妇所逐死，故俗悯而祀之，亦相戒以不妒也"⑦。紫姑神是中国民间传说中的司厕之神，多迎祀于家，占卜诸事。今新会鱼灯工艺源于清代元宵节。

二月社日，"粤祀社最盛，虽数村之家莫不祀事"⑧。新宁县"乡民烹豚醵酒祭社祈谷，毕而聚饮"⑨。鹤山县"烹豚醵酒祭社祈谷，卜筊以课晴问雨，聚饮而归，各携遗肉"⑩。祭社风俗流行。

清明节，新宁县"清明墓祭，踏青插柳"⑪。鹤山县"门插青柳，或戴于首。前三日即有事于墓祭，草木旅生墓次者芟薙扫除，故亦谓之观青"⑫。对祖先进行墓祭，并有插柳风俗。

四月初八浴佛节，是纪念佛祖释迦牟尼诞辰的节日。在当时，佛教已是江门地区的重要信仰之一，新会县"丧事多用浮屠，于死者就瞑时多作佛事"⑬。新宁县"佛尼相遗以汤，谓之佛汤，各用蕉叶裹糜，分送姻戚"⑭。

五月初五端午节，民众喜爱喝雄黄酒、看龙舟。新宁县"饮蒲艾雄黄酒以辟不祥，食角黍，为龙舟竞渡。至五日，以节物荐于家祠。或以草为龙，以纸为舟子，鸣

---

① 康熙《新会县志》卷5《地理志》，第483页。
② 道光《新会县志》卷2《舆地》，第41页。
③ 康熙十一年《新宁县志》卷3《风俗志》，第103页。
④ 乾隆《鹤山县志》卷1《舆地志》，第38页。
⑤ 康熙《新会县志》卷5《地理志》，第483页。
⑥ 康熙十一年《新宁县志》卷3《风俗志》，第103页。
⑦ 乾隆《新宁县志》卷1《民俗册》，第319页。
⑧ （清）黄芝：《粤小记》卷4，林子雄点校：《清代广东笔记五种》，广东人民出版社，2015年，第430页。
⑨ 康熙十一年《新宁县志》卷3《风俗志》，第103–104页。
⑩ 乾隆《鹤山县志》卷1《舆地志》，第38页。
⑪ 康熙十一年《新宁县志》卷3《风俗志》，第104页。
⑫ 乾隆《鹤山县志》卷1《舆地志》，第38页。
⑬ 道光《新会县志》卷2《舆地》，第57页。
⑭ 乾隆《新宁县志》卷1《民俗册》，第320页。

鼓歌，游巷衢，谓之旱龙"①。

夏至，新宁县"磔狗食以辟阴气，云可解虐"②。鹤山县"磔狗以除阴气，相聚擘荔枝，谓之赏荔"③。

七月初七七夕节，新会县"曝经书、裳衣。前一夕，妇女陈瓜果于庭以乞巧，汲河水贮之，谓之仙水"④。新宁县"晒衣服、书帙，夜设瓜果乞巧"⑤。

七月十五中元节，新宁县"祀先，烧纸衣，为盂兰会"⑥。鹤山县"为盂兰会，设酒食、楮衣以祀其先，各以圆眼相馈，谓之结缘"⑦。

八月十五中秋节，新会县"赏月，儿童设糖塔、糖鸡、蹲鸱为供取，瓦砾砌塔，实薪焚之，谓之烧梵塔"⑧。新宁县"夜具酒招邀赏月"⑨，"烧梵塔，或为秋千之戏"⑩。鹤山县"相赠月饼各物，设塘塔、塘鸡、蹲鸱以供儿童玩弄，儿童取瓦砾砌成浮屠样，空其中，实薪焚之，谓之烧梵塔。妇人以柚子刳去其肉，刻花卉人物，燃灯其中，谓之赛柚灯。好事者以是集、试乡中少妇巧拙、而甲乙之"⑪。"烧梵塔"习俗显然受到了佛教的影响，至今五邑地区每年中秋节仍有烧梵塔（称为"烧番塔"）遗俗。

九月初九重阳节，登高望远。新会县"登高，饮茱萸酒，童子竞放纸鸢，圭峰诸山游人如市"⑫。新宁县"登高，饮茱萸酒，放风筝"⑬。鹤山县"登高，饮茱萸酒，童子于初一日各放纸鸢，至此日投诸水火"⑭。

冬至，五邑地区的"打边炉"即火锅。新会县"祭始祖以下至于祖祢，杂鱼肉之类煮之，环坐而围食，谓之边炉，即东坡所云骨董羹也"⑮。新宁县"祀先毕设燕"⑯。鹤山县"祭始祖，贺长至（即冬至），各家聚妇子，以山药和肉羹，环坐而食，谓之

---

① 乾隆《新宁县志》卷1《民俗册》，第320页。
② 乾隆《新宁县志》卷1《民俗册》，第320页。
③ 乾隆《鹤山县志》卷1《舆地志》，第39页。
④ 康熙《新会县志》卷5《地理志》，第483页。
⑤ 康熙十一年《新宁县志》卷3《风俗志》，第104页。
⑥ 康熙十一年《新宁县志》卷3《风俗志》，第104页。
⑦ 乾隆《鹤山县志》卷1《舆地志》，第39页。
⑧ 康熙《新会县志》卷5《地理志》，第483页。
⑨ 康熙十一年《新宁县志》卷3《风俗志》，第104页。
⑩ 乾隆《新宁县志》卷1《民俗册》，第320页。
⑪ 乾隆《鹤山县志》卷1《舆地志》，第39页。
⑫ 康熙《新会县志》卷5《地理志》，第483页。
⑬ 康熙十一年《新宁县志》卷3《风俗志》，第104页。
⑭ 乾隆《鹤山县志》卷1《舆地志》，第39页。
⑮ 康熙《新会县志》卷5《地理志》，第483页。
⑯ 康熙十一年《新宁县志》卷3《风俗志》，第104页。

打边炉。天气和煖，则食鱼脍"①。根据天气作出调整，寒冷打边炉，温暖则吃鱼生。这些习俗至今仍影响着江门五邑的饮食习惯。

腊月二十四小除（小年夜），普遍祭灶。新宁县"斋桌祀灶"②。鹤山县"人皆祀灶，曰送神朝。大除日，扫舍宇，易桃符，悬红橘于门，以占吉兆，门厨、井灶以及祖祢遍祭之。墓近则祭墓，谓之送年饭。具油粉煮团，谓之煎堆。研米和糖作饼，为元旦相馈之具，虽贫无缺者"③。祭灶之余，又进行祭墓，并制作煎堆米饼，正应谚语所言：年晚煎堆——人有我有。

除夕，新宁县"遍祀诸神，饮团圆酒，爇炬通宵不寝，谓之守岁。童子竞烧爆竹，呼万岁云"④。新会李云扬《戊戌除夕和周二尊韵》有"坐稳今宵不须睡，鸣鸡犹自复残棋"⑤之句。苏楫汝《癸酉除夕》有"小酌屠苏酒，团乐尽一家。半杓当夜转，烛影及簾斜"⑥之句。守夜直至天亮，迎接农历新年。

清代五邑风俗多沿袭前代做法，体现了民俗活动的稳定性，明清两代大同小异。清代五邑地区不同县之间风俗亦有差异，正如清代黄芝《粤小记》所指出的："鹤山风俗，客至阖家男女不拘少长皆出见，以为至敬。若新会则不然，虽舅姑叔嫂，非岁时庆贺不相见也。两县皆邻邑，其俗不同如此。"⑦正是五邑地区岁时节庆，风土人情之中同中有异，异中有同，造就了丰富多彩的民俗文化，部分习俗影响至今，成为非物质文化遗产。

三、武术文化

明清时期，江门地区流行崇武文化。万历《广东通志》记载："谚曰：新会拳，四会笔。又曰：入广莫逢两会。"⑧清初顾炎武《肇域志》也收录此条谚语。⑨可见，明后期至清代"新会拳"远近闻名，尚武文化起源较早。元、明、清时期，江门产生的武举人多达565人（元朝1人，明朝31人，清朝533人），武进士78人。包括武榜眼李惟扬、李子青，武探花何逢春、黎大刚，金殿传胪陈炽昌。江门武举宗族传承盛

① 乾隆《鹤山县志》卷1《舆地志》，第39页。
② 康熙十一年《新宁县志》卷3《风俗志》，第104页。
③ 乾隆《鹤山县志》卷1《舆地志》，第39页。
④ 康熙十一年《新宁县志》卷3《风俗志》，第104页。
⑤ 康熙《新会县志》卷18《艺文志下》，第824页。
⑥ （清）苏楫汝：《梅冈集》卷2，广东省文史研究馆编：《广东省文史馆藏岭南珍稀古籍丛刊》第1辑，广东人民出版社，2020年，第19页。
⑦ （清）黄芝：《粤小记》卷3，林子雄点校：《清代广东笔记五种》，广东人民出版社，2015年，第418－419页。
⑧ 万历《广东通志》卷45《郡县志三十二》，第1027页。
⑨ （清）顾炎武：《肇域志》，上海古籍出版社，2004年，第2203页。

行，表现为：第一，新会麻园村马氏父子 2 位武进士。第二，新会城南薰里区姓一族 3 位武进士。第三，新会外海乡陈姓一族 28 位武举人，9 位武进士。[①] 其他民间武师、武馆同样众多。

清代江门地区涌现出不少武术名师。新会武师李有山善用枣木棍，《清稗类钞》记载："新会李有山习拳棒，少林派也。游都门，在豫邸数年，有某师者，禅杖重数十斤，有山持枣木棍与较胜负，竟败之，名噪甚。中发归里，隐居授徒。"[②] 蔡李佛拳创始人陈享（1805—1875），新会京梅乡人，资质聪颖，气力过人，幼年随叔父陈远护学习佛家拳，继而师事李有山和少林寺蔡福，后纳三家（蔡家拳、李家拳、佛家拳）之长，创新拳法，名蔡李佛拳。蔡李佛拳的特点是守则静如死水，攻则似饿豹扑食、动作轻灵敏捷。[③] 陈享青年时被聘为京梅乡武术教头，1856 年在太平天国翼王石达开处当幕客，后去美洲传授武艺。1868 年回国，1875 年病逝于新会。[④] 在陈享及其传人的努力下，蔡李佛拳远播海外，经过历代传承，在海内外 100 多个国家拥有数百万弟子。蔡李佛拳第二代传人张炎先后在江门、佛山、广州、香港、澳门等地创办鸿胜馆。2008 年蔡李佛拳已被列入国家级非物质文化遗产名录。江门地区尚有周家拳、梁家拳、白眉拳、外海太虚拳等派别，武术文化深厚。鹤山古劳梁赞将咏春拳发扬光大。

四、冈州琴学

江门地区是岭南古琴文化重镇，出现多位著名琴人以及保留多本古琴谱。古琴文化是我国重要艺术，在古代居"琴棋书画"之首。随着移民南迁，秦汉时期中原琴艺开始传入岭南。明代新会琴学有所发展，明初邓林《古意》诗云："君爱青铜镜，妾爱绿绮琴。镜能照妾貌，不能照妾心。何如琴上曲，能作《白头吟》。"[⑤] 明中期陈献章善抚琴，时常与弟子携琴出游，具有较高古琴造诣，他"尝梦捬石琴，其音泠泠然，有一伟人笑谓曰'八音中惟石音为难谐，今谐若是，子异日得道乎！'因别号石斋，既老，更号石翁"。[⑥] 其诗句中常提及琴韵，"世间极乐惟君事，一曲琴声韵欲浮""饮酒不在醉，弄琴本无弦""江门水上庐山颠，蒲团展卧义皇前，洗手一弄琴无弦"。陈献章收藏与使用过的宋代"沧海龙吟"古琴现藏广东省博物馆，明代"寒

---

① 索奇山：《广东江门侨乡大武术文化的传承与发展》，《2015 第十届全国体育科学大会论文摘要汇编（二）》，2015 年，第 2811 页。

② 徐珂：《清稗类钞》第 6 册，中华书局，1984 年，第 2910 页。

③ 中国武术大辞典编辑委员会编：《中国武术大辞典》，人民体育出版社，1990 年，第 461 页。

④ 中国近代人名大辞典编写组：《中国近代人名大辞典》，中国国际广播出版社，1989 年，第 388 页。

⑤ （清）屈大均辑，陈广恩点校：《广东文选》卷 28，广东人民出版社，2008 年，第 321 页。

⑥ （明）张诩著，黄娇凤、黎业明编校：《张诩集》，上海古籍出版社，2015 年，第 280 页。

涛”琴现藏广州博物馆。江门学派弟子中番禺张诩、湖北李承箕、新会伍光宇以及陈献章之子陈景云等均能操琴。

清代，以新会为中心的冈州古琴文化得到弘扬。康熙间，新会籍琴人黄国璘、进士李朝鼎分别为云志高编订《蓼怀堂琴谱》作序。新会黄景星是岭南琴学的集大成者。黄景星（？—1842），字家兆，号煟南、悟雪山人，廪贡生，入读粤秀书院。相传，宋元崖门海战之时，南宋遗民所带来的古琴谱散落民间，明代经整理辑为《古冈遗谱》抄本。黄景星自序《悟雪山房琴谱》云：“冈州自白沙先生以理学为倡，其教人也，惟于静中养出端倪，以复其性灵，不以言语文字为工，故后之学者每于稽古之余，多藉琴以为节性和情之具，此《古冈遗谱》所以流传也。”[①] 黄氏家藏《古冈遗谱》抄本，黄景星自幼跟随父、兄学琴，在“诗酒外，特精琴理，景星之琴，原本家学”。后受学于著名琴家何洛书，“复遇香山何琴斋太史洛书指授，以此益臻”，琴艺与见识得到极大提升，因此“博综众说，考镜时流，以求一是，著《悟雪山房琴谱》四卷。所授弟子遍岭南，同里莫锦江独参其旨”。[②]

除订刊《悟雪山房琴谱》外，黄景星曾与同邑陈绮石、陈芷芗兄弟、莫骥昭等开创岭南最早的琴社，并在学海堂教习琴法，弟子众多。赵古农序《悟雪山房琴谱》云：“冈州黄煟南，余诗酒老友也。深契琴理，不但于知，且极其好，更为之乐此不疲也。”[③] 黄景星琴学成就高，“以琴名于时，嘉道间粤之善琴者无不称煟南先生，争出其门。辑《悟雪山房琴谱》，取古谱不叶律者订正之，谱成，纸为贵”[④]。黄景星注重延续家传琴学，其子黄炳堃曾赴东瀛进修琴艺，作有自度曲《南湖秋雁》《赏荷》；其侄黄文玉为琴学大家，作有自度曲《猿啼秋峡》，著有《琴脔》。黄文玉之子，黄炳堃之子黄星房及孙黄实亦是操琴能手。

冈州琴学除新会黄氏外，《悟雪山房琴谱》提及的新会琴家有莫锡龄、莫琛昭与胡准等人。莫琛昭为古琴名家，其侄孙莫尚德著有《广东古琴史话》。莫锡龄则藏有逾百床历代古琴。江门地区琴谱除上述《古冈遗谱》《悟雪山房琴谱》《琴脔》外，20 世纪 60 年代中期，新会景堂图书馆从民间寻获有清咸丰间自署“蔗湖”的孤本手抄《古冈蔗湖琴谱》。

---

① （清）黄景星：《悟雪山房琴谱》，《广州大典》第 47 辑第 7 册，广州出版社，2015 年，第 4 页。

② （清）彭君谷等纂修，刘正刚点校：同治《新会县志》卷 6《列传一》，安徽师范大学出版社，2021 年，第 53 页。

③ （清）黄景星：《悟雪山房琴谱》，《广州大典》第 47 辑第 7 册，广州出版社，2015 年，第 3 页。

④ （清）黄炳堃：《希古堂文存》卷 5《诰赠通奉大夫大父云波公传略》，《清代诗文集汇编》第 721 册，上海古籍出版社，2010 年，第 377 页。

第五节　江门五邑侨乡早期移民

江门五邑是我国著名侨乡，拥有悠久的海外移民传统。鸦片战争前已有不少华侨前往东南亚和美国等地谋生，并建立起相应的同宗或同乡会馆。

一、早期移民概况

秦汉以来，江门地区成为中原移民的中转站或目的地之一。史有明载最为著名者是南朝时期北燕皇帝冯弘之子冯业率领三百人浮海至新会居住。唐代，广州成为国际贸易港口，当时江门地区的波罗山一带居住有外国人，这个时期也是新会官冲窑开始进行对外贸易的时期。

唐代乾符年间黄巢起义军曾攻克广州，其中有部队驻扎在新会圭峰山绿护屏的一处山坑，后来称为"黄巢坑"[①]。宋代潨洲（今广海）设有望舶巡检司，外国商船过往频繁。宋代朱彧《萍洲可谈》记载："北人过海外，是岁不还者，谓之住蕃；诸国人至广州，是岁不归者，谓之住唐。"[②] 宋元鼎革之战在新会崖门展开，随之而来的大量军民，部分停留于新会及周边地区，部分辗转出国，当其时"诸文武臣流离海外，或仕占城，或婿交趾，或别流远国"[③]。江门地区沿海民众为逃避元军镇压，部分逃往海外求生。由此可知，唐代以至宋末，因出国谋生、经商或躲避战乱，江门地区已有初始的零星出洋民众前往异国他乡居住。他们的主要目的地是东南亚一带，成为江门地区的早期移民。[④]

明代由于海盗、倭寇频繁，国家实行收紧海洋的"海禁"政策，但江门地区的广海、望峒、奇潭成为官方指定的朝贡船只停靠之所。据缅甸归侨许均铨在《台山人在缅甸》一文中所言："葡萄牙人在明朝嘉靖十四年（1535）入居澳门后，邻近的台山有不少人是从澳门乘船到马来亚的槟城，再到缅南的丹老市、毛淡棉市，最后到达仰

① 李云谷：《圭峰旧游杂忆》，《新会文史资料选辑》第 14 辑，1984 年，第 57 – 58 页。

② （宋）朱彧撰，李伟国点校：《萍洲可谈》卷 2，中华书局，2007 年，第 134 页。

③ （宋）郑思肖：《心史》，《宋集珍本丛刊》第 90 册，线装书局，2004 年，第 504 页。

④ 参阅孔庆榕等：《新会侨乡凝聚力》，中山大学出版社，1994 年，第 18 页；张国雄：《广东五邑侨乡的海外移民运动》，《华侨华人历史研究》1998 年第 3 期；梅伟强、张国雄主编：《五邑华侨华人史》，广东高等教育出版社，2001 年，第 15 – 16 页；欧济霖、陈汉忠：《新会华侨华人史话》，中国县镇年鉴社，2004 年，第 15 页。

光市。"① 新会崖山、台山上川岛等成为外国人走私贸易的场所，这些进行走私贸易的外国人还将当地民女掳掠出卖，隆庆初年，"夷舶厓门，全节、大忠数为夷秽渎，及擅伐厓山大松。奸人预受夷银，拐诱良民子女卖之"②。当时外国人"通关市，贿汉人，掠良家子以归"③。这些江门地区被掳的"良家子女"成为一批被动出洋的特殊人群。隆庆开海之后，主动出洋谋生者增加。大约在 16 世纪中叶，开平已有人乘坐木帆船前往南洋群岛，成为五邑华侨的先驱者。④

唐宋以来的江门地区移民运动，在清代进入一个新的阶段。虽然清初迁界政策严重扼杀移民出洋的可能性，但康熙八年（1669）已实行沿海局部展界政策，至康熙二十三年收复台湾后则正式放开海禁，江门地区的海外移民随之增加。沿海地区一些贫民利用近海之便冒死出洋。此后，越来越多的移民事迹见诸文献。光绪《开平县志》称："邑人富于冒险性，轮船未通之时，美、非等洲已有邑人之足迹。"⑤ 嘉庆间，张保仔纠集新会、台山、开平、恩平四邑的破产贫民和游民袭击官民船舶，最后不愿投诚者乘船前往菲律宾、婆罗洲、马来亚等地。⑥

要之，历史上江门地区就是不断有移民迁入、居民迁出的地方。秦汉以来中原移民南下，南朝时期冯业浮海而至，唐朝有外国人聚居于今开平一带，宋元崖门海战带来更多移民，明代成为外国使者进贡官方指定停泊之所。在移民文化浓厚的氛围中，江门地区华侨出洋大概唐宋时期已经出现，延至清代已有文献明确华侨个人事迹。清代前中期江门地区华侨前往目的地主要是在东南亚，此后由于美国加州金矿发现，"淘金热"兴起，才掀起前往北美地区的热潮。近代以后江门地区华侨出洋真正形成高潮，直接促使江门地区成为名副其实的我国著名侨乡。

二、早期移民人物

尽管江门五邑地区移民运动形成较早，但限于史料，鸦片战争前的江门五邑华侨有姓名可考者并不多。兹根据文献所见，罗列如下。

（一）高竹

高竹（1659—1733），字嘉淇，号广瞻，新会那伏乡南霞里人。学者白雅诗误以

① 许均铨：《台山人在缅甸》，《新宁杂志》2003 年第 2 期。
② 万历《新会县志》卷 1《县纪》，第 28 页。
③ 万历《新会县志》卷 3《规制略下》，第 148 页。
④ 中共开平市委宣传部：《可爱的开平》，1995 年，第 74 页；梅伟强、张国雄主编：《五邑华侨华人史》，广东高等教育出版社，2001 年，第 18 页。
⑤ 光绪《开平县志·政绩篇》，第 193 页。
⑥ 张国雄：《广东五邑侨乡的海外移民运动》，《华侨华人历史研究》1998 年第 3 期。

为高竹出生于澳门。① 康熙初年迁海时，高竹被迫随父母四处漂泊。展界后，才得以返回那伏乡，但又遭土匪劫掠，家破人亡。年仅十岁的高竹被卖给澳门的西洋人，后被带去暹罗（今泰国）。他接受西方文化熏陶，学习医理，并成为一名天主教徒。1683 年，高竹跟随方济各会的陆方济主教、伊大任辅理主教等人回到广州。② 1684年，陆方济主教病逝，高竹跟随伊大任等前往浙江、湖广、广西等地从事传教活动。1687 年，高竹回到新会定居，开设医馆，采用西医方式为民众治病。此后往澳门行医，受聘于澳门议事会，成为澳门议事会最早聘任的医生之一。1692 年，在康熙皇帝的要求下，澳门耶稣会决定派遣意大利耶稣会卢依道医生前往北京，澳门议事会决定让高竹随同前往。高竹成为养心殿御医，在宫内行医不到两年，医术得到康熙皇帝的认可。1694 年，高竹返回新会，在濠桥街建屋居住，又在金紫街开办教会。当地人因高竹久居外洋，又习西医，故称其为"高老番"。据说，朝廷赐予高竹"钦天鉴科士、养心殿医士"称号。高竹幼年颠沛流离，青年独处异国他乡，最终成为中国传教士医师。历史学家陈垣专门于 1922 年在《光华医事卫生杂志》第 2 期上发表《高嘉淇传》一文，认为高竹可能是我国最早学习西医者，"嘉淇以康熙十六年邑中迁海事起，流亡至暹罗，与葡萄牙人居，从学西医十余年，得葡人伊氏、叶氏、余氏传天主教法，乃以传之邑中"③。由是观之，高竹不但是我国较早的西医师，还是江门地区早期的著名华侨。

（二）梅耀萱、梅佛星

1786 年，英国人莱特占领槟城。同年，台山端芬人梅耀萱从马六甲前往马来亚槟榔屿，从事木工工作，1831 年参与筹办槟城"宁阳会馆"。林干《新加坡华侨华人史话》云："新加坡的广府人主要来自两个地区：一个是在珠江三角洲西侧西江与潭江流域的台山（宁阳）、恩平、开平、新会（冈州），也就是俗称的'四邑'（今四邑地区加鹤山称为'五邑'）。……广府人也是最早来马来半岛的中国移民，早在 1786 年，台山端芬人梅耀萱就从马六甲到槟城谋生。"④ 梅耀萱不但是新加坡的早期移民，也是五邑侨乡有文献记载的早期海外移民。马来亚早期五邑移民多从事木工、建筑行业，在当地形成"漆木街"。梅耀萱是一名热心公益的侨领，槟城早期庙宇建筑以及公共团体募捐的碑记上均可看到其捐款数目。鸦片战争前，同样来自端芬梅氏的梅佛星前往马来亚槟城，1841 年在当地倡建"槟城梅氏家庙"。⑤ 梅氏家庙的兴建说明当时已有为数不少的梅氏族人在当地居住。

① ［西班牙］白雅诗著，曹晋译：《医生、理发手术匠与保教权在华利益——耶稣会士卢依道与高竹在清朝的宫廷》，《清史研究》2017 年第 3 期。
② 陈小卡：《西方医学传入中国史》，中山大学出版社，2020 年，第 603 页。
③ 陈智超、曾庆瑛编：《陈垣学术文化随笔》，中国青年出版社，2000 年，第 77 页。
④ 林干：《新加坡华侨华人史话》，广东教育出版社，2018 年，第 71 页。
⑤ 梅伟强编：《台山端芬梅氏》，广东省台山文史研究会，2000 年，第 72 页。

（三）林道解

1786 年，新会大泽北洋乡民林道解下南洋，落户槟榔屿，从事建筑生意，成为南洋著名建筑商。曾修筑槟城旧关仔角古城，开设当地最大的百货商场。他还承接了英国人的康华丽堡工程。林道解的马来名为 Lam Tokai，吉打埠有纪念林道解而命名的地名"道解埠"（Tokai），曾改称督开、哆啮，现称多皆。次子林国祥为清末著名海军将领。

（四）曹亚志

曹亚志（1782—1830），又名曹芝、曹亚珠，字符义，新宁（今台山）端芬曹凹村人。幼年在家乡接受私塾教育，十余岁前往澳门当木匠。1802 年移民马来亚槟城继续当木匠，后来成为反清华人秘密组织"义兴会"的领导之一。1819 年，曹亚志参加了英国殖民者占领新加坡的行动。根据民国《南洋商报》记者洪锦棠先生《开辟新嘉坡之先锋：木匠曹亚志》一文记载，"莱佛士调任苏门答腊明古达副都督，鉴于新加坡之握东西交通之要冲，乃于一八一九年二月六日将驶至新加坡海面，惟不审土人之实力如何，未敢造次。该船木匠曹亚志，毅然肯为先锋，乘小艇登岸，将英国之国旗插于十字路上，（即今之胜云打街广福庙附近，惟一说则称插于升旗山），莱佛士以望远镜瞧见英国之旗飘扬于山上，随后亦登岸"[1]。因勇猛过人，英国殖民当局准曹亚志拥有土地，因此致富。卒后，葬新加坡碧山亭第三亭坡子山上，墓碑曰"皇清显祖考符义曹公坟墓"[2]。

（五）李龙

李龙，恩平沙湖镇杨桥人。民国十八年（1929）聂崇一编纂《恩平县志补遗》记载："李龙，恩平杨桥堡人，清嘉庆间，携家到暹罗贸易。李有女，生而秀异，以美丽闻于遐迩。忽一日，暹罗王过李龙寓店，见而爱之，即迎入王宫为妃，宠爱异常。现李之后人，及李姓在暹者数百人，即此故也。采访。"[3] 此事由聂崇一经过"采访"作为"杂录"见闻收录于《恩平县志补遗》，有口述史料为证。可见早在嘉庆年间（1796—1820），恩平人李龙偕同家人已前往暹罗进行贸易。这里的"暹罗王"疑即曼谷王朝拉玛二世（Rama Ⅱ，1809—1824 年在位），他由嘉庆皇帝册封为"暹罗王"。至于李龙女儿被"暹罗王"纳为王妃一事，尚有待考证。

（六）陈学进、陈毛齐、陈利宗

五邑早期出洋的人群中以家族为纽带者颇多。台山山背村陈氏第二十一世陈学进"往南洋"，第二十二世陈毛齐前往美国，"故于金山"，第二十三世陈利宗前往南

---

① 洪锦棠：《开辟新嘉坡之先锋：木匠曹亚志》，《南洋学报》1948 年第 5 卷第 2 期。

② 董平、区景常：《曹亚志：第一个创建华侨海外社团的中国人》，政协台山市委员会编：《星熠台山》，2009 年，第 19 页。

③ 民国《恩平县志补遗》附录卷 1《杂录》，第 705 页。

洋。^① 陈氏家族去南洋与美国两者兼有，这一潮流大概始于 18 世纪后期至 19 世纪初期。

（七）甘泽浓、甘流芳

美国移民委员会档案显示 1820 年至 1840 年之间，有 11 名中国人抵达美国。[②] 这其中，可能包括来自台山的甘泽浓。道光初，台山上川岛甘泽浓前往美洲谋生，上川岛沙糖乡石笋村民国《甘氏族谱》记载："泽浓公，少读儒书，聪颖明敏。然富于冒险性，且以家计相迫，于道光初年搭船经商于美洲。"道光初，同样来自上川岛的甘流芳则前往缅甸谋生。[③]

实际上，鸦片战争前的五邑华侨当然不只以上十余位，只是大多数华侨移民的具体事迹早已湮没在历史长河之中。尽管早期移民海外人数规模可能不大，但人数应当不少，因为他们这些早期华侨先后在新加坡、马来亚与美国等地区建立血缘或地缘性质的会馆，移民数量足以支撑起会馆的成立与运作。

三、海外移民会馆

清代随着同乡出洋人数逐渐增加，他们选择在聚居地陆续建立起移民会馆。其中在鸦片战争前江门五邑华侨成立的移民会馆为如下五所。

（一）新加坡曹家馆、宁阳会馆、冈州会馆

1819 年曹亚志跟随莱佛士占领新加坡后，先后建立曹家馆、宁阳会馆组织。"当时华侨在订约地区内仅有卅名，多居住于十字路。曹亚志因功居首，得莱佛士之准许，创设曹家馆，为曹族人聚集之所。"[④] 可见当时新加坡开埠之处华侨仅有三十名，其中多是曹亚志的族人，因此建立"曹家馆"作为聚会场所，这是新加坡最早的华人血缘宗亲会组织。曹家馆原称"曹府大公司"，1853 年建馆时改称为"星洲谯国堂曹家馆"，奉有建馆先贤牌位，现存有 1853 年的两副楹联："啰咀建鸿图肇启御题四字美，嘉坡振大业宏开帝书两句扬""大地钟灵肇启文明联栋彩，华堂霭瑞宏开富有接云光"。[⑤]

新加坡开埠之后，很快就有更多的华侨前往谋生。"当 1818 年英国占领新加坡时，只发现 30 名中国渔民住在茅棚里，还有其它渔民和海盗共 120 人。第二年，新加坡的奠基人莱佛士命令分区聚居，据他们说，这个新殖民地的五千居民中，大多数是中国人。过了一年多，他又说到新加坡的一万至一万二千人当中，主要是中国

---

① 《台山县山背乡乡志》，1985 年，无页码。

② 沈卫红：《金钉：寻找中国人的美国记忆》，广东人民出版社，2017 年，第 8 页。

③ 甘畅谋编：《甘氏族谱》，台山宏文公司，1935 年，广东省立中山图书馆藏。

④ 洪锦棠：《开辟新嘉坡之先锋：木匠曹亚志》，《南洋学报》1948 年第 5 卷第 2 期。

⑤ 丁荷生、许源泰：《新加坡华文铭刻汇编 1819—1911》，广西师范大学出版社，2017 年，第 309 – 311 页。

人。"① 随着台山华侨的增加，曹亚志遭受同乡非议，又主持新建一座"宁阳馆"，"嗣后其同乡（广东台山县，当时逊清系新宁县，亦名宁阳），以曹亚志只知族人是亲，置同乡于脑后，亚志不得已再请地一段在山仔顶建宁阳馆（'会'字乃于成立数十年加之，经二次重修，第一次道光二十八年，第二次光绪二十年），有碑为证，该会馆亦有曹亚志之神主"②。1964 年，宁阳会馆改建，碑记云："会馆建于清嘉庆二十五年（1820），五邑先贤曹亚志，当新加坡开拓之始，鼓勇先登故，亦胙土酬庸之意也。"③ 宁阳馆（宁阳会馆）是新加坡最早的地缘性会馆。

1840 年，新加坡新会华侨在大坡珍珠街上段（俗称豆腐街）成立"冈州会馆"，1922 年在大坡二马路建造新的会所。④

（二）马来亚马六甲宁阳会馆、槟城宁阳会馆

1828 年，马来亚马六甲宁阳会馆成立。五年之后即 1833 年，马来亚槟城宁阳会馆也相继成立。槟城宁阳会馆原称宁邑馆，1948 年《马来亚台山会馆联合会纪念特刊》记载："吾邑会馆之成立，远在西历一千八百三十三年七月十三日，即清道光十三年癸巳，距今戊子为一百一十五年。时有胡元茂者，曾以拍卖于郭隆所得之地段卖于宁邑馆，是为本馆之正祠，亦即今日大伯公街三十六号之地点。当时名称曰宁邑馆，或系宁阳会馆之简称。"⑤ 该会馆在 1857 年曾重建，"槟城台山宁阳会馆，据传说创立于一百四十多年前，其时间恰为马六甲宁阳会馆建馆（一八二八年）后之第五年。据现存牙兰记录，名称为宁阳馆，一八五七年购地筑馆宇。当时创建人为：阮亚就、陈佑尊、伍荣连、梅跃光、李遇贤等。"⑥

由此可见，鸦片战争前江门五邑中华侨出洋群体以台山人、新会人为多，并且基本移民方向是在东南亚今新加坡、马来西亚地区，先后建立起曹家馆、宁阳会馆、冈州会馆等同宗或同乡组织，成为五邑早期海外移民的重要联络机构。

1840 年之后，江门五邑地区海外移民有增无减。特别是在 1848 年美国加州发现金矿之后，前往美国淘金者成千上万。随后，不少国家都出现有五邑华侨身影，移民人数持续高涨，于是移民会馆遍地开花。19 世纪 60 年代，随着出洋人数增多以及华侨与家乡联系密切，江门五邑正式形成侨乡。自此之后，江门五邑侨乡以华侨为桥梁，侨汇（银信）源源不断寄回；开始出现中西合璧的碉楼；各种侨刊乡讯层出不

---

① 陈翰笙主编：《华工出国史料》第 4 辑，中华书局，1981 年，第 29 – 30 页。

② 洪锦棠：《开辟新嘉坡之先锋：木匠曹亚志》，《南洋学报》1948 年第 5 卷第 2 期。

③ 董平、区景常：《曹亚志：第一个创建华侨海外社团的中国人》，政协台山市委员会编：《星熠台山》，2009 年，第 19 页。

④ 陈华炯：《一个富有凝聚力的古老会馆》，《新会文史资料》第 58 辑，2000 年，第 70 – 71 页。

⑤ 转引自黄仁夫、黄仲楣编：《台山县志》，台山档案馆，2000 年，第 75 页。

⑥ 吴华：《马来西亚华族会馆史略》，王日根、薛鹏志编纂：《中国会馆志资料集成》第 1 辑第 7 册，厦门大学出版社，2013 年，第 266 页。

穷；海外华侨死后回原籍安葬，出现华侨义冢；社会建设中的交通、学校、医院等面目一新；社会风尚亦趋向现代文明。总之，江门地区具有海外移民传统，"侨"的因素从古代延续至今，早已深刻烙印在江门五邑历史文化脉络之中。

第六节　英才辈出——清代江门名人

江门地区历史悠久，历朝历代皆有名人涌现。到了清代，更是名人辈出，文武兼备。既有书画家高俨，又有武探花黎大刚，抗英将领麦廷章，学者易宏、胡方、陈遇夫、陈瀚、罗天池，同时药师冯了性，行商卢观恒以及名宦李大成亦载入史册，可谓人杰地灵。

一、"诗文笔墨，甲于岭南"——高俨

高俨（1616—1687），字望公、俨若，号海滨渔父，新会李坑村人，清初遗民派画家。博学多才，尤为擅长诗、画、草书，时称"三绝"。高俨特立独行，放浪形骸，曾以赭石染布为衣服，造型打扮奇异，时人尊称其为高士望公。

明亡后，高俨怀故国之思，隐居不出，写诗表明志向："白头为客昔人悲，况复行当此乱离。江国昔年曾失路，才名今日恐非时。""国亡后，与陈子升、王邦畿、陈恭尹、张穆辈游，复与穆有偕隐之约。"① 朱彝尊（号竹垞）赠诗曰："吴中好手有四王，常州二恽桐城方。岭南高俨歙黄俶，亦有傅山居晋阳。"② 平南王尚可喜屡次征辟，他都坚决不就。晚年的高俨画技益加精湛，已臻胸有成竹之境。

明末清初屈大均题诗称赞其画："故人胸次满霞烟，画出云林与石田。爱杀桥西扶杖者，无人相与踏秋天。"③ 清初廖燕认为其"人品诗画，为吾粤翘楚"④。陈上国《哭高望公二首》诗有"生成傲岸一闲身，落落奇怀不染尘。开口每惊天下士，掉头不让昔时人"⑤ 之句。康乾时冯仙评价其"诗文笔墨，甲于岭南"⑥。1925 年正月，新

---

① （清）陈伯陶，谢创志整理：《胜朝粤东遗民录》卷 3，上海古籍出版社，第 193 – 194 页。

② 汪兆镛编纂，汪宗衍增补，周锡䪖点校：《岭南画征略》卷 2，广东人民出版社，2011 年，第 46 页。

③ 欧初、王贵忱主编：《屈大均全集》，人民文学出版社，1996 年，第 1343 页。

④ （清）廖燕：《廖燕全集》（上册）卷 10，上海古籍出版社，2005 年，第 211 页。

⑤ （清）言良钰：《续冈州遗稿》卷 1，《广州大典》第 57 辑第 32 册，广州出版社，2015 年，第 19 页。

⑥ （元）夏文彦撰，肖世孟校注：《图绘宝鉴》（《续编》《续纂》二种），山西教育出版社，2017 年，第 490 页。

会梁启超画跋中有《高望公秋原独立图》云："吾邑晚明遗老，惟高望公先生最有才名，诗、画、草书，时称三绝。朱竹垞赠以诗云：'高生老画师，往往赋新诗。能事由来重，狂歌和者谁。饮知犀首好，情识虎头痴。不向铜鞮去，寻常倒接䍦。'读之可想见其为人。此画固有独立苍茫之概。"① 广东省博物馆收藏有其为同邑梁近义之母黄氏祝寿所作《春山秀色图》，以及《秋林观瀑图》。著有《独善堂集》。

二、药酒先驱——冯了性

冯了性（1630—1695），原名嘉会，祖籍新会荷塘（今属蓬江区）龙田村。其父冯国琳（字炳阳）粗通医理，在乡开设药铺，创制"万应如意药酒"专医风湿跌打。万历四十三年（1615）冯国琳将药铺迁至佛山镇正埠渡头汾宁里（今禅城区汾宁路）扩展经营。康熙年间，冯国琳将药铺交给第八子冯了性主理。

冯了性天资聪颖，生性好学。受到父母虔诚礼佛的影响，冯了性青年时渴望慈怀济世，于是游历名山古刹，一度削发修行，法号"了性"。为了提高"万应如意药酒"功效，遍访名医高僧，改善配方使药力明显提高，疗效更为确切。并创造一句广告词："识就冯了性，唔识就误了命！"顺治十六年（1659），冯了性正式将药铺改名为"冯了性药铺"，将"万应如意药酒"改名为"冯了性风湿跌打药酒"。佛山镇工商业蓬勃发展，跌打医药需求与日俱增。冯了性药铺适逢其时，先后推出各种膏丹丸散药品，成为佛山妇孺皆知的大药铺。康熙三十四年（1695），冯了性在佛山病故，享年66岁，棺木运回故乡安葬，坟墓至今尚存。冯氏后人先后在广州、香港、江西、湖南、河北、江苏、浙江、成都、上海等地设厂生产、销售，产品远销东南亚各国。②

冯了性通过改进父亲所传药酒，正式创造"冯了性风湿跌打药酒"，成为药酒先驱之一，其名字"冯了性"至今既是药酒名称，又是企业名称。值得一提的是，清代江门地区中医药文化发达，除万应如意药酒、冯了性药酒外，还有道光间鹤山人王邦吉在广州开设"王吉凉茶店"，即今王老吉凉茶前身。咸同间，新会人阮朝龙在佛山创办"阮时和堂"药铺，主营"午时茶"。光绪间，鹤山人源文湛在佛山创办"源吉林"药铺，主营"甘和茶"；新会人李兆基在佛山创办"李众胜堂"药铺，主营保济丸。这些来自江门地区的医者在广佛设铺制药售药，促进了岭南成药文化的发展。

---

① 梁启超著，汤志钧、汤仁泽编：《梁启超全集》第17集《诗文》，中国人民大学出版社，2018年，第572-573页。

② 朱盛山等主编：《岭南医药文化》，中国中医药出版社，2012年，第154-157页；佛山炎黄文化研究会、佛山市政协文教体卫委员会编：《佛山历史人物录》第1卷，花城出版社，2004年，第77-79页。

三、南海明珠——易宏

易宏（1650—1722），字渭远、秋河，号云华子、坡亭子，新会（今鹤山）古劳坡山人，清代诗人、书法家。鹤山易氏是岭南著名宗族，易宏父亲易奇际（字开五）是崇祯间举人，与陈恭尹、何绛等交善，著有《逸纪》《拂剑草》《大易堂集》等；其三兄易训（字宣人）与程可则、梁佩兰等重结"南园诗社"，著有《东樵遗草》。得益于家学渊源，易宏自幼接受良好教育，发奋读书，擅长诗歌与骈文。

三十多岁时，易宏游广州海幢寺，在墙壁上题《赠惺和尚》诗云："岩烟深住碧层层，传得西来未绝灯。龙影静沉孤钵水，镜台空尽一心冰。吟边香绕闻花落，定里光悬见月升。岂谓鲁儒希子弟，十年王谢半为僧。"① 时两广总督吴兴祚发现后，极为欣赏，通过新会知县约见易宏并聘其为幕僚。学者苏楫汝《送易渭远赴大司马吴公召》诗有"知己一朝逢，声名附不朽。猗欤坡亭子，十载卧甕牖。室无担石储，读书穷二酉。吴公大司马，人物待臧否。闻名倒屣迎，延引一何厚。骐骥伯乐顾，璞玉良工剖。相知在文章，称赏不容口"② 之句。易宏才华横溢，在吴兴祚组织下，曾与名士王楚臣、周万山等联赋《粤台春雨诗》，"适元夕遇雨，制军（吴兴祚）命同赋《粤台春雨诗》，自击钵催之，迟者罚三爵，坐客皆困，先生应声立就。制军拊掌曰：'真倚马才也，南海明珠入吾掌握中矣！'大呼索酒自贺，且以饮先生，于是先生声名藉甚"③。清末，探花陈伯陶认为易宏"所为诗清丽芊绵，间作苍凉沉郁之句，时谓诸名辈中宏诗可称秀绝"④。

康熙二十八年（1689），吴兴祚因私铸铜钱被贬任古北口都统，易宏随行而得以游览多地。学者张维屏云："无不散者，世人富贵之场；有不散者，文士英灵之气。易秋河受知于吴留村制府，邀往沈阳，因得纵览名山，五岳登四。"⑤ 易宏曾为闻喜县张侯庙（纪念粤人张家玉之庙）撰写碑记。鹤山吴应逵撰《易秋河先生传》时评价曰："当先生隐居时，名不出里闬，然读其诗，飘然有凌云气。迨至北尽穷边，东逾宁台，西出雁塞，五岳登者四焉，遂使伏处寒儒一旦声望蔚然，因之足迹半天下矣。

① （清）易宏：《云华阁诗略》卷5，《广州大典》第57辑第24册，广州出版社，2015年，第609页。

② （清）苏楫汝：《梅冈集》卷1《五言古》，《广东省文史馆藏岭南珍稀古籍丛刊》第1辑，广东人民出版社，2020年。

③ （清）吴应逵：《雁山文集》卷2，《广州大典》第56辑第33册，广州出版社，2015年，第224页。

④ （清）陈伯陶著，谢创志整理：《胜朝粤东遗民录》卷3，上海古籍出版社，2011年，第182页。

⑤ （清）张维屏：《艺谈录》卷下，《广州大典》第14辑第11册，广州出版社，2015年，第581页。

此伯牙所以涕泣于子期也。"① 言辞之间，吴应逵对于前贤易宏受到赏识感到由衷欣慰。

康熙三十一年（1692）吴兴祚去世后。易宏归乡，晚年隐居肇庆法轮寺，谢绝交游。"归冈城，当道争致礼焉。宏性落落寡合，聘皆谢绝，独寓法轮寺著述自娱。"②其《春日归冈城作》诗云："世路风尘欲息机，九秋曾作断蓬飞。邯郸梦散故人远，华表云深独鹤归。厓截海门银作浪，台高圭岭玉成围。江山有恨雄心老，便拟移家入翠微。"③逝世后，寺僧将其葬于肇庆梅庵之右，碑曰"才人易秋河之墓"。著有《道德经注》《金丹会缉》《青山外史》等（已散佚），《云华阁诗略》《坡亭词钞》收录于南海伍崇曜编《粤十三家集》丛刊之中。

四、有道而文——胡方

胡方（1654—1727），字大灵，号信天，新会棠下（今蓬江区）金竹冈人，世称金竹先生。其生员名额得自番禺县，"由番禺籍补诸生，久之充岁贡"④。其生平讲求义理之学，敦崇实行，淡泊名利。

胡方天资聪颖，十二岁时便参加童子试。当时有官员对其文章颇为认可，欲对其进行推荐。胡方听闻后，在考场中故意端坐不答。随后时任两广总督吴兴祚听闻其才名，派人招揽，但胡方避见。四十岁后，安贫乐道，"陋巷敝庐，杜门不出"，专心学术，颇有圣贤颜回之风。平日以笔耕为生，生活虽清贫，但若亲朋好友遇到困境，必倾囊相助。其虽不热衷于功名利禄，但终归声名在外。曾有达官贵人想以重金求其文章，但胡方拒而不受，可见其气节。时惠士奇督学广东，听闻胡方之名，上疏朝廷，认为胡方当为广东诸生楷模，为"积学力行，有道而文者"，甚至可与陈献章相提并论。⑤惠士奇曾计划亲自拜访胡方。胡方听闻后，说道："学政未蒇事，不可见，不可见！"彼时正值科考，胡方当为避嫌。不过惠士奇得其著作，知晓其当有真才实学。科考结束，惠、胡二人相谈甚欢。在其指点下，惠士奇收集梁朝钟以及其他广东士人的文章，刊刻成书，名曰《岭南文选》。惠士奇曾直言，胡方颇似顾炎武，丰厚端伟，必享大名。胡方注重家风培养，写下训子、训孙与训女的家训，被称为《信天翁家训》，著有《周易本义注》《四子书注》《庄子注》《鸿桷堂诗文集》等。道光十九年（1839），在时任新会知县林星章奏请下，朝廷准其入祀乡贤祠。《清史稿·儒林传》有传。

---

① （清）吴应逵：《雁山文集》卷2，《广州大典》第56辑第33册，广州出版社，2015年，第224页。
② 乾隆《鹤山县志》卷10《人物志》，第116页。
③ （清）易宏：《云华阁诗略》卷5，《广州大典》第57辑第24册，广州出版社，2015年，第610页。
④ 道光《广东通志》卷287《列传二十》，第4599页。
⑤ 道光《新会县志》卷9《列传二》，第264页。

五、父子解元——陈遇夫、陈瀚

陈遇夫（1657—1727），字廷际、交甫，号泽农，新宁矬峒（今台山斗山）东篱人，清代岭南名儒。出身孤苦，十岁时父亲离世，随母至端芬常安村生活。因家庭贫困，陈遇夫时常去放牛，后得到解职归乡的举人梅命夔赏识，收为书童重点培养。[1]他勤奋好学，并得名师指点，最终于康熙二十九年（1690）中广东乡试解元。或许是因母亲改嫁梅姓，而榜姓梅，乾隆《新宁县志》记载："梅遇夫，本姓陈，矬峒东篱人，中康熙庚午科第一，就选知县。"他"性好学，淹贯载籍，洁身砥行，敦崇礼节"，新宁知县姜朝俊赠匾曰"君子儒"，并认为"陈献章、湛若水而后仅见之"。[2]

陈遇夫淡泊仕途，深研儒学，撰写《正学续》编列汉唐二十七位学者传略，论证汉唐诸儒学统未曾中断，此书收录于南海伍崇曜《岭南遗书》丛刊。他还积极宣传白沙学说，撰有《白沙陈子传》《白沙陈子年谱》《白沙陈子门人》，同时"重订杨起元所辑《白沙语录》，以明陈献章之学由博返约，非坠禅悟"[3]。另有《涉需堂文集》《涉需堂诗集》《迂言百则》《史见》《即次集》《从谓草》等著述，可谓笔耕不辍、著作等身。年七十一卒，入祀新宁县乡贤祠。

言传身教之下，陈遇夫之子陈瀚亦富有才识。陈瀚，字本深，号处下。自幼聪颖，孝顺父母，十八岁成为县学生员，康熙五十三年（1714）中广东乡试解元。三次会试不第后，"归，益力学。时与邑中贤士及四方知交论文于五亩园中而已。举孝廉十余年，足迹不到城市，未尝以片牍干邑宰。凡所取予，一介不苟，常有献田亩及山海之利者，皆却不受，曰：'吾先世不闻有是，幸勿相累也。'"[4]居乡间，资助乡族，奖掖后进。年五十卒，著有《观海堂书义》《屿门集》。

陈遇夫、陈瀚父子均高中解元，所谓"父子领解，为时所称"[5]。陈瀚之子陈之桐（字立廉）为秀才。陈之桐长子陈司爟中乾隆五十四年（1789）广东乡试第三名，后中嘉庆七年（1802）进士，次子陈司炳嘉庆九年（1804）亦考取举人。陈氏科举鼎盛，代不乏人，成为清代江门地区的名门望族。

六、武探花——黎大刚

黎大刚（1739—1820），字恭健，新会县都会乡人。乾隆四十六年武探花，授官

---

[1]　陈田军、黄仁夫、黄仲楫编：《台山县志》，台山市档案馆、原台山县志编写组，2000 年，第 503 页。

[2]　乾隆《新宁县志》卷 4《后人物册》，第 450 页。

[3]　道光《广东通志》卷 286《列传十九》，第 4593 页。

[4]　乾隆《新宁县志》卷 4《后人物册》，第 450 页。

[5]　道光《广东通志》卷 286《列传十九》，第 4593 页。

二等侍卫。乾隆五十五年，外放广西右江镇标右营游击。乾隆五十八年护理镇安协副将。历升镇安协副将。广西镇安府（治所今德保县）靠近云南，少数民族众多，"与滇、黔接壤，苗匪不靖"。黎大刚到任后颇有作为，"饬军政、宣德威，群苗向风，民赖以安"。其功绩受到当时官绅的认可，时任广西提督的彭承尧称赞其"弥盗化顽，无愧边陲大将"。嘉庆六年（1801）升署广西左江镇总兵。后调山东总兵。嘉庆十五年，转广西梧州总兵，不久署广西提督。其性格刚毅正直，故多忤逆上司无理要求，但其"抚爱民兵诚笃"。时有上司无端索贿，黎大刚对此无可奈何，只得"束装告归"，但士绅听闻后"酬金上白，乞留之"。可见民众对其爱戴之情。黎大刚虽历任要职，但天性淡泊，安贫乐道，曾直言："吾固篓人子也，今稍自树立，乌敢忘贫贱哉！"[1] 其俸禄均用于惠及亲朋。时年六十六岁告归，不久逝世。

七、洋行首领——卢观恒

卢观恒（1746—1812），字熙茂，新会石头乡（今蓬江区棠下石头村）人。出身贫家，幼年丧父，后前往广州谋生，帮外省商人看守歇业的铺店及房屋。他以铺店为洋商储货及代售商品，后在源昌街创立"广利行"，成为中国第一代洋行买办，跻身广州十三行洋行之一，其洋行与潘家同文行（同孚行）、伍家怡和行并列前茅。因其字"熙茂"，外国人称他为"茂官"。

乾隆间，卢观恒与英国公司合作进行茶叶、棉花贸易，业务发展迅速。发迹后，乐善好施，多次捐款倡办公益事业，尤其对家乡建设较为关心，捐良田700余亩为石头乡卢族义学、义仓经费，再捐良田500余亩为新会全县义学、义仓经费。同时捐资修筑棠下天河、横江、周郡三处围堤，新会绅士罗天池联合棠下村民赠匾曰"美济苏堤"。[2]

嘉庆十七年卢观恒逝世。其子卢文锦通过贿赂地方官员，使卢观恒木主入祀乡贤祠。但卢观恒作为商人，并曾与堂兄争田产，因此遭到越华书院学生反对入祀，以番禺举人刘华东、新会举人唐寅亮为首联名上奏都察院，控告时任两广总督阮元受贿滥充乡贤，最终卢观恒木主撤出乡贤祠，史称"入祀乡贤案"。卢文锦企图通过金钱将其父木主入祀新会县乡贤祠，触犯传统社会文人底线，因此被联名举报。

但是，卢观恒通过自身努力成为十三行首领之一，并能在致富后回报家乡，其慈善精神是值得肯定的。光绪间，谭镳编纂《新会乡土志》认为："吾国自商部未立以前，贵儒贱商，成为习惯，涉洋务者尤为众垢所归。……卢父子三人以慈善名家，地方公益赖以修举，至今百年犹食其赐，为社会伦理不可多得之人物，亟宜表章。"[3] 民

---

① 道光《新会县志》卷9《列传二》，第268页。
② 司徒沛编：《地灵人杰话蓬江》，岭南美术出版社，2011年，第28页。
③ （清）蔡垚燨修，（清）谭镳等纂：《新会乡土志》卷4《耆旧》，《广州大典》第34辑第12册，广州出版社，2015年，第162-163页。

国梁嘉彬《广东十三行考》亦云："余以潘、卢、伍三家俱行商中之表表者，初颇欲详搜卢氏事迹；继闻卢氏后裔俱已回籍（新会县）居住，未易探求，引以为憾！而余搜索《新会县志》，未见卢氏有传，中国以前轻商之习牢固如此。"① 故此，在传统社会"轻商"氛围下，以往对卢观恒评价不高，其事迹仍不失为清代江门地区成功商人的典型。

八、李佛爷——李大成

李大成（1771—?），字学章，号裁之，新会荷塘（今属蓬江区）人。他体貌修伟，性格豁达。少年时以擅长作诗而知名，得到广东学使李调元赏识，邀其同登镇海楼饮酒赋诗，与一时名士张锦芳、黄丹书、黎简等人唱和。

乾隆四十四年（1779）考取举人。嘉庆间，洋盗张保仔大肆抢掠临海村庄，李大成家乡荷塘亦深受其害，因此率乡人组成团练来抵御。李大成爱好阅读古代名臣奏疏及兵家论著，时常抄录。平时生活注重兄弟友爱，五兄弟之间和睦相处。二弟欠别人千金，他变卖家产为之还债。

晚年出任陕西长武知县。长武县原是古代豳国属地，民风淳朴刚劲，李大成以清勤宽大为施政宗旨，注重司法判决。复查保甲消除盗贼祸患，同时修复书院培养学生，主持童生考试坚持公正严明。将境内差役减轻，修桥筑路，深得百姓敬仰，为之立祠敬奉，称为"李佛爷"，所以"循声大著，得卓异荐"②。卒后因贫未能归葬，在海南张岳崧倡议捐助下才得以返回家乡安葬。返乡之日，百姓沿途夹道送别。著有《荷庄诗稿》。

九、抗英将领——麦廷章

麦廷章（1802—1841），鹤山双合泗合村人，清代抗英将领。父亲麦鹰扬是乾隆五十二年（1787）丁未科武探花，二等侍卫。行伍出身的麦廷章历任把总、千总、守备、都司等职。1839年，署任水师提标左营游击的麦廷章参加九龙之战与穿鼻洋之战，表现英勇。他因抗击英国侵略者有功，实授左营游击，赏戴花翎，钦加参将衔，成为水师提督关天培麾下的一员忠勇战将。

1841年2月，英军大举进犯虎门要塞，"虎门之战"爆发。虎门是珠江入海口的咽喉，地势险要。麦廷章协同关天培顽强抵抗，在靖远炮台构筑防线。大角、沙角炮台失守，意味着第一道防线已被攻破。英国军舰进入三门口，尽管水师官兵奋起抗

---

① 梁嘉彬：《广东十三行考》，广东人民出版社，1999年，第296页。
② （清）彭君谷等纂修，刘正刚点校：同治《新会县续志》卷6《列传一》，安徽师范大学出版社，2021年，第48-49页。

击，但情况异常困难。横档、永安、巩固等炮台相继沦陷，靖远、威远炮台失去掩护。麦廷章身先士卒，协助关天培坚守靖远炮台指挥守军应战，激战至天亮，部下仅剩二百余人。因兵力不足，派人求助两广总督琦善，但琦善抱有投降态度，以有碍和谈为名拒不发兵。战至下午二时，关天培亲自发炮还击，最后壮烈牺牲。麦廷章多处负伤，仍坚守炮台英勇抵抗，最后也力竭阵亡。①

时在广州的林则徐闻讯关天培、麦廷章两员大将阵亡，悲痛万分写下挽联，曰："六载固金汤，问何人忽坏长城，孤注空教躬尽瘁；双忠同坎壈，闻异类亦钦伟节，归魂相送面如生。"麦廷章与关天培为国捐躯，并称为"虎门双忠"。麦廷章牺牲后，谥号"忠节"，入祀府县昭忠祠。②

十、"粤东四家"之一——罗天池

罗天池（1805—1866），字六湖，新会县（今蓬江区）良溪人，清代学者、书画家。道光五年（1825）中举人，连捷进士，历任刑部江苏司主事、郎中，秋审处提调官，福建、江苏钦差，后外署云南迤西兵备道兼按察使司，曾担任云南乡试监试官。③道光二十年英军入厦门，与刘庄年等坚守炮台。道光二十七年因事归田，曾任新会冈州书院、古冈书院讲席。

虽仕途不顺，但罗天池精通书画，其书法初师董其昌、米芾，后得南唐祖拓澄清堂一帖，故以王羲之为宗，小楷尤得《黄庭经》妙蕴。其画亦深受董其昌以及米芾、米友仁父子的影响，其绘画以花卉山水为主，尤擅画梅花，轩号"铁梅"，斋名"修梅仙馆"。时人谭莹《分题罗六湖观察画梅》诗有云："剩墨离离整复斜，独开生面足名家。一枝瘦硬通神笔，屑仿徐熙没骨花。"④ 学者张维屏《艺谈录》云："论粤画，吾必以黎二樵、谢里甫、张墨池、罗六湖为粤东四家。"⑤ 可见罗天池绘画造诣之深。现存有《梅花图》（广州艺术博物馆藏）、《松树竹石图》（广东省博物馆藏）、《渔父图》（香港艺术馆藏）、《昙白薇红仙馆笔存》等书画作品。罗天池还擅长鉴藏，唐代吴道子《八十七神仙卷》、宋代孙钰《仙女采药图团扇》以及元代赵孟頫《秀石疏林图》等作品均经其目验收藏。著有《修梅阁文集》《六湖笔记》。

---

① 戴学稷主编：《鸦片战争人物传》，福建教育出版社，1985年，第59-62页。
② 王曙星主编：《江门五邑名人传》第3卷，广东人民出版社，2002年，第6-10页。
③ （清）彭君谷等纂修，刘正刚点校：同治《新会县志》卷5《选举》，安徽师范大学出版社，2021年，第24页。
④ （清）谭莹：《乐志堂诗集》卷10，《广州大典》第56辑第43册，广州出版社，2015年，第509页。
⑤ （清）张维屏：《艺谈录》卷下，《张南山全集》，《广州大典》第14辑第11册，广州出版社，2015年，第590页。

后　记

　　江门市是一座拥有深厚历史文化底蕴的城市，也是我国著名的侨乡。2014 年，笔者曾慕名前往新会崖门炮台、陈白沙纪念馆参观。在暨南大学读博期间，协助导师刘正刚教授点校同治《新会县志》以及光绪《新宁县志》。2021 年 1 月入职五邑大学广东侨乡文化研究院之后，讲授"侨乡文化通论"课程之外，单位时有组织考察市内侨乡文化的活动，使笔者对江门历史文化有进一步认识。

　　2021 年 3 月，广东侨乡文化研究院转达江门市档案馆（江门地方志办公室）的通知，可以依托研究院申报广东省地方志编研项目。参考全省各市往年项目，为更加了解江门五邑侨乡的"前传"，笔者决定以"简明江门古代史"为题进行申报。2022 年春节，江门市档案馆李文迪先生通知笔者项目已获通过，希望能在年内完成。考虑到时间紧张，笔者首先罗列出全书五章的详细框架，并于清明节、五一劳动节期间驾车连续多日往新会、台山、恩平、开平、鹤山考察历史古迹以及参观博物馆。在完成教学任务之余，起初进展缓慢，直到暑假期间才集中时间专心写作，并将五邑现存明清方志全部复印进行浏览，又多次作专题考察。通过持续不断的努力，终于在 9 月份提交初稿到暨南大学出版社。此后又根据专家审稿意见和江门市档案馆领导修改意见作进一步的修改。

　　本书能够顺利脱稿，首先感谢江门市档案馆领导的信任，特别是李文迪先生提出若干建设性修改意见，特此表示谢忱！同时感谢师弟高扬、曾岩、邱德鑫、张柯栋、温子坚等人的鼎力支持！感谢五邑大学学生陈明斌、郭燕平等协助校对引文！还特别要感谢暨南大学出版社詹建林兄，对本书进行了细致认真的编辑修改。感谢研究院资料室、广东省立中山图书馆、新会景堂图书馆为笔者提供便利舒适的阅读服务！本书在写作中吸收了前辈时贤的江门古代史相关研究成果，谨此向他们表示感谢！

　　由于本书是对江门古代史进行系统研究的第一本专著，资料分散难以搜集，加上笔者学识有限，难免挂一漏万，想必存在不少的问题与疏漏，敬请各位读者批评指正。

钱源初

2022 年 12 月 6 日

于五邑大学鹤山楼 207 室